朝鮮の近代と尹致昊

東アジアの知識人エトスの変容と啓蒙のエクリチュール

柳 忠熙［著］

東京大学出版会

Korean Modernity and Yun Ch'i-Ho:
Ethos of East Asian Intellectuals and the Écriture of Enlightenment

Chung-Hee RYU

University of Tokyo Press, 2018
ISBN 978–4–13–016038–4

目次

第Ⅱ部　朝鮮の近代と啓蒙のエクリチュール

凡例

一　本書での年度は西暦を基本とし、必要に応じて「西暦（年号）」と記す。

一　本書の引用の漢字は常用字体に改めた。

一　本書では、尹致昊『尹致昊日記』（全一一冊、국사편찬위원회［国史編纂委員会］、一九七一—八九年）を、便宜上「日記」と記し、作成日（西暦）とともに記す。「日記」は、一八八三年一月一日から一八八七年一一月二四日までは漢文で、同年一一月二五日から一八八九年一二月七日までは国文（ハングル文）で、その後は、やや例外はあるものの、英文で作成されている。引用するに際して原文を記載しない場合、便宜上「日記」の原文が、漢文の場合は「「日記」年月日［漢］」と、国文の場合は「「日記」年月日［国］」と記し、英文の場合はとくに記さずそのまま「「日記」年月日」と記す。原則として「日記」の引用は日本語訳を記す。ただし、第三章は、英文・日本語訳をともに本文に記す。以下引用文の日本語訳は引用者による。

一　［　］は引用者注。

一　朝鮮語文献を引用するとき、題目と発行所などを朝鮮語で記す。ただし、参考文献一覧には、著者の日本語読みと題目の日本語訳をともに記す。朝鮮語文献の漢字は、やや例外はあるものの、便宜上日本での常用字体に統一した。

一　本書では、朝鮮王朝時代（一三九二—一九一〇）と植民地朝鮮（一九一〇—四五）において朝鮮王国や外地としての朝鮮半島を意味する場合、「朝鮮」とする。ただし、大韓帝国（一八九七—一九一〇）においては、「韓国」と区分して記す。

一　「原文は純国文」の「純国文」は純ハングル文を、「原文は国漢文」の「国漢文」は漢字・漢文とハングル文の混じり文を指す。日本語訳は引用者。日本語として相応しくないところもあるが、当時の文体を生かすために直訳にする。

序章　近代東アジア／朝鮮の知識人

一　啓蒙思想と近代東アジアの知識人エトスの変容

本書は、朝鮮の開化期(1)における尹致昊《ユンチホ》（一八六五―一九四五）の人生と思想を通して、一九世紀から二〇世紀にかけての転換期を生きた東アジアの知識人の様相やその変容を検討し、韓国／朝鮮の近代ひいては東アジアの近代を問い直す試みである。

西洋列強が東漸するなかで、アヘン戦争（一八四〇―四二）での清国の敗北を目にした日中朝の知識人には危機感が芽生える。反応と対応はそれぞれに異なってはいたが、東アジアの知識人たちは従来の中華秩序に亀裂が生じていることに気づく。東アジア諸国における西洋に対する関心は、西洋の文化についての好奇心と驚嘆とともに、こうした西洋による東洋の植民地化に対する危惧に基づいていた。当時の東アジアの知識人は、自国の独立保存をゆるがす危機を打開する実用的な策として、西洋の物質文化と西洋思想を受け入れる。例えば、最新の大砲や汽船や汽車などの物質文化の導入が急がれるとともに、西洋印刷文化の導入に伴って、自由論や文明論などが近代メディアの新聞や雑誌を通じて盛んに流通した。またナショナリズムが形成し流布するなかで、漢字漢文を上位言語のリテラシーとして用いてきた東アジアの諸国において自国語すなわち国語が発見されていく。一方、東アジアの諸国には、漢字圏としてのアイデンティティを基にしたアジア主義が台頭する。

このように、西洋列強に対する危機感とそこから生まれた西洋に対する知識人の関心は、東アジアへの啓蒙思想の導入の動因となった。印刷文化の隆盛のなかで、彼らが紹介した啓蒙思想の諸現象は、巨視的な観点では、同一の動機と方法によるものだったと言える。その危機感がゆえに、啓蒙思想が有する他者への暴力性に転化しやすい暗面が黙認あるいは正当化されるに至ったとも言えよう。

日中朝はそれぞれ異なる近代を経験する。東アジアにおいて中華秩序の基点だった中国は、一九世紀に入り、西洋列強によって領土が半植民地の状態に処された。一方、明治維新を成し遂げた日本は、西洋列強と肩を並べる帝国主義国家の道を歩んだ。朝鮮は、近代国家への模索として大韓帝国（一八九七―一九一〇）への変貌を試みたが、東アジアと西洋の諸国から地政学的要地として認識され、日本の植民地という形で近代を経験した。東アジアにおけるこの帝国主義と植民主義との交錯は、野蛮国の文明化という文明論とその基層を成している啓蒙思想の応用に起因する近代的な想像力による現象でもあり、近代と啓蒙思想の想像力の暗面を示唆するものでもある。

啓蒙思想は、人間の理性とそれに基づいた個人の意志を至高の理念とする。それは、個人の努力の結果として正当な報酬が得られるという資本主義の精神を裏づけるものでもある。また、人々に自分自身を、神や君主に属するものではないアトム的かつ政治的主体である個人として自覚させ、市民社会の形成や、個々人の集合体としての国家に属するネーション、つまり国民・民族を想像させ、近代国家形成の触媒にもなった。この近代的な考え方は、西洋の東漸に従って、日本や中国や朝鮮へ伝来される。

啓蒙は、Enlightenment（英）・Aufklärung（独）・lumière（仏）などの翻訳語である。「啓」はひらく・開発する・明らかにする、「蒙」はくらい・おろか・無知という意味を有し、愚かな（無知な）者（あるいは、その社会）を導いて悟らせること、と定義できる。こうした西洋語起源の「啓蒙」という漢字語は、東アジアにおいて、啓発、啓悟などの類似語とともに、西洋の啓蒙思想の概念に接合する概念語として定着したものである。

カントにならえば、「啓蒙」とは、「自分の理性をあらゆる点で公的に使用する自由」をもって「人間が自分の未成年状態」すなわち「他人の指導がなければ、自分自身の悟性を使用し得ない状態」から抜け出すことである(2)。「未成年状態」すなわち啓蒙されていない状態にとどまっている原因は、「他人の指導がなくても自分自身の悟性を敢えて使用しようとする決意と勇気を欠くところ」にあり、「彼自身にその責めがある」。啓蒙に関するカントのこうした理解には、〈啓蒙の状態にある人〉と啓蒙されていない〈「未成年状態」にとどまっている人〉という関係性が前提とされている。啓蒙の状態にある人から見れば、「未成年状態」にとどまっている人は、常に蒙昧な存在として位置づけられることとなる。啓蒙の眼差しには、こうした一方向的な認識論が前提とされているのである。

この啓蒙の認識論的構造は、士大夫が天理に従って民を教化するという思考構造に類似するものだとも言える。東アジアにおける士大夫は、天理を中核とする儒学を理念とし、天理の代行者としての天子や王に仕えると同時に愚かな民を導き、天子・王と民この両者を天理のもとに仲介する存在である。士大夫にとって民は受動的で無知な存在であり、民を教化することは士大夫の社会的な役割でもある。東アジアの近代における啓蒙思想は、まさにこうした士大夫（知識人）と民（民衆）との関係性に対する想像力の延長線上のものとして理解でき、文明論を唱えた啓蒙知識人に見られる愚民観はこの関係性が反映された例だと言える。啓蒙は、蒙昧な人々を自立した自主的な存在に導くことである。そして、それは、民を常に愚かな存在であり、保護し啓導すべき存在として捉えていた、東アジアの士大夫の考え方に接合しやすい認識論的構造を持っていたのである。

東アジアにおける士大夫の政治思想は、前述した天理すなわち〈天＝民〉という絶対基準による絶対性とそれによって定められる公私関係の相対性を前提とするものである[3]。溝口雄三によれば、「中国には古来、天が民を生ずるといういわゆる生民の思想、すなわち民は国家・朝廷に帰属するのではなく、天・天下に帰属するという思想」[4]が存在した。君主の政治とは天の理を借りて民の生を保存することであるため、政府から見れば君主や朝廷が公に、臣下や民が私に当たるが、天から見れば、その関係が逆転し、民が公に、君主や朝廷が私となる。

中国において、偏私・私欲などと、倫理的次元で否定的な意味を有した私概念は、一六・一七世紀に入り、科挙制度の定着や血縁集団における財産の共有化などの社会的・経済的変化に伴い、私有欲や私的利益を容認する意味としての肯定的な私概念へ変容していく。その私概念の変容と同時に、公概念も変容し、従来の天理概念の倫理的な側面は保持しつつ、個別共同体の維持のための公平や公正などの倫理的な概念がより強調されるようになる[5]。

朝鮮においても、天理と人心との調和を目指す政治的理念である朱子学的な公論政治が強調される[6]。それは趙光祖《チョグアンジョ》をはじめとする士林派台頭の政治的根拠となった、私欲を抑制して自己修養と学問に励むことによって公的価値を実現するという論理である。だが、壬辰・丁酉倭乱（一五九二・一五九七）と丁卯・丙子胡乱（一六二七・一六三六）のようないく度かの戦乱を経て、朝鮮社会では身分秩序の再編成や経済的環境の大きな変化が生じる。朝鮮後期になると、中国と同様に、個人の先天的な欲望と財貨増殖への欲求を無視できない社会的状況となる。実学派である李瀷《イイク》・丁若《チョンヤ》鏞《ギョン》・沈大允《シムデユン》などは、人々の自然の欲求や利益の追求を先天的な本性として捉え、公の実現のための土台として理解するようになる。

朝鮮の開化期すなわち一九世紀末から二〇世紀初頭にかけての時期において、朝鮮の士大夫たちは、啓蒙思想に基づいた政治的想像力と接することとなる。近代国家の実体である個人は「自分の労働で自分の生活と生命の再生産をやっていくことの出来る個人[7]」であり、その個人の生命および財産を保護する概念としての人権、またその人権を保護する機関としての政府あるいは国家が形成される。個人は自身の安全を保護するために公共的暴力を容認し、暴力を行使する国家を求める。社会契約と言われる個人と国家との抽象化された契約関係、そして国家の暴力性あるいは個人への制裁の範囲と方法にまつわる問題は、個人の自由と公共性との関係性と言い換えることができる。開化期の朝鮮知識人の政治思想には、天＝民に基づいた従来の東アジアの政治思想とともに、近代的個人の登場とその個人を保護する近代国家の公共性という西洋国民国家と公共領域の政治思想が混在することになる。

このように、西洋の啓蒙思想の東アジアへの到来に伴って、個人と社会との新たな関係性すなわち国民国家と市民社会への想像力が付与された。東アジア／朝鮮の知識人たちは、西洋の啓蒙思想と接することで、近代東アジア／朝鮮における従来の世界観や社会に関する異なる有様を想像し構想することとなったのである。

本書は、巨視的に言えば、近代東アジアにおける知識人の〈思想〉の特徴、〈構想・実践〉の特徴、そしてそれらの〈変容〉についての研究である。

まず、知識人の〈思想〉については、本書では〈近代東アジアの知識人エトス〉と言い、前近代の士大夫に関わる思想・様式と近代の市民に関わる思想・様式に注目する。

エトス（ethos）という言葉は、そもそもギリシア語で、習慣や属性などを意味する。マックス・ヴェーバーが語るエトスは、ある階級を特徴づける精神的かつ文化的な特性とその様式として理解することができる(8)。それには、生活様式や精神性や倫理性という側面が含まれている。本書では、近代東アジアの知識人のエトスには、従来の知識人階層である士大夫を特徴づける〈士大夫的エトス〉と、啓蒙思想に基づいた近代市民を特徴づける〈市民的エトス〉が共存していたと仮定する。〈士大夫的エトス〉は、儒学に基づいた天理論や王道論などの政治思想、漢文や漢詩などの文化的教養、科挙などの社会制度が複合的に絡み合って形成された士大夫の特性である。一方、〈市民的エトス〉は、文明論や自由思想や資本主義などの政治思想、自国語のリテラシーの習得や討論や演説などの文化的教養、普通教育や官僚制度、新聞などの公論の場などが複合的に絡み合って形成された近代市民の特性である。この二つのエトスの比重の差異と、その共存のバリエーションから生じるダイナミズムの様相こそが、近代東アジア知識人の多様性とともに、東アジア知識人エトスの変容を示すものである。

次に、知識人の〈構想・実践〉については、本書では〈啓蒙のエクリチュール〉と言い、外国語と自国語のリテラシー、翻訳、近代的メディアによる人民啓蒙活動の問題に注目する。

近代東アジアにおける啓蒙思想の流布は、印刷文化に基づいた西洋文明論などに関する書籍や翻訳によるものだった。そして、新聞・演説・学校教育などは、人々に、自国語によって読み書きされる新たな政治的想像力を習得する媒体として機能した。近代東アジアにおけるこうした啓蒙のプロジェクトは、近代国家の国民や市民社会の市民を創出しただけでなく、新たな思想と方法で、民の知識人化を図ったものであった。本書では、近代東アジアの知識人が有したその新たな思想と方法の連動によって形成・変容された言語的形式を〈啓蒙のエクリチュール〉とする。

エクリチュール（仏 écriture）は、「書く écrire という動詞に対する名詞で、一般的には、書かれたもの（文字）、書き方（書法）、書く行為を意味する」[9]。ところで、ロラン・バルトは、エクリチュールを、著作家が自分をめぐるエトスの世界や歴史や社会などに参与する（アンガジェ（仏））言語的な場所あるいは形式として定義する。

> 著作者は、ある至福感あるいは不快感の明証性と伝達のなかにアンガジェさせられ、彼の語り《パロール》の正常でありながらも同時に独異な形式が、広大な他人の〈歴史〉へと結びつけられるわけである。言語体とか文体は客体であるが、エクリチュールは機能なのだ。それは、創造と社会とのあいだの関連であり、その社会的な用途によって変形された文学的な言語であり、その人間的な意図において捉えられ、このようにして〈歴史〉の大きな危機に結びつけられた形式なのである[10]。

啓蒙思想を語る東アジアの知識人は、啓蒙の対象や目的や場面を戦略的に考慮し、翻訳や国文や演説などさまざまな言語形式を選択して啓蒙活動を行っていくなかで、「歴史」や自分が属する社会に参与することになる。その過程で従来とは異なるエクリチュールが形成され、またその新しいエクリチュールが知識人たちに再び影響を与える。このように、人民啓蒙を図る知識人の構想・実践は、自分をめぐるエトスの世界や歴史や社会に参与するエクリチュール、すなわち〈啓蒙のエクリチュール〉によって可能となる。

最後に、近代東アジアの知識人の〈思想〉と〈構想・実践〉の〈変容〉の問題については、両者がどのように影響し合い〈変容〉していくのか、そのダイナミズムに注目する。近代東アジアの知識人の〈思想〉と〈構想・実践〉という側面は、それぞれ個別に行われるものではなく、相互に影響を与え、近代知識人たる像やアイデンティティを形成していく。その近代知識人への〈変容〉のダイナミズムが近代東アジアの知識人の有様の特徴であり、本書では尹致昊という朝鮮の知識人を通じて、その様相を確認していく。

二　本書の研究対象と問題提起――近代朝鮮知識人・尹致昊に関する総合的理解

（一）　尹致昊の生涯

本書の中心的な研究対象である尹致昊（本貫は海平、号は念梧・佐翁など）は、一八六五年、忠清南道牙山で、武官である尹雄烈《ユンウンニョル》の長男として生まれた。(11) 尹雄烈は、一八八〇年、金弘集《キムホンジプ》を正使とする朝鮮修信使の一員として来日したことがある。彼は、一八八一年に設置された朝鮮の新式軍隊別枝軍の左副領官となるが、一八八二年の壬午軍乱によって日本に逃れることになり、明治日本の近代文物を体験する。父親のこうした近代日本での経験と、それによって生じた朝鮮近代化への志は、息子の思想的な背景になったと考えられる。

幼いとき、尹致昊は、文官として朝廷に仕えることを期待され、五歳から漢学を教わり、科挙及第を目指していた。尹の教育のために一家がソウルへ移住するほど、武官であった父親の息子への期待は大きかった。上京した尹は、名

図1　エモリー大学時代の尹致昊

注）좌옹 윤치호 문화사업회編・金永義著『좌옹 윤치호 선생 약전』(좌옹윤치호문화사업위원회, 1999年［1934年］) から転載.

図2　晩年の尹致昊

注）좌옹 윤치호 문화사업회編『윤치호의 생애와 사상』(을유문화사, 1998年) から転載.

高い金正言《キムジョンオン》と魚允中《オユンジュン》の門下に入り、学問への志を高めた。この修学の様相は、当時の朝鮮士大夫である両班階級が立身出世するため課された教育の典型的なものである。尹致昊には、このように儒学的な政治思想に基づいた学問の背景が存在することに注意を払う必要がある。

尹致昊にとって最初の海外経験は、父親の勧めによる日本留学であった。一八八一年、師魚允中が紳士遊覧団の一員となり、その随員として日本に渡る。そのとき、中村正直が設立した同人社に修学する。同人社時代に、当時の明治日本を理解するために日本語を学び始める。そして、尹は、近代化を推し進める明治日本に滞在しながら、世界の状況を直接理解するために英語学習を始める(12)。

一八八三年、福沢諭吉と外務卿井上馨の推薦で、尹致昊は初代の駐朝アメリカ公使であるフート（L. H. Foote）の英語通訳者として帰国する。翌一八八四年、金玉均《キムオクキュン》と朴泳孝《パクヨンヒョ》を代表とする開化派の急進勢力による甲申政変が起こるが、その試みは失敗に終わる。その結果、閔泳翊《ミンヨンイク》などの親清国・反開化派が権力を握ることとなり、開化派と見なされていた尹も身の危機を感じ、中国上海へ外遊し(13)、約一〇年間の海外亡命生活が始まる。

尹致昊は上海にある南メソジスト系の中西書院（Anglo-Chinese College）[14]に入学して本格的な西洋式教育を受けることとなる。[15]彼は、宣教師アレン（Y. J. Allen）とボンネル（W. B. Bonnell）の周旋によって、一八八八年、テネシー州にあるヴァンダービルト（Vanderbilt）大学に留学し、神学を専攻する。一八九一年、ジョージア州にあるエモリー（Emory）大学に入学し、一八九三年まで英文学や歴史などの人文学を専攻する。その後、中西書院へ戻り、英語教師となる。

一八九五年、日清戦争によって親日人士を中心とする朝鮮政府が樹立された後、尹致昊は朝鮮に帰国し、政府の学部参議や学部協弁などを務めることになる。一八九五年一〇月に日本による王妃殺害事件（乙未事変）が起こり、翌一八九六年二月、高宗はロシア公使館に身を避ける（露館播遷）。その後、親露人士を中心とする新政府が樹立され、同年四月、新政府は、外交政策の一環として、ニコライ二世（Nicholas Alexandrovich Romanov）の戴冠式に、閔泳煥《ミンヨンファン》を正使とする祝賀使節団を派遣する。尹は、この祝賀使節団の随員兼英語通訳として同行し、同年八月にほかの使節団員が帰国した後、フランス語の勉強のためにパリに滞在し、翌一八九七年に帰国する。

帰国後の一八九七年七月から、尹致昊は独立協会の活動に加わる。尹は、中枢院参議などを務めながら、翌一八九八年三月には独立協会の会長代理となり、徐載弼《ソジェピル》とともに、独立協会の中心的な役割を果たす。そして、朝鮮政府との関係悪化により、徐がアメリカに帰国せざるを得ない状況となり、尹は一八九八年五月一二日から『独立新聞』の主筆兼社長を務めることとなり、同年八月に独立協会の会長に選出される。大韓帝国政府の弾圧により、同年一一月から独立協会は事実上解散に等しい状態となる。翌一八九九年、尹は、独立協会と『独立新聞』の活動から手を引き、地方官として地方を転々とする（徳源［現在の江原道元山の一部地域］監理兼徳源府尹、三和［現在の平安南道龍岡］監理、天安郡守兼稷山郡守［両地域ともに現在の忠清南道天安］など）。

一九〇四年、尹致昊は、外部協弁（後に外務大臣署理を兼任）として中央政府に戻ったが、一九〇五年一一月に締結された第二次日韓協約（乙巳条約）を機に官職を辞任する。以降は、大韓自強会（一九〇六年創設）の会長と青年学友会（一九〇九年結社したと推定される）の会長など民会を中心とする人民啓蒙活動や、韓英書院（一九〇六年開校）と大成学校（一九〇八年開校）の校長としての教育活動、朝鮮ＹＭＣＡを中心とする宗教活動、イソップ寓話の翻訳物『ウスンソリ（笑話）』（一九〇八）、「愛国歌」の歌詞が収録された『讃美歌』（一九〇八）、児童向けの漢字入門書『幼学字聚』（一九〇九）などの著作活動など、民間でのさまざまな啓蒙活動を行った。尹は、一九一〇年三月に、アトランタで開かれた南メソジスト平信徒会議に参加した後、同年六月にエディンバラで開かれた宣教大会に参加した。(16) 同年七月に朝鮮に帰国するが、翌八月には韓国併合が断行され、亡国を目の当たりにすることとなった。

植民地期において尹致昊は、宗教界（朝鮮ＹＭＣＡの総務・会長、朝鮮基督教彰文社（一九二三年設立）の発起委員長・任員、朝鮮監理会総理院の理事など）と教育界（松島高等普通学校の校長、延禧専門学校の校長・理事、梨花女子専門学校の理事、英語文法書『英語文法捷径』（一九一一）、『実用英語文法』（一九二八）の著述など）を中心として、当時民族主義右派の知識人として、そして朝鮮の代表的な元老知識人として活動した。

植民地期における尹の人生に大きな変化を与えた事件が大きく二つある。一九一二年に起こった一〇五人事件（寺内正毅総督暗殺未遂事件）と、一九三八年に起こった興業倶楽部事件である。

一九一一年初代朝鮮総督の寺内正毅を暗殺しようとした安明根《アンミョングン》の計画が発覚し、翌一九一二年に総督府は、秘密結社の新民会とこの事件を関連づけ、西北地方とキリスト教系知識人を主な対象として一〇五人もの人々を一斉に逮捕した。結局尹致昊を含む六名が実刑を宣告され獄中生活を送るが、一九一五年に昭憲皇太后の大喪で特別赦免となる。出獄後、尹は『毎日申報』とのインタビューで「日鮮両民族の同化」(17) に積極的に参加することを述べ、自身の転向を宣言する。その後、一九一九年三月、全国規模の抗日独立運動である三・一運動が起こると、尹は『京城日報』とのインタビューで抗日民族運動に対する批判的な発言をし物議を醸した。

もう一つは日中戦争が勃発した頃に起こった興業倶楽部事件である。興業倶楽部は、一九二五年、当時の京城を中心に李商在《イサンジェ》・尹致昊・申興雨《シンフンウ》などのキリスト教系の知識人と資産家たちが朝鮮人の実力養成を目的として結成した実業・啓蒙団体である(18)。この団体は、当時ハワイで独立運動を行っていた李承晩《イスンマン》と関係を結んでおり、一九三八年に独立運動の疑いで、同会の会員たちが逮捕される。尹致昊もこの事件で起訴されたが、帝国日本の政策に対する尹の積極的な協力と、尹による会員の身元保証や会員各自の思想転向宣言などを条件に、彼と逮捕された会員たちは不起訴処分と起訴猶予処分を受ける。翌一九三九年三月に尹は南次郎総督と会談を行うが(19)、その後時局演説・講演会などに参加し、一九四〇年には伊東致昊と創氏改名を行うなど、日本帝国の〈皇民化〉政策や戦争遂行に賛同の意を示し行動した。一九四五年八月、尹致昊は、日本の敗戦とともに、朝鮮の解放の日を迎えるが、約四ヵ月後の同年一二月、享年八〇で波乱万丈の人生を終えた。

（二）先行研究の検討および問題提起

尹致昊に関する研究は、主に韓国において(20)一九七〇年代後半から現在まで多数行われてきた。歴史学や宗教学の分野での研究が主となっており、この両分野での特筆に値する成果として、柳永烈の研究(21)と梁賢恵の研究(22)を挙げることができる。柳永烈は、尹致昊の初期から韓国併合にかけての人生と思想を通史的に分析すると同時に、尹の近代思想の特徴や彼が〈親日〉行為に至った理由を論じており、歴史学の手法によって開化期における尹致昊の思想を集大成したものと評価できる。一方、宗教学者の梁賢恵は、韓国でのキリスト教の流入と伝播という側面から尹致昊と金教臣《キムギョシン》との比較を試み、開化期から植民地期にかけての尹の宗教思想が政治論理としてどのように転換したのか、その論理の特徴と限界を検討した。

開化期における尹致昊の思想については、日本留学と開化派知識人からの影響を受けた開化思想が注目される(23)。尹は、中国やアメリカ留学を通じて、西洋文明論や社会進化論や近代自由思想などを本格的に受け入れたとされ、こうした啓蒙思想が彼の改革論と独立協会活動の政治思想的な基盤となったと論じられる(24)。とくに、上海留学時代に尹がキリスト教徒となったことが注目され(25)、彼の思想におけるキリスト教の影響がともに検討された(26)。他方、朝鮮の民衆を政治的主体として認めない尹の態度や民衆蔑視的な視線などからは、独立協会活動における尹致昊の民衆観が問題とされ、近代民主主義的観点からは彼の思想に一定の限界が存在したと指摘される(27)。

このように尹致昊の開化思想とキリスト教に注目する研究は多く行われてきた。だが、彼の儒学的素養や政治思想の性格についてはあまり注目されていない。尹致昊は朝鮮の士大夫として漢学教育を受けているが、こうした尹の儒学的政治思想と開化思想がどのように関係づけられ、その関係性がどのように変化し、彼の政治思想を形作っていたかについては検討されてこなかった。先行研究においては、尹致昊の儒学に対する態度を取り上げ、民権思想や自由思想などの近代的政治思想やキリスト教を判断基準とした尹致昊の態度を問題とし、尹が前近代的遺物として儒教を位置づけることから、彼の近代思想の特徴を読み取っている(28)。このような近代政治思想の観点に基づいた分析や評価は、尹致昊の思想における前近代と近代という区別とその断絶性に注目したものである。

一方、梁賢恵は、キリスト教への入信が尹致昊の儒教的自己修養論の延長線にあると指摘し、キリスト教の信仰における儒教的思想の残影は、儒学に対する尹の批判の不徹底さによる思想的限界として評価する(29)。キリスト教入信が尹の儒教的自己修養論の延長線にあるという梁の理解は、キリスト教神学の観点から尹の思想的限界を指摘したものである。だが、逆説的にも、梁のこうした指摘は、キリスト教入信前後における尹致昊の思想の連続性を語っている見解として理解することができる。

柳永烈と梁賢恵の研究をはじめ、従来の研究の多数は、開化期に受容・形成された尹致昊の開化思想や文明論やキリスト教思想や社会進化論などに注目し、植民地期における尹の〈親日〉とそれらの論理との連続性を究明しようとする問題意識を共有しているように見える。[30] 確かに、これらの研究は、近代西洋思想を受け入れた朝鮮知識人のあり方と朝鮮の近代を批判的に考察する本書の問題意識を共有する作業とも言え、東アジアの知識人のあり方と東アジアの近代を再考する端緒につながる成果として捉えることもできる。だが、韓国の歴史的文脈から評価するのであれば、なぜ尹致昊は反民族的な行動に至ったのか、その思想的根拠や背景はどのようなものなのか、という〈親日〉言説に関わるナショナリズム的な問いが、諸研究の問題意識として前提とされていると言わざるを得ない。[31]

このような韓国のナショナリズム的な問いに基づいた研究の傾向のなかで、近年西洋史を専門とする朴枝香は、[32] 第二次世界大戦中のフランス人の対独協力の問題をめぐる西洋の議論を参照しながら、尹致昊の自由主義者としての側面に注目して彼の人生と思想を問い直した。[33] 朴の議論は、従来のナショナリズム的な解釈とは異なる観点を示したものであり、占領地／植民地の知識人をめぐる問題という、より普遍的な議論を試みたものと評価できる。

しかし、朴の議論には考えるべき二つの問題がある。

一つは、第二次世界大戦中のフランス人の対独協力の問題を、植民地期の朝鮮人たちの協力の問題と同じ文脈で読み取ることができるのかという疑問である。両者は歴史的文脈を大きく異にしている。フランスとドイツの場合は、両国家が戦争をし、フランスが敗れた結果、戦勝国であるドイツが、フランスでヴィシー政権を樹立させ、一九四〇年から一九四五年にかけてフランスの一部の領土を占領した。一方、朝鮮の場合は、一九一〇年大韓帝国が日本帝国に併合され、国の主権がなくなり、約三六年間日本帝国の一地域である「朝鮮」として編入された。こうした両例の歴史性の差異を考慮せずに、フランスの例をもって朝鮮の協力の問題を再考することには、それぞれの歴史性を無視してしまう恐れがあるため、慎重を期す必要がある。

もう一つの問題は、尹致昊の思想を論じるとき、近代の自由主義を無批判に前提としていることである。朴は、尹の思想の中核を自由主義であると言い、彼が開化期の海外留学を通じて社会契約説に基づいた個人と国家との社会契約論の思考を持つようになったと指摘する。(34) ところが、近代自由主義には、天賦の権利としての自由と平等の保障、そしてそれによる個人の無限の可能性を解放するという明るい側面がある一方、野蛮と文明という枠組みによって、発展論的歴史観に基づいた文明論的観点から、帝国主義的な行為を容認可能とした暗い側面も存在する。こうした近代自由主義の明暗が、どのように尹致昊の啓蒙思想と実践に関わっているのかという問題は、東アジアの近代を論じるときに考慮すべきテーマである。朴は、帝国／植民地という両者の関係性と矛盾を前提として論じているが、近代の自由主義自体を批判的に捉えず尹致昊ひいては植民地朝鮮を論じることで、朴自身の議論のコンテクストである帝国／植民地の問題が後景化されてしまう恐れがある。

以上の尹致昊に対する従来のナショナリズム的な解釈と朴の自由主義的な解釈は、近代東アジアの啓蒙思想の問題を再考せず議論を行ってきた点で、ともに近代的な思考基盤に立脚していると言えるだろう。また、以上の諸研究は、それぞれ各論としては有意義な作業として評価できるが、歴史学や宗教学など、一分野に重点を置いたものであり、各分野の個別な観点による解釈に重点が置かれていると言わざるを得ない。これらは、尹致昊をめぐる当時の歴史的・文化的・思想的な諸文脈を立体的に考慮しながら、東アジアの近代への転換期を生きた、彼の人生と啓蒙思想の総合的な理解を示しているものとは言えない。近代の事象と概念を判断基準とする近代主義に基づいた理解を相対化しつつ、尹致昊の思想を総合的に理解するためには、既存の歴史学や宗教学や政治学的な観点とともに、尹致昊の翻訳と著作に注目した文学や文化史などの他分野の観点も取り入れる必要がある。(35) と同時に、一国家的な観点にとどまらず、当時の日本や中国や西洋の思想との影響関係など、さまざまな角度からの議論を、総合的に行わなければならない。

本書の主な分析資料は、尹致昊が一八八三年から約六〇年もの間、漢文・朝鮮語・英語三つの書記言語で書き続けた「日記」(36) である。この「日記」は、一八八三年一月一日から一八八七年一一月二四日までは漢文で、同年一一月二五日から一八八九年一二月七日までは国文（ハングル文）で、その後は、やや例外はあるものの、英文で作成されている。「日記」は、尹致昊研究において最も貴重な資料であり、柳永烈をはじめとする先行研究の主資料となっている。本書では、この「日記」とともに、尹致昊が『独立新聞』の主筆を務めていた時期の論説、諸新聞や雑誌に載った文章、『高宗実録』などの史料にも注目し、尹致昊が生きた時代のコンテクストのなかで、彼の人生と思想を読み取る。

尹致昊は、「日記」のほかにも、*Pocket Manual of Rules of Order for Deliberative Assemblies*（一八七六）の抜粋訳『議会通用規則』（一八九六）、イソップ寓話の翻訳物『ウスンソリ（笑話）』（一九〇八）、「愛国歌」の歌詞が収録されている『讃美歌』（一九〇八）、児童向けの漢字入門書『幼学字聚』（一九〇九）、英語文法書『英語文法捷径』（一九一一）、『実用英語文法』（一九二八）など、多様な分野にわたる著作を残している。本書では、尹致昊の翻訳や著述も視野に入れて論を展開する。

尹致昊がさまざまな領域にわたるテーマを扱ったのは、時代の要求に応じてのことであり、これは当時の東アジアの知識人に求められたものでもある。それは東アジアにおける啓蒙の多様性と変容を示す一例とも考えられる。先述したように、東アジアの知識人たちが試みた啓蒙は、西洋を新たな文明として認識し、それを学び克服するという問題意識としては同一の側面があるとはいえ、それぞれが処された歴史的・政治的な状況下における啓蒙の形式や方法、そして問題意識に差異が発生したことにも注目すべきである。東アジアの近代と啓蒙の検討は、こうした啓蒙の同一性と差異を、一国家的な観点のみから探るのではなく、東アジアというコンテクストをともに考察することで鮮明になる。朝鮮の士大夫であった尹致昊は、日本をはじめとして中国やアメリカを経験しながら啓蒙思想とキリスト教を受け入れ、朝鮮政府の改革と人民啓蒙に奮闘することで朝鮮の独立を図ったが、結局日本によって亡国を迎え、被植民者の人生を送らざるを得なかった。こうした尹致昊の人生と思想は、東アジアの近代と啓蒙を検討する具体的な事例になる。と同時に、当時の東アジア世界への彼の視線は、現在の我々における近代の意味を再考するツールにもなる。とくに、〈親日派〉としての尹致昊の評価は、東アジアにおける近代の問題が、過去形ではなく、現在形の問題であることを示唆する。

本書は、以上の先行研究の動向を批判的に捉え、近代主義的な観点を相対化しながら、開化期の尹致昊の人生と思想が、どのように東アジア／朝鮮の諸文脈と知識人ネットワークのなかで、形成され変容していったのか、その有様と特徴を問い直し、尹致昊に対する総合的な理解を示すことを目的とする。そして開化期における朝鮮知識人尹致昊の人生と思想に関する総合的理解を示すことで、東アジア／朝鮮の近代と知識人の在り方を考える端緒を探ろうとするものである。

（三）本書の構成

本書は、序章と終章を除いて三部九章で構成されている。

三部構成としたのは、まず朝鮮知識人の海外経験の様相とその文化的意味を問題とし、次に近代朝鮮における翻訳に焦点を当てて啓蒙の言語的装置としての問題を探り、最後にその啓蒙の内容と朝鮮知識人の思想的変容の問題を示す、という本書の方法論によるものである。以上の構成に従って論を展開することを通して、尹致昊をはじめとする朝鮮の知識人ひいては近代東アジアの知識人が置かれた当時の状況とそれに対する彼らの反応を確認し、尹致昊／彼らの〈思想〉と〈構想・実践〉の問題を検討するとともに、両者が影響し合う〈変容〉のダイナミズムを浮き彫りにしていく。

第Ⅰ部「朝鮮知識人と西洋体験」では、第一章から第三章において、尹致昊とともに閔泳煥や金得鍊《キムドゥンニョン》に注目し、朝鮮知識人の海外体験の文化的意味を問題とする。近代化を推進していた日本をはじめとしてアメリカやヨーロッパの諸国の異文化と近代文物に接した朝鮮知識人の反応、異文化経験が彼らに与えた影響、それによる彼らの思想的変化を示す。

第Ⅱ部「朝鮮の近代と啓蒙のエクリチュール」では、第四章から第六章において、東アジア／朝鮮における啓蒙思想の翻訳と言語空間の変容を問題とする。まず明治期における永峰秀樹の翻訳を視野に入れ、朝鮮における近代討論文化の紹介と流通の様相を示す。次に、尹致昊のイソップ寓話を底本とした『ウスンソリ（笑話）』（一九〇八）の翻訳の様相やそのテキストの啓蒙性を検討し、近代朝鮮におけるイソップ寓話の翻訳の問題について論じる。最後に、尹致昊が著した漢字学習書『幼学字聚』（一九〇九）の著述の意図とテキストの特徴を検討し、近代へ転換する朝鮮社会における漢字漢文教育の変容の様相を示す。

第Ⅲ部「尹致昊の政治思想の変容と自由思想」では、第七章から第九章において、開化期と植民地初期における尹致昊の思想の特徴とその変容を問題とする。まずは朝鮮の士大夫としての素養を持つ尹致昊が、海外生活のなかで、キリスト教や自由思想や文明論などを受け入れ、啓蒙知識人へ変貌していく過程と、帰国後に展開する独立協会を通じての啓蒙活動の様相を示す。次に、福沢諭吉の啓蒙思想との比較分析を行い、尹致昊の啓蒙思想のキリスト教的特性を示す。最後に、一九一〇年代における尹致昊と崔南善《チェナムソン》の翻訳と思想との比較を通じて、植民地朝鮮における自助論の政治的想像力の特徴を示す。

各章は尹致昊の人生の前半に当たる一八八〇年代から一九一〇年代までの時期を扱っており、第Ⅰ部、第Ⅲ部の第七章と第八章、第Ⅱ部、第Ⅲ部の第九章の順序にすると、通史的に尹致昊の思想的変容を時間軸に沿って把握することができる。第Ⅰ部の第一章は、尹致昊の日本や中国やアメリカでの留学期を中心とした一八八〇年代から一八九〇年代半ばまでの時期である。第二章と第三章は、尹が朝鮮の祝賀使節としてロシアとヨーロッパ諸国を訪ねた一八九六年から一八九七年前後の時期である。第Ⅲ部の第七章と第八章は、尹の初期官吏時代から独立協会活動期前後までの一八八〇年代から一八九〇年代にかけての時期である。第Ⅱ部の第四章は、尹の独立協会活動期から官界から離れて人民啓蒙を中心に活動した一八九〇年代後半から一九〇〇年代にかけての時期である。第Ⅱ部の第五章と第六章は、大韓帝国が日本の保護国となる一九〇五年から韓国併合直前にかけての時期である。最後に第Ⅲ部の第九章は、韓国併合以後から三・一運動前後の時期までの一九一〇年代を時代的な背景とする。

（1）日韓の朝鮮史研究において、開化期という時期区分は、大きく二つの意味範疇を有する。一つは、朝鮮の開国（一八七六）前後から韓国併合（一九一〇）を迎える、一九世紀末から二〇世紀初頭にかけての時期を示す広義的な時期区分である。もう一つは、朝鮮が開国した一八七六年頃から甲午改革が行われる一八九五年頃にかけての時期を指す用法であり、その場合、一八九五年から大韓帝国が日本に併合された一九一〇年までを愛国啓蒙期として区分する。これは朝鮮の歴史性がより強調される時期区分である。広義的な意味としての開化期は、東アジアの諸国が西洋と遭遇し開国して近代への道を模索した時期であり、東アジアにおいて共有可能な時期区分として理解することができる。そこで、本書では、開化期を、こうした広義的な意味として用いる。

（2）カント「啓蒙とは何か」『啓蒙とは何か』（篠田英雄訳、岩波文庫、二〇一三年［一九五〇年］）、七・一〇頁。

（3）天と公私の相対的関係については、溝口雄三「中国思想史における公と私」佐々木毅・金泰昌編『公と私の思想史』（東京大学出版会、二〇〇一年）を参照。

（4）上掲溝口雄三（二〇〇一）、四一頁。

（5）中国における公私概念の変容については、溝口雄三同論文、および同『中国の公と私』（研文出版、一九九五年）、同『公私』（三省堂、一九九六年）を参照。

（6）朝鮮時代の公私概念については、김용직「한국정치와 공론성（1）――유교적 공론정치와 공공영역」『국제정치논총』第三八輯第三号（한국국제정치학회、一九九九年）、백민정「유교 지식인의 公 관념과 公共 의식――이익、정약용、심대윤의 경우를 중심으로」『동방학지』第一六〇輯（연세대학교 국학연구원、二〇一二年）、이영재「조선시대 정치적 공공성의 성격 변화――〈民〉을 중심으로」『정치사상연구』第一九輯（한국정치사상학회、二〇一三年）、参照。

（7）福田歓一「西欧思想史における公と私」前掲佐々木毅・金泰昌編（二〇〇一）、一一頁。

（8）マックス・ヴェーバーのエトス概念については、岡澤憲一郎『マックス・ヴェーバーとエートス』（文化書房博文社、一九九〇年）、一三六―一五二頁参照。

（9）森本和夫・林好雄「訳注」ロラン・バルト『エクリチュールの零度』（森本和夫・林好雄共訳、筑摩書房、二〇〇八年［一九九九年］）、一二四頁。

（10）上掲ロラン・バルト（二〇〇八）、二五―二六頁。

（11）尹致昊の生涯については、「日記」および金永羲『佐翁尹致昊先生略伝』（基督教朝鮮監理会総理院、一九三四年）。柳永烈『개화기의 윤치호 연구』（景仁文化社、二〇一一年［一九八五年］）、尹致昊『물 수 없다면 짖지도 마라――윤치호 일기로 보는 식민지 시기 역사』（金相泰編訳、산처럼、二〇一三年［二〇〇一年］）、参照。

（12）上掲柳永烈（二〇一一）、一七―二三頁。

（13）本来、尹致昊は日本かアメリカに行くつもりであったが、経済的な理由で、フートの周旋によって中国に留学することになった。尹致昊「To Anonymous Person (June 5, 1885)」（『尹致昊書簡集』국사편찬위원회、一九八四年［一九七一年］）。

（14）中西書院は、一八八三年アメリカの南メソジスト教の宣教師であるアレンが設立し、尹致昊が入学した年に大学になった。前掲柳永烈（二〇一一）、六〇―六一頁。

（15）一八八七年五月二四日付の「日記」には、尹致昊がこの時期から中国語の官話を学んだことが記されている。

（16）一九一〇年の尹致昊の外遊については、前掲金永羲（一九三四）、一九九―二〇四頁、안신「윤치호의 선교사상과 에딘버러 선교대회―한국적 선교신학의 가능성」『선교신학』第二四輯（한국기독교학회 선교신학회、二〇一〇年）、九―一五頁参照。

（17）尹致昊「余ᄂᆞᆫ 大히 誤解ᄒᆞ얏섯노라。余ᄂᆞᆫ 光明을 得ᄒᆞ얏노라（余は大いに誤解したのだ。余は光明を得たのだ）」『毎日申報』一九一五年三月一四日付。原文は国漢文。題目の分ち書きと句読点は引用者。

（18）興業倶楽部については、金相泰「1920–1930 년대 同友会・興業倶楽部 研究」『한국사론』第二八輯（서울대학교 인문대학 국사학과、一九九二年）、参照。

（19）「南総督と尹致昊会見記――内鮮一体を中心に半島統治の改新を語る」『国民新報』昭和一四年［一九三九年］四月三日付創刊号。

（20）日本においては、尹致昊に関する本格的な研究書としては、梁賢恵『윤치호와 김교신――근대 조선의 민족적 아이덴티티와 기독교』（한울아카데미、二〇〇九年［一九九四年］）の日本語訳である梁賢恵『尹致昊と金教臣――その親日と抗日の論理』（新教出版社、一九九六年）を挙げることができる。またごく最近、「親日と愛国――『尹致昊日記』抄」（一―一二、『現代コリア』四四四―四七六号、現代コリア研究所、二〇〇四年九月―二〇〇七年一一月）を連載した木下隆男は、尹致昊の

「日記」や関連資料を通じて、尹の人生を全生涯にわたって評した『評伝尹致昊——「親日」キリスト者による朝鮮近代六〇年の日記』（明石書店、二〇一七年）を著した。これら以外には断片的あるいは概論的な研究が主である。中国とアメリカでの海外亡命期における尹致昊の思想に関する、月脚達彦『福沢諭吉と朝鮮問題——「朝鮮改造論」の展開と蹉跌』（東京大学出版会、二〇一四年）、一三三—一四八頁、植民地期における尹致昊の人生の意味を「日記」から読み取った、外村大「植民地に生きた朝鮮人にとっての日本——民族指導者尹致昊の日記から見えてくるもの」『日本の科学者』第四五集第一二号（日本科学者会議、二〇一〇年）、など。

(21) 前掲柳永烈（二〇一一）。

(22) 前掲梁賢恵（二〇〇九）。

(23) 尹致昊の初期思想の特徴と開化思想の形成については、朴正信「윤치호 연구」『백산학회』第二三輯（백산학회、一九七七年）、閔庚培「초기 윤치호의 기독교신앙과 개화사상」『동방학지』第一九輯（연세대학교 국학연구원、一九七八年）、上掲柳永烈（二〇一一）、李光麟「尹致昊의 日本留学」『동방학지』第五九輯（연세대학교 국학연구원、一九八八年）、上掲梁賢恵（二〇〇九）、許東賢「1880 년대 개화파 인사들의 사회진화론 수용양태 비교 연구——유길준과 윤치호를 중심으로」『사총』第五五輯（역사학연구회、二〇〇二年）、など。

(24) 甲申政変後の海外留学経験における西洋思想の受容と、尹致昊の改革論と独立協会活動との関連性については、上掲朴正信（一九七七）、柳永烈同書、梁賢恵同書など。

(25) 尹致昊のキリスト教の受容の問題については、前掲閔庚培（一九七八）、柳永烈同書、梁賢恵同書、Kenneth M. Wells, *New God, New Nation: Protestants and Self-reconstruction Nationalism in Korea, 1896–1937* (North Sydney: Allen & Unwin, 1990), 안신「좌옹 윤치호의 종교경험과 종교론——종교현상학적 해석」『한국기독교와 역사』第二七輯（한국기독교역사연구소、二〇〇七年）、「개종에서 변혁으로——좌옹 윤치호의 기독교 선교사상에 대한 연구」『선교신학』第一七輯（한국선교신학회、二〇〇八年）、「정약용과 윤치호의 종교관 비교연구——초기 천주교인과 개인교인의 신앙유형을 중심으로」『교회사학』第八輯第一号（한국기독교회사학회、二〇〇九年）、など。

(26) 尹致昊の政治思想におけるキリスト教と文明論の影響については、前掲朴正信（一九七七）、上掲閔庚培（一九七八）、柳永烈同書、梁賢恵同書、鄭容和「문명개화론의 덫——『윤치호일기』를 중심으로」『국제정치논총』第四一輯第四号（한국국제정치학회、二〇〇一年）、우정열「윤치호 문명개화론의 심리와 논리——근대 자유주의 수용과 노예로의 길」『역사와 사회』

第三三輯（국제문화학회、二〇〇四年）、金昊一「문명론과 인종주의、아시아 연대론——유길준과 윤치호의 비교를 중심으로」『사회와 역사』第七八輯（한국사회사학회、二〇〇八年）、유불란「〝우연한 독립〟의 부정에서 문명화의 모순된 긍정으로——윤치호의 사례를 통하여」『정치사상연구』第一九輯第一号（한국정치사상학회、二〇一三年）、など。

(27) 上掲朴正信（一九七七）、三七七頁、梁賢恵同書、六九—七一頁。

(28) 朴正信同論文、三七八—三七九頁、前掲閔庚培（一九七八）、一八〇頁、前掲柳永烈（二〇一一）、一九五—二〇四頁。

(29) 前掲梁賢恵（二〇〇九）、三五—四一頁。

(30) 植民地期における尹致昊の思想については、前掲柳永烈（二〇一一）、上掲梁賢恵（二〇〇九）、鄭容和「근대적 개인의 형성과 민족——일제하 한국자유주의의 두 유형」『한국정치학회보』第四〇輯第一号（한국정치학회、二〇〇六年）、など。

(31) 欧米圏の研究者のなかには、韓国のナショナリズムに基づいた尹致昊研究に対する批判も存在する。쿤 데 괴스테르（Koen De Ceuster）「윤치호의 친일 협력에 대한 재평가」좌옹 윤치호 문화사업회 편『윤치호의 생애와 사상』（을유문화사、一九九八年）。

(32) 朴枝香『윤치호의 협력일기——어느 친일 지식인의 독백』（이숲、二〇一〇年）。

(33) 尹致昊の思想を自由主義的観点から論じたものとしては、これ以前にも、前掲우정열（二〇〇四）、前掲鄭容和（二〇〇六）などの研究がある。

(34) 前掲朴枝香（二〇一〇）、一〇一頁。

(35) 許敬震・임미정「윤치호의『우순소리』의 성격과 의의」許敬震編『윤치호의『우순소리』연구』（보고사、二〇一〇年）、이효정「윤치호『우순소리』소개」、許敬震編同書、全英雨『한국근대토론의 사적 연구』（一志社、一九九一年）、이정옥「근대 초기 회의 규범의 수용과정（1）——『의회통용규칙』을 중심으로」『한국문학논총』第五九輯（한국문학회、二〇一一年）、「근대 초기 회의규범의 수용양상（2）——애국계몽기『의회통용규칙』의 수용양상을 중심으로」『인문학연구』第四七集（조선대학교 인문학연구소、二〇一四年）、など。

(36) 尹致昊『尹致昊日記』（全一一冊、国史編纂委員会、一九七一—八九年）。

第Ⅰ部　朝鮮知識人と西洋体験

第一章　尹致昊の海外経験と英語学習
――東アジアの辞書学と朝鮮知識人の英語リテラシー

一　朝鮮知識人の英文日記

십오 (청、 초칠、 Sa.) 오전 오시의 이러ᄂᆞᄃᆞ。 오늘붓터 영어로 일긔ᄒᆞ기 작중ᄒᆞᄃᆞ。 그 연고ᄂᆞᆫ 첫ᄌᆞ 아국 말로넌 당시 각식 일을 다 세세히 스기 어렵고 둘ᄌᆞ넌 빅ᄉᆞ를 세세이 스기어려운 고로 미일 궐ᄒᆞ넌 일 만아 일긔가 불과 일수와 음청을 긔록ᄒᆞᆯ 뿐이요 셋ᄌᆞᄂᆞᆫ 영어로 일긔ᄒᆞ면 별 필묵을 밧구지 않고 넷ᄌᆞᄂᆞᆫ 영어럴 비우기가 더 속ᄒᆞᆫ 고로 이리ᄒᆞ노ᄅᆞ。(1)

Up at 5 am, Cloudy. My Diary [sic] has hitherto been kept in Corean [sic] . But its vocabulary is not as yet rich enough to express all what I want to say. Have therefore determined to keep the Diary in English. After dinner, went downtown with Jordan to look at Christmas tricks. Came back at 5.(2)

尹致昊は、アメリカのヴァンダービルト (Vanderbilt) 大学に留学中、それまで朝鮮語で書いてきた日記を、これからは英語で書くことを決心する。尹は日本に留学していた一八八三年一月一日から一九四三年一〇月七日まで約六〇年間の日記を書き残した。「日記」は、一八八三年一月一日から一八八七年一一月二四日までは漢文で、一八八七年一一月二五日から一八八九年一二月七日までは国文で、それ以降は英語で書かれている。

朝鮮末期において尹致昊のような多言語使用者は稀な存在であった。彼が習得した外国語は、日本語・英語・中国語・フランス語であり、このなかで英語が最も得意であった。尹は、英語学習書『英語文法捷径』（一九一一）、『実用英語文法』（一九二八）を著し、(3) これらは彼の英語に対する関心と実力を示すものである。さらに、約四五年もの間、英語で日記を書き続けた事実からも、彼の英語能力の高さが窺える。

冒頭の引用文は、彼が日記を英語で書く理由について記した国文日記と英文日記である。国文日記で述べられた英文日記を書く理由は、朝鮮語では当時の世界を具体的に表現できない、ということに要約できる。同日に書かれた英文日記では、「私の日記を今まで朝鮮語で書いてきた。しかし、その［朝鮮語の］語彙（vocabulary）は、私が言いたいことを充分に表現できるほど豊富ではない」と述べられている。国文日記と英文日記を照らし合わせてみれば、朝鮮語で世界を表現できないという国文日記での記述は、当時の朝鮮語の語彙不足を意味することが分かる。言い換えれば、尹致昊にとって英語は、当時彼自身が経験した世界を書き表すことのできる「語彙」を有した言語だったのである。

尹致昊のこの発言は朝鮮語の近代的変貌の苦難を示すものだとも言える。西洋との外交関係を拒否し鎖国主義を維持した朝鮮は、一八七六年の開港以降、西洋との交流を必然的に強いられる状況に置かれる。当時の朝鮮では、文語としての漢文と口語としての諺文（朝鮮語）が共存しており、文語としての漢文が上位言語として機能していた。だが、開港後、西洋との外交上、自国を表象する国文の必要性が生じ、下位言語であった諺文を国文の地位に昇格させる試みが行われた。(4)

一九世紀末の朝鮮語の変貌は、外国語との接触とそれによる新たな言語体系の形成や変化にほかならない。朝鮮語における近代的な語彙の受容は、日本と中国を経由して行われた。それは漢字という東アジアの共有文字を媒体とするものであった。また、一八八〇年発行の『韓仏字典（*Dictionnaire Coréen-Français*）』[5]をはじめとして、一八九〇年アンダーウッド（H. G. Underwood）が著した『韓英字典（*A Concise Dictionary of the Korean Language*）』[6]など、宣教師たちによる辞典編纂は、朝鮮語と西洋諸語との相互理解や翻訳を可能にする言語的交通網の形成の一翼を担っていた。

東アジアにおける対訳辞典あるいは二重語辞典（bilingual dictionary）[7]の形成を論じる際、宣教師の役割を無視することはできない。マテオ・リッチ（Matteo Ricci）が著した漢訳教理問答書『天主実義』をはじめとする一六世紀以降のキリスト教宣教師たちの聖書や説教書の出版事業は、朝鮮だけでなく、東アジアの諸言語と西洋語との言語的交通、ひいては近代語への形成や変貌に多大な影響を与えた[8]。布教と、それに伴う現地語の学習のための辞典編纂も行われ、一九世紀に入り、プロテスタント系宣教師たちの二重語辞典が続々と刊行された。例えば、英語の場合、日本の英語辞典編纂に影響を与えたロブシャイド（W. Lobscheid）の『英華字典』（一八六六）などが出版され、東アジア全域に流通することになった[9]。

宣教師の翻訳と辞典編纂のプロセスは、極めてトランスナショナルな状況で行われていた。このような出版事業において、そもそも宣教師が独力で土着語を理解し訳したわけではなく、助力者としての土着民との協業の過程を経ざるを得なかったのである。このトランスナショナルな協業のプロセスは、二〇世紀初頭や植民地朝鮮においては、朝鮮語だけで書かれた単一語辞典の編纂にも適用される[10]。単一語辞典を構成する辞書学のトランスナショナリティが、東アジアの諸国語辞典と西洋の国語辞典との複数の軸を相互参照することによって持続されるからである。国語辞典の編纂は、辞書学のトランスナショナリティという非ナショナルな痕跡を消す企てだとも言える。

外国語学習も、この国語辞典の編纂の論理と同様に、相互参照のトランスナショナルなプロセスによって成り立っている。現在韓国において英語学習に必須のものである英語学習書や英語辞典や文典などは、英語と韓国語という両言語の言語的交通を前提にしているように見える。だが、前述したように、現在の学習書と辞典の形成には、東アジアにおける英語学習の相互参照というトランスナショナルな系譜が前提とされている。この相互参照の系譜が薄れていく過程こそ、朝鮮語が近代（現代）語としての韓国語に変貌していく様相を示すものであろう。

尹致昊が、漢文ではなく、国文をもって啓蒙を図った一八九〇年代半ばから一九〇〇年代にかけてのこの時期に、朝鮮政府と[11]、周時経《チュシギョン》をはじめとする初期国語学者による[12]朝鮮語の近代的体系化が試みられていた。そして、この時期は新聞や雑誌のような近代メディアの創刊に伴う近代文学の形成期でもある[13]。この朝鮮語の国文化をめぐる活発な動きが生じていた最中に、尹致昊は朝鮮語の国文化と西洋文化の翻訳を通じて朝鮮民衆への啓蒙を図ったのである。尹のこうした啓蒙活動の基盤には、彼の西洋経験、そしてそれを通じて習得した西洋語の理解が存在する。

本章では、尹致昊が英語学習を行った一九世紀末の朝鮮における西洋語学習の環境を視野に入れ、尹の英語学習の様相と言語習得のプロセスを検討し、彼の外国語の習得と、異文化経験と近代朝鮮語の形成との関係性を明らかにする。従来の研究では、尹の英語学習が日本をはじめとした中国とアメリカでの留学を通じて行われたと指摘されたが[14]、それが可能となった英語習得のプロセスには注目されていない。前述したように、『韓英字典』が出版されたのは一八九〇年であり、尹が英語を学びはじめた約一〇年後のことである。はたして尹致昊はどのように英語を学んだのか。答えを先に述べると、尹致昊の英語学習は、日本や中国に流通していた英語学習書や辞典によって可能になったのである。その英語学習の実態を明らかにするために「日記」に言及されている辞典に注目し、尹の英語学習が、現在とは異なり、彼の漢学的素養による漢文脈と英語を支える欧文脈との重なりによって可能となったことを検討する。それを通じて、尹の英語学習における言語の重層性を明らかにし、開化期朝鮮の初期における朝鮮知識人の英語学習の実態を理解する端緒を示す。さらには尹の英語学習のプロセスとその様相を確認することを通じて、近代朝鮮語の形成と外国語との関係を検証し、近代朝鮮語の形成のトランスナショナリティとその系譜の一例を示す。

二　尹致昊の日本留学と英語学習

(一)　日本語学習と漢学的素養

尹致昊は一八八一年五月に紳士遊覧団の一員として来日する。これが彼の初めての海外経験である。尹は幼いときから科挙に向けた教育を受けており、当時の彼は漢学の素養を持つ若き儒学者であった。この尹の漢学の素養が日本語と英語の学習を可能としたことを先に述べておく。尹致昊の日本留学と英語学習との関連性については後述することにし、ここではまず尹致昊が入学した同人社から出された『同人社文学雑誌』を通して、一八八一年から始まった日本留学時の尹致昊の日本生活と日本語習得の様相を検討し、この時期の彼の漢学的素養と儒学的思想の特徴を探ってみよう。

尹致昊が同人社に入学した時期は定かではない。だが、中村正直が尹致昊を紹介する形で詠った漢詩が、『同人社文学雑誌』第五八号(一八八一年八月一〇日発行)に見られる。この漢詩からすれば、尹の入学は同年八月以前だったと推測される。(15)

韓客尹念梧、学問自天分。
和語口能肖、漢文意能運。
我楽与之対、吐属有雅韻。(16)

(韓客の尹念梧*、学問は生れつきのものである。日本語の言葉をよく真似ることができ、漢文のこころをよく駆使することができる。私は楽しんで彼に応対する、[彼の]言葉遣いには優雅で品がある。)[*念梧　尹致昊の号]

この中村正直の五言古詩は、同号に掲載の漢学者の信夫恕軒による五言古詩「新居雑詠」に次韻し、中村自身の近況を述べた漢詩の一首である。ここで中村は、尹致昊の学識を高く評価し、その例として日本語と漢文能力の優秀さを挙げている。さらにこの詩に「韓客尹氏が同人社に入学した。歳はわずか一七歳である。才知が優れており、比べるものがないほど優れている」(17)という文章を付け加え、当時一七歳の若き尹致昊という英才が同人社に入学したことを記している。

尹致昊が修学した同人社は、一八七三年（明治六年）に東京府小石川区江戸川町（現在の水道・後楽）に中村正直が設立し社長を務めていた私塾である(18)。当時は福沢諭吉の慶應義塾と近藤真琴の攻玉社とともに、三代義塾として称されるほどであった。東京府に提出した同人社の「私学開業願」（一八七三年五月）によれば、初期は英学・算術・支那学の三課を設け、それぞれの教員として英学は柳沢信大《のぶふと》、算術は浜田晴高、支那学は豊島住作の名と経歴が記されており、教科内容としては、英学は「生徒之力ニ随ヒ三級ニ分チ、綴字法・単語・会話ノ類ヨリ地理・歴史・究理・経済・修身学等ノ書訳読・輪読等」、算術は「四法及開方ヨリ代数・幾何・微分・積分ニ至ル迄等」、支那学は「英学ノ余力ヲ以テ初学読本・皇漢歴史・西洋翻訳書等」を教えた(19)。同人社の最盛期は、尹致昊が入学した一八八一年（明治一四年）ごろと推測されるが、『文部年報』（明治一四年「私立各種学校の部」二）によれば、学期年数は五年、教員数は二四名、生徒数は三一九名、一ヵ年授業料総額は五七四二円であり(20)、学科は英学変則・英学正則・漢学・数学となり細分化（予科・本科）もされている。だが、一八八九年（明治二二年）九月に私塾の運営を東京英語学校の関係者に委ねて予備校となり、これ以降も一八九一年（明治二四年）に同人社の名で中村正直の訃報を出すことなどはあったが、実質的には一八八九年の時点で同人社は廃校となった(21)。

『同人社文学雑誌』は、同人社設立の三年後の一八七六年（明治九年）七月八日に創刊された総合啓蒙雑誌であり、一八八三年（明治一六年）五月一〇日刊行の第九二号をもって廃刊したと考えられる(22)。創刊号の「提言」の冒頭には、「我ガ文学会社ハ、欧米各国ニ所謂、リテラル・ソサイティニ倣ヒタルモノナリ。我党同志ヲ会シ、条規ヲ作リ、社友ヲシテ学問文芸ヲト進セシメ言語文章ヲ修メ善クセシムルヲ以テ目的ト為シタリ」[23]とその趣旨を述べており、同雑誌には同人社の社友だけでなく、中村と親交を深めていた人々の詩文や訳文なども載っている。『同人社文学雑誌』の「文学」は、近代的な意味での literature の訳語ではなく、『論語』先進編で、詩書礼楽の文を学ぶ[24]」ことを意味し、学問や学芸全般を言うことばである。この「文学」が示すように、雑誌の内容は、歴史・伝記・学術・政治・宗教など諸分野にわたっており、西洋文化に関する紹介や翻訳から漢詩文に至るまで多様である。

先述した中村正直の漢詩から、一八八一年八月時点に尹致昊が日本語を習得していたことが分かる。尹の日本語能力に関連して、『同人社文学雑誌』には、ほかにも注目に値するものがある。中村の漢詩が掲載された六ヵ月後の一八八二年（明治一五年）二月一〇日発行の『同人社文学雑誌』第七〇号に、尹致昊が漢文訓読文で書いた「進徳館開業ヲ祝ス」が掲載される。この尹致昊の文章に対して『同人社文学雑誌』の編集者の吾妻兵治は、「朝鮮の人が和文を書いたのは、おそらくこれが嚆矢であろう。王仁の浪華《なにわ》の歌とは、長い年月をおいた良い対である。○尹君が日本に来て、わずか半年である。我が言語を話すことがよくできるだけでなく、しかも我が文章をよく書けること、この通りである[25]」と記した。吾妻は、尹致昊の和文を、昔朝鮮半島の百済から日本列島に渡ってきたとされる王仁が詠んだ和歌に対比した上で、尹が日本語を話せるだけでなく、「和文」、正確には漢文訓読体の書き言葉もよく駆使すると高く評価している。

吾妻は「わずか半年」で尹致昊が日本語の能力を身に付けたと記しているが、彼はどのように日本語を学んだのか。詳細は分からないが、尹致昊の稀年を祝って企画された『佐翁尹致昊先生略伝』には、「佐翁［尹致昊の号］先生はまだチャンオッ［朝鮮式の上着］を着て髷《サントゥ》を結っていた頃に語学を、情熱の師の指原から学んだ。すでに一一人士たちと学びながら語学に特才があった佐翁先生は程なく自由な語学力を得たのである[26]」と尹の日本語習得について記されている。ここから推測すれば、尹がまず「一一人士」すなわち紳士遊覧団と日本に滞在し見学しながら日本語を学び、その後「指原」から体系的に語学を教わったということとなる。この「指原」は、『同人社文学雑誌』に掲載された尹致昊の「飛鳥山観楓」に見られる「指原豊州［洲］」、すなわち漢学者・ジャーナリストの指原安三［豊州は号］であろう。指原安三は、臼杵藩（現在の大分県）の藩士の家に生まれ、大阪と東京の二松学舎で漢学を学び、同人社塾頭を務めた経歴を持つ人物である。同人社時代に指原が、尹と交流しながら日本語を教えたと推測され、後に確認するように、尹致昊が書いた和文が漢文訓読体なのは、漢学的素養を持つ指原から学んだためだと考えられる。

すでにいくつか紹介したように、『同人社文学雑誌』には尹致昊の名で掲載された文章が五編ある。それらは『同人社文学雑誌』第六〇号（一八八一年［明治一四年］九月）から第七二号（一八八二年［明治一五年］三月）にかけてのものであり、それぞれの題目・収録号・文体・概要を紹介しておく。

①「加藤東泉に呈する大観楼の説（呈加藤東泉大観楼説）」第六〇号（一八八一年［明治一四年］九月一〇日、漢文）――加藤瘋癲病院（瘋癲病院は現在の精神科病院。創始者・加藤照業[27]、東京本郷区田町、現在本郷西片）内にあった大観楼の楼記の作成を頼まれたこととその内容について記されている。

②「偶戯」第六一号（同年九月二〇日、漢文）――旧暦七月小晦の朝、中村正直の家を訪ねたが、中村がまだ起きておらず、会えなかった心境が綴られている。

③「飛鳥山観楓」第六五号（同年一一月二七日、漢文）――中村正直と指原安三と一緒に東京の北にある飛鳥山公園の紅葉を見に行き、その楽しさを詠んだ七言律詩と五言律詩が記されている。

④「進徳館開業ヲ祝ス」第七〇号（一八八二年［明治一五年］二月一〇日、和文［漢文訓読文］）――櫻井忠徳が建立した進徳館（東京府神田区小川町所在、現在の千代田区神田小川町。尹の文章によれば、一八八二年一月に開校）の開校式に参加して献じた祝文の内容が記されている。

⑤「少年を戒める事を記す（記戒少年事）」第七二号（同年三月一〇日、和文［漢文訓読文］）――長い付き合いの友人へ

の助言が記されている。

『同人社文学雑誌』における尹致昊の漢詩文と和文から「まだチャンオッを着て髷を結って[28]」いた儒者尹致昊の漢学的教養と思想を確認することができる。

前述した尹致昊を紹介する中村正直の漢詩で、中村が尹の優れた漢文能力を称えていたように、二人の間の親交は漢学的教養に基づいたものであった。「偶戯」での尹致昊と中村とのやり取りがその例である。朝早く「中村先生」を訪ねた尹致昊は、先生がまだお目覚めになっていなかったため面会がかなわなかった。そこで諸葛亮が昼寝から目覚めるときに読んだ詩を吟じながら、孔明が目覚めるのを待っていた劉備と心境を重ねている。この文章に対して中村は評を付けており、まるで眼前に見えるように書かれていて趣があると評価した上で、王維の「田園楽」の二句「花が落ちているが召使いはまだ掃かず、鳥が鳴いているが隠者はまだ寝ている（花落家僮未掃、鳥啼山客猶眠[30]）」を引いて尹の情に応える。[29]

中村正直だけでなく、ほかの日本人と尹致昊との交流も、漢学的教養に基づいたものである。当時数え歳で一七か一八歳だった幼学尹致昊に、加藤が大観楼の楼記を求めたり（「加藤東泉に呈する大観楼の説」）、櫻井が進徳館に招いて祝文を頼んだり（「進徳館開業ヲ祝ス」）したのは、彼らが尹の漢学的教養を認め、尹を日本に近代文明や日本語を学びにきた留学生ではなく、朝鮮からきた儒者として接していたことを示す例である。尹は「良い医師の門には、多い病人がいて、檃栝《いんかつ》［曲がった木などを正す道具］のかたわらには、多く曲がった木がある[31]」と『荀子』「法行」篇を引いて加藤の医者としての優秀さを表す。また、洋学のみを重んじる今日において漢学の重要性を唱える櫻井の主張に同意を示す。「加藤東泉に呈する大観楼の説」に対して、吾妻兵治が「この文章もまた容易く書いたものである。その趣が高尚であり、文章を書くことが巧みであり、すでにこのようである。朝鮮の神童だと考えても、よろしいのではないか[32]」と賞賛するのは、尹の漢学的素養の高さに対する賞賛にほかならない。

当時の尹致昊の漢学的素養を集約して示すものが、「飛鳥山観楓」の漢詩二首である。漢詩は、詠う人の感想や考えを詩という圧縮された形で伝えるコミュニケーションの媒体でもある。前述した中村正直が信夫恕軒の詩に次韻して中村自身の近況を詠むことがその例である。「飛鳥山観楓」の最初の七言律詩は、古詩から「紅」字に次韻したものであり(33)、このコミュニケーションは、現世だけでなく、時空を超えた先人との交流も可能にする。また、詩を作るに際し、詠う人はさまざまな規則を守るべきであり、とくに近体詩の場合は、古詩に提要される押韻はもちろん平仄や対仗を守って作らなければならない。その形式を守りながら詩の趣を感じさせるのは、容易いことではなく、漢詩は詠う人の感性や賢さがともに示されるものである。「飛鳥山観楓」の七言律詩と五言律詩には、中村正直と指原豊洲とともに紅葉を楽しみながら感じた秋情や彼らとの交流の楽しさが述べられている。

満林秋色挟溪紅、淡抹軽霜薄倚風。
歩障欲誇金谷富、浮花疑与武陵通。
連溟地作珊瑚窟、鎮日人行錦繍宮。
更到蒼松深竹処、停車晩興喜参同。(34)

（林いっぱいの秋の景色 小川を挟んで紅に染まる、薄らと霜をはじいて いささか風になびく。［まるで石崇が金谷の富を見せびらかそうとした］歩障*のように紅葉がつらなり、花が浮かんでまるで武陵に通じているかのようだ。海に連なるこの地 珊瑚の洞窟となり、一日中人は錦繍の宮を行く。松や竹が青々と生い茂るひっそりした林に至り、車をとめて日暮れの情緒を一緒に楽しむ。）

［＊歩障　身分の高い人などが外出するとき、風やほこりをさけるために用いる囲い。晋の巨商石崇は、金谷園という高級別荘を建てたり、歩障の長さを競ったりし、彼の富を誇示したことで知られている。］

この七言律詩は、平声東韻で「紅、風、通、宮、同」に韻が踏まれており、全体的に紅く秋色に染まった飛鳥山公園の情景とその情緒が描かれている。公園の自然の様相を静かながらも生動感があふれる様子として描き、その情景は理想郷の武陵桃源に等しいと、その自然の美しさを讃える。その視線は、自然からその理想郷のような公園のなかを歩き回りながら見物しているたくさんの人々に移り、その賑やかな様子が感じ取れる。最後の尾聯（七句と八句）では、松や竹のなかに席を移し、秋の紅い情景は青色に変わる。この青く若い自然のなかで、皆と日暮れを眺めることの嬉しさで最後を結んでいる。

秋晩動高興、出遊城市間。
始為元礼御、不厭敬亭看。
酒熟黄花老、楼清白日間。
西風吹我袂、浩曲入芝山。(35)

（秋が深まって感興を覚え、出かけて町中を楽しむ。初めて元礼の御をし、飽かず敬亭を看る。酒は熟成し黄色の菊は色あせ、高楼は昼間に日差しにはっきりと見える。秋の風が私の袖に吹きつけ、快く歌いながら芝山に入る。）

次の五言律詩は、仄声刪韻で「間、看［看は寒韻だが、刪と寒ともにanで発音される］、山」で韻を踏んでおり、先の七言律詩が自然の美しさとその風景に重点を置いたのに対し、この五言律詩は、皆と過ごした一日の楽しさという尹致昊の個人的感想が主となっている。秋情に導かれ、中村と指原と飛鳥山公園に出かけたことは「元礼の御」にたとえられる。「元礼の御」とは、後漢の重臣であり剛直な性質を持つ李膺にまつわる逸話であり、後に大学者となる幼い荀爽が李膺の車を引いて喜んだという話で、尊敬すべき人々と同行したことの喜びを表す故事である。この故事を通じて、尹にとって、中村と指原と一緒に紅葉を見に行ったことは、尊敬する先生たちとの楽しい時間だったことが分かる。また李白の五言絶句「ひとり敬亭山に坐す（独坐敬亭山）」を踏まえ、李白がひとり敬亭山を見つめる楽しみが尽きなかったように、尹も秋の自然を飽きずに楽しんだという気持ちを表す。時は酒が美味しく熟する頃であり、町の建物がはっきりと見えるいい天気である。中村と指原と別れた後、尹は、涼しい秋の風を感じながらこの楽しい心境を詩に詠いながら芝山内（現在の芝公園内）[36]の宿舎に帰る。

『同人社文学雑誌』に掲載された尹致昊の文章のなかには、当時の彼の思想を窺わせるものもある。とくに「進徳館開業ヲ祝ス」に見られる漢学や西洋への観点は興味深い。尹によれば、櫻井忠徳は、日本が西洋と通商を始めて「洋学ノ我国ニ行ル、ヿ［コト］、未タ幾年ナラスシテ、上政治ヨリ、下モ弄具ニ至ルマテ、大小トナク、長短ヲ択ハズ、一切洋風ニ従ヒ、遂ヒニ或ハ軽薄ニ至ル、甚シキハ則チ漢文ハ無用ノモノナリ」と洋学を主として漢学を廃止しようとする状況を心配し、「漢洋ノ学ヲ兼子［ネ］、東西ノ用ヲ通シテ、旧ニ没スルモノヲシテ、洋学ノ習ハザルベカラズ。漢学ノ廃スベカラサルヲ知ラシメ」[37]るために進徳館を開いたという。この今日の漢学学習の重要性に関する櫻井の主張に対して、尹致昊は「余其説ヲ聞テ、而シテ敬服」したと同意を示す。そして進徳館の開校式に招かれた尹は、次のような祝文を献じる。

今日先生ノ斯ノ校ヲ建ルヿ［コト］ヲ観レバ、漢英ノ学兼子［ネ］設ケ、東西ノ用倶ニ備ル偏ナク党ナク、以テ先生ノ夙志ヲ致サンヿヲ賀スルニ足ル。而〆［シテ］此ニ於テ、益志アル者事竟ニ成ルヲ信スヘキナリ。願クハ此ヨリ貴黌漸ク盛ニナリテ、英才ヲ致シテ、而〆之ヲ教ユ、一ハ以テ国家ノ大進ヲ助ケ、一ハ以テ先生ノ碩徳ヲ成シ、東海万民社会ノ権利ヲ拡張シテ、西域碧眼ノ慢侮ヲ防クヿヲ、韓人尹致昊ハ祝ス。[38]［［ ］は引用者による。以下同］

尹致昊は漢学を英学とともに教えることを通じて「東西ノ用倶ニ備ル偏ナク」人々を育成していくことを願うと述べる。だが、ここで尹は洋学と漢学との兼備を重視するように述べてはいるが、櫻井の主張と同様に、彼の主眼は漢学教育の必要性に置かれている。このような漢学重視の教育は、私的には櫻井自身の大きな徳を成し遂げることとなり、公的には日本の発展をもたらすことに役立つものだと評価する。さらには「東海万民社会」すなわち東洋社会の「権利」を広げていくことでもあり、「西域碧眼ノ慢侮ヲ防ク」すなわち西洋人の「慢侮」を防ぐことにもつながる。この祝文から、日本留学時の尹致昊には東洋と西洋という二分的世界観と西勢東漸の情勢認識が存在したことが分かり、東洋への西洋の進出と東洋における西洋文化の拡散に対する警戒心や憤慨が読み取れる。この時期の尹にとって漢学教育を固守することは、西勢東漸の情勢を防ぐ手段であり、東洋の権利を拡張する手段でもあったと言えよう。

洋学が広がっていく状況のなかで、尹致昊が洋学に対応する漢学の可能性を見出そうとしたのは、漢学教育によって形成された儒者としてのアイデンティティが働いていたからだと考えられる。十余年付き合った親友への助言を記した「少年を戒める事を記す」には、儒学の理想的人間像である「君子」への尹致昊の志向が窺える。

惟タ君剛明ヲ執リテ人ニ曲阿スル勿レ。安正ヲ守リテ浮躁ヲ禁シ、志ヲ立ツルヿ［コト］当ニ山岳ノ巌々タル、万夫モ抜ク能ハザルガ如クスベシ。事ヲ行フニ、宜シク江海ノ汪々トシテ、幾尋ナルヲ度ル能ハザルガ如クスベキヲ願フ。古人云ハズヤ、「芻蕘《すうじょう》ノ言モ聖人之ヲ択ブ」ト。又曰ク、「之ヲ作スヿ已マザレバ乃チ君子ヲ成ス」ト。君其レ勉メヨヤ[39]。

この親友への助言は、尹致昊自身が常に抱いていた信条を語るものだとも言える。その信条の内容は、個人においては、正直な賢明な人として、他人にへつらうことなく、軽はずみな行動を慎み、志を高く立てて、これらに励むことである。また、事を行うときには、『詩経』「大雅」編の「古の賢者が「草刈りや薪取り［のような庶民あるいは身分の低い人］にも教えを求める」と言った（先民有言、詢于芻蕘）」ことを踏まえ、いつも世間のさまざまな人々の意見を求めて判断し行動し、それに努力することが「君子」となる道だと強調する。このように、幼いときから儒学と漢学を学んできた尹致昊は、正直で賢明であり他人の意見を常に求めて行動する「君子」を、彼自身の目標としていたのである。

一八八二年四月に尹致昊は一時帰国し、再び日本に戻ってくる[40]。一八八二年三月以後から英語通訳として帰国する一八八三年四月にかけて、『同人社文学雑誌』にも尹の文章は見当たらず、再渡日したときにも同人社に籍を置いたのかは不明である。

一八八二年に再渡日してから、尹致昊は英語を学び始める。漢学を重んじながら君子を目指していた彼は、なぜ英語を学ぼうとしたのか。それは、後述するように、西洋を理解するための実用的な必要性によるものだったと考えられる。だが、ここで強調しておきたいのは、当時の日本人と儒者として付き合ってきた尹のその漢学の素養が、日本語の学習にも、そして英語という全く背景を異にする言語に接続するための媒体にもなったことである。日本で尹致昊が英語に接し学習することができたのは、むしろ彼が漢学的素養の持ち主だったからである。

（二）英語学習と言語の重層性

開国（一八七六）前の朝鮮において、外国語の学習は主に中人階級の訳官に限られており、それも西洋語ではなく、中国語と日本語のような東アジアの諸言語に限られていた。開国以後、朝鮮政府によって初めて英語教育が行われたのは、一八八三年七月の同文学の設置からである。同文学は、一八八一年、清国の近代文物を視察しに行った領選使の金允植《キムユンシク》が提案し、清国が一八六三年から始めた同文館を模範として設置された(41)。同文学は通訳官養成所の性格が強く、また清国の影響下にあった。同文館の開校三年後の一八八六年九月、育英公院（Royal English School）が開校した。一八八三年アメリカへ派遣された報聘使の視察がその設置の契機であり、同文学より体系化された近代教育機関の必要性が設置の理由であった(42)。

同文学の開校（一八八三）前に、尹致昊は英語を学び始めた。それゆえ、尹の英語学習は、当時の朝鮮における外国語教育環境とは異なるプロセスによるものであった。つまり、尹致昊の外国語習得は、海外留学と旅行による異文化空間の経験と緊密に関わっている。

尹致昊の英語学習が始まったのは、一時帰国から再び来日した一八八二年春頃からである。植民地期の一九三二年六月に朝鮮初の英文学雑誌『英語文学』が発行されるが(43)、この雑誌には尹致昊の「朝鮮最初英語学習　回顧談」が掲載され、この文章から彼の英語学習の様子を確認することができる。尹は、一八八一年紳士遊覧団の一員として渡日したときの状況を冒頭に説明した後、次のように英語学習の経緯について述べる。

> 東京に行った私は、家を発つとき、先考が紹介してくださった英国公使の書記官サトウ（Satow）氏を、英国公使館で秘密裏に訪ねた。そのとき、サトウ氏は私に英語学習を勧めながら彼自身が教えてくれると言った。私は一人では決めることができず、帰ってから魚允中・洪英植《ホンヨンシク》の両氏に伺ったところ、洪氏は「英語を学ぶことは国禁に反することなので、絶対に学んではならない」と言った。その後、魚允中氏が私に密に「心配せずに内緒で学びなさい」と励ましてくれたので、学ぶ機会を待っていた。
>
> 一八八二年春、当時東京帝大の法科生出身の宮岡恒次郎（彼は各国の外交官を歴任し現在は弁護士）と知り合ったが、彼はある日東京帝大の英語教師であったフェノロサ（Fenerossa?《［ママ］》）の家に私を案内し、私は、その家でF氏の夫人にはじめてABCを習い、その後、宮岡氏の紹介で神田乃武氏に会って、二週間ほど教科書無しで口頭で英語を学んだが、壬午年［一八八二］の朝鮮兵乱の関係で中止されてしまった。
>
> 一八八二年一二月頃、金玉均《キムオクキュン》氏が東京に来て、私に英語を学ぶことを勧めた。
>
> そのとき、ちょうど横浜の和蘭領事館の書記某氏が朝鮮語を学びたいと言ったので、私が半時間英語を学んで代わりに半時間は朝鮮語を教えるという交換条件で、（しかし、彼は朝鮮語を学ぶことを止めた）彼に付いて英語を再び学び始め、このとき、初めて教科書を使って勉強した。その教科書は『Primer』一巻であった。一八八二年一二月から一八八三年四月まで、彼に教わった。[44]

尹致昊の回想によれば、一八八一年日本を訪問したとき、彼は英語に関心を持つようになった。尹致昊の英語学習に関する魚允中と洪英植への相談に関わるエピソードから、当時の朝鮮政府の英語学習あるいは西学を禁忌視する雰囲気が感じ取れる。そのときには、まだ尹致昊が本格的な英語講習を受けていなかったことが分かる。尹は一八八二年四月に一時帰国をした後、一八八二年春から宮岡恒次郎の紹介によってフェノロサ夫人と神田乃武から英語の基礎を学び、その後、「横浜の和蘭領事館の書記某氏」とともに、英語と朝鮮語との言語交換という形で英語を学んだのである。

紳士遊覧団の魚允中の随員には、尹致昊のほか、兪吉濬《ユギルチュン》と柳正秀《ユジョンス》もいた。前述したように、尹致昊は同人社で学んだが、ほかの二人は福沢諭吉の慶應義塾で修学した。この二人のうち、兪吉濬は、開化思想家であり、朝鮮語の体系化と朝鮮人の啓蒙に尽力した人物である。国漢文体で著した『西遊見聞』(一八九五)は、彼の近代思想と言語観が確認できる良い例である[45]。兪吉濬も、尹致昊と同様に、日本(語)を通じて、英語を学んだ。兪が慶應義塾でどのような科目を履修したのかは確認できないが、当時の慶應義塾のカリキュラムからすると、ここで日本語や英語や国際法や政治学などの科目を履修したと推測される。兪は、壬午軍乱によって一八八二年に帰国し、翌八三年報聘使の一員となってアメリカに行く。彼は日本で出会った元東京帝大教授のモース(E. S. Morse)の家に泊りながら、アメリカで約七ヵ月間英語教育を集中的に受けた。モースによる教育が実際にどのように行われていたかは不明である。だが、モースの日本での教授経験が兪吉濬の英語教育にも活かされたと思われる。兪吉濬は、そもそもアメリカの大学に進学するつもりであった。だが、一八八四年甲申政変が起こり、今まで受けていた朝鮮政府からの援助が無くなり、結局朝鮮に帰国することになった[46]。

朝鮮後期には、清国に送られた燕行使を通じて、中国の漢籍および漢訳された西洋書籍が流入した。だが、朝鮮時代において西学は、儒学に対する異学であり、公的に禁止されていた。こうした理由で、朝鮮には、日本の江戸時代からの蘭学のような西洋語の学習環境が成立しにくかった[47]。開国以後も西学への禁忌視は続いており、『朝鮮策略』をめぐる儒学者たちの抗議がその一例である[48]。尹致昊と兪吉濬が日本に渡る一年前の一八八〇年、修信使として日本を訪問した金弘集は、当時駐日清国公使館参賛官であった黄遵憲の『朝鮮策略』を持参し朝鮮に紹介した。この『朝鮮策略』の紹介が発端となり、一八八〇年から八一年にかけて西洋書籍の受容と流通に反対する内容の上疏が相次いだ。儒生たちの批判は、公的に西洋書籍を流通させることがキリスト教のような西学を蔓延させる企みだということであった。こうした政治的な雰囲気のなかで、尹致昊と兪吉濬は英語を学んだのである。

尹致昊のような当時の英語学習者は、英語の通訳あるいは国内への西洋の紹介という目的で英語を学習したと言える。つまり、彼らの英語学習は朝鮮語と英語（西洋語）との言語的交通を試みることであった。だが、現在我々が外国語を学習する際に想定する韓国語の英語教科書や韓英・英韓辞典が、当時においては朝鮮語と英語との間には存在していない状況であった。それゆえ、英語を学習するには、すでに言語的交通が成立していた日本語あるいは中国語（文語としての漢文）などの言語を習得していることが不可欠であった。こうした理由で、当時の朝鮮人の西洋語学習は、西洋語との言語的交通がすでに成立していた東アジアの諸言語を経由せざるを得なかったと言える。換言すれば、初期の朝鮮人英語学習者には、必然的に多言語的な能力が求められ、彼らの英語学習は、東アジアの諸言語によって成立する複数の言語層を通じて可能となったのである。一八八〇年代初頭の英語学習者である尹致昊と兪吉濬は、主に日本語（あるいは漢文）を経由して英語を習得していたと言える。

三　近代東アジアにおける対訳辞典と尹致昊の英語学習

(一)　漢文脈と欧文脈との接合——英和（和英）・英華（華英）辞典

尹致昊が英語を学び始めたとき、朝鮮には英語と朝鮮語との対訳辞典（韓英辞典・英韓辞典）が存在しなかった。朝鮮における最初の英韓・韓英辞典は、尹致昊のアメリカ留学中である一八九〇年、宣教師アンダーウッド(H. G. Underwood)が著した『韓英字典（*A Concise Dictionary of the Korean Language*）』である。その翌年、スコット（J. Scott）の『英朝字典

（*English-Corean Dictionary*）[49]』が刊行された。この二つの辞典は、前者が四九六頁、後者が三七一頁の分量で、「簡潔（concise）」な小字典である。これらは、一八九七年、約三万五〇〇〇字（一一六七頁）を収録したゲール（J. S. Gale）の『韓英字典（*A Korean-English Dictionary*）[50]』の参考となり、ゲールを代表とする在朝宣教師の辞典編纂の出発点として評価することができる[51]。以上のように、英語と朝鮮語との言語的交通は充分ではないとはいえ、一八九〇年代に入って可能になった。

このような言語環境を考慮すれば、尹致昊の英語学習は、当時の日本と中国で刊行された英語書物すなわち日本語・漢文・英語で書かれた文法書や英華・英和辞典などを利用することで可能になったと推測される。漢文・日本語を習得していた尹致昊は、東アジアの諸言語の辞典を媒介とし、英語語彙の意味を捉えたと考えられるからである。一八八三年から一八八八年までの「日記」には、英華・英和辞典の記録がいくつか見られる。

①　一八八三年一月一六日――「英華和訳字典」の購入

すぐに初田［神田］の珊瑚閣に『英華和訳字典』を買いに行った。しかし、附録が付いていなかったため、珊瑚閣の主人に十七円五十銭を預け、附録のある字典及び『英和語独学案内』を買って杉館に私を訪問するように頼んだ。私が京橋通りから杉館に帰ったのは三時だったが、珊瑚閣の主人はもう本を持って来て待っていた。その信用は貴ぶべきものである。字典は十六円であり、独学案内書は一円四十銭である[52]。

②　一八八四年五月一五日――「英華字典」の購入

今夜、而純丈［朴斉絅《バクジェギョン》］のもとを訪ねて、『英華字典』と『美国大成字典』二冊を買った。二冊ともにきわめて重要な書物であるが、私が急を要するものではない。しかし、而純が窮乏な生活を送っていることを見て、どうして買わないでいられるだろうか。私がこの大金をもって、必要ではない本を、どうして喜んで買うだろうか。ただ売る人も仕方がなく、また買う人も友誼のために断れない[53]。

③　一八八八年五月五日──「시바ᄃᆞᄌᆞ뎐《シバタ字典》」の交換

午前［の］勉強［は］いつもの如く。午後、周師棠［を］訪ねる。永見と시바ᄃᆞ字典［を］換える。(54)

「日記」には、著者や発行所などの書誌情報が書かれておらず、上記の辞典を特定することは難しいが、その内容と当時の出版状況からこれらの書籍を推定してみる。

①の「英華和訳字典」は、ロブシャイド（W. Lobscheid）の『英華字典』を基にし、津田仙・柳沢信大・大井鎌吉が共訳し、中村正直が校訂した『英華和訳字典』（一八七九年、F. Yamanouchi 出版）(55)だと思われる。先述したように、尹致昊は、一八八一年渡日以降、中村正直が創設した同人社に通っており、中村が校訂した『英華和訳字典』を知っていた可能性があるからである。

②の「英華字典」は、著者が明記されていないので、どの字典なのかは特定できない。ただし、その候補の一つとして、やはりロブシャイドの『英華字典』が挙げられる。ロブシャイドが『英華字典』を刊行するより早く、すでにモリソン（R. Morrison）をはじめとするメドハースト（W. H. Medhurst）やウィリアムズ（S. W. Williams）の諸字典が出ていた。ロブシャイドの『英華字典』はこうした既存の英華字典を集大成したものである。(56)

一八八四年五月一五日付の「日記」には、尹致昊に辞典を販売した人物として而純丈朴斉絅であると記されている。朴斉絅は、朝鮮の哲宗以降の野史『近世朝鮮政鑑』（一八八六）(57)を著したとされ、甲申政変の時には開化派の一人として金玉均の連絡役を担当し、政変の失敗によって殺されたと推定される。「日記」には、一八八四年五月、金玉均が日本から帰国した後、金玉均の主催する会合に同席したという記録など、尹致昊と朴斉絅との交遊を示す記録が断片的に見られる。朴は、西洋の文物に非常に興味を持っていたので、日本と中国などを旅行し、西洋関連の書籍を集めており、『英華字典』もそのコレクションの一つだった可能性がある。

③の「시바ᄃᆞᄌᆞ뎐《シバダ字典》」の「시바ᄃᆞ」は「柴田」の日本語読みの「シバタ」を朝鮮語読みで書き記したものである。管

見の限り、明治期に出版された英和・和英辞典のなかで、「シバタ字典」と題したものは存在しない。だが、この「シバタ字典」は、そのタイトルから、柴田昌吉と子安峻が共著した『附音挿図英和字彙（以下、英和字彙と略す）』（一八七二）であると推定される。日本初のイラスト入りの英和辞典である『英和字彙』は、オウグルヴィー（J. Ogilvie）の英語辞典を底本とし、ロブシャイドの『英華字典』から多くの訳語を借りて作られたものである。一八八二年には、およそ一万の見出し語と一〇〇〇個の図版を増補した改訂版が出た。(58) 尹致昊が「柴田字典」を交換した「永見（나가미）」は長崎出身の親友であり、長崎英語伝習所で修学した柴田昌吉と同郷人であり、永見が柴田昌吉と『英和字彙』の存在を知っていた可能性もある。こうした理由から、「시바ᄃᆞᄌᆞ즌」は、初版か改訂版かは確定できないものの、『英和字彙』と想定することができよう。

以上の内容から、尹致昊は、英朝（朝英）辞典ではなく、東アジアに流通していた英和（和英）辞典・英華（華英）辞典を通じて英語学習を行っていたことが分かる。この事実は、尹致昊の英語学習を考えるとき、朝鮮語と英語との言語的交通のような、一言語対一言語という図式とは異なる理解が求められることを示唆する。

こうした東アジアにおける異言語間の言語的交通の問題を考えるとき、尹致昊が参考にした英華字典と英和字典との間の参考関係は興味深い。日本で刊行された英和辞典は、中国で刊行された英華字典を参考にしたが、ロブシャイドの『英華字典』がその参考の基である。『英華和訳字典』は、この『英華字典』に日本語訳を書き加えたものである。また『英和字彙』は、オウグルヴィーが編纂した *Comprehensive English Dictionary*（一八六三）を底本として訳したものではあるが、その訳語は『英華字典』から取り入れたものが多い。

このような英華字典と英和字典との関係の底流には、近代漢字語の相互参照を可能とした漢文脈が存在する。(59) 東アジアにおける漢字・漢文に基づいた言語・思惟の体系である漢文脈は、近代東アジアにおいて、アルファベット・ラテン語の欧文脈(60)に基づいた西洋思想の受け入れに深く関わっている。漢文脈は、明治日本において、近代的概念を訳した近代漢字語の生成と漢文訓読体による近代思想の流通の論理として機能した(61)。日本だけでなく、漢字・漢文を共有した中国や朝鮮では、漢文脈による翻訳などを通じて近代的概念と思想を受け入れて広めていく。中国の宣教師たちによる英華字典の編纂は、まさに欧文脈を、漢文脈を通じて、漢文脈の内に取り込む作業だった。その英華字典の作業は、英和字典編纂の参考という形で東アジアの諸国に流通するようになる。

朝鮮語と英語との言語的交通が困難な状況のなかで、尹致昊の英語学習が可能になったのは、幼いときから漢字・漢文の世界で育てられた彼の学問的背景としての漢文脈と、英語の底に流れている欧文脈との意味の交通が、当時の東アジアの言語空間には、すでに成立していたからである。尹致昊の英語学習は、単なる一国家の言語的交通すなわち朝鮮語と英語との関係のみを想定すれば、説明不可能な現象である。しかし、より広い範疇での異言語間の言語的交通すなわち漢文脈と欧文脈との言語的交通を想定することで説明することが可能となる。

（二）漢文脈からの離脱／欧文脈への参入の経験——アメリカ留学とウェブスター辞典

尹致昊が体系的に英語を学習することとなったのは、一八八五年からの上海亡命留学期からである。尹は上海にある南メソジスト系の中西書院（Anglo-Chinese College）に入学し西洋式教育を受けつつ、中国語の官話を学んだ(62)。その後、彼は一八八八年にアメリカに渡り、テネシー州にあるヴァンダービルト大学で、また一八九一年にジョージア州にあるエモリー（Emory）大学で留学した。一八九三年にアメリカ留学を終えた尹は、上海の中西書院に戻り、母校で英語を教えることになった。

尹致昊は、アメリカ留学を通じて、日本と中国での英語教育とは異なる学習環境に置かれる。尹致昊のアメリカ留学は、以前の日本・中国での留学とは異なる学習経験であった。日本・中国の教育環境が翻訳による漢文と英語の共存空間であったのに対し、アメリカは英語の専用空間であった。日本留学期における授業の内容は不明だが、中国の中西書院の授業は、午前には漢学、午後には英学を中心に行われた(63)。これは東アジアにおける西洋教育の土着化を意味する。尹致昊は、アメリカ留学を通し、こうした土着的学問の場から離れることになる。彼はこれまでとは全く異なる環境で学び考えることになったのである。

アメリカの地を踏んだ尹致昊は、それまで参考にしてきた英華・英和辞典を利用し、アメリカでの生活に臨んだと考えられる。また、こうした二重語辞典を用いると同時に、英英辞典のような英語の単一語辞典、すなわちアメリカの国語辞典を参考にした可能性もある。尹致昊がどのような英語辞典を用いたのかは、以下のエモリー大学時代に記した一八九二年一一月一七日付の「日記」から窺える。

私のテーブルには、テニソン〔の本〕、『化学入門』、『人体学』、『幾何学』、『大学代数学解説』、『国家論』、鉛筆、タブレット、定規、吸取紙、鉛筆、ナイフ、携帯用辞典、賛美歌の本、地図が撒き散らされている。テーブルのすぐ左隣には、おしゃれな持ち運びできる本箱がある。ところで、これはウェスレーホールに住んだとき、〔私の〕すてきな揺り椅子の代わりにバイロンと交換したものである。最上段には、『ウェブスター大辞典(*Webster's Unabridged Dictionary*)』と『宣教回報』が置いてある。聖書、聖書学、複製版の本が二番目の棚にある。三番目には、学校の教科書、わずかに他の〔本、例えば〕日本語版『仏の生涯』、エマーソンの『随筆集』、ウォーカーの『経済学』、マコーリーの『歴史〔英国史〕』の最終巻がある。一番下の棚には何冊かの漢籍がある(64)。

この「日記」は、尹致昊が当時の自分の部屋を描写したものであり、彼が所有していた書物について記されている。宗教や文学や科学や歴史など、これら諸分野の書物は、尹致昊の知的関心の多様さを示すものである。このようなさまざまな書物のなかに『ウェブスター大辞典』を確認することができる。

『ウェブスター大辞典』は、通称「ウェブスター辞典」と言われ、アメリカ式英語の源流とされる辞典である(65)。この辞典のタイトルでも登場するウェブスター（N. Webster）は、イギリスのジョンスン（S. Johnson）の辞典が主流だった一九世紀アメリカで、アメリカ固有の英語の伝統を創るために英語辞典を編纂した。ウェブスターの手によって、一八〇六年に小型辞典、一八二八年に大辞典が出たが、当時は大きな反響が無かった。一八四三年、彼の死後、娘婿グッドリッチ (C. A. Goodrich) によって一八四七年にメリアム (Merriam) 社から大辞典が出版されて以降、ウェブスター辞典は爆発的に売れ、一八六四年、ウェブスター辞典の決定版まで出版された。尹致昊が渡米した一八八八年には、アメリカの英語学習においては欠かせない辞典であり、学問的な権威を得ていたと言えよう。

また、ウェブスター辞典は、前述した英華辞典の影響とともに、明治期における英和辞典の形成に深く関わっている。杉本つとむによれば、明治初頭から二〇年頃までにウェブスター辞典を底本とした直系の翻訳英和辞書は九種出版されており、ウェブスター辞典の影響による英和辞書は一二種で、総計二一種が存在する[66]。例えば、前者にはイーストレーキ (F. W. Eastlake)・棚橋一郎共訳『ウエブスター氏新刊大辞書和訳字彙』(一八八八)、後者には前述した柴田昌吉・子安峻の『英和字彙』がある。『ウエブスター氏新刊大辞書和訳字彙』は、このタイトルから分かるように、『ウェブスター大辞典 (*Webster's Unabridged Dictionary*)』を底本として、イーストレーキと棚橋一郎が共訳した英和辞典であり、初版出版後、増補版も出され、一九一〇年まで五七版を重ねた。柴田昌吉と子安峻の『英和字彙』は、イギリス人オウグルヴィーが編纂した辞典 *Comprehensive English Dictionary* (一八六三) を底本として訳されたものである。原本の編者オウグルヴィーが初めて編集した辞典がウェブスター大辞典を増補した *The Imperial Dictionary* (一八四七—五〇) だったことを考慮すれば、*Comprehensive English Dictionary* もウェブスター辞典の影響下にあると見なすことができる。その *Comprehensive English Dictionary* を底本として訳された『英和字彙』も、こうした意味でウェブスター辞典の影響下にあると言える。このようにウェブスター辞典は明治日本における言語空間の一つの底流として存在した。

一八八一年から日本に留学した尹致昊は渡米以前からウェブスター辞典を知っていた可能性もある。「日記」にはウェブスター辞典に関わる記録が他の箇所からも見られる。

まず、前に取り上げた一八八四年五月一五日付「日記」に「今夜而純丈［朴斉絅］を訪ね、『英華字典』と『美国大成字典』、二冊を買った」とあり、尹致昊が朴斉絅から『英華字典』と『美国大成字典』を購入したことが分かる。この『美国大成字典』が、ウェブスター辞典である可能性はあるものの断定することはできない。なぜなら、一九世紀に入ってアメリカでは、ウェブスター辞典類とともに、ジョンソン辞典の伝統を引き継いだイギリス英語に基づいたウスター (J. E. Worcestor) の辞典類も存在したからである。一八六〇年 Hickling, Swan and Brewer 社から刊行された *A Dictionary of the English Language* は、ウェブスターの大辞典に匹敵するものであり、[67] この辞典が『美国大成字典』である可能性もある。だが、「美国大成字典」というタイトルがウェブスター大辞典の原タイトル「An American Dictionary of the English Language」を意識して訳されたこと、また東アジア諸国においてウェブスター辞典が広く流通していたこと、これらを考えれば、『美国大成字典』はウェブスター大辞典である可能性が高いと言える。

他の例としては、アメリカに来て半年も経っていない一八八九年三月二日付「日記」には、「午後四時半に南美会の印刷局に行って『웹스뎔《ウエブストル》玉篇』を買ってくる　九円」[68] というウェブスター辞典の購入記録が記されている。この『웹스뎔玉篇』がエモリー大学時代の「日記」から確認した『ウェブスター大辞典』すなわち *Webster's Unabridged Dictionary* と同じものなのかは不明である。だが、貧しい留学生だった尹致昊の経済的状況を考えれば、当時高価な『ウェブスター大辞典』を何冊も持っていたとは考えにくく、同一の辞典である可能性が高い。

アメリカ留学を通じて、尹致昊がそれまで英語学習のために利用してきた漢文脈の言語空間を離れるようになったことは注目に値する。尹が英語の単一語辞典を用いたことには、英語能力の向上という側面も存在するかもしれない。だが、これは、漢文脈で思考してきた世界を離れる経験を通じて、漢文脈で自身を思考し理解する行為を経ず、英語の欧文脈の内で思考し学習することでもある。彼の英語学習において、英語単一語辞典であるウェブスター辞典が、英華字典と英和字典の代わりに、聖書や英文学や西洋歴史書とともに彼の本棚に配置されたのは、こうした意味で象徴的である。

尹致昊は、アメリカという欧文脈の言語空間での長期滞留を通じて、漢文脈に依存する思考を次第に相対化することになっただろう。そして、彼は、漢文脈の思考から離脱しつつ、漢文脈という媒体を経ず、欧文脈で直接に思考することを経験したと思われる。つまり、尹致昊のアメリカ留学は、一度漢文脈から離脱する経験を与えることであった。

四　異言語空間の経験と国文の可視化の問題

尹致昊は漢文脈と欧文脈が相互に接合し錯綜していた一九世紀末の言語空間のなかで英語を学習する。換言すれば、近代東アジアにおける辞書学の磁場のなかで西洋（語）を理解した。最初に尹の西洋理解を可能にしたのは、欧文脈に接合していた漢文脈という東アジア的な思惟の体系であった。だが、彼は、アメリカに留学している間、漢文脈の論理に距離を置いて欧文脈のなかで思考し表現しようとする。朝鮮語ではなく、英語で自分の日記を書こうとする場面に、このような彼の志向が示されている。

冒頭で引用した尹致昊の英文日記の宣言は、彼がアメリカに来てから約一年が経過した時点のことである。尹致昊は、それまでの約一年間、自ら経験したアメリカを、どのように朝鮮語で書いて再現することができたのか。この問いは、アメリカだけでなく、中国と日本という異文化空間で書かれた国文日記を支える尹致昊の書く行為の論理についての疑問にもなる。

尹致昊の国文日記は、端的に言えば、中国と日本、アメリカで通用している各言語でそれぞれに名づけられる対象を朝鮮語で翻訳して記述したものである。繰り返しになるが、開化期における朝鮮語は西洋語との言語間の交通を形成中であって、近代的な西洋文物との言語的交通が容易ではなかった。そうした理由で、尹の翻訳の行為を、〈英語から朝鮮語へ〉という単純な図式だけでは説明することはできない。尹致昊はさまざまな言語を学習しており、この問題を他のプロセスに変換して考えることができ、多言語使用者の彼にとって〈英語から朝鮮語へ〉という図式は〈英語から（他の言語を経由して）朝鮮語へ〉ということにもなる。尹致昊が学んだ日本語と中国語（文語としての漢文）が媒介言語としての役割を果たしたことによって、国文日記が可能だったと考えられる。英文日記の宣言はこうした翻訳のプロセスの断念である。これは漢文脈から離脱して欧文脈へ参入するという宣言でもある。

英文日記を書き始めた日から約二ヵ月後の一八九〇年二月一四日付の「日記」で、尹致昊は、日本が中国に対して優越性を持つという見解を肯定しながらも、日本の言語と文化の起源が中国の言語と文化にあると指摘して中国文学の優越性について述べる。こうした発言は、東アジアの漢文脈に関する彼の理解を示すものであろう。だが、ここにはその漢文脈の実効性を疑問視する見解も見られる。

ティレット先生は日本について講義した。彼は中国人より日本人が優れた人種だと言った。日本のアルファベットが中国の文字［漢字］より優れているということについては、確かにそれはそのとおりである。だが、日本のアルファベットが［漢字より］学ぶことと熟達することが容易いとしても、それは実際に中国の文字から由来したものである。［日本語のアルファベットが］実用的な目的には［漢字より］相応しいとしても、中国の文学が日本［の文学］より優れていることは誰にも否定できない(69)。

尹致昊はここで実用性を基準として日本の文字と漢字を評価する。尹は、日本語を、漢字より「学ぶことと熟達することが容易」く、「実用的な目的には［漢字］より相応しい」と評価する。これは「日本のアルファベット」すなわち仮名の実用性を肯定するものであり、この判断の前提には漢字の実用性への否定もしくは疑いが存在する。また「日本のアルファベット」という表現は、仮名を英語のような表音文字として理解していたことを示すものであり、日本の文字の持つ長所に関する彼の理解には、表音文字が持つ特性に関する彼の理解が反映されている。その表音文字としての日本語とその実用性の問題は、表音文字で書かれている英語の実用性に関連する。アメリカ留学中、尹は、英語を「無意味な言葉や表現を知恵が含まれた良い句や節に変えることができる非常に豊富」(70)な言語として評価し、英語の表現力の優秀さと実用性を高く評価する。

アメリカ留学を終えて上海に戻ってきた直後、尹致昊は日本語・中国語・朝鮮語の口語について言及するが、各言語の口語に対する彼の評価はそれぞれ異なる。日本語の口語は、中国語と朝鮮語に在る品のない言葉が含まれていないと評価される(71)。一方、中国語の口語は、みだらな表現に満ちたものであり、この中国語の表現は朝鮮語でしか翻訳できないという(72)。こうした尹致昊の評価を考慮すれば、アメリカ留学直後の彼の言語認識には、日本語の口語の品の良さを肯定的に評価する見解と、中国語や朝鮮語の口語はそれが欠如しているという見解が存在したと言える。

一八九五年、朝鮮に帰国した後、尹致昊はアメリカで中断した朝鮮語への企てを再開する。一八九四年の甲午改革後、朝鮮語が朝鮮政府の公式書記言語として宣言されたにもかかわらず、その表記は純国文ではなく、朝鮮語の文法構造に漢字を露出した国漢文体の表記が優勢を占めていた(73)。一八九五年に出版された兪吉濬の『西遊見聞』も国漢文体で書かれており、その「序」には「我が文を純用することができないことが歉《あきた》らない［遺憾である］(74)」と純国文だけで表記することの困難と不可能に対する遺憾が示されている。だが、一八九六年、アメリカに留学して朝鮮に帰ってきた徐載弼《ソジェピル》が、純国文新聞である『独立新聞』を創刊する。『独立新聞』創刊号には、国文のみの使用を目指すことが明言されている(75)。一八九八年、尹致昊は純国文新聞である『京城新聞』を創刊する。同年、尹致昊は、徐載弼の後任として『独立新聞』の主筆兼社長を務めることになる。アメリカ留学以後にも、純国文への尹致昊の志向は継続していたのである。

なぜ尹致昊は純国文にこれほどこだわっていたのか。近代国民国家形成に伴う言語ナショナリズム的態度だと結論づけることが最も一般的な解釈であろう。だが、この言語ナショナリズムを作動させる彼の論理はどのようなものだったのか。尹致昊が、アメリカでの長期留学を通じて漢文脈の言語空間との断絶を経験すると同時に、英語のような表音文字で書かれた言語の実用性を確認し、訓民正音（ハングル）という表音文字で書かれた諺文を改良することで、朝鮮語を、品の良さと豊かな表現力を持つ英語のような言語に変えることができると自覚したからではないか。

朝鮮に帰国した二年後の一八九七年、尹致昊は『独立新聞』に朝鮮語の実用性と改良に関する意見を載せる。

> 我が国の国文は、極めて便利であり、極めて容易であるが、「아（ㅏ ㆍ）」の音が二つであるため、例えば、四人に사ᄅᆞᆷ《サラム》の「人《イン》」字を書かせれば、ある人は「사람」、ある人は「사ᄅᆞᆷ」、ある人は「ᄉᆞ람」、ある人は「ᄉᆞᄅᆞᆷ」と書き、誰が正しいか間違っているのか分からない。文字を書く方法が、このように模糊［曖昧］であれば、書籍を作るときや子供に教えるときに非常に錯乱するので、これからは、「아ᄅᆡ 아（ㆍ）」字は、ただ後ろから支える（ᄀᆡ ᄂᆡ ᄃᆡ）場合と토ᄭᅳᆺ《トックツ》（ᄀᆞ ᄂᆞᆫ 를 ᄃᆞ ᄆᆞᆫ）を合わせる場合のみ使用し、他の場合には、すべて「큰 아《クンア》（ㅏ）」を通用すれば、非常に便利になる［と思う］。私の話が正しいと思う諸君は、このまま施行し、［もし］合意できない諸君は、何か他の方便を述べ、直ちに一定の規範を広く使用させれば、真に我が国の教育にたいへん有益なものとなるだろう。(76)

尹致昊は、「ㆍ」［(아래 아《アレア》) 現在のハングル文字の母音「ㅏ」と併用された昔の母音］の使用法を一定にし、朝鮮語の実用性を高めることを主張する。まず「我が国の国文は、極めて便利であり、極めて容易である」と「国文」の実用性を評価した上で、母音「아《ア》」の二つの表記法、すなわち「ㆍ」「ㅏ」が混用されている現状を指摘する。出版と教育の実用性を向上するには、朝鮮語の表記の一定化が必要であり、「ㆍ」は合成母音と助詞の表記のみに使用し、それ以外には「ㅏ」にすることを提案する。(77) この朝鮮語に対する尹致昊の主張からは、朝鮮語の実用性と改良の必要性に関する彼の意識が窺える。

漢文脈の言語空間からの長期間の離脱、それに伴う漢文脈との断絶、そして欧文脈への参入。こうした二つの言語空間を横断する経験を通じて、朝鮮語から漢文脈の色を消すこと、すなわちアルファベットの表音文字に類似する形で朝鮮語の表記だけを用いる純国文への尹致昊の志向が強まったのではないか。漢文脈からの離脱／欧文脈への参入の経験は、朝鮮語の国文化／文字の可視化の問題に関わっている。純国文への尹致昊の志向は、漢字をもって国文を可視化する論理を排除し、諺文の文字だけをもって国文を可視化する企てである。漢文脈の痕跡を消してきた韓国における純ハングル化への企ては、こうした尹致昊の論理にその起源を置いているのではないか。現代韓国語の表記問題の系譜には、一九世紀末の東アジアにおける漢文脈と欧文脈との錯綜の歴史、そして、この二つの言語空間を横断した人々の経験が前史として存在する。

五　小　結――朝鮮知識人の英語リテラシーと近代朝鮮語

尹致昊は日本留学中の一八八二年から英語を学び始める。そのとき、朝鮮には英語と朝鮮語との対訳辞典は存在しなかった。初めて英韓・韓英辞典が刊行されたのは、一八九〇年に宣教師アンダーウッドが著した『韓英字典』であり、また翌年スコットの『英朝字典』が刊行される。この二つの辞典は簡潔な小字典であり、約三万五〇〇〇字を収録したゲールの『韓英字典』（一八九七）の参考となり、ゲールを代表とする在朝宣教師の辞典編纂の出発点である。以上のように、英語と朝鮮語との言語的交通は充分ではないとはいえ、一八九〇年代に入って可能になったのである。

開化期における尹致昊の英語学習は、単なる一国家の言語的交通、すなわち朝鮮語と英語との関係のみを想定すれば説明することができない現象である。だが、より広い範疇での異言語間の言語的交通、すなわち漢文脈と欧文脈との交通を想定することで説明できる。

開化期朝鮮における英韓・韓英辞典の刊行状況を考慮すれば、尹致昊の英語学習は、当時の日本と中国で刊行された英語書物、すなわち日本語や漢文や英語で書かれた文法書や英華・英和辞典などを利用して可能になったと推測される。尹は、英語との言語的交通が成立している、漢文や日本語の辞典を媒介とし、英語の語彙の意味を捉えたと考えられる。一八八三年から一八八八年までの「日記」には、『英華和訳字典』『英華字典』『シバタ字典』などの英華・英和辞典の記録がいくつか見られる。

尹致昊の英語学習は、英和辞典が英華辞典を参照して編纂されたように、その参照の論理を共有している。朝鮮語と英語との言語的交通が困難な状況のなかで、尹の英語学習が可能だったのは、『同人社文学雑誌』の彼の文章から確認した、幼いときから漢字や漢文の世界で育てられた彼の学問的背景としての漢文脈と、英語の根底に流れている欧文脈との言語的交通が、当時の東アジアの言語空間にはすでに成立していたからである。

一八八八年からのアメリカ留学を通じて、尹致昊はこれまで英語学習のために利用してきた漢文脈の言語空間を離れる。尹が『ウェブスター大辞典』のような英語の単一語辞典を用いるのは、漢文脈で思考してきた世界を離れる経験を通じて、漢文脈で自分を思考し理解することを経ず、英語の欧文脈の内で考えて学ぶことをも意味する。

尹致昊の国文の思考は、逆説的にも、海外留学による漢文脈と欧文脈を横断するトランスナショナルな経験によって認識される。尹は英語学習に際して異言語間の相互参照のプロセスを意識せず利用していた。さらに二〇世紀初頭から植民地にかけて行われた朝鮮語の単一語辞典の編纂も、朝鮮人や日本人や宣教師などの協業という性格を有し、トランスナショナルな言語的文脈によって実現される。今日の韓国語の形成は、東アジアにおける漢文脈と欧文脈との重なりによる言語的重層、その重なりを土台に、異言語間に相互参照しながら自国語を形成し確立してきた前史がある。この相互参照の歴史的系譜が希薄になって消されていく過程こそ、朝鮮語が近代的国語としての韓国語として形成されていく道程だと言えよう。

(1)「午前五時に起きる。今日から英語で日記を書くことにした。この理由は、一、我が国の言葉では現代のさまざまなことを詳細に書くことが難しく、二、世の中の万象［あらゆるもの］を詳細に書くことが難しく、それゆえ、毎日［内容を］書かない事柄が多く、日記がただ日付と天気を記録することだけになり、三、英語で日記を書けば、別に筆墨を換える［必要がなく］、四、英語を身につけることがより早くなるので、こうする。」(「日記」一八八九年一二月七日)。傍線は引用者による。以下同。

(2)「五時に起きる。曇。私の日記を今まで朝鮮語で書いてきた。しかし、その［朝鮮語の］語彙は、私が言いたいことを充分に表現できるほど豊富ではない。そこで、英語で日記を書くことに決めた。夕食後、クリスマスの飾り物を見にジョーダンと一緒に市内へ行った。五時に帰ってきた。」(「日記」一八八九年一二月七日)。

(3)尹致昊『英語文法捷径』(東洋書院、一九一一年一〇月)、『実用英語文法』(彰文堂書店、一九二八年九月)。

(4)朝鮮における外国語との接触と朝鮮語の近代的なエクリチュールの形成については、黄鎬徳『근대 네이션과 그 표상들』(소명출판、二〇〇五年)、参照。

(5)Les Missionaires de Corée de la Société des Missions Étrangère de Paris (Ridel, Félix Clair), *Dictionnaire Coréen-Français*, Yokohama: C. Lévy Imprimeur-Libraire, 1880.

(6)Horace Grant Underwood, *A Concise Dictionary of the Korean Language*, Yokohama: Kelly & Walsh; London: Trübner & Co., 1890.

(7)「二重語辞典」という用語、対訳辞典の区分と定義については、李秉根『한국어 사전의 역사와 방향』(태학사、二〇〇〇年)、一七―一八頁。

(8)マッテーオ・リッチ、アルヴァーロ・セメード『中国キリスト教布教史』(川名公平・矢沢利彦共訳、岩波書店、一九八二―八三年)、平川祐弘『マッテオ・リッチ伝』(平凡社、一九六九―九七年)、C・ラマール「地域で書くこと――客家語のケース(一八六〇―一九一〇)」『漢字圏の近代――ことばと国家』(村田雄二郎、C・ラマール編、東京大学出版会、二〇〇五年)、一七五―一八〇頁。

(9)宮田和子『英華辞典の総合的研究――一九世紀を中心として』(白帝社、二〇一〇年)、参照。

(10)黄鎬徳は、『개념과 역사、근대 한국의 이중어사전［연구편］』(黄鎬徳・李祥賢、박문사、二〇一二年)の第一章一節「번역가의 왼손、이중어사전의 통국가적 생산과 유통(翻訳家の左手、二重語辞典の通国家的生産と流通)」で、植民地朝鮮における朝鮮語辞典の編纂が外国人宣教師、朝鮮総督府の官吏、日本人朝鮮学者、朝鮮知識人の協業の産物であると言及した。ま

た、黄は近代朝鮮の対訳辞典と国語辞典の成立を「通国家的（transnational）」な現象だと論じた。

（11）宋喆儀「한국 근대 초기의 어문운동과 어문정책」（李秉根ほか『한국 근대초기의 언어와문학』、서울대학교출판부、二〇〇五年）、参照。

（12）高永根「개화기의 한국어문운동――국한문혼용론과 한글전용론을 중심으로」『한국의 언어연구』（역락、二〇〇一年）、参照。

（13）金栄敏『문학제도 및 민족어의 형성과 한국 근대문학（1890–1945）』（소명출판、二〇一二年）、参照。

（14）柳永烈『개화기 윤치호 연구』（景仁文化社、二〇一一年［一九八五年］）、李光麟「尹致昊의 日本留学」（『동방학지』第五九輯、연세대학교 국학연구원、一九八八年）、김명배『개화기의 영어 이야기』（국제영어대학원대학교 출판부、二〇〇七年）、など。

（15）李光麟は、紳士遊覧団の渡日が五月二五日なので、六月か七月に尹致昊が同人社に入学したと推測する（上掲李光麟（一九八八）、一七三―一七四頁）。

（16）中村敬宇「信夫恕軒君以新居雑詩、見示、感吟之餘、用其韻、叙余近況。而末三首、則寄君者也。」『同人社文学雑誌』第五八号（一八八一年［明治一四年］八月一〇日）、一八頁。

（17）「韓客尹氏入学同人社。歳僅十七。頴悟絶倫。」上掲中村敬宇「信夫恕軒君以新居雑詩、見示、感吟之餘、用其韻、叙余近況。而末三首、則寄君者也。」、一八頁。

（18）以下同人社については、高橋昌郎『中村敬宇』（吉川弘文館、一九六六年）、参照。

（19）上掲高橋昌郎（一九六六）、一二〇―一二一頁より再引用。

（20）同書、一九七頁から再引用。当時の慶應義塾は、学期年数は五年、教員数は一九名、生徒数は六三二名、一ヵ年授業料総額は五三三八円。攻玉社は、教員数は二五名、生徒数は三八七（女一二）名、一ヵ年授業料総額は四〇一二円。

（21）同書、二〇五―二〇六頁。

（22）以下『同人社文学雑誌』については、同書、二〇六―二一三頁、十川信介「同人社文学雑誌」日本近代文学館編『復刻日本の雑誌 解説』（講談社、一九八二年）、参照。

（23）「提言」『同人社文学雑誌』第一号（一八七六年［明治九年］七月八日）、一面。傍線は原文、［。］は引用者による。

（24）前掲高橋昌郎（一九六六）、二〇九頁。

(25)「吾妻曰、「韓人作和文、蓋此為嚆矢。与王仁浪華吟、千載好対。○尹君東游、僅半歳。不唯善我言語、兼能我文章如是。」」（漢文の「」［］は引用者による）、尹致昊「進徳館開業ヲ祝ス」『同人社文学雑誌』第七〇号（一八八二年［明治一五年］二月一〇日）、一〇頁。

(26) 金永義『佐翁尹致昊先生略伝』（基督教朝鮮監理会総理院、一九三四年）、二八頁。原文は国漢文、日本語訳は引用者による。以下同。

(27) この文章で尹致昊は「名は郷照であり、号は東泉である」（尹致昊「呈加藤東泉大観楼説」『同人社文学雑誌』第六〇号、一八八一年九月一〇日、一二頁）と述べているが、これは彼の思い違いだと考えられる。『東京盛閣図録』（新井藤次郎、一八八五年［明治一八年］）には当時の病院の図が載っており、そこには加藤瘋癲病院の院長は加藤照業、副院長は加藤照郷と記されている。尹致昊が言う「郷照」は「照郷」の間違いであろう。

(28) 前掲金永義（一九三四）、二八頁。

(29)「臥龍先生の詩を吟じた、「草ぶき家は春の眠りに十分、窓の外の日は長閑。迷いの多い人生から誰が先に目覚めるか、ふだんの生活から私はみずから知っていく。」」（吟臥龍先生詩曰、「草堂春睡足、窓外日遅々。大夢誰先覚、平生我自知。」）、尹致昊「偶戯」『同人社文学雑誌』第六一号（一八八一年［明治一四年］九月二〇日）、一六頁。

(30) 上掲尹致昊「偶戯」、一七頁。

(31)「古語曰「良医之門、多病夫。櫽括之側、多枉木。」」、前掲尹致昊「呈加藤東泉大観楼説」、一三頁。

(32)「吾妻升曰、「此篇亦不経意而成者。而其命意之高、運筆之妙、既如此。韓国称為神童、不亦宜哉。」」、上掲尹致昊「呈加藤東泉大観楼説」、一三頁。

(33)「美しい自然の中を歩き回り、そこで古詩の一句の韻を割り当て、私にも詩を作れと言いつけられ、紅の字がその韻である（徘徊於山明秀水間、仍古詩中一句分韻、而命余亦製、紅字即其韻也。）」、尹致昊「飛鳥山観楓」『同人社文学雑誌』第六五号（一八八一年［明治一四年］一一月二七日）、一六頁。

(34) 上掲尹致昊「飛鳥山観楓」、一六―一七頁。

(35) 同「飛鳥山観楓」、一七頁。

(36)『日本外交文書』（第一四巻（明治一四年［一八八一年］）、外務省編纂、日本連合協会発行、一九五一年）の「朝鮮国視察官来朝ニ付上申ノ件（六月二日、井上外務卿より三條太政大臣宛）」には「芝山内海軍省附属官舎へ一時旅泊候（同書、三〇七

頁）と記されており、紳士遊覧団の一行が来日したとき、最初に当時芝公園にあった海軍省附属官舎に宿泊していたことがここから分かる。一八八一年八月に紳士遊覧団が帰国した後も、尹致昊は海軍省附属官舎に泊まりながら同人社に通っていたと推測される。

(37) 尹致昊「進徳館開業ヲ祝ス」『同人社文学雑誌』第七〇号（一八八二年［明治一五年］二月一〇日）、七頁。

(38) 上掲尹致昊「進徳館開業ヲ祝ス」、九—一〇頁。

(39) 尹致昊「記戒少年事」『同人社文学雑誌』第七二号（一八八二年［明治一五年］三月一〇日）、一七頁。

(40) 「一八八二年四月に外留一年で恋しい故国に帰り懐かしい母堂のお顔に対したときは嬉しかったが、東京と京城を比較する辛い気持ちでは苦しかった。［そこで］新たな決心の靴の紐を結び、再び東京に向かったのである。」（前掲金永羲（一九三四）、二八頁）。尹致昊は同人社時代に福沢諭吉とも交流をしていた。尹が一時帰国するとき、尹の船便の手配を依頼する手紙を福沢が久保扶桑に出している。福沢諭吉、書簡「久保扶桑宛」（一八八二年［明治一五年］四月二八日）（『福沢諭吉全集』第一七巻［全二二巻］、岩波書店、一九六九—七一年［一九五八—六四年］、五〇五—五〇六頁）。

(41) 朴星来「한국 근대의 서양어 통역사（2）——1883 년부터 1886 년까지」『국제지역연구』第七巻第一号（한국어외국어대학교 외국학종합연구센터、二〇〇三年）、三五四—三五七頁。

(42) 李光麟「육영공원의 설치와 그 변천」『한국개화사 연구』（一潮閣、一九九九年［一九六九年］）、一二九—一三二頁。

(43) 崔徳教『한국잡지 백년3』（현암사、二〇〇四年）、三五三—三五四頁。崔徳教によれば、創刊号以後の続刊が存在するかどうかについては不明である。

(44) 尹致昊「朝鮮最初英語学習回顧談」『英語文学』創刊号（英語文学社、一九三二年六月）、三頁。原文は、国漢文。

(45) 兪吉濬の言語観については、前掲黄鎬徳（二〇〇五）、三〇五—三七一頁。『西遊見聞』における兪吉濬の思想については、月脚達彦『朝鮮開化思想とナショナリズム——近代朝鮮の形成』（東京大学出版会、二〇〇九年）、六一—九五頁。

(46) 柳永益『甲午更張研究』（一潮閣、一九九七年［一九九〇年］）、九三—一〇〇頁、前掲李光麟（一九九九）、鄭容和『문명의 정치사상——유길준과 근대한국』（문학과지성사、二〇〇四年）、七五—八一頁。

(47) 日本における蘭学と英学との関連性については、杉本つとむ『日本英語文化史の研究』（八坂書房、一九九九年［一九八五年］）、三五—九〇頁。

(48) 金容九『세계관 충돌과 한말 외교사 1866–1882』（문학과지성사、二〇〇一年）、二八三—二九四頁。

（49）James Scott, *English-Corean Dictionary: Being a Vocabulary of Corean Colloquial Words in Common Use*, Corea: Church of England Mission Press. 1891.

（50）James Scarth Gale, *A Korean-English Dictionary*, Yokohama: Kelly & Walsh, 1897.

（51）前掲黄鎬徳・李祥賢（二〇一二）、七八―八三頁。

（52）「日記」一八八三年一月一六日［漢］。

（53）「日記」一八八四年五月一五日［漢］。

（54）「日記」一八八八年五月五日［国］。

（55）岩堀行宏『英和・和英辞典の誕生――日欧言語文化交流史』（図書出版社、一九九五年）、一七二―一七三頁。

（56）前掲杉本つとむ（一九九九）と、前掲宮田和子（二〇一〇）、参照。

（57）李光麟は、一八八六年七月に東京で刊行された『近世朝鮮政鑑』の著者が「朴斉炯《パクジェヒョン》」となっているが、これは「朴斉絅」の誤植だと指摘する。前掲李光麟（一九九九）、二八六―二八九頁。

（58）前掲岩堀行宏（一九九五）、二〇一―二〇四頁。

（59）「漢文脈」は東アジアにおける漢字・漢文に基づいた言語・思惟の体系である。漢字の生成とその歴史を共にしてきた「漢文脈」は、漢文とそこから派生した文体による翻訳と近代漢字語の生成を通じて、近代東アジアにおける西洋思想の受容と流通に深く関連している。齋藤希史『漢文脈の近代』（名古屋大学出版会、二〇〇五年）、同『漢文脈と近代日本――もう一つのことばの世界』（ＮＨＫブックス、二〇〇七年）、同『漢字世界の地平――私たちにとって文字とは何か』（新潮社、二〇一四年）、参照。

（60）黄鎬徳は、齋藤希史の「漢文脈」概念を援用し、韓国における近代書記体系の形成を問題にしながら、西洋の言語・思惟体系としての「欧文脈」を提示する。そして韓国文学と言語の形成と概念史において、「漢文脈」と「欧文脈」との相互関係の錯綜を前提とする。「漢文脈」と「欧文脈」という問題設定は、一九世紀末東アジアの言語空間における東洋と西洋の思惟体系の錯綜を理解する図式としても有効である（前掲黄鎬徳・李祥賢（二〇一一）、三〇三―三〇七頁）。

（61）前掲齋藤希史（二〇〇七）、参照。

（62）「日記」一八八七年五月二四日［国］。

（63）「日記」一八八八年一一月一七日［国］。

(64)「日記」一八九二年一一月一七日。
(65) 早川勇『ウェブスター辞書と明治の知識人』(春風社、二〇〇七年)、参照。
(66) 前掲杉本つとむ(一九九五)、四五二―四五五頁。
(67) 小島義郎『英語辞書の変遷――英・米・日本を併せ見て』(研究社、一九九九年)、一六九―一八八頁。
(68)「日記」一八八九年三月二日[国]。
(69)「日記」一八九〇年二月一四日。
(70)「日記」一八九三年九月二四日。
(71)「日記」一八九三年一一月一日。
(72)「日記」一八九三年一一月一五日。
(73) 前掲金栄敏(二〇一二)、二二五―二二九頁。
(74) 兪吉濬『兪吉濬全書(1)――『西洋見聞』(全)』(兪吉濬全書編纂委員会編、一潮閣、一九七一年)、八頁。
(75)「論説」『独立新聞』一八九六年四月七日「我が新聞が漢文を用いず、ただ国文のみを用いるのは、上下貴賤の皆が読めるようにするためであり、また国文を、このように句節を分けて書くのは[分かち書き]、すなわち誰でもこの新聞を読みやすくし、新聞にある言葉を詳しく分かるようにするためである。」(原文は純国文、句読点は引用者)
(76)「雑報」『独立新聞』一八九七年五月二七日。
(77) 尹致昊の主張に対する『独立新聞』側の論評も注目に値する。『独立新聞』の論評者は、長音として「ㅏ」を、短音として「、」を表記する規則があり、尹致昊のこうした指摘は、朝鮮語についての尹の知識不足によるものだと論駁する。だが、論評者は、朝鮮語の表記法の一定化についての尹の指摘には賛同の意を表し、朝鮮の学部が朝鮮語辞典を編纂するよう主張する。

第二章　漢詩文で〈再現〉された西洋

――『海天秋帆』『海天春帆小集』『環璆唫艸』と理想郷の修辞

一　ニコライ二世戴冠式祝賀使節団と複数の記録

一八九六年四月、閔泳煥《ミンヨンファン》(1)を正使とする朝鮮使節団がロシアへ出発する。同年五月にモスクワで開催される皇帝ニコライ二世（Nicholas Alexandrovich Romanov）の戴冠式に参加するためであった。祝賀使節団派遣の前年である一八九五年に日本による王妃殺害事件（乙未事変）が起こった。この事件は、日清戦争（一八九四―九五）以降、朝鮮の内政への影響力を増大してきた日本が、日本を牽制するために親露的な態度を取った朝鮮の王室に対して抱いた懸念の結果であった。一八九六年二月、朝鮮と王家に対する日本のこのような脅威から逃れるため、高宗はロシア公使館に身を避け（露館播遷）、金弘集《キムホンジプ》や兪吉濬《ユギルチュン》などの親日的人物から構成された朝鮮政府の人士を逆徒と宣言し、朝鮮における日本勢力を駆逐しようとした。その後、貞洞倶楽部(2)の人士とロシア公使館のロシア語通訳者を中心として新政府が樹立された。この朝鮮の新政府は、外交政策の一環としてニコライ二世の戴冠式に祝賀使節団を派遣する。(3)使節団派遣の表面上の理由は、朝鮮とロシア両国の友好の増進にあったが、その裏面にはロシアから軍事的・経済的支援を得るための交渉が存在した(4)。

祝賀使節団の旅は地球を一周する旅程であった。使節団は、済物浦（現在の仁川）から出発し、中国の上海と日本を経て、太平洋を渡ってバンクーバーからニューヨークへ移動した。そこから大西洋を渡ってイギリス・ドイツ・ロシア領ポーランドなどのヨーロッパ諸国を経、ついに戴冠式が行われるモスクワに到着した。戴冠式に参加した後、当時のロシアの都であったサンクトペテルブルクに移り、ロシア政府と本格的に交渉を行った。その後、シベリアを通って帰国することとなり、中央アジアと当時の満州を経て、同年一〇月に朝鮮に帰ってきた。

祝賀使節団は六人で構成されていた。特命全権公使として宮内部特進官の閔泳煥が任命された(5)。随員として学部協弁の尹致昊が英語通訳を、二等参書官として訳官の金得錬《キムドゥンニョン》(6)が中国語通訳と書記を、三等参書官として外部主事の金《キム》道一《ドイル》がロシア語通訳を、それぞれ担当した。案内人兼ロシア語通訳として駐朝ロシア公使館の書記官のシュタイン（E. Stein）が(7)、そして閔泳煥の個人従者として孫熙栄《ソンヒヨン》が同行した(8)。

この使節団は朝鮮政府がヨーロッパへ派遣した最初の使節である。使節団は、汽車や電気灯などの西洋諸国の近代文物を見聞し、西洋の戴冠式に参加するなど、それまで経験できなかった光景に遭遇する。この使節に参加した人々が残した記録から、異なる文化と接しながら感じた彼らの衝撃と感想を確認することができる。

この使節の旅行に関連しては以下の六つの記録が残されている。まず閔泳煥の作品として知られている漢文旅行記『海天秋帆』、閔の使行漢詩集『海天春帆小集』、次に金得錬の漢詩集『環璆唫艸』、同じく漢文の旅行記『環璆日録』（『海天秋帆』の底本とされる）、その縮約本である『赴俄記程』(9)、そして尹致昊の一八九六年度の英文日記である。本章では、このうち漢詩文で書かれた『海天秋帆』『海天春帆小集』『環璆唫艸』を主な対象として、祝賀使節団が西洋をどのように体験し、その体験をどのように〈再現〉(10)したのか、すなわち近代文明を漢詩文でどのように表現したのかについて検討する。

まず本章で取り上げる三書の内容をかいつまんで紹介する。

『海天秋帆』[11]は一八九六年四月から一〇月までの使節団の旅程を漢文で記した旅行記である。『海天秋帆』は、全般的に私的な感想よりも、公的な事実の記述に主眼を置いている。その内容は金得錬の『環璆日録』に酷似しているが、主体が閔泳煥になっている。例えば、『環璆日録』の「公使」が『海天秋帆』では「余」になっており、[12]そして『海天秋帆』四月一一日付の記録には閔泳煥の親戚である閔泳翊《ミンヨンイク》と閔泳琦《ミンヨンギ》について「従兄」「族弟」と親族関係が明記されている。[13]

『海天秋帆』の作者の問題についての見解は大きく二つに分かれる。一つは、『海天秋帆』が『環璆日録』を底本として修正・加筆したものであることを理由に、金得錬の作品と見なすべきだという見解である。[14]もう一つは、使節団の公的な記録として『環璆日録』を捉え、その公的なテキストに基づいたテキストとして『海天秋帆』を理解すべきだという見解である。[15]本章では、『海天秋帆』は、基本的には使節団の書記だった金得錬の手によるものと見なしうるが、閔泳煥と金得錬二人の観点が共存しているテキストであると仮定する。

中国語訳官の金得錬が、なぜ欧米を旅行するこの使節団に加わることになったのか、その理由は不明だが、使節団での彼の役割は旅行の日誌と文書を漢文で記録する書記だったと推測される。「日記」には、金得錬が閔泳煥の名でロシア外務大臣ロバノフ (A. Lobanov Rostovsky) への手紙の下書きを漢文で書いたこと、[16]金が使節団の日誌を作成していたことが記されている。[17]また『海天秋帆』には、閔泳煥のニコライ二世との謁見やロシア長官との交渉など、金得錬が同行していない事柄も記録されており、それらはおそらく閔泳煥から聞いたことを記録したものだと考えられる。つまり、『海天秋帆』は、金得錬が作成した公式記録を土台としたものであり、閔泳煥と金得錬二人の観点が共存するテキストとして理解するのが妥当であろう。

金得錬の意識が共有された『海天秋帆』とは異なり、閔泳煥の漢詩一〇首（一首は金得錬から送られた詩）を編んだ使行詩集『海天春帆小集』[18]には、西洋に対する閔泳煥の独自の感想が見られる。『海天春帆小集』の最初の漢詩「仁川を出発してから、いつも詩を作ってみたかった。云々（発仁港以後、毎欲唫字、云々）」で始まる七言律詩は、彼の西洋に対する認識を端的に示すものである。[19]

『環璆唫艸』[20]は、金得錬が旅行中に作った漢詩一三九首を収めた漢詩集である。主に西洋の文物に関する個人的感想を述べた詩だが、そのなかには西洋で見聞した近代施設や風俗などを竹枝体の七言絶句で詠んだ三六首が含まれている。前者の例としてアメリカのニューヨークについての「ニューヨークの富裕と繁華は口で形容し難く、筆で記述し難い（紐約之殷富繁萃、口難形言、筆難記述）[21]」が、後者の例としてロシア正教の礼拝堂の光景を描いた「礼拝堂[22]」が挙げられる。

『環璆唫艸』の作者金得錬は、一九世紀末に活躍した六橋詩社[23]に参加するほど、漢詩の素養を持っていた。とくに彼は生涯を通して蘇東坡の高節を敬っていたという。[24]『環璆唫艸』には、六橋詩社で彼と一緒に活動した洪顕普《ホンヒョンボ》や金奭《キムソク》準《ジュン》や崔性学《チェソンハク》の序文が載っている。また、金得錬は、洪顕普らとの交遊を回想した七言絶句「モスクワの公使館での月夜に漢陽の親友を憶う（毛寿古公館月夜憶漢陽親友）」を『環璆唫艸』に残しており、ここからも金得錬と六橋詩社のメンバーとの緊密な交遊関係が窺える。

『海天秋帆』と『環璆唫艸』に関する先行研究では、使節団の派遣の経緯と政治的な意味を検討すると同時に、[25]例えば『海天秋帆』と『環璆唫艸』における西洋は羨望・志向すべき存在として描かれており、そこから朝鮮人のオクシデンタリズム（Occidentalism、西洋趣味）が読み取れるとするなど、[26]西洋で見聞した近代文物に対する朝鮮知識人の反応に注目して論じられることが多かった。[27]だが、朝鮮人の西洋体験を論じるにあたっては、テキストに書かれた内容を分析するだけでなく、分析の対象である『海天秋帆』と『環璆唫艸』というテキストの〈再現〉の論理にも注目すべきであろう。[28]なぜなら、それらのテキストにおける〈再現〉の論理に注目することで、西洋に対する朝鮮知識人の自文化に基づいた他者理解の実状を明らかにすることができるからである。

書かれたテキストの表面的な内容を分析し、西洋への反応を羨望やオクシデンタリズムとして解釈してきた先行研究では、朝鮮知識人である閔泳煥と金得鍊が漢詩文で西洋を描くというテキストの成立の論理については看過されてきた。後に確認するが、朝鮮知識人が西洋を漢詩文で〈再現〉する際、『山海経』の世界観のような、東アジアにおける未知の存在への理解とそれを表現する仕方が前提とされる。彼らが経験した西洋はこうした漢詩文の文脈によって翻訳され変容されたものである。『海天秋帆』『環璆唫艸』は、西洋という見知らぬ存在を、朝鮮知識人自身の思惟体系をもって理解しようとした試みの結果物である。『海天秋帆』『環璆唫艸』そして『海天春帆小集』というテキストの〈再現〉の論理を検討することは、表面的にオクシデンタリズムとして説明できる西洋に対する使節団の反応に含まれた複雑さを確認することである。つまり、それは未知の存在としての西洋に対して朝鮮知識人が持った他者理解の実状を検証することである。

朝鮮の支配的な書記言語であった漢文は、東アジアの諸国に派遣された使節団の記録言語として用いられた。漢詩は、公式の記録ではなく個人の私的感想を表す手段として、また相手国の知識人との交流の手段として機能した。漢文と漢詩のこうした機能は、漢文が共用語である東アジアの地域においては維持される。しかし、ロシアに派遣された祝賀使節団は、東アジアを離れた西洋へ行き、漢詩文が容易に機能しない状況に置かれてしまった。彼らは自分たちが経験している西洋という対象を漢詩文で〈再現〉するために、今までとは異なる工夫と戦略を試みなければならなかったのである。(29)

『海天秋帆』と『環璆唫艸』では、「極楽」「仙境」などのことばをもって西洋を喩える場面が多数見られる。本章では、こうした〈再現〉の仕方を〈理想郷の修辞法〉と呼び、漢詩文によって西洋を再現するために用いた戦略として注目する。理想郷の修辞法は、中華世界の外部を、神仙と妖怪の空間として説明した古代地理書『山海経』の世界認識を起源とする。『山海経』の世界観は、世俗の現世界から離れようとする隠遁思想にその思考の題材を提供した。漢詩文の場において、理想郷と隠遁の思想は、陶淵明を代表とする漢字圏の知識人の間で[30]、現実政治を志す士人的エトスを詠う文脈と共存し、漢字によって形成された思惟と教養の学習の磁場で生きた人々のなかで、一種の精神性として存在し続けた[31]。朝鮮の識者層も、漢詩文のリテラシーの世界に属し続けることで、こうした漢学的な教養を身体化し、その教養の精神性を思惟した存在であった。閔泳煥と金得鍊が駆使する理想郷の修辞法は、こうした漢字圏の想像力によるものである。

また、使節団の工夫と戦略には、書き手それぞれの学問的・思想的な背景が反映されていたと考えられる。閔泳煥は、高宗の閔氏王妃を中心とする戚臣政治の中心的な人物であった。一方の金得鍊は、中人の出身で、漢学的な素養を習得した訳官であった。この二人の間には、教養としての漢学が共通の学問的な背景として存在していたとはいえ、当時の社会における階層や担った社会的な役割の面では差異が存在する。本章では、彼らの漢学という学問的な教養による共通点と、異なる階級と社会的役割による差異が、西洋の記述にどのように反映されたのかについても問題とする。こうした疑問を解明するため、先行研究では言及されてこなかった閔泳煥の使行詩集『海天春帆小集』を、もう一つの分析の軸として論を進める。

二　理想郷の修辞法と西洋

使節団が向かったロシアに対する従来の朝鮮人の認識は「大鼻㺚子」の夷国「俄羅斯」（ほかに「厄羅斯」「鄂羅斯」）であった[32]。李瀷《イイク》は、『星湖僿説』（巻一、天地門、「東国地図」）で、ロシア人を「大鼻㺚子」と命名してモンゴルの一族として理解している[33]。一七六五年に燕行使として北京を訪ねた洪大容《ホンデヨン》は、『湛軒書外集』（巻七、燕記、「藩夷殊俗」）で、

「大鼻㺚子」と「鄂羅斯」を同一視し、その性格を凶暴や愚鈍や無知と説明する。[34] つまり、朝鮮知識人にとってロシア人は野蛮族であり、その国は夷国として認識されていたのである。

しかし、『海天秋帆』のロシアについての記述には、夷国としてのロシアの様子はどこにも見当たらない。むしろ電気施設や水道施設や学校や貨幣工場や博覧会などのロシアの近代制度や施設の発展への驚嘆と、ロシア軍の閲兵式や軍艦や大砲工場などの近代的な軍事力への羨望が散見される。ロシアは、『海天秋帆』において「俄羅斯」と命名されているが、この俄羅斯という名称には、夷国ではなく、文明国のイメージが投影されている。

『環璆唫艸』のロシアも、軽蔑の眼差しを盛り込んだ夷狄の空間でなく、西洋文明の実現されている奇異な空間として描かれている。金得錬は、『環璆唫艸』の「序」で、自身の西洋経験の奇異さを次のように総括する。

今年、私は使節団に参加して遠くまで行き、地球を周ってロシアに到ったが、取りとめも無く広くて遥かな景色を歴覧した。また、素晴らしい物と奇異なからくりを観たが、恍惚とさせられるものばかりで、ほとんど人意では考えられないものだった。そこでむやみと筆を走らせて記した。[35]

金得錬によれば、使節として訪ねたロシアまた西洋は、奇妙かつ奇異な空間であり、朝鮮の人々には想像もできない空間である。この感想で興味深いのは、金得錬自身が属する朝鮮の世界を人間の世界に、ロシアと西洋を人間の認識範囲を超えた彼方の世界に位置づけていることである。金は彼方の世界を理解できないまま「むやみと筆を走らせて」、人間の世界の言葉、すなわち漢詩でその光景を〈再現〉したと告白する。

『環璆唫艸』と同様、『海天秋帆』にも、西洋を彼方の空間として見る眼差しと、それを〈再現〉することの困難さを告白する場面が見られる。以下はニューヨークに到着した際の五月六日と八日付の記述である。

亥時初［夜九時―一〇時］にニューヨークに到着した。さまざまな物が立ち並ぶさまはモントリオールの一〇〇倍であり、恍惚な風景を見てそれをことばで形容できず、まさに地球上に著名なところである。[36]

［ニューヨークに］住む人は三〇〇万であり、町がにぎやかで人や車の往来が激しく、日夜絶えず、笛の音と歌の声、遊び楽しむことが一年中やまない。長春園の内は愁いの無い地と謂うべきであり、不夜城の中は極楽天である。(37)

「恍惚な風景」を有するニューヨークは、「ことばで形容でき」ないところであり、「まさに地球上に著名なところである」。そして「町がにぎやかで人や車の往来が激しく、日夜絶えず、笛の音と歌の声、遊び楽しむことが一年中やまない。長春園の内は愁いの無い地と謂うべきであり、不夜城の中は極楽天である」。「ことばで形容できない」、すなわち言語化の困難は、前述した『環璆唫艸』の「序」での金得錬の告白と一致する。また『海天秋帆』のニューヨークは、「極楽」の空を有する理想郷の空間として〈再現〉されている。

さらに、この「ことばで形容できない」という告白と「極楽」としてのニューヨークのイメージは、『環璆唫艸』のニューヨークに関する漢詩にも共有される。

「ニューヨークの富裕と繁華は口で形容し難く、筆で記述し難い（紐約之殷富繁萃、口難形言、筆難記述）」

長春園裡無愁地、不夜城中極楽天。
港内居人三百万、揮金如土酒如泉。
（長春園の内は愁いの無い地、不夜城の中は極楽天。港に住む人は三〇〇万、土のように金をつかい　泉の水のように酒を飲む。）

金得錬は「ニューヨークの富裕と繁華は口で形容し難く、筆で記述し難い」と題し、西洋の近代都市を〈再現〉することの困難さを語る。この漢詩には、『海天秋帆』のニューヨークの描写で登場した「長春園の内は愁いの無い地、不夜城の中は極楽天」という句がそのまま登場する。この『海天秋帆』の句が七言になっていることを考えれば、書記を担当した金得錬が、まずこの漢詩を書いてから、その表現をそのまま使節の公式的な記録に書き込んだ可能性がある。『環璆唫艸』のニューヨークは、「金」が「土」に、「酒」が「泉」に対比され、ニューヨークの富と繁栄のイメージが集約的に伝えられる。漢詩の内容だけを考えれば、その詩の風景は、近代都市ではなく、まさに仏家の理想郷の極楽の光景を連想させる。

当時最も近代的なメトロポリスであったロンドンも、『海天秋帆』では理想郷として〈再現〉される。だが、ロンドンの描写では、「極楽」のような仏家的なイメージではなく、儒家的な理想郷の修辞が登場する。

　この都に住む人は五〇〇万である。大路や商店や車馬は、ニューヨークに比肩する。しかし、雄壮の建物はより優れており、地は狭くて人々は多く、所々街の地上に、地を掘り出して何層にも道を作り、その中に住居や店や鉄路があり、車馬が往来する。その繁盛することは、天下の最上である。さらに、路を通行する人は、温和で安静であり、喧騒も無く、ただ馬のひづめと車輪の音が聞こえるだけで、国法の厳しさが分かる。女皇帝［ヴィクトリア女王］が即位してから五十余年、広く地を開拓し、日々富強さを増しており、国は太平であり、民は安楽に暮らし、本当に和楽な時代である。水晶宮と博物館や各学校や奇異な景色や古跡は、諸国に冠たるものだ。しかし、予定が迫っており、一覧できないのは、本当に残念である。[38]

ロンドンは「地は狭くて人々は多く、所々街の地上に、地を掘り出して何層にも道を作り、その中に住居や店や鉄路があり、車馬が往来する」空間である。地上と地下を生活空間とするロンドンは、朝鮮では想像もできない空間感覚を経験させる。そうした空間で生活するイギリス人は「温和で安静」であり、大都市の路であるにもかかわらず、「ただ馬のひづめと車輪の音が聞こえるだけ」で静かである。また、ヴィクトリア女王が統治するイギリスは「五十余年、広く地を開拓し、日々富強さを増しており、国は太平であり、民は安楽に暮らし、本当に和楽な時代」を享受する国だと総括する。このイギリスに関する説明で用いられる「国の太平」「民の安楽」「和楽な時期」という修辞は、儒家の理想的時代である尭舜時代を連想させる。

だが、ロンドンについての『環璆唫艸』の次の漢詩「イギリスの都ロンドンに入る（入英都倫敦）」では、ロンドンは、儒家的な理想郷ではなく、道家的な理想郷として描かれている。

「イギリスの都ロンドンに入る（入英都倫敦）」

政治倫敦盛、君民意共孚。
五洲称覇国、千載鎮名都。
天上神仙境、人間富貴図。
我来観俗美、花月満城衢。

（政治はロンドンにこそ盛ん、君民は意をともに信に置く。五州覇国と称し、千年永遠の名都。天上の神仙境、人間の富貴画。私はここに来て風俗の美を観る、花と月は城の大路に満ちている。）

ロンドンは「君民」がともに国の政治を話し合う政論の空間である。世界の国々が「覇国」と称えるこのイギリスの「名都」が、すなわちロンドンである。その名声高い都は、まさに「天上の神仙境」であり、世の最も「富貴」な状態に達している。総じて、ロンドンは「風俗」も「美しい」ところであり、ロンドンの「大路」には美しい「花」が咲き、美しい「月」が照る幻想的な空間である。ロンドンに関するこの漢詩は、ニューヨークを詠った漢詩より、その幻想的な雰囲気が一層増している。その幻想性の増加によって、ニューヨークよりロンドンが上位に位置する空間であることが効果的に示されている。『環璆唫艸』においてロンドンとニューヨークは、それぞれ「神仙境」と「極楽」に喩えられ、ともに理想郷のような境地に達した空間として描かれている。

ロンドンの記録の後、『海天秋帆』には、理想郷の修辞が見当たらない。これ以降は、主観が控えられ、より写実的な記述に主眼が置かれ、日ごとの日誌として作成されていく。

一方、『環璆唫艸』では、その後に作られた漢詩にも理想郷の修辞がしばしば登場する。例えば、ニコライ二世のモスクワ入城についての漢詩「モスクワに到着し、ロシア皇帝の動駕を観る（到毛寿古、観俄皇動駕）」には、皇太后と皇后について天上から降りてきた仙女（「太后先行皇后後、疑従天上陸仙娥。」）を彷彿させると描写している。そして、帰国途中に乗った気球についての漢詩「軽気球に乗る（乗軽気璆）」には、気球に乗って仏家の世界である「三千界」を飛んでいるような気分を味わったり（「遊戯三千界、搏扶九万程。」）、神仙の世界に行けると感じたり（「飛仙曽有約、邀我到蓬瀛。」）する場面が登場する。

『環璆唫艸』のこうした理想郷の修辞が施された漢詩のなかで、モスクワの点灯式を描写した七言長詩「都の三日間の夜に灯を点すことが満ちている（満都三夜点灯）」の後半部は、理想郷の修辞の効果が極大化されている。この詩の前半部は、点灯式の光景を叙事的に描いて、それに続いて宴会の場面を次のように詠んでいる。

「都の三日間の夜に灯を点すことが満ちている（満都三夜点灯）」

（上略）

海上怳惚蜃嘘気、　珠宮貝闕懸迢迢。
宛如瑶池敞仙宴、　鳳髄龍膏徹夜焼。
広陵観灯何足道、　鰲山銀樹太蕭条。

（下略）

（海上は怳惚蜃《しん》が息を吐き出し、真珠と貝の宮はるかに遠いところに浮かんでいる。あたかも瑶池で仙人の宴会が開かれているように、鳳の骨髄龍の膏《あぶら》徹夜で燃やしている。広陵の観灯など言うに足りない、鰲山《ごうざん》の銀樹もとてもみすぼらしい。）

ロシアのモスクワでの宴会は神仙の世界に転じている。漢詩のどこにも西洋の痕跡は見当たらない。「海上」には「蜃」があり、「真珠と貝の宮」が幽かに見える。この宴会はまるで「瑶池」での「仙人の宴会」を彷彿とさせるものであり、その「仙人の宴会」に相応しく「鳳の骨髄」「龍の膏」で夜の闇を明るく照らしている。今自分が目にする光景は、「広陵の観灯」「鰲山の銀樹」のような珍しい景物とも比べものにならないほどの壮観である。この漢詩は、金得錬が実際にどのような風景を目にしているのかが想像できないほど幻想的である。

金得錬が見ていた宴会の光景は、『環璆唫艸』の「序」で自ら告白したように「素晴らしい物と奇異なからくりを観たが、恍惚とさせられるものばかりで、ほとんど人意では考えられないものだった」のではないだろうか。そして、「そこでむやみと筆を走らせて記し」た結果、このような仙人の宴会になってしまったのではないか。言い換えれば、この仙人の宴会は、金得錬がロシアの宴会を〈再現〉しようとしたとき、西洋の文物についての理解が存在せず写実的に〈再現〉することができないために取った方法だったのではないか。なぜなら、この漢詩には、事実を記録するというリアリティーは全く存在しないが、金得錬の驚嘆と当惑の気持ちから感じ取られる奇異な存在についてのリアリティーが、理想郷の修辞によって十分に伝わってくるからである。

こうした漢詩文を読む朝鮮の人々は、この荒唐無稽な風景に半信半疑でありながらも、東洋の理想郷という概念を媒体とし、金得錬の驚嘆と当惑さがもたらすリアリティーを感じることができたのではないか。『環璆唫艸』を読んだ金奭準は、彼自身が書いた「序文」で、「人々がこの本を読めば、家から出かけず、天下について知ることができる。どうしてただ春坡［金得錬の号］のためだけにこれを優れたものだとするか。喜んで序文を書く。（使人読之、不出戸、可知天下。此奚但為春坡壮之。喜而為之序。）」と言い、『環璆唫艸』を読むことで世界を理解することができると高く評価する。これは金得錬の漢詩の実用性についての評価にほかならない。このように、『海天秋帆』と『環璆唫艸』における〈理想郷の修辞法〉は、漢詩文で〈再現〉し難いあるいは再現不可能な対象を、再現可能にする書き方の戦略として機能していたのである。

三　閔泳煥と金得鍊の異なる作詩の意図

『海天秋帆』と『環璆唫艸』に見られる「ことばで形容できない」という告白と、理想郷の修辞法は、閔泳煥の『海天春帆小集』の漢詩「仁川を出発してから、いつも詩を作ってみたかった。云々（発仁港以後、毎欲唫字。云々）」と題した七言律詩にも共有されている。

「仁川を出発してから、いつも詩を作ってみたかった。しかし、景色を見ると、それを描くことが難しく、文章も短くことばも粗末なものになり、結局一編も作ることができなかった。詩を作ろうとして金剛山に到るもあえて作らずという話があるが、まさにこれがそうである。太平洋を渡ってから、英国の属地［カナダ］を過ぎ、初めて一律を作った。（発仁港以後、毎欲唫字。而遇景難摸、文短辞渋、終不能成篇。詩到金剛不敢詩之説、真準備語。渡太平洋後、過英地、始成一律。）」

世界中分五大州、西方極楽等仙流。
縦知化育非天限、肯信興隆在力求。
水水山山皆画境、風風雨雨不時秋。
浮生一夢誰先覚、蕩者無愁知者憂。

（世界は五大州に分けられて、西方は極楽と仙流に等しい。万物の化育が天に制限されないと知るならば、興隆は力で求められると信じられよう。水々　山々　すべて絵のような景色で、風々　雨々　時ならざる秋。浮生の一夢から誰が先に覚めるか、蕩者は愁いが無く　知者は憂う。）

閔泳煥は、朝鮮を出発して以後の上海や東京やバンクーバーやモントリオールなどの近代都市を、漢詩で表現することの困難さを語る。その〈再現〉の困難さに悩みつつ、かろうじてこの詩を書き出したのであろう。閔は、「五大州」ということばを通じて、中華秩序に基づいた世界観ではない、近代地理学に基づいた新たな世界観を提示する。この新しい世界のなかの一部である西洋は、「極楽」と「仙流」、すなわち彼方に位置する理想郷にほかならない。しかし、その理想郷は、自然に形成し育った万物ではなく、人間が自分たちの「繁栄」を信じ込んで自ら努力し獲得した人為的な結果物である。最後に、自分の目で目撃した現存する「極楽」と「仙流」を、自ら努力して実現させるために、「一夢」のような今までの生から目覚めることを自分に促す。最後の句によって、閔泳煥の理想郷は、彼方に位置づけられる奇異な空間から、現存の世界に変えることができる空間として想定され、理想郷と現存の世界との間の距離が縮まっている。

このような理想郷として西洋を〈再現〉する態度は、『海天春帆小集』にある次の漢詩にも見られる。

「ロシアの新都で、眠られず、仕事で疲れて病気になり、故郷が懐かしくてその思いが溜り、考えがあって作る（在俄新京、夜不能寐、憊労成祟、郷懐結緒、感而有作）」

宜家未信有賢方、　先養真元得自強。
飲餐無節添新祟、　憊労難誇任小康。
長生霊薬三山遠、　済衆神書百草香。
挙世皆知為己学、　欲蘇痼瘼適陰陽。

以電以煤械与機、　権衡万物不会違。
天人相副無鏗地、　嚬笑維関賜弊衣。
未息前塵誰更摂、　恐傾一轍自同帰。

盍念日新成大業、　待時坐困古今稀。
(家を整えるのに自信が無ければ賢い方法が有る、まず一身の元気を養えば自然に強くなる。飲食に節制が無くて　新しいわざわいが加わり、疲労は自慢にもならず　ただ好転を願うのみ。長生の霊薬　三山は遠く、人々を救う神書　さまざまな薬草の香り。世の中の人々は皆己のために学ぶことを知っている、長い持病から蘇って陰と陽を調和させよう。
電気や石炭で機械を動かし、万物は均衡して食い違うことが無い。天と人は調和して不和が無く、喜びも悲しみもただ弊衣をいただくことに関わるのみ。騒ぎが収まらないのに　誰が新たに政治を担当できるだろうか、先人の轍に従って同じ結果になることを恐れるばかりだ。日々努力して大業を成すことを思わないはずがない、時を待ちながらこのまま苦しむのは古今に無いことだ。)

二篇から構成されているこの漢詩の一首目では、「宜家」と「無節」という二つの問題が述べられる。「宜家」は、家をどのように治めるべきかという悩みであり、これは自ら英気を静養して、自ら心身を強くすることによって解決できる。「無節」は、自分の節制の無い生活についての悩みであり、これは「無節」の病気が自然に治る時を待つしかない。彼は自分の悩みを解決できる「霊薬」と、民を治め救うことができる「神書」が今の自身の手中には無いことを自覚している。だが、その「霊薬」と「神書」は、自分自身が努力し学ぶことによって手に入れることができるものである。結果的に「陰陽」が調和し、彼の長い病気と民の長い困難は解決されるのである。

二首目には、均衡を維持する西洋の機械が「陰陽」の調和の例として挙げられる。電気や石炭で動くこの機械は、「天」と「人」が調和した状態である。それに対し、朝鮮をめぐる状況は、日清戦争や乙未事変や露館播遷のように、まだ騒ぎが収まっていない状態であり、現在の朝鮮で政治を行うことは簡単ではない。だが、彼はこうした悲観的な状況に屈せず、西洋を通じて自分自身の大業への志を再確認し、苦しいながらも、その志が実現できるときを待つしかないと結論づけるのである。

これまで、閔泳煥と金得錬が、仏・儒・老荘の思想に基づいた理想郷の修辞法を利用し、西洋を彼方に位置づけることで、漢詩文をもって西洋を再現したことを見てきた。繰り返しになるが、こうした理想郷の修辞法を通じて、彼らは西洋の奇異さと、それを目撃した自分たちの経験の特殊性とリアリティーを、漢詩文で戦略的に〈再現〉したのである。

だが、ここで注意すべきなのは、朝鮮の識者層である閔泳煥と金得錬はともに漢字圏の想像力に頼って理想郷という同様の修辞法を用いてはいるが、その〈再現〉における二人の意図のベクトルが異なっていることである。閔泳煥にとって理想郷としての西洋は、現実の彼を顧みる、もしくは反省する鏡のような存在である。先述した閔泳煥の二つの漢詩には、愚者で病者の彼が、理想郷として再現した西洋を経験しながら、自分に変化を求めていることが読み取れる。つまり、理想郷としての西洋は、自分の志を表明する契機となっており、単なる彼方に留まってはいない。彼は、西洋を漢詩文で〈再現〉するとき、西洋を彼方に位置づける戦略を取ってはいるものの、その彼方は到達可能な世界として想定されているのである。

一方、金得錬の漢詩において理想郷の修辞法は、閔泳煥の漢詩と違って、現実世界につながる自分の志を表明するために使用されてはいない。『環璆唫艸』の「序」で見たように、金得錬は、彼の経験の奇異さを効果的に伝える手段として、この修辞法を用いるのみである。つまり、彼の理想郷の修辞法は、西洋の奇異さを漢詩のなかに閉じ込めて、その彼方の世界の神秘性を保ち続けるために機能しているのである。

二人の理想郷を〈再現〉する仕方の差異は、朝鮮後期における漢文脈の多層性と多様性を表すものとして捉えることができる。閔泳煥の理想郷の使い方は、士大夫の経世という精神性と、その志を表す手段としての漢詩文の機能性が連動するものである。言い換えれば、彼の漢詩には、士人的エトスと文人的エトスという、朝鮮社会を超えた漢字圏の士大夫の普遍的な精神性が強く反映されている。

一方、金得錬の理想郷の修辞法には、漢学的な教養を共通の材料としつつも、士大夫層の普遍的な精神性とは異なる、朝鮮社会における訳官の文化的役割と、閭巷人の漢詩観が反映されている。朝鮮後期において中国と日本に旅行した訳官は、使節の実務を担当しながら、その一方、新しい書籍や地図を輸入したり輸出したりする文化の移入と移出の一翼を担当した。文化の伝達者とも言える訳官は自分の使行の経験を記録し、朝鮮にそれを紹介する慣習も持っていた(39)。そして、こうした朝鮮社会における訳官の文化的な役割とともに、金得錬が参加していた六橋詩社など、朝鮮後期において閭巷人は詩社という同人グループを中心に、彼ら独自の文学空間を形成していた(40)。もともと閭巷（委巷・閭井・閭閻）は、貴族ないし士大夫ではない人々が住む路地を意味する言葉であり、そこに居住する人々を閭巷人と呼んだ。朝鮮後期において閭巷人は、一定の知識を持つ閭巷の人々を指し、ソウルで生活した訳官などの中人層や末端行政業務に従事した衙前の総称である(41)(42)。閭巷人の文学的な特徴の一つは士大夫が自己の現世的な省察を目的として山水のような自然を漢詩の題材として詠ったのに対し、自分が生活する都市空間を題材とし、遊戯的な空間として現世を描いたことである(43)。『環璆唫艸』の理想郷の修辞法が、西洋の神秘性と西洋経験の楽しさを表すことに終始一貫したのは、士大夫層とは異なる訳官や閭巷人の属する中人層の文学性が反映されたからであろう。理想郷の修辞法を用いて西洋を再現した漢詩文には、朝鮮後期におけるこうした漢文脈の複層的かつ多様な側面が共存し交差していたのである。

四　小　結——西洋体験の再現と朝鮮後期における漢文脈の複層的多様性

祝賀使節団としてのロシア行きは、閔泳煥と金得錬にとって初めての西洋旅行であった。二人は、彼らが遭遇した上海や東京やニューヨークやロンドンのような近代都市空間を〈再現〉することの難しさを告白する。換言すれば、この〈再現〉の困難は、彼らが自分の体験を通じて実在する対象のシニフィエを把握したとしても、その意味を〈再現〉する漢学的なシニフィアンを構成することが難しかったことを意味する。興味深いのは、こうした告白が存在するにもかかわらず、彼らが『海天秋帆』『海天春帆小集』『環璆唫艸』のような旅行記録物を書き残した事実である。つまり、彼らは「ことばで形容できない」対象を、漢詩文という自分の言語で再現したことである。彼らは、漢文と漢詩という自文化の言語体系に存在する理想郷の概念を利用し、表現の限界を乗り越える。「ことばで形容できない」対象として想定されたニューヨークを、「極楽天」のような修辞法を用いて表しているが、それは漢字圏における見知らぬ対象の奇異さを説明する方法としての理想郷という概念と修辞法が存在したから可能だったのである。

だが、閔泳煥の漢詩と金得錬のそれには、西洋を再現する際に理想郷の修辞法という漢詩文のリテラシーが同じく用いられてはいるが、その再現のモチーフが異なる。閔泳煥の詩作の中核は士大夫の精神性であるが、金得錬の詩作においては閭巷人の精神性がその中核を成す。『海天秋帆』『海天春帆小集』『環璆唫艸』というこの三つのテキストに用いられた理想郷の修辞法という共通点と、それによって〈再現〉された使節団の各々のテキストを支える精神性の差異は、漢字圏の文化の底に流れていた漢文脈という東アジアの普遍性と、その一方で、朝鮮後期における複層的かつ多様な文学空間という朝鮮社会の特殊性が反映された一例として捉えることができよう。

（1）閔泳煥（一八六一―一九〇五）は、本貫は驪興、字は文若、号は桂庭、諡号は忠正公である。閔氏王妃の側近として刑曹と吏曹判書を歴任した閔謙鎬《ミンギョンホ》と達城徐《ソ》氏との間の長男として一八六一年に生まれ、後に伯父閔泰鎬《ミンテホ》の養子となった。一八七七年に童蒙教官に任命され、翌年庭試文科の丙科に及第し、その後、堂上官、吏曹参議、兵曹や刑曹判書などの要職を経て、一八九六年に特命全権公使としてロシア皇帝ニコライ二世戴冠式に参加、さらにその翌一八九七年にはイギリスのヴィクトリア女王即位六〇周年記念式に参加した（後者の記録が『使欧続草』に記されている）。その後、閔は軍部・内部大臣などを務めながら、近代的な軍隊養成に尽力すると同時に、独立協会の活動にも参加し支援した。一九〇五年一一月に第二次日韓協

約（乙巳条約）が締結されると、駐朝外国人公使や朝鮮の人民宛の遺書を残して自ら命を絶った。閔泳煥の生涯については、姜聖祚「桂庭 閔泳煥 研究」『관동사학』第二号（관동사학회、一九八四年）、三九—五七頁、李玟源「민영환의 외교활동과 외교책」『나라사랑』第一〇二輯（외솔회、二〇〇一年）、九〇—九一頁、Michael Finch, *Min Yŏng-Hwan: A Political Biography*, Hawai'i: University of Hawai'i Press, 2002, pp. 9–38.

（2）貞洞倶楽部は、日清戦争によって日本の朝鮮に対する影響力が強化されていく一八九四年に、親日勢力を牽制するために結成され、朝鮮や海外情勢に関する情報交換や議論を行った社交団体である。公使館が密集していた貞洞で、西洋諸国の公使や西洋人顧問や宣教師などと、尹致昊、李完用《イワニョン》、李商在《イサンジェ》など、西洋を留学あるいは使節として経験した朝鮮政府官僚などで構成されていた。一八九五年の乙未事変後、貞洞倶楽部のメンバーは、高宗の身辺保護のために、一八九五年一一月に高宗の脱出を図って失敗（春生門事件）したが、翌年二月に露館播遷を主導して成功させ、その後、メンバーの多数が新政府の要職に就くことになる。露館播遷によって親日勢力は崩壊したが、結果的にロシア勢力の拡大につながった。貞洞倶楽部については、金源模「정동구락부의 친러・배일운동」『개화기 한미교섭관계사』（단국대학교출판부、二〇〇三年）、八〇七—八三六頁参照。

（3）ニコライ二世戴冠式祝賀使節団の派遣の経緯については、高柄翊「露皇戴冠式에의 使行과 韓露交渉」『역사학보』第二八号（역사학회、一九六五年）、四二—四六頁、李玟源「조선특사의 러시아외교와 金得鍊——니콜라이Ⅱ 황제대관식 사행을 중심으로」『실학사상연구』第三三号（역사실학회、二〇〇七年）、二〇五—二〇八頁、参照。

（4）朝鮮の最も急を要する問題は高宗の還御であり、そのためには日本の軍事的な威嚇を防げる軍隊を必要とした。朝鮮使節団は、ロシアの軍事的な援助とともに、借款の支援、朝露間の電信線の設置などの実務的な援助を得るという任務を秘密裏に担っていた。一八九六年六月五日付の「日記」には、閔泳煥がロシア外部大臣のロバノフに提案した内容が次のように記されている。「一、朝鮮軍隊が王を確実に保護できるまでの王の保護。二、軍事教官の派遣。三、王や内閣や鉱山や鉄道などについての顧問官の派遣。四、ロシアと朝鮮との間の電信線の設置と電信関連の専門家の派遣。五、日本の負債を償還する三〇〇円の借款の提供」。上掲高柄翊（一九六五）、四七—六三頁、前掲李玟源（二〇〇一）、九五—九六頁、一〇一—一〇五頁、参照。

（5）『高宗実録』一八九六年［建陽元年］三月一一日。

（6）金得鍊（一八五二—一九三〇）は、本貫は牛峯、字は允九、号は春坡。朝鮮中期から後期にかけての代表的な訳官家門の出

身であり、県監を経て崇禄大夫に上った金載禹《キムジェウ》と安東張《チャン》氏との間に一八五二年に生まれた。一八七三年に訳科に及第し、漢学奉事、参議内務府事、議政府参議などの官職を歴任、一九一〇年に従二品の嘉善大夫の官位を授かった（최식「閭巷文学의 終末期의 한 様相——金得錬의『環璆唫艸』을 중심으로」『한문학보』第四号、우리한문학회、二〇〇一年、一九八—一九九頁）。金得錬の生涯や詩社活動などについては、鄭良婉「環璆唫艸에 대하여」『한국한문학연구』第二号（한국한문학회、一九七七年）、一二八—一三二頁、上掲최식（二〇〇一）、一九八—二〇三頁、前掲李玫源（二〇〇七）、二二七—二三〇頁が詳しい。

（7）『高宗実録』一八九六年［建陽元年］三月一九日。

（8）「日記」一八九六年四月二九日。

（9）ロシア使節にまつわる金得錬の記録については、前掲高柄翊（一九六五）、六八—六九頁、최식「1896년 俄羅斯 使行、『環璆日記』와『環璆唫艸』——使行録의 観点에서 본 俄羅斯 使行」『한문학보』第二〇号（우리한문학회、二〇〇九年）、二〇二—二〇四頁参照。

（10）〈再現〉とは人間が経験したものを書き表す行為を意味する。閔泳煥と金得錬が経験した対象を漢詩文で書き表したことがその一例であり、第三章で取り扱う尹致昊の英文日記も同様である。

本書で用いる〈再現〉はrepresentationを念頭に置いた概念語であり、一般的に用いられる〈表象〉に書き換えることもできるかもしれない。表象は、〈表象する〉という状態を表す自動詞の性質に基づき、ある対象を記号化して表す性質を持つことばである。それに対して、〈再現〉は、〈再現する〉という主語の行為に重点が置かれている他動詞の性質が強いことばである。つまり、表象と再現の意味的性質は、それぞれ記号性と行為性として特徴づけることができる。

もちろん表象も、ある文化や政治などの諸要因によって形成された言説に基づき、書くあるいは話すなどの人の行為によって生成されるものである。だが、表象という概念によるテキストの分析は、テキストに働いている言説に分析の重点があり、行動する人とそのテキストが後景化されてしまうことがある。例えば、ポストコロニアルな議論において、旅行記については、帝国／植民地の言説とそれによって表象された他者がどのように描かれているのか、そうしたテキストから確認できる帝国／植民地の言説がどのようなものなのか、人々にどのような影響を与えているのか、そしてその言説がどのように変化するのかなどの問いかけによって分析を行う。そうした言説の性質と働きに焦点を置いた分析は、帝国／植民地の言説を議論の前提とすることで、旅行記を書いた作者だけでなく、表象された他者の具体的な姿もその言説の力学によって後景化してしまうこともある。だが、本書で言う〈再現〉は、表象が有する人やテキストや言説との間に起きる相互影響の想像力という論理を援用しながらも、その重点を、言説ではなく、人とテキストに置くことを通じて、あらゆる解釈が言説の検証へ収斂されることに注意を払うための、言い換えれば、〈再現〉した人と〈再現〉されたテキストが後景化しないようにするための概念語である。

それゆえ、本書では〈再現〉を用い、書き表す人に分析の軸を置き、〈再現〉する人が身につけたあるいは影響をうけた学問や文化や政治などの諸要因がテキストにどのように反映され機能していたのか、そのテキストの生成されていく過程に注目し、そこから見えてくる多様な様相とその意味を明らかにする。本章は、こうした問題意識に基づいて、閔泳煥と金得錬が共有した漢詩文の教養の問題と、士大夫と中人という異なる社会的階級によって生じた精神性の差異が、彼らの〈再現〉したテキストに類似と差異をもたらしたと論じたものであることを強調しておきたい。

(11)　『海天秋帆』の現存本として最も古いものは、金喜鎮《キムヒジン》による筆写本『海天秋帆』（韓国国立中央図書館所蔵、一九四八年）である。筆写本『海天秋帆』の最後のページには金喜鎮のメモが記されており、戊子年［一九四八年］一二月上旬に、金喜鎮が『海天秋帆』と『使欧続草』を抄録することを金英錫《キムヨンソク》から頼まれて筆写したという（「戊子冬至月上澣、金博士英錫使余抄此冊、乃是閔忠正公歴使［列］強之日記也。云々」）。抄録を依頼した金英錫とそれを行った金喜鎮がどのような人物であり、その底本がどのようなものだったのかは不明である。今後検討が必要である。

一方、『海天秋帆』が初めて出版されたのは国史編纂委員会による『閔忠正公遺稿』（全五巻、一九五八年）の巻三である。巻三には『海天秋帆』とともに、閔泳煥の使行詩集『海天春帆小集』も収められている。『閔忠正公遺稿』に関する申奭鎬《シンソクホ》の「解説」によれば、一九四五年解放後の一九四七年に発足した閔忠正公記念事業会の事業の一環として閔泳煥の遺稿の刊行が進められた。だが、資金難と朝鮮戦争の勃発によって中止され、一九五八年に文教部の支援によって国史叢書第七号として刊行されたという。『閔忠正公遺稿』刊行の翌一九五九年に『海天秋帆』（乙酉文化社、一九五九年）の国訳が出された。「序文の代わりに（序文을 대신하여）」を書いた閔丙岐《ミンビョンギ》（閔泳煥の孫）によれば、植民地期に彼が屋根裏部屋で「海天秋帆」を発見したこと、解放後にソウル大学校の国史研究室で国訳作業が行われたという。国訳版の出版が遅れたのは、朝鮮戦争中に初訳されたものが紛失したと考えられていたためであり、『閔忠正公遺稿』の刊行後、初訳したものが、当初出版する予定だった乙酉文化社の倉庫から発見され、出版に至った。本章では『閔忠正公遺稿』巻三の『海天秋帆』と『海天春帆小集』を主なテキストとして分析する。

(12)『環璆日録』と『海天秋帆』との底本関係については、前掲高柄翊（一九六五）、六三―六九頁が詳しい。

(13)『海天秋帆』四月一一日「仍別従兄芸楣［閔泳翊］・族弟泳琦・郭主薄明哉。」。

(14)李玟源「俄館播遷期의 朝露交渉――閔泳煥 特使의 活動을 중심으로」『한국근대사논총』（지식산업사、一九九〇年）、三四二、三四七頁。前掲최식（二〇〇九）、二〇七頁。

(15)前掲高柄翊（一九六五）、六七頁。김진영「조선 왕조 사절단의 1896 년 러시아 여행과 옥시덴탈리즘――서울―페테르부르크 여행기 연구Ⅰ」『동방학지』第一三一輯（연세대학교 국학연구원、二〇〇五年）、三二五頁、脚注三。

(16)「日記」一八九六年六月三〇日。

(17)「日記」一八九六年八月七日。

(18)前述したように、『閔忠正公遺稿』巻三『海天秋帆』には、『海天秋帆』のほかに、閔泳煥の使行詩集『海天春帆小集』が収録されている。閔泳煥の使行詩集の題目は「海天春帆小集」であり、『海天秋帆』の「秋」が「春」となっている。これは単なる誤植であるかもしれないが、強いて推測すると、使節団の出発が四月だったことから「海天春帆小集」と題したものだと思われる。また、『海天秋帆』は、使節団の帰国の時点である一八九六年一〇月、つまり「秋」を意識して題としたと思われる。

(19)漢詩の詳細は、本章の第三節を参照してほしい。

(20)『環璆唫艸』は、草稿本（韓国学中央研究院図書館所蔵）・定草本・鉛活字本（京都印刷株式会社、一八九七年、韓国国立中央図書館所蔵）・筆写本二種（ソウル大学校奎章閣所蔵本と韓国中央研究院蔵書閣所蔵本。蔵書閣所蔵本は奎章閣所蔵本を手本として一九三六年に筆写されたもの）が存在する。草稿本は、五二頁（全五四頁のなかで二頁が欠けている）で、序跋文が無く、最初に高宗の写真が、その次の頁に金得錬の写真がある。また、鉛活字本には収録されていない一三首があり、手を入れた痕跡が多くある。定草本は鉛活字本と内容の差異がない。一八九七年に京都で刊行された鉛活字本は、劉漢翼《ユハンイク》が字を書し、金得錬や洪顕普や金奭準や崔性学などの序文が載っている。一方、筆写本は、序文の内容は同じだが、崔性学の「春坡詞伯環璆小像賛」・跋文六編・七言絶句三首が加えられており、宋栄大《ソンヨンデ》の跋文から一九〇〇年以後に編まれたものと考えられる。以上の諸異本の相違から考えれば、ロシア使行直後に草稿本が作成され、印刷するために定草本が作られ、一八九七年に鉛活字本が出て、その後の一九〇〇年以後に筆写本が編まれることになったと推測される。『環璆唫艸』の諸異本と刊行については、前掲최식（二〇〇一）、一九六頁、脚注三、二〇五―二〇七頁参照。ちなみに、鉛活字本が一八九七年に京都で

出版されたのは興味深い。どのような経緯で日本で出版されたのかについては今後の課題にしたい。本章では鉛活字本を主なテキストとして分析し、必要に応じて異本を参照する。

(21) 漢詩の詳細は、本章の第二節を参照してほしい。

(22)『環瓈唫艸』「礼拝堂」

希臘原来国教宗、過此人皆尊敬意。
高堂礼拝毎撞鍾、免冠摩頂語喃喃。

(ギリシア正教は元来の国教、高堂で礼拝し　そのたびごとに鐘を鳴らす。ここを通る人々は皆敬意を表し、冠を免いで頭を撫でさすりながらぶつぶつしゃべる。)

(23) 一八七〇年代末頃に結成された六橋詩社は、姜瑋《カンウィ》を中心として士大夫と中人階級である閭巷人(本文七七頁参照)が一緒に活動した詩会であり、先進文化と政治改革を論じる文化的な交流集団として機能した。その詩社のメンバーと性格の詳細については不明だが、一八八四年に中心人物であった姜瑋が亡くなってからも、金得鍊や洪顕普や金奭準や崔性学などの第二世代によってその命脈は続いた(前掲최식(二〇〇一)、二〇一―二〇三頁参照)。

(24) 上掲최식(二〇〇一)、一九九頁。

(25) 前掲鄭良婉(一九七七)、前掲李玟源(二〇〇七)、など。

(26) 前掲김진영(二〇〇五)。

(27) 前掲鄭良婉(一九七七)、千和淑「閔泳煥의 러시아 皇帝니콜라이2세 戴冠式使行과 近代文物의 수용」『아세아문화연구』第三号(경원대학교 아세아문화연구소 중국중앙민족대학 한국문화연구소、一九九九年)、前掲최식(二〇〇一)(二〇〇九)、上掲김진영(二〇〇五)、黃載文「『環瓈唫艸』의 성격과 표현방식」『한국한시연구』第一六号(한국한시학회、二〇〇八年)、洪学姫「1896 년 러시아 황제 대관식의 축하사절단의 서양체험기、『海天秋帆』과『環瓈唫艸』」『한국고전연구』第一七号(한국고전연구학회、二〇〇八年)、など。

(28) 上掲黃載文(二〇〇八)は、『環瓈唫艸』の表現様式を朝鮮の使行詩集の様式として捉える。だが、『環瓈唫艸』の使行詩集としての性格と内容分析に主眼を置いて論じ、その漢詩の〈再現〉の意味についての分析までには至らなかった。

(29) この問題に関連して、前掲최식(二〇〇一、二一七―二二一頁)の『環瓈唫艸』における漢詩の破格的な表現についての言及は注目に値する。例えば、金得鍊が自分の感想を十全に漢詩で表すために、「牛奶」「麵包」などの当時作詩において禁忌

視された白話語や、「自由」「平等」などの近代翻訳語を使用していると指摘する。

(30) 齋藤希史『漢文スタイル』（羽鳥書店、二〇一〇年）、一二一―一二三頁参照。

(31) 齋藤希史『漢文脈と近代日本――もう一つのことばの世界』（ＮＨＫブックス、二〇〇七年）、二四―二九頁、一二五―一三一頁参照。

(32) 朝鮮後期の知識人における夷国としてのロシア認識は、金文植『朝鮮後期 知識人의 対外認識』（새문사、二〇〇九年）、二一七―二三七頁参照。

(33) 上掲金文植（二〇〇九）、二二三―二二四頁。

(34) 同書、二二五―二二六頁。

(35) 『環璆唫艸』「序」「時年、余参附星槎、環地璆而達于俄、歴攬洪荒渺邈之景。及観其傑構奇機、則怳兮惚兮、殆非人意之可推継。乃灑然走筆記之。」。引用文の訳は引用者、以下同。

(36) 『海天秋帆』五月六日「亥初到紐約。諸般布置百倍於먼트리올、眼目怳惚不能形言、真堪著名於地球上也。」。

(37) 『海天秋帆』五月八日「居人近三百万、肩磨轂撃、昼宵不絶、笙謌遊嬉四時不息、可謂長春園裏無愁地、不夜城中極楽天。」。

(38) 『海天秋帆』五月一六日「此都居人五百万。衢街・市肆・屋宇・車馬、紐約相等。而其雄健過之、地狭人多、所々街上、掘地作隧道幾層、其中亦有居屋焉・貨鋪焉・鉄路焉・車馬往来焉。其繁盛、甲於天下。且行路之人、雍客安静、少無喧鬨、但聞蹄輪之声、可知国法之厳明也。女皇御極五十余年、広闢土地、日増富強、国泰民安、真熙皞之世。水晶宮及博物院各学校奇観古蹟、冠於各国。而因行期促迫、未能一覧、可恨恨。」。傍線は引用者による。以下同。

(39) 陳在教「18―19세기 초 지식・정보의 유통의 메커니즘과 중간계층」『대동문화연구』第六八号（성균관대학교 대동문화연구원、二〇〇九年）、同「18―19세기 동아시아의 知識・情報의 메신저、訳官」『한국한문학연구』第四七号（한국한문학회、二〇一一年）、参照。

(40) 林荧澤「閭巷文学과 庶民文学」『韓国文学史의 視線』（창작과비평사、一九八四年）、四四二―四四六頁、姜明官『조선후기 여항문학 연구』（창작과비평사、一九九七年）、参照。

(41) 朝鮮時代の中央と地方の官庁に勤めた下級官吏。胥吏・吏胥とも言い、勤務先によって中央は京衙前、地方は外衙前という。主に中人階層が職に就き、下級行政実務や末端警察や軍事業務や対民業務などを担当した。

(42) 朝鮮後期における閭巷人の文化と文学活動については、前掲林榮澤（一九八四）、四三八―四四六頁、姜明官「閭巷・閭巷

人・閭巷文学」『한국한문학연구』第一七号（한국한문학회、一九九四年）、同（一九九七）、参照。

（43）　上掲姜明官（一九九七）、三一八―三三二頁参照。

第三章　英文で〈再現〉された西洋

——「日記」に記されたヨーロッパと朝鮮使節の文化的ダイナミズム

一　ニコライ二世戴冠式祝賀使節団と英文記録

京城《ママ》を発って露都へ向かったのは建陽元年［一八九六年］三月、大使として閔泳煥《ミンヨンファン》氏、書記として金得錬《キムドゥンニョン》氏、通訳官として金道一《キムドイル》氏、私は随員という役目を持っており、そのほかに閔氏に随従するための孫《ソン》某という青年一人！　一行は合わせて五名であった。一行は皆三〇前後の少壮青年で、金道一氏は海蔘威［ウラジオストク］で生れ育ったらしく、露語は勿論、露国の風俗習慣まで詳しく知っていた。私も米国留学の経験があり、英語を解して外国についての見聞が狭くなかったから、安心して行くことができた。時代が時代なので、公使一行は皆純朝鮮式の衣服を着て髷を結って笠《カッ》を被っていた。なかでも、金道一氏と私はそれ以前に外国で切った髪を再び伸ばして松葉［のような］髷を結ったのである。そして、皆が［朝鮮式の］靴を履いていたなかで、私一人だけが［西洋の］靴を履いていたようだ。今から考えれば笑うばかりだが、そのときはそうしなければ世間で振舞うことができないわけだからどうしようも無かった。[1]

一八九六年、尹致昊はニコライ二世皇帝戴冠式の朝鮮祝賀使節団の英語通訳としてロシアへ向かった。一八八五年から始まった上海とアメリカでの一〇年間の海外生活を終えた翌年のことであった。引用は当時から約三〇年を経た一九二七年の尹の回想であり、ここから朝鮮使節団のメンバーが確認される。ここには五人の朝鮮人が使節としてロシアに派遣されたと述べられている。当時の宮内部特進官の閔泳煥が特命全権公使に任命され、学部協弁の尹致昊が随員として英語通訳を、訳官の金得錬が二等参書官として中国語通訳・書記を、外部主事の金道一が三等参書官としてロシア語通訳をそれぞれ担当し、閔の従人として孫熙栄《ソンヒヨン》も加わっていた。この回想には記されていないが、駐朝ロシア公使館の書記官であったシュタイン (E. Stein) も案内人兼ロシア語通訳として同行した。

朝鮮使節団は「純朝鮮式の衣服を着て髷を結って笠を被った」朝鮮式服装で西洋へ赴いた。この使節のなかで、閔泳煥と金得錬にとってはこれが初めての西洋経験であったが、英語とロシア語通訳という使節団での役割が象徴するように、尹致昊と金道一は、それぞれ海外留学とウラジオストクでの生活を通じて西洋をすでに経験していた。尹致昊の回想によれば、二人は海外生活で切った髪を再び伸ばし「松葉［のような］髷を結」って、洋服ではなく、朝鮮式の服装であったようである。この服装の復古には、当時の歴史的な背景が絡んでいる。日清戦争（一八九四―九五）を機に朝鮮で実施された甲午改革（一八九四―九六）の一環として断髪令などの西洋化の政策が当時の親日政府の主導で行われた。だが、使節団を派遣した一八九六年の露館播遷により親日政府が崩壊して親露政府が樹立され、断髪令を事実上中止する朝鮮式服制の復古が行われた。使節団の服装は、こうした露館播遷後の朝鮮の政治的な状況と緊密に関わっていたのである。

戴冠式が開催されたモスクワで撮った朝鮮祝賀使節団の記念写真が残っている（図1）。前列の左から金得錬、尹致昊、閔泳煥、ロシア側の接伴員のパスコム (Pascom)、プランソン (Plançon)、また後列の左から、金道一、シュタイン、孫熙栄である。写真を見ると、尹致昊は彼の回想のとおり、全体的に「純朝鮮式」の服装であるが、閔泳煥や金得錬とは異なって西洋の靴を履いている。だが、尹の回想とは異なり、金道一が短髪で洋服を着ていることは興味深い。完全に朝鮮式服装の閔泳煥と金得錬、それに少し変化を加えて西洋の靴を履いた尹致昊、そして断髪して洋服の金道一、こうした彼らの外観のバリエーションは、本章で問題とする祝賀使節団における尹致昊の立ち位置を理解するにあたって大きな示唆を与えるものである。なぜなら、この服装の差異こそ、この使節団それぞれの政治的な立場と社会的かつ文化的アイデンティティの多様性を象徴するものだからである。

朝鮮祝賀使節団の派遣は、表面的にはニコライ二世の戴冠式への参加というロシアとの親善外交であったが、実際にはロシアの援助をめぐる交渉にその目的があった。使節団派遣の前年一八九五年一〇月に閔妃が殺害される乙未事変、その翌年一八九六年（派遣の年）に高宗の身辺の安全を図った露館播遷など、国内外の情勢を激しく変化させる事件があった。朝鮮だけでなく、山県有朋と李鴻章を実質的な代表として派遣した日本と清国も、ニコライ二世の戴冠式を利用してロシアとの外交交渉を図った。ロシアは、清国との間では東清鉄道建設の支援を約束し、日本とは露館播遷後の朝鮮における勢力均衡を維持することを秘密裏に約定した[2]。

図 1　使節団の写真（モスクワ，1896 年 5 月 25 日撮影）

注） 李玟源「조선특사의　러시아외교와　金得鍊——니콜라이Ⅱ황제 대관식　사행을 중심으로」『실학사상연구』第 33 号（역사실학회，2007 年），251 頁から転載.

朝鮮祝賀使節団は、五月の戴冠式後、約二ヵ月にわたって首都サンクトペテルブルクでロシアとの交渉を行ったが、すでに朝鮮をめぐる問題を清国および日本との間で約定していたロシアは消極的な態度を示し、交渉は難航した。最初の段階における朝鮮側の要求は、一八九六年六月五日付の「日記」から確認することができる。正使の閔泳煥はロシア外部大臣のロバノフ（A. Lobanov Rostovsky）に対して「一、朝鮮軍隊が王を確実に保護できるまでの王の保護。二、軍事教官の派遣。三、王や内閣や鉱山や鉄道などについての顧問官の派遣。四、ロシアと朝鮮との間の電信線の設置と電信関連の専門家の派遣。五、日本の負債を償還する三〇〇万円の借款の提供」[3]を提案した。以後数回にわたる交渉を経て、最終的にプチャータ（D. V. Putiata）を責任者とする一三人の軍事教官を派遣することで決着を見た[4]。以上の五つの提案のなかで、軍事関連のみが成果を得たのは、ロシア公使館に滞在中であった高宗の還御が最優先であったためであり、そのために日本の軍事的な威嚇を防ぐ軍隊を必要としたからであった。だが、ロシアの消極的な態度により当初期待した成果が得られなかったためか、ロシア滞在中に朝鮮使節団のなかで葛藤が起きる。その背景には責任者である閔泳煥の不安が存在していた。

祝賀使節団は、一八九六年四月に済物浦、現在の仁川から出発し、太平洋と大西洋を渡って戴冠式が開催されるモスクワに到着、戴冠式に参加した後、サンクトペテルブルクに移り、ロシア政府と交渉を行った。尹致昊のほかの使節メンバーは、シベリアと当時の満州を経て、同年一〇月に帰国する。尹は、八月にサンクトペテルブルクで祝賀使節団と別れ、一人でフランス語の勉強のために、パリに二ヵ月ほど滞在する。尹の使節団との別行動の理由は、表面的にはフランス語の学習という理由であったが、尹致昊とほかのメンバー、とくに閔泳煥とのトラブルが彼にフランス行きを選択させる原因となったと考えられる。使節団と別れた尹は、パリに滞在してから、シベリアではなく地中海を渡ってスエズ運河を通過、インドや東南アジアや上海を経て、翌一八九七年一月に帰国する[5]。

祝賀使節団に参加することで尹致昊は初めてヨーロッパを経験する。その詳細は一八八三年から書き続けられてきた彼の日記に記録されている。尹致昊はアメリカのヴァンダービルト（Vanderbilt）大学に留学中の一八八九年一二月七日から英語で日記をつけており、このヨーロッパ紀行も英文で書かれている[6]。この使節の旅程に関する記録としては、尹致昊の日記以外にも、閔泳煥の作品として知られている漢文旅行記『海天秋帆』、そして金得鍊が書いた漢詩集『環璆唫艸』などが存在する[7]。これらのテキストからは、汽車や電気灯などの西洋諸国の近代文物を見聞し、西洋の戴冠式に参加するなど、異なる文化と接しながら受けた彼らの衝撃、また祝賀使節団が彼らの西洋体験を漢詩文で〈再現〉した様相とその論理を見ることができる(8)。本章では、こうした『海天秋帆』『環璆唫艸』における西洋の〈再現〉の問題を念頭に置きながら、尹致昊の英文日記に注目する。

この一八九六年度の英文日記を使って尹致昊のヨーロッパ旅行を検討した先行研究としては、『海天秋帆』あるいは『環璆唫艸』に重点を置き、その補助として「日記」を参照したもの(9)や、祝賀使節団とロシア政府との支援交渉の内容を確認する史料として「日記」を用いたもの(10)がある。本章では、「日記」を中心的な分析対象とし、日本・中国上海・アメリカでの留学を通じて、すでに西洋の近代文物を経験した尹致昊が、英文で〈再現〉した西洋と、彼の目に映った朝鮮使節団の様相を考察する。英文日記には、朝鮮使節メンバーの間に混在していた東西の教養と、この異なる教養による衝突が見られる。そして、この文化的な衝突には、露館播遷後の親ロシア勢力の拡大という政治的な背景も存在した。本章の目的は、英文で書かれた尹致昊の西洋経験の記録を注意深く分析し、この使節団が露館播遷後の政治的かつ文化的な争いの場となっていたことを浮き彫りにすることを通じて、開化期朝鮮における西洋という他者に対する朝鮮知識人の反応の多様性とそのダイナミズムを明らかにすることである。

本章では、尹致昊の西洋の〈再現〉の問題と、使節団における衝突と和解の問題を分析する。尹致昊の西洋の〈再現〉については、まず、英文日記における西洋の〈再現〉の様相から、尹の西洋的教養がどのようにそこに表れているかを見、アメリカやヨーロッパ諸国への彼の認識を検討する。次に、露館播遷後、朝鮮が政治的に緊密な関係を築こうとしたロシアに対する尹の認識を確認する。使節団における衝突と和解の問題については、朝鮮の政治状況の変動によりロシア語通訳勢力が浮上したことを念頭に置き、通訳をめぐる尹致昊と正使閔泳煥との葛藤を政治的かつ文化的な観点から検討する。とくに西洋での留学を通じて西洋的教養を習得していた尹致昊と、初めて西洋文化に接した典型的な朝鮮士大夫であった閔泳煥との衝突を東西の文化的衝突の一例と捉えて考察する。最後に漢詩交換がこの二人の葛藤を和らげる契機となったことを、漢字圏の文化に基づいた士大夫のコミュニケーションとして論じる。

二　西洋文化の教養によるヨーロッパ紀行文

（一）　驚異の空間としての西洋の近代都市——ニューヨークとロンドン

My visit to this wonderful city is like a dream. The Broadway, the Suspension Bridge, the gigantic stores, the elevated R.R., the palatial hotels, the beautiful cafés, the wide-famed Central Park, the Riverside Drive and the pine board shad[sic], the World's Building, the noise and din of the city, the rush and crush in the stores, the street, the station, the study, in fact, in the very air—all this is like a bewildering dream to me. Only I wish I could have time to go about quietly studying the multiform and many-sided life in this miniature world. But what could I see or hear much less know, of the city in three short days?
（私が訪ねたこの素晴らしい都市は、まるで夢のようだ。ブロードウェー、サスペンションブリッジ、巨大な店、空中に浮かんでいる鉄路、宮殿のようなホテル、綺麗なカフェー、有名なセントラルパーク、リバーサイドドライブ、そして松板の小屋、ワールドビル、都市の雑音と騒音、店に殺到する人々、大路、駅、学問、実に、この良い雰囲気、このあらゆるものが私には夢のようである。ただ私はこの世界の縮小版の中で静かに、多様でさまざまな人生を何も言わずに見つめる時間を持ちたい。しかし、三日間という短い間で、私が何を見聞きすることができるだろうか[11]。）

朝鮮から旅に出た約一ヵ月後の五月六日、使節一行はニューヨークに到着する。『海天秋帆』と『環璆唫艸』でのニューヨークは「日夜絶えず、笛の音に歌の声と遊び楽しむことが一年中やまない[12]（昼宵不絶、笙謌遊嬉四時不息）」「極楽天」に喩えられており、ニューヨークの華やかな風景が理想郷として描かれている。約五年間アメリカに留学した尹致昊にとってもニューヨークは驚嘆の都市であった。尹は当時の近代都市の代表であるニューヨークに対して「夢

(dream)」のような空間であるという印象を持った。こうしたニューヨークに対する驚嘆は、尹の留学先がアメリカの南部テネシー州のヴァンダービルト大学とジョージア州のエモリー大学であったこと、また一八九三年に帰国するとき、東北部の首都ワシントンDCと中部の大都市であるシカゴには寄った[13]が、ニューヨークはこの旅程には含まれておらず、アメリカの昔からの中心地である東北部のワシントンDC以外の地域をあまり経験していなかったことが理由として挙げられる。尹致昊にとっても、ほかの朝鮮使節と同様、ニューヨークは、いまだ経験したことのない憧れの空間であり、それゆえに彼は「私が訪ねたこの素晴らしい都市は、まるで夢のようだ」と述べるのである。

英文日記では『海天秋帆』と『環璆唫艸』の描写とは異なり、英語の固有名詞を用いてニューヨークの都市的光景を描写している。『海天秋帆』『環璆唫艸』では、ニューヨークの中心部に位置するセントラルパークを「長春園」に喩え、高層ビルは「橋の近いところには二五層の楼屋があり、いずれも有名である（橋近地有二十五層楼屋、倶為著名）[14]」のように「楼屋」と記している。一方、英文日記では、ブロードウェー・サスペンションブリッジ・セントラルパークなどの固有名詞をそのまま用いて書いている。「都市の雑音と騒音、店に殺到する人々」はニューヨークの近代都市の雰囲気がよく感じられるような描写であり、このメトロポリスで暮らし働く人々の生活を鮮明に伝えている。

ニューヨークを英文で詳しく描写することが可能なのは、近代文物と英語との間に、対象（事物）と言語との意味の結びつきがすでに成立しているからである。例えば、一八世紀イギリスのジョンスン（S. Johnson）の『英語辞典』（一七五五）、一九世紀アメリカの近代辞書学のウェブスター（N. Webster）の『ウェブスター大事典』（一八二八）、イギリスの『オックスフォード英語辞典』（一八五七年編纂開始、一九二八年発行）など、これら近代的英語辞書の編纂は、前近代はもちろん近代の事物と英語との結びつきを体系化したものである[15]。一九世紀に入り、東アジアにおいても、ロブシャイド（W. Lobscheid）の『英華字典』（一八六六）を代表とする英華字典類の近代的事物との結びつきが西洋語の漢訳という形で進められていた[16]。

だが、『海天秋帆』『環璆唫艸』のように漢詩文で西洋を〈再現〉することは、必然的に西洋で経験した対象を、漢字圏の言語に翻訳する煩わしい過程を経なければならなかった。閔泳煥と金得鍊は、洋行が始まったばかりの頃、初めて経験した西洋を漢詩文に書き残すことの難しさを告白しているが、これは経験の対象を漢字圏の言語に翻訳することの困難にほかならない。しかし、彼らは、前述したように、ニューヨークを「極楽天」に喩えるなど、漢字圏における仏教の極楽天や神仙の世界などの理想郷の修辞を用いて漢詩文の表現の限界を乗り越えた[17]。

一方、英文日記は、英語と近代文物との結びつきの成立により、煩わしい翻訳の過程を省くことが可能である。アメリカ留学中の一八八九年、尹致昊がそれまで朝鮮語で書いてきた日記を英語に書こうと決心した理由は、朝鮮語では当時の世界を詳細に表現できないということであった[18]。具体的には朝鮮語の「語彙（vocabulary）の不足」をその理由として挙げている[19]。アメリカにおいて朝鮮語で日記を付けてきた尹は、絶えず英語を理解し朝鮮語に翻訳せざるを得ない状況に晒されていたと言える。尹は、英語で日記を書くことで、朝鮮語への翻訳を放棄し、その翻訳を省いて彼自身が経験した世界を書き表すことができる豊富な語彙を有する英語に〈再現〉の言語を替えたのである。それゆえ、洋行中の尹致昊の英文日記には、『海天秋帆』『環璆唫艸』における、閔泳煥と金得鍊が告白した経験対象を〈再現〉することができないことの困惑が見られない。そして、尹は、閔と金が対象を漢詩文で書き表すために用いた理想郷の修辞のような翻訳の装置に頼ることもなく、西洋を〈再現〉することができたと言える。

漢字圏の文化を土壌にして漢詩文が機能してきたように、英文にもその言語的かつ文学的想像力を支える文脈として西洋文化が存在する。この英文日記と尹致昊の持つ西洋文化に基づいた教養との関係性を考える上で、ニューヨークから大西洋を渡って五月一六日に到着したロンドンについての記録は興味深い。

Reached London about 3:30 p.m. Straight to the Royal Hotel, on the Thames. The sight of this river, of the bridges that span it, of the Westminster Abbey bringing to my memory the beautiful essays of Irving and of Addison concerning this noble edifice, of the Hyde Park—the sight of these places so familiar to me through history, poetry and romance made my heart thrill with delight akin to rapture. What a pity I had only two hours to spare in this classical metropolis instead of two months or two years!

（三時三〇分頃ロンドンに到着した。テムズの川辺にあるローヤルホテルにすぐに向かった。川の光景。川の上に架かっている橋の光景。ウェストミンスター寺院の光景は高貴な大建築物に関するアーヴィングとアディソンの随筆を思い出させる。ハイドパークの光景――この場所の光景は、歴史や詩やロマンスを通じて非常に馴染みのあるものであり、恍惚に似た歓喜のような感動を私に与える。伝統的なメトロポリスで二ヵ月ないし二年ではなく、二時間だけしか過ごせないのは非常に悲しいことではないか！）[20]

漢学の教養を持つ閔泳煥と金得鍊が〈再現〉した『海天秋帆』『環璆唫艸』におけるロンドンは、ヴィクトリア女王の治世下で太平な時代が続く、儒学の理想郷として描かれている。[21] だが、尹致昊が描いたロンドンからは、閔と金とは異なって英文学の教養とそれに基づいた感想が見られる。尹はテムズ川やウェストミンスター寺院やハイドパークなどのロンドンの名所の名称を挙げながら、ロンドンに来た感想を述べる。短い滞在期間にもかかわらず、ロンドンのさまざまな光景は、彼が読んできた西洋の歴史書と文学作品に描かれた場面や、それを読んだ感動を喚起させるものであった。例えば、尹はウェストミンスター寺院を見ながらアメリカの随筆家のアーヴィング（W. Irving）とイギリスの歴史家・随筆家のアディソン（J. Addison）が書いたウェストミンスター寺院に関する随筆の描写を思い出す。尹は、彼自身が英語を学ぶときに読んださまざまな西洋文学作品の背景と題材となった「伝統的なメトロポリス（classical metropolis）」としてロンドンを評価する。尹が〈再現〉したロンドンは、『海天秋帆』と『環璆唫艸』に見られる東洋的理想郷と類似するユートピアの比喩を用いてはいるが、それとは全く異質なものであり、西洋の歴史と文学の文脈での理想的空間として描かれているのである。

尹致昊は、上海やアメリカに留学して、英語を学び、聖書をはじめとする西洋の歴史や文学などの西洋文化に関する文献を読んで自身の教養にしてきた。(22) 上海留学時期の「日記」に書名が記されているものは約五〇冊にのぼる。尹は、この時期の初期には歴史書籍と文学書籍を、後期には文学書籍と宗教書籍を主に読んだ。例えば、『イギリス史』『フランス史』『アメリカ史』などの歴史書、『ガリヴァー旅行記』『アラビアン・ナイト』とスコット (W. Scott)、エマソン (R. W. Emerson)、シェイクスピア (W. Shakespeare) の作品などの文学作品、『天路歴程』『信仰の敵』『キリストの招待』などの宗教書である。アメリカ留学期の日記には、約四〇冊の書名が記されているが、それらは主に歴史書と文学作品である。例えば、マコーリー (T. B. Macaulay) の『ウォーレン・ヘースティングズのインド政策』『イギリスの歴史』、ギボン (E. Gibbon) の『ローマ帝国興亡史』、カーライル (T. Carlyle) の著作などの歴史書籍や、シェイクスピア、エマソン、ホーソン (N. Hawthorne)、テニスン (A. Tennyson)、ポー (E. A. Poe)、ユーゴー (V. Hugo) などの著作である。

ロシアに使節として行った一八九六年の日記にもいくつかの西洋作品のタイトルが見られる。サンクトペテルブルクに滞在中だった七月一一日と八月三日には、ロシア文化を理解するためなのか、ロシアの文豪であるトルストイ (L. N. Tolstoy) の『戦争と平和』を読んでおり、パリでの九月一七日付の「日記」では、ナポレオンのロシア遠征に関わる場面を『戦争と平和』から引用する。ほかにも、パリ滞在中、デュマ (A. Dumas) の『モンテ・クリスト伯』の英語版を読んだり、(23) ゲーテ (J. W. von Goethe) の『ファウスト』を脚色したオペラを観覧したりする。(24) とくに、『ファウスト』を観た尹致昊は、ファウスト博士と悪魔との取引に関する『ファウスト』のあらすじを書いた上で、オペラハウスの華麗な舞台と演出の魅力に感心したと、舞台芸術のスペクタクルへの驚嘆を記している。以上で分かるように、尹致昊にとってこのヨーロッパへの旅は、彼自身の西洋的教養を確認させるものでもあったのである。

（二）文明国の位階——ロシアへの比較文明的な眼差し

ドイツは、同じ僻地窮巷でも道路が清潔で家屋が密集しており、どこでも、水を注いでも漏れないほど、栗を転がしてもすこしの土も付かないくらい整備され、形がよくできており、路でも衣服をはだけたり素足のままでいる児女子は一人も見られなかった。ロシアを見れば、あらゆるものが、荒く物寂しく、住民の生活が非常に貧しいように見え、路でも素足の女子をよく見かけた。都市の施設はほかの国に比べて遜色なかったが、いずれにしてもあらゆるものが広壮で雄大なだけで、形がよくできていないことは、一目瞭然であり、都市の華麗さという点では、朝鮮と比べものにもならないほどであったが、村落住民の生活はむしろ朝鮮の村落よりも劣るところもあった。(25)

『海天秋帆』におけるロシアは、西洋の諸学問を学んでロシアを改革したピョートル大帝が執政した一七世紀以来、中興を成し遂げた文明国であり、新都サンクトペテルブルクの近代施設は文明国たるロシアの象徴である。(26)そして、その記述では、ほかの西洋国との比較はされず、ロシアは西洋国を代表する文明国とされている。だが、ロシアに関する「一瞥［一見］した露西亜の国境」という小タイトルが付いた尹致昊の回想においては、ドイツとロシアの文明を比較する観点が見られる。ここにはロシアは人民や街や村落の様子からドイツよりは文明的ではないと記されている。とくにロシアの都市は「ほかの国に比べて遜色なかった」が、村落は「朝鮮の村落よりも劣るところもあった」と述べている。ロシアの村落は朝鮮よりも酷い状況であるという認識が窺える。この引用は、約三〇年後の回想なので、当時の記憶とこの印象とは異なる可能性もある。それでは、一八九六年の「日記」におけるロシアへの尹致昊の眼差しはどのようなものだったのか。

朝鮮祝賀使節団がロシアのモスクワに到着したのは、戴冠式が開催される六日前の五月二〇日のことであった。使節団は、翌二一日から使節団の宿舎に朝鮮の国旗を掲げて臨時公館を設置し、ニコライ二世のモスクワ入城式や高宗の祝辞を奉上するための謁見など、公式の行事に参加した。モスクワに到着してから三日後の尹致昊の「日記」には、次のようにモスクワの風景が記されている。

The streets of Moscow are clean and wide but very rough—so full of big gravels, with which the streets are paved (?). Sidewalks are narrow and sometimes a strip of sidewalk is in the middle of the road. The drivers have long thick robes of ample dimensions, confined by a girdle of fancy colors. [……] Houses mostly two stories high—public gardens not very attractive—people solid and reverential in their manner—ladies quiet and pretty.

（モスクワの路は、綺麗で広い。しかし、大きな砂利が敷き詰められ、舗装されてはいるが（?）《ママ》、非常にでこぼこである。歩道は狭く、ところどころ道路の真ん中にある。馬車を駆る人たちは、華麗な色の帯で締められた、幅が広い、長くて厚いローブを着ている。［中略］家屋はほとんど二階建てで高い――公衆公園はそれほど魅力的ではない。人々は剛直で礼儀正しい――女性は穏やかでかわいらしい[27]。）

この引用はモスクワの路上に関する尹致昊の印象であり、彼は「華麗な色の帯で締められた、幅が広い、長くて厚いローブを着ている」ロシア人を「剛直で礼儀正しい」と肯定的に評価する。だが、その路の整備と施設については、「舗装され」ているにもかかわらず、「でこぼこ」であり、「公衆公園はそれほど魅力的ではない」と厳しく評価し、三〇年前の回想の「いずれにしてもあらゆるものが広壮で雄大なだけで、形がよくできていないことは、一目瞭然であ」るという否定的な評価と一致する。

使節団は五月二六日に行われたニコライ二世の戴冠式に参加してから、ロシアとの実務的な交渉を行うため、六月八日に当時のロシアの首都サンクトペテルブルクに移った。翌九日、フォンタンカ運河などのさまざまな運河に囲まれているサンクトペテルブルクの光景を目にし、尹致昊は次のように記している。

The streets are wide and clean paved with stones á[sic] la Russe. The principal thoroughfares have fine sidewalks, some of which are wide enough for streets in other towns. Log pavement seems to be the fashion here. For miles upon miles in the city the wide streets have one or two stretches of log pavement. Logs are cut into polygonal blocks. These are laid side by side on a plank floor. The pieces or blocks are cemented with bitumen and the whole is covered with dirt. / One of the good things which Russia enjoys and which I envy is the abundance of wood.

（ロシア風に石で舗装された道路は広く綺麗である。大通りには見事な歩道があり、そのなかには、ほかの町では道路にしても良いほど広いものもある。丸太で舗装するのは、ここの方式のようである。都市の大通りには、何マイルかごとに、一つあるいは二つの丸太の路が敷かれている。丸太は多角形のブロックに切られたものである。これらを並べて厚板のように敷いている。ブロックとブロックとの間に瀝青を塗ってつなげてあり、その上には土をかぶせる。／ロシアが享受するもののなかで、私が羨ましいものは、豊かな山林である。[28]）

サンクトペテルブルクの路は、モスクワに比べて、道路がよく整備されている。丸太を用いた舗装の仕方が特徴的であり、それはロシアの「豊かな山林」によるものである。この感想からは、綺麗に整備されているサンクトペテルブルクの風景を感じ取れる。モスクワからサンクトペテルブルクへ移動する汽車のなかで、尹致昊は「鉄道に沿った両側にぎっしりと高そうに見える山林の美しい色相[29]」に感心した。サンクトペテルブルクの路を彩る丸太の大路はロシアの「豊かな山林」の象徴である。尹はその自然豊かなロシアに「羨ましさ」を感じる。だが、その「羨ましさ」はロシアの自然資源に対する羨ましさであり、ロシアの文明に対する憧憬ではない。尹は、ロシアの美しい山林を眺めながら、「古きヨーロッパの国というよりは若きアメリカを旅行しているようだ[30]」と感想を付け加えている。この評価から、ロシアはヨーロッパの諸国とは異なる「若き」国であり、彼はロシアをまだ文明化の途中にある国として認識していたことが窺える。

ロシアと西洋諸国との文明を比較する尹致昊の視線は、ベルリンとパリでの経験を記しながら、ロシアの文明の後進性を指摘する場面に明確に現れる。使節団と別れた尹は、八月一八日にサンクトペテルブルクを出発し、同月二一日にパリに到着する。その途中の同月二〇日、汽車を乗り換えたベルリンの風景を次のように描いている。

Clean and well paved streets. Coachmen more modern and neat looking than those of Russia. Dogcarts amusing—strongly reminded me of an American town—a deal of life in the streets—school children in 3's and 5's going in all directions with knapsacks—policemen with bright helmets more gentlemanly looking than those of Russia.

（綺麗で申し分のない舗装路である。御者はロシアの御者より最新式できちんとした格好である。二輪馬車は面白い。町の日常の様子はアメリカの町を強く思い出させる。生徒たちはリュックサックを背負って三々五々それぞれ歩いている。[31]輝くヘルメットを被った警察官はロシアの警察官より紳士的な姿である。[32]）

この街では御者が操縦する馬車が「綺麗で申し分のない舗装路」を走っており、生徒たちは登校中であり、それらを見守っている警察官がいる。まさに静かで平和的な街の描写である。ドイツの御者や警察官は、ロシアより「最新式できちんとした格好」「紳士的な姿」として評価されている。「綺麗で申し分のない舗装路」からロシアの路の状態に対するような批判的な視線は感じられない。ベルリンは「アメリカの町」を思い出させる都市であり、この尹致昊の感想はドイツとアメリカを同じ位階に置いて評価する点で象徴的である。尹致昊にとってロシアは、まだドイツとアメリカ、この両文明国には及ばない途上国なのである。

八月二一日にパリに着いた尹致昊は、パリの第一印象として「美しい町！　街や大路や店や建物は非常に素晴らしい。町は人々で本当に活気に溢れている」[33]と述べ、都市の賑やかさと美しさに感心する。また尹は、数日間パリに滞在した後、ヨーロッパ諸国やアメリカの人々がパリの美しさを賞賛して語ったことが事実であったことを記した上で、他の都市は一部分が魅力的であるのに対して、パリのあらゆる道路は「清潔、良い舗装、素晴らしい広さのモデル」であると評価する。そして総じてパリを「世界の都市の女王」[34]と賞賛する。つまり、パリでの滞在を通じて、尹は当時の最先端の文明的近代都市を経験していたのである。最も美しい都市として評価するパリでも尹はロシアの文明の後進性に再び言及する。

In Petersburg, even along the beautiful Nevski Prospect, I could not find a single place where cancelled stamps were exposed for sale. In Paris one can hardly go anywhere without meeting with shops having old stamps on sale. Russians are that much behind, in civilization, their French models.

（ペテルブルクでは、素晴らしいネフスキー大通りでも、販売用の使用済みの切手を並べた店を、私は一箇所も見つけられなかった。パリでは、どこに行っても、昔の切手を販売する店を探すことは難しくない。手本とするフランス人より、ロシア人は、文明において遅れている。(35)）

パリのメジエル路（Rue de Mézières）で本を買いがてら散歩をしていた尹致昊は、ニコライ二世の訪問を歓迎するためにロシア風の色や紋様で飾られている街の風景を目にし、それについてフランス人が「ロシアはフランスの友」だと思っていると述べる。(36) だが、続けて尹は、両国は同等な「友」ではなく、その間には文明の格差があると指摘する。尹は、「使用済みの切手」を販売するパリの店の品揃えから両国の文明の格差を見出す。実用的な観点からすれば「使用済みの切手」は無価値なものである。それが商品になるということは、文化的需要があるからにほかならない。パリは個人の趣味として切手収集のような文化生活を享受できる場所であるのだ。尹は、こうした個人の趣味や文化のレベルまで文明化されているか否かという観点から、ロシア人が自身の「手本とするフランス人より」「文明において遅れている」存在だと評価を下している。

ロシア政府が朝鮮政府に祝賀使節団を派遣するよう要請した表面的な理由は、朝鮮とロシアとの親善であったが、ほかの目的としては、ロシアの近代施設を見学させることで、朝鮮使節団に対し自国の文明国たる偉容を心に刻ませる機会でもあったからである。実際『海天秋帆』や『環璆唫艸』を見る限り、ロシアは、閔泳煥とほかのメンバーには文明国としてのロシアという印象を与えることに成功した。だが、尹致昊にとってこの洋行は、他のヨーロッパの文明国の偉大さを確認する機会となり、皮肉にもロシアの近代文明の実態を確認することとなった。尹致昊に限ってみれば、ロシア側の意図とは異なる結果となったわけである。

帰国後、尹致昊は、朝鮮におけるロシア勢力の利権の拡大を懸念し、反政府・反ロシア的な態度を示す。ロシアに対する彼のこうした態度には、近代的な政府改革であった甲午改革が親ロシア政府樹立後に水泡に帰したこと、また朝鮮におけるロシアの利権拡大など、ロシア干渉下における朝鮮の状況の悪化という政治的な理由がある(37)。一八九七年九月二二日に尹は、新任駐朝ロシア公使のシュペイエル（A. N. Shpeyer）に会って、一八九六年と九七年の朝鮮の状況とロシアとの関わりについて意見を述べる(38)。一八九六年にはロシアは朝鮮の国王を保護し、朝鮮に友好的な態度を示したが、九七年には、増税や売官や親ロシア派の育成など、ロシアは朝鮮における利益ばかりを求めていると、尹は指摘する。このロシアに対する尹の態度の背景には、こうした政治的な理由とともに、洋行を通じて体得したロシアの文明は西洋諸文明国に比べて後進的であるという現状認識が存在したと言えよう。

三　混在する東洋／西洋文化の教養

(一)　使節団の不和の原因――東洋／西洋文化の教養による衝突

使節団の正使である閔泳煥の思想は、西洋に使節として赴いた一八九六年と九七年を境に大きく変わる。それ以前の彼は、儒教の社会秩序のなかで、閔氏家門の戚臣として高位官吏の道を歩んできた。それ以後は、近代的軍部改革を推進しながら、政府官僚の身分のまま独立協会の活動に参加した。閔泳煥の西洋経験については、『海天秋帆』のほかに一八九七年イギリスのヴィクトリア女王即位六〇周年記念式に派遣された祝賀使節団の記録『使欧続草（あるいは、使欧続章）』からも窺える。そして、『独立新聞』によるインタビュー（『独立新聞』一八九六年一一月一〇日付）からも閔のロシア使節の経験とその感想を確認することができる。

> 私［閔泳煥］は外国に行く前に外国の話を、ほかの人々が話すことを、すべては信じていなかった。話すことがあまりに思いもよらなかったので、半分は信じて半分は信じていなかった。今回私が自ら行って見ると、彼らの話はむしろその素晴らしいものを半分しか伝えていなかった［ことが分かった］。数千数万も越えるものが非常に見事で非常に素晴らしくて、学問のない人は初めから夢にも見られないことを多く見た。［中略］今回帰ってきて朝鮮も次第に改革しなければ国が存続できないということを信じるようになった。外国に行って他の国の官員と人民が暮らしている様子を見ると、悔しい気持ちが抑えられなかった。ロシア政府においては、人民が朝鮮使臣を非常に親しくもてなして、そこの人々は外国の客をもてなすことを確実に知っており、朝鮮の人々が外国の人々をもてなすときのことを考えると、恥ずかしい気持ちが自ずから生じた。(39)

閔泳煥は、周囲の人々から聞いていた西洋文明について半信半疑であったが、実際の経験を通じて、むしろ彼らの説明が足りないほど「素晴らしい」光景を目にしたという。また、閔は、この洋行を通じ西洋の政府と人民のもてなしに接して、朝鮮政府と朝鮮人が他国人をもてなす態度を省みさせられ「恥ずかしい気持ち」となったという。同時に西洋国に対する「悔しい気持ち」も感じ、そのような現状の打開のために、朝鮮の改革の必要性を信じるようになったという。この引用に続く『独立新聞』側の「閔賛政は真の新しい人となった」(40)という評価はこうした閔泳煥の思想変化を象徴する表現であろう。

このように洋行後の閔については思想的転換が見られるが、それ以前の彼は幼いときから儒教の経典を学んで行動の思想的根拠を儒学的体系に置き、それを実践する朝鮮士大夫であった。一八八二年に新式軍人への優遇と自身たちに対する粗末な待遇に不満を抱いた旧軍人による壬午軍乱が起こり、実父の閔謙鎬《ミンギョンホ》が旧軍人たちによって殺害されると、閔泳煥は官職から退いて三年喪の礼を尽くした。一八九五年に乙未事変が起きると、官職から離れて閔妃の死を哀悼し、臣下として君主の高宗の安全を憂いていた。(41) このように、ロシアに訪れる前の閔は、儒学に基づいた朝鮮士大夫として、その思想体系に従って生きてきたのである。『独立新聞』のインタビューで告白した、西洋文明についての半信半疑の念は、こうした儒学思想からくる抵抗感に起因していたかもしれない。

「日記」には、閔泳煥のさまざまな葛藤の場面が記されている。そこで尹致昊の目に映った閔の姿は、「真の新しい人」ではなく、「典型的な両班」である。

Mr. Min is a regulation "Yangban" of Corea[sic]. He required the service of an attendant for everything—for wearing a shirt, a gown, a pair of socks, for buttoning up his coat. Indeed, it is a wonder to me how he sleeps and eats without the aid of another man. Tobacco is a part of this too fine a gentleman. His stock of cigars, cigarettes, and of cut tobacco may easily enable him to set up a tobacco store in Russia. The medical stuffs which he has provided against any sickness might make him immortal, if medicines Corean could do so by their quantity. At the same time, he is a gentleman—amenable to reasons and sensitive of honor. He may be willing not to eat or drink, if he were assured that by doing either he would expose himself to ridicule and shame. That is a right ring in him.

（閔氏は朝鮮の「両班」の典型である。服や上着を着たり靴下を履いたり服のボタンをはめることまで、彼は従人に求める。彼が他人の手伝いなしで寝て食べていることが不思議なぐらいだ。煙草はこの素晴らしい紳士の一部である。彼のシガー、シガレット、そしてきざみ煙草の葉の量はおそらくロシアで煙草の店を開くことも可能なほどだろう。もしさまざまな薬がその［大量の］分量で朝鮮人を不老不死にしたとするならば、病気のために処方されたさまざまな薬は、彼を不老不死にしたことであろう。それと同時に、彼は理性に従って名誉に敏感な紳士である。もし嘲笑されたり侮辱されたりしたら、彼は何も食べないし飲まない。それが彼にとって正しいことなのである。(42)）

この引用は上海から太平洋を渡ってカナダに出航した皇后号（the Empress）での旅行中に書かれた閔泳煥に対する尹致昊の感想である。尹は、あらゆることを自分で行わない「朝鮮の「両班」の典型」として閔の姿を批判的に見ている。これは閔一人にとどまらない、朝鮮の為政者への視線でもある。以後の尹は、ニコライ二世のモスクワ入城式のとき、一人で馬に乗って入城するニコライ二世の堂々たる姿を目にして「朝鮮王の風采を汚す宮内人や宦官や召使いなどのペテン師はいない」と評し[43]、非主体的な君主としての高宗を連想する。尹致昊にとって王や両班のような為政者は、他人と迷信に頼る非主体的な人間であり、事の実利よりも自身の名誉や面目を優先する人間として認識されている。

尹致昊の目に映った洋行中の閔泳煥には、前述した『独立新聞』のインタビューで評された「真の新しい人」の姿が見当たらない。ただ「よく気まぐれを起こしたり怒ったり自分勝手」な「腐った朝鮮の両班」の姿のみである[44]。こうした閔泳煥に対する尹致昊の厳しい批判的視線は、尹致昊の西洋的教養に基づくものである。尹は、閔泳煥は本質的に合理的で自由な人間であるが、朝鮮の腐敗した官吏社会における果て知らぬ成功が彼の性格を駄目にしたと述べた上で、「物事の表面的な理解にとどまらず本質的な理解へと人を導く外国の教育を、もし彼が受けていたならば、彼はより誠実で勇敢な朝鮮人になっただろう[45]」と言い、閔が西洋教育を受けていないことについて遺憾の意を表す。西洋教育と西洋文化の合理性に基づいた啓蒙的眼差しを持つ尹致昊には、閔泳煥の朝鮮士大夫としての思考と行動は批判すべきものと捉えられたのである。だが、批判対象である閔泳煥にとってはこうした尹致昊の指摘や忠告は尹の傲慢と思われて二人の不和の種となる。

ニコライ二世の戴冠式において朝鮮文化に固執する閔泳煥の態度は克明に表れる。朝鮮政府から与えられた使節団の表面的な任務は、ニコライ二世の戴冠式に参席しそれを祝賀することである。だが、戴冠式が礼拝堂で行われることが問題となる。金得錬の七言絶句「礼拝堂」で「ここを通る人々は皆敬意を表し、冠を免いで頭を撫でさすりながらぶつぶつしゃべる（過此人皆尊敬意、免冠摩頂語喃喃）」[46]とされているように、ロシア皇帝の戴冠式が行われた大聖堂は宗教上の神聖な場所であり、そこに出入りするには誰でも脱帽することが礼儀である。朝鮮の礼法に従って大礼服を着るつもりだった使節団は、戴冠式に参加するためには、冠を外さなければならない状況に直面する。

卯正［午前六時―七時］に一行が大礼服を着てパスコムとプランソンとともに、トルコ公館に行き、各国の公使とともにクレムリン宮に入った。ロシア式の戴冠礼が礼拝堂で行われたが、冠を外さなかったので、その礼拝堂に入ることを許されなかった。我国および清国、トルコ、ペルシアの各使節は、皆が冠を外さなかったので入らず、礼拝堂の外に留まり楼閣の上で見物した。[47]

『海天秋帆』の引用のように、結局、朝鮮使節団は戴冠式には参加せず、皇帝や皇后の大聖堂の出入りだけを見守ることにした。だが、その結果に至るまでに、尹致昊による閔泳煥の説得とそれへの反目があった。戴冠式の行われた三日前の五月二三日の「日記」で、尹は、ニコライ二世の戴冠式に参加することが高宗の使節を派遣した理由であることを強調し、閔泳煥にしばらくの間冠を外して参加すべきであり、ターバンや冠を着用するペルシアやトルコや清国の使節も、自文化の礼法には背くが、使節派遣の目的である戴冠式参席のために、ロシアの礼法に従って冠を脱いで参加するはずだと説得する場面が記されている。[48]しかし、この問題について、使節団の代表である閔泳煥は、朝鮮の礼法を固守して冠を外さず礼拝堂の外で戴冠式が終わるまで待機するという結論を出した。尹は金得錬の助言が閔を最終的な決定に導いたと考え、他方この出来事から金は尹を反儒教的な人物だと批判的な視線で見るようになる。尹は、この出来事と閔の決定を根拠として、閔と金を、他国の文化や外交的礼法には目を配らない、朝鮮文化に縛られた人物として評価するようになる。

『海天秋帆』の引用に見られるように、冠を外さず自文化を固守するという理由で戴冠式に参加しなかった国は朝鮮の使節団だけではなかった。清国やトルコやペルシアとともに、中央アジアのブハラ・ハン国（現在のウズベキスタンを中心とする地域に一六世紀初頭から二〇世紀初頭まで存在したウズベク人の国）やモンゴル、そしてインドなども同じ理由で戴冠式に参加せず、聖堂の外で待つことを選択した。西洋式服装をしていた日本(49)の使節を除き、礼拝堂に入らなかった使節団は、東洋という心象地理（imaginative geography）に分類されている国々である。伝統的服装と礼法を固守した東洋の諸国が戴冠式に参加しなかったことによって、閔泳煥と金得錬の自文化を固守する態度には正当性が与えられる。一方、使節団における尹の立場は、自文化を守らず戴冠式に参加することを強く主張したため、弱くなっていく。なぜなら、いくつかの尹致昊の行動を通じて、正使の閔泳煥が、尹を東洋の文化に属した〈我々〉ではなく西洋の文化に属する〈彼ら〉ではないかと疑い始めたからである。閔と尹との対立は、表面的には使節団における政治的な争いとして理解することができるが、それは相互の文化的衝突による葛藤としても捉えることもできる。言い換えれば、二人の対立と葛藤は、東洋（朝鮮）文化的教養と西洋文化的教養との対立と葛藤である。こうした教養の差異によって相互理解が困難であったため、ロシア滞在中、二人の間に葛藤や反目が生じたと言えよう。

（二）使節団の不和の展開——通訳をめぐる葛藤

高宗が任命した閔泳煥の公式的肩書は「特命全権公使(50)」であり、閔はロシアに対する朝鮮の外交上の実務者の役割を担わされていた。とくに、ロシア公使館に滞在中の高宗の還御のために、兵士や教官などのロシアの軍事的支援を得ることが最優先の外交的責務であった。モスクワに到着した二日後の五月二二日にニコライ二世に初めて謁見したとき、尹致昊も英語通訳者として同行したが、閔泳煥はすぐに実務に関する外交交渉を行おうとした。だが、この席はニコライ二世の戴冠式を祝う高宗の祝辞を伝える場であったことに注意すべきである。

In one of the magnificient[sic] halls in the Palace room occupied by their Majesties, Mr. Min and I only went in. In a good sized room with no furniture, the Emperor and the Empress stood waiting. Nobody near him except an official or possibly a servant. Mr. Min almost lost his voice and mumbled out his presentation speech in the most distressing manner. I translated the same to T.M. in round English. Then Mr. Min gave the Emperor the letter of greeting from our King. The Emperor thanked His Corean Majesty for the letter; expressed his gladness to see the Corean Envoy; asked how long it took us to come; and how we liked Moscow. He spoke good and clear English. Then in the name of Mr. Min said, “Whenever it shall please your Majesty to inquire into the affairs of Corea, the Envoy extraordinary, is prepared and authorized by his government to present to Your Majesty in full the condition and needs of Corea.” The Emperor said “I am glad to know that.” Then a few seconds of silence made it awkward and I said, “Of course, not today,” “No, of course.” said the Emperor faintly smiling. The Empress all the while stood quietly by, listening. Soon we retired in a very disgraceful awkwardness. We flatter ourselves with the belief that the Emperor showed us a special favor in seeing us today before any other embassy—the Japanese not excepted.

（宮殿の素晴らしいホールにロシア皇帝夫妻がいた。閔氏と私のみが入った。その広い部屋には家具もなく、皇帝と皇后が立って待っていた。将校あるいは侍従のような人が立っているだけでほかに誰もいなかった。閔氏は、ぶつぶつ言いながら、みすぼらしい形で謁見の口上を呟いた。私は皇帝にその話をきびきびと英語で通訳した。そして、閔氏は皇帝に我が王からの祝辞を伝えた。皇帝は、朝鮮の大君主の手紙に感謝の意を表し、喜びを朝鮮使節団に示し、ロシアに来るまでどのぐらい時間がかかったのか、またモスクワが気に入ったかということについて質問した。彼は上等で明瞭な英語で話した。その後、「いつでも陛下が朝鮮との外交業務についてお聞きになるのであれば、特命全権公使として、陛下がお求めになる朝鮮の状況と必要なことを、陛下にご提示できる権限を朝鮮政府から与えられています」と閔の話を伝えた。「それをお聞きして嬉しいです」と皇帝は言った。その後、少し重い沈黙が何秒間か流れ、私は「もちろん本日ではございません」と言った。「そうですね。承知しています」と、皇帝はほのかに微笑みを湛えながら言った。［謁見中］皇后は静かに聴いていた。非常に恥ずかしくてみっともない状況で、すぐに私たちは部屋から出てきた。団員たちは、皇帝がほかの使節団に示したよりも特別な好意を私たちに示したと信じながら互いを慰めている（日本も例外ではない）[51]。

尹致昊は閔泳煥を朝鮮の全権公使として威厳のある人物のようには描いていない。一国家の代表である全権公使は、ニコライ二世との初めての謁見で、「ぶつぶつ言いながら、そしてみすぼらしい形で」、挨拶の言葉をする。そして、尹を通じて、閔は自分自身がロシアとの外交業務を委任されていることをニコライ二世に強調する。だが、尹は「すこし重い沈黙が何秒間か流れ」たと記し、閔のそうした行動がニコライ二世を困らせているように描いている。なぜなら、戴冠式の期間において閔泳煥は「全権公使」という肩書きではなく、祝賀使節の代表である「特命大使」として振舞うべきだからである。ニコライ二世との初めての謁見は、皇帝の即位を祝う朝鮮使節の首長として挨拶する場である。それゆえ、親書と礼物だけを贈呈し、外交的で実務的な内容が書かれた高宗の国書は、戴冠式が終わってから、改めて贈呈することをロシア側から求められていた[52]。祝辞や親書の贈呈という形式はそのようなロシア側の勧告に従ってはいたが、この発言によって最終的にはその勧告に背くことになる。尹にとって閔のこうした全権公使としての行為を強調する発言は外交上の礼儀に背くことであり、皇帝の沈黙後、「もちろん本日ではございません」と閔の無礼を取り繕おうとする。尹のこうした視線と描写の背景には、閔が国際的無礼を犯したという認識があったと思われる。

この逸話から、閔泳煥は全権公使と特命大使という二つの外交的役割を分けて考えていないように見える。閔の全権公使と特命大使に対する混同は閔自身の名刺に書かれた「Ambassadeur Extraordinaire（特命大使）」という肩書きについて不満を表すことで可視化する[53]。使節団はニコライ二世の戴冠式後の祝賀宴席に参加するが、閔泳煥は朝鮮使節の接伴員であるパスコムとプランソンに宴会の場が不快であることを示し、早めに宿舎に帰ろうとする。二人は閔に宴会をしばらくの間楽しむよう説得するが、閔はその忠告を無視して宴会の真最中に帰ってしまう。ロシア皇帝が主催する宴会は、ロシアはもちろん各国の祝賀使節団が集まる外交の場であり、そのなかで、彼は自分の外交官としての責務を果たさなかった。尹によれば、閔がこうした無礼な行動を取ったのは、彼が意図していたロシアとの交渉が遅延していたからである。その夜、閔泳煥は尹致昊を呼び出して自分の名刺に「Minister Plenipotentiary（全権公使）」ではなく「Ambassadeur Extraordinaire」と書かれていることについて、理由を求めながら不満を表す。尹は、二人の接伴員とシュタインの忠告に従って戴冠式の期間にはこの名刺を使用し、行事が終わり次第改めて「全権公使」の名刺を使用することに合意したからだと答えた。だが、閔泳煥は自分自身がそれに同意してはいないと言って尹とシュタインを非難し、また朝鮮政府から「特命大使」としての外交任務を与えられていないので、この肩書きを名乗ることはできないと強弁する。この逸話から、ニコライ二世の戴冠式への参加は付加的なものであり、祝賀使節団を派遣した政府の意図は、事実上ロシアとの実務的交渉にあると、閔泳煥が理解していたことが分かる。[54]

異言語と文化に対する閔泳煥の困惑と不満は、使節団の通訳の起用の問題としても現れる。ロシアに来る前に金道一を重要な交渉の通訳にするようにと高宗から内々に言われたと、閔泳煥は尹致昊に告白する。[55]金道一の生涯については未詳だが、咸鏡道で生まれてウラジオストクで育った人物であり、露館播遷後、同じ咸鏡道出身でウラジオストクに移住して朝鮮政府とロシア政府の間で通訳を務めていた金鴻陸《キムホンニュク》が朝鮮政界に進出するにつれ、朝鮮政府に登用された。[56]尹致昊によれば、「一ヵ月前には［ロシア］公使館でロシア船員のための通訳官」であった金は「漢文あるいは朝鮮語を読むことができず[57]」、皇太后を「황데에미（皇帝のかあさん）」と朝鮮語で通訳するほど朝鮮語の実力が低かった[58]ため、結局、閔泳煥は、前述の祝辞贈呈のためのニコライ二世との謁見や外務大臣ロバノフとの会談（六月五日）などの重要な公務では尹致昊を起用して英語で通訳させることにした。しかし、会話のすべての内容を通訳しないことなど、尹致昊の通訳行為に対する閔泳煥の不満が増えていくなかで、[59]ロシアに来て二ヵ月ほど経った七月からは金道一を通訳者として起用し、ロバノフとの会見（七月五日）やニコライ二世との会談（七月一四日）などの公務から尹は排除されるようになる。尹の使節団での立場は次第に弱くなっていき、彼のことばを借りれば、「まるで私が朝鮮の利益に

反する敵のような存在と思われているように」、「一人だけ彼ら使節団の計画と秘密から排除され」た[60]。先述したように、尹が帰国する使節団と同行しなかった表面的な理由はフランス語の学習のためであったが、その真の理由は使節団におけるこうした孤立にあったかもしれない[61]。

この閔泳煥の神経質な反応と金道一への通訳交代の背景には、当時の朝鮮国内における政治状況の変動が存在する。露館播遷後、朝鮮政府の内部では金鴻陸を中心とするロシア語通訳官勢力が拡大しており、その勢力と閔泳煥とがヘゲモニーを争う状況であった。出発前から、閔泳煥は使節団の責任者として激しい負担を感じており、出発の二日前には全権公使を辞任する意思を尹致昊に明かしている[62]。閔のこうした行動の背景には彼に対して高宗が不信感を持ち、彼の使節活動を監視する目的で、朱錫冕《チュソクミョン》や閔景植《ミンギョンシク》や成岐運《ソンギウン》を構成員とする秘密使節を派遣したという状況があった。尹致昊は、閔泳煥が秘密使節だとした朱錫冕を「呪われるべきならず者 (the damnable rascal)」と呼び、朱がロシア語通訳官の金鴻陸とともに詭計をめぐらして高宗の歓心を買ったと書いている[63]。実際に『海天秋帆』七月一五日付と尹致昊の同日の「日記」には、朱錫冕や閔景植がサンクトペテルブルクに到着した記録がある[64]。朱錫冕らはその後閔泳煥らに同行し、祝賀使節が帰国した後にもロシアに滞在し続ける。朱らがロシアに来た目的は明確ではないが、朝鮮政府が閔泳煥の予想通り、祝賀使節団とは別の使節をロシアに送ったことは事実であり、閔の恐れは、このような親ロシア勢力からの牽制によるものであったと考えられる。また、前述したように、使節団のロシア語通訳官である金道一は、この新進勢力の一人であった[65]。尹致昊によれば、使節派遣に際して、外部主事であった金道一の職位を奏任官五位に昇進させた[66]のは金鴻陸と朱錫冕の力によるものであり[67]、祝賀使節団における金道一の役割は、ロシアとの交渉をこの勢力に有利な方向に持っていくことであったと考えられる。尹致昊から金道一への通訳交代は、尹に対する閔の信頼の失墜であると同時に、このロシア語通訳官の新興勢力が使節団の交渉の内容を掌握することになったことを象徴するのである。

（三）使節団の和解の様相——漢詩贈答という漢字圏のコミュニケーション

文化的教養の差異と通訳を原因とした、閔泳煥と尹致昊との信頼関係の喪失は、意外な契機によって和解の局面を迎える兆しを見せる。この和解の契機は尹致昊と金得錬との漢詩贈答であり、これによって閔泳煥の尹に対する態度が変わる。

閔泳煥と金得錬の間には洋行中に漢詩を交し合って親交を深める場面が見られる。閔は七言律詩を金得錬に与え[68]、金も七言律詩「桂庭［閔泳煥の号］公使から律詩を送っていただいたので、次韻して、差し上げる（桂庭公使見贈一律、因次原韻、奉呈）」[69]を作り、閔のこの漢詩に応えた。二首ともに、相手の才能を讃えて異郷での苦労を慰める内容である。漢詩を作るためには、押韻、それぞれの句を対句にする対仗、絶句や律詩のような近体詩の場合、声調による抑揚を考慮する平仄などの規則を守ることが求められる。つまり、閔泳煥と金得錬の間に行われた次韻と返詩の行為は、作詩の知識と教養に基づいた漢字圏の知識人のコミュニケーションなのである。

サンクトペテルブルクで交渉を終えて帰国する際、金得錬は五言長詩「念梧［尹致昊の号］随員がフランス語のために、まもなくパリに行き、今他国で客を送り、南北に路が分かれ、［別れの］思いを和らげることが難しい（念梧随員為法語、今往巴黎、此時客中送客、南北分路、悵難為懐）」[70]を尹致昊に渡し惜別の情を表す。興味深いのは、尹致昊がその惜別の詩に返詩し、金得錬がその詩に次韻していることである。前述したように作詩では守るべき規則がある。二人の詩の平仄や押韻も示して、漢詩贈答の様相を確認する。

I composed last night 4 couplets in Chinese expressing my farewell sentiment. I have made no effort, as I am unable, to conform them to the accepted rules of verse making. But both Mr. Min and Fish congratulated me this morning on my success.
The verses run;
（昨夜、私は別れの感情を表現するために、律詩を作った。詩句を作るにあたって適用される法則に従っておらず、努力を尽くしてはいない。しかし、今朝、閔氏とフィッシュ［金得錬］は私の成功を祝ってくれた。その詩は次の通りである。[71]）

［尹致昊の詩］［平：○　仄：●　韻：◎　不明：□（以下同）］

○○●●○●◎　三春欲暮離漢城、
○○○○●○◎　俄都涼風見秋声。
○○○○○●●　重洋同舟敦友誼、
○●○●●○◎　南北殊路信愁情。
●○●●○○●　我留語学開茅塞、
○○●●●○◎　君帰努力輔文明。
○○○●○○●　梅花時節相逢約、
□○●●●○◎　□盃剪燭話平生。

（春が終わる頃にソウルを離れ、ロシアの都には涼しい風が吹いており、秋になったことに気付く。太平洋と大西洋を重ね渡り、一緒に船に乗ってきて、友情が厚くなったが、南と北に帰路が分かれて悲しい。私は留まって茅塞を開くために語学に尽くし、貴方は帰って文明のために力を尽くすだろう。梅花が咲くときに、また逢う約束、□盃、夜もすがら灯をともして、あれこれ語り明かそう。）

［金得錬の詩］
「念梧のはなむけの詩に次韻する（用念梧贈別韻）[72]」

○●○○●●◎　怊悵離樽彼得城、

○○●●●○◎　陽関更唱第三声。
●○○●○○●　実心勤学留君語、
●●○○●●◎　努力加餐送我情。
●○○●○○●　此時空望辺山遠、
○●○○●●◎　他夜相思漢月明。
○○○●○○●　迢迢帰路寒偏早、
●●○○●●◎　北陸罡風雪意生。

（ああ、悲しい、ペテルブルクでの惜別の酒を交わし、別れの歌を三回も歌う。真面目に学ぶことに努めるようにと私は君に言いとどめ、お食事はちゃんと召し上がってくださいと君は私に思いを返す。今日の夜は遠く離れた故郷の山野を空しく眺めるが、後日の夜はソウルの明るい月を一緒に眺めることをともに思う。遥かに遠い帰り路、冬はひたすら早まる一方、北方の強い風が吹き、雪が降りそうだ。）

この二首の七言律詩に漂う中心的なモチーフは、異郷にある旅人の憂愁、そして異郷に旅立つ人への友情である。この異郷にまつわるモチーフは、漢代の古詩以来の中国文学におけるテーマの一つである。(73) 漢代の人々に愛唱された詩を選んだ「古詩一九首」（『文選』巻二九）には、遠征に発った旅人の悲しさと彼を心配する女性の愁いを詠った詩が収められている。そして、唐の李白の「子夜呉歌」（『唐詩選』巻一）にも、異郷に旅立った人を思いながら砧を打つ人の悲しさが長安の寂しい夜中に聞こえるその砧の音と重なっている風景が詠われており、そのモチーフは後世にも受け継がれている。そうした異郷のモチーフが重要なテーマとなった理由は、中国歴代王朝が広大な国の領域を有し、辺境への遠征、左遷や流配など、人々が都や生れた地方から遠く離れた僻地へ向かわざるを得ない状況に往々にして晒されたからである。それゆえ、左遷されて江南に来た唐の王昌齢が彼自身より僻地に向かう友の辛漸を見送る悲しい心境を詠ってその友情を伝えた「芙蓉楼にて辛漸を送る（芙蓉楼送辛漸）」のような送別詩も生れた。尹致昊と金得錬の漢詩は、こうした漢文学的な教養の延長線上のものであり、使節団として来たロシアという異郷にある彼らの心境や、またパリというほかの異郷に向かう尹の心境と彼を見送る金の友情がそこから感じ取れるのである。

まず尹致昊の返詩から見よう。「詩句を作るにあたって適用される法則に従っておらず、努力を尽くしてはいない」と述べているが、詩の形式的な面からは「城・声・情・明・生」（平声庚韻）で韻が踏まれており、金得錬の詩は頸聯（第五・六句）の平仄（平起式）の組み合わせが多少間違っているだけであるのに比べれば、尹の詩の間違いは目立つものの、各聯を対句にするなど、なるべく詩の規則に従って作っていると言える。起聯（第一・二句）では、「漢城」と「俄都」、「春」と「秋」を対にし、春に故郷の朝鮮を離れて異郷のロシアにやって来てもう秋になるという、季節が春から秋に変わるほどの長い時間が経ったことを示し、また秋の寂しさを通じてその異郷にいる悲しさを伝える。頷聯（第三・四句）には、「友誼」と「愁情」を対にし、その遠く険しい道程をともにするなかで、金得錬ひいては使節の一行との間に築いた深い「友誼」をまず語り、「南」のパリと「北」のシベリアを通じて朝鮮へとそれぞれ向かう状況から感じさせられる「愁情」、すなわち惜別の悲しさを述べる。前半とも言えるこの二つの聯には過去と現在の異郷にある状況・経緯とその悲しさを述べたが、後半の頸聯（第五・六句）と尾聯（第七・八句）は一転してこれからの未来に視線が移る。頸聯には、それぞれのこれから成し遂げるべき事柄について述べる。第五句に、尹致昊はまだヨーロッパという異郷に「留」まり、フランス語を学び、現在の自身の「茅塞」（『孟子』「尽心編下」）、すなわち欲におおわれた心を努力して克服し、今後朝鮮のために役立つことを誓う。続いて第六句には、尹自身が語学に力を尽くすように、金得錬もまた朝鮮に「帰」って今回の洋行で経験したことを生かし、朝鮮の「文明」のために努力することを訴える。最後の尾聯には、梅の花が咲く旧暦の一月か二月かにまた会う約束をするとともに、金が尹に与えた五言長詩の最後の二句「南と北の記録を合わせ、一つの書物にして出版しよう（合将南北記、一篇付剞劂）」に答えるように、ロシアでともに過ごしたこの二度と無い経験を、これから互いの友情を語る素材とすることを期する。

続いて尹致昊の返詩に次韻した金得錬の詩を見よう。詩の形式的な面から見れば、次韻した詩なので、韻はそのまま「城、声、情、明、生」を踏んでおり、前述したように頸聯を除いて確実に平仄（仄起式）を守っている。また内容の面では漢文学における異郷にまつわる語句を用いている。起聯には、尹致昊の詩と同じく、「彼得城」と「陽関」という固有名詞を用いており、第二句の「陽関」、すなわち西中国の辺地である敦煌で旅立つ人の無事を祈願しつつその悲しみを何回も歌った送別の歌の故事に触れて、異郷である「彼得城」より遠いパリへ向かう尹致昊を送る悲しさを表す。頷聯には、この送別の席で、一〇歳ほどの歳の差がある金得錬が年上として「真面目に学びなさい」と激励を込めて勧め、それに対して、尹致昊は「くれぐれも健康にはお気をつけください」と感謝の気持ちを込めて答える。ここの「努力加餐」は、前述した「古詩一九首」の最後の句「どうか食事はちゃんと召し上がってください（努力加餐飯）」を踏まえたものである。次の頸聯からは詩想の空間が変わり、ここまで二聯でサンクトペテルブルクの宴席の風景に向かっていた視線が彼方にある故郷の朝鮮へ向かっていく。この頸聯では、今は異郷で遠い故郷の山野を恋しがるが、後日は故郷の都で再会し、故郷の美しい月を一緒に見ることを約束する。このように月は異郷にある憂愁のモチーフであると同時に、とくに明月すなわち満月は遠く離れた友人とのつながりを感じることができる媒体であるため、惜別の友情の象徴として漢詩で用いられる[74]。だが、最後の尾聯では、朝鮮の暦としてはまだ秋であるのにロシアのこの時期は、「雪が降りそう」なまるで冬で、帰り道は遠いばかりである。これからのそれぞれの帰国と留学の路、ひいては彼らの人生にさまざまな苦境が待っているという現実の状況認識に返ってくるのである。

尹致昊はこの金得錬の返詩に次韻した五言絶句で再び詩を贈る。

After dinner Mr. Min, Kim D. N. and myself drove to the Islands for the last time—for me. Very cool and rained hard on the way home. The gas and electric lights along the banks of the Neva and the streets are a beautiful sight.

（夕食後、閔氏と金得錬と一緒に、私のために、最後に島に行った。家に帰る道は非常に寒くて雨が激しく降った。ガス灯と電気灯が光っているネヴァ川の堤防は非常に美しい光景であった。(75)）

○●○○●◎　煤電争光不夜城、
○●●●○◎　秋雨遠湿暮鍾声。
●○○○○●　半生風波何時静、
●●●○●◎　一点涙傷九曲情。

（ガス灯と電気灯が光りを争う不夜の城、秋の雨のせいで遠くから聞こえる暮れの鐘の音も湿り気を帯びる。私の半生の風波はいつ静まるだろうか、ぽろりと涙が落ち、屈曲の多い人生の悲しさで心が傷む。）

まず形式面では、律詩の前半部の韻「城、声、情」を踏み、自身の律詩よりも平仄（仄起式）の間違いが少なく、漢詩の規則に従っている。この詩も二つの律詩と同じく異郷の悲しさをモチーフとしており、大きく前半の起句（第一句）・承句（第二句）はネヴァ川の夜景、後半の転句（第三句）・結句（第四句）は波乱万丈の彼自身の人生に対する哀愁を呈する。起句には、ガス灯と電気灯がサンクトペテルブルクの夜を飾り、「不夜城」を成している。だが、承句には、目の前に輝く明るい異郷の街の雰囲気とは異なり、肌寒い秋の雨が降り続けており、夜を知らせる鐘の音が聞こえる夜中は寂しさを感じさせる。転句では、この明るさと寂しさのコントラストのなかで、尹致昊は約一〇年間の海外亡命生活や帰国後の不安定な朝鮮の情勢を顧みて、自身が経験した「半生の風波」を哀愁に咽びながら反問する。「いつ安定した生活ができるだろうか」と。結句には、この哀愁に勝てず、自ずから涙が落ちてくる。これはこれまでの「屈曲の多い人生」を生きてきた自身の苦境、そしてこれからまたも耐えなければならない苦難の人生に対する悲しみの涙である。

尹致昊と金得鍊は、このような漢詩の交換と次韻を行うなかで、互いの感情を理解し合うことになったと言えよう。また、尹の七言律詩を読んだ閔泳煥は「フランス語を真面目に学んでください。あなたは立身出世できるさまざまな能力を持っています。数年間、詩を作ってきた人々も、あなたが詠った詩のような品の有る詩を作ることは、ほとんどできません。あなたはあまり文学（art）を養う機会がなかったにもかかわらずです！」[76]と、尹の漢詩を高く評価し、パリで誠実に学習するよう励ます。尹致昊もこの閔の「珍しい熱誠」のことばに「感動して感謝の気持ちになった」と感謝の意を記した。この漢詩贈答により、尹致昊と閔泳煥・金得鍊との葛藤が和らげられ、劇的に和解の兆しが見えるようになる。これは、漢詩贈答という漢字圏のコミュニケーション方法を通じて、西洋の教養だけでなく、東洋の教養も、尹自身が有していることを、閔と金の二人に示したからであろう。惜別の漢詩の交換は、閔泳煥と金得鍊と尹致昊の三人が朝鮮の知識人というアイデンティティを確認する相互理解を成立させた場面であったのである。

四　小　結――異なる教養の差異の混在とその〈再現〉

尹致昊は、英語通訳として祝賀使節団に同行し、ヨーロッパを初めて経験する。尹は、ニューヨークやロンドンやパリなどの西洋の近代都市の繁栄を改めて実感し、その光景への驚嘆を繰り返し、英文日記に記している。また、彼は、中国の上海とアメリカでの留学時代に学んできた西洋文化の歴史や文学にまつわる由緒ある場所を訪ねた感激も書き残している。

露館播遷後、ロシアとの外交的関係が重要になっていく状況下で、この洋行を通じて、尹致昊は当時のロシアの現状を把握することになる。尹にとって一九世紀末のロシアは、文明国ではあっても、フランスやドイツなどのほかの西洋文明国より後進の位置にある国として認識されている。

また、尹致昊にとってこの洋行は、当時の朝鮮の現状と彼自身の立ち位置を認識させることとなった。この使節団は、当時のロシア語通訳の勢力の拡大に伴い、この勢力と既存の閔氏家門を中心とする勢力の代表と言える閔泳煥との政治的な争いの場となっていた。使節団の構図としては、金道一対閔泳煥である。儒学的な教養を有した訳官の金得鍊は、閔との漢詩贈答から見える親密感から既存の政治勢力と見なすことができる。尹致昊は、最初は使節団の通訳を務めるなど、正使閔泳煥の信任を得ていた。だが、戴冠式をめぐる意見衝突、ロシア政府との交渉の難航、それゆえに生じた尹の通訳に対する閔の不満などの理由によって、次第に使節団の業務から排除され、結局、ロシア語通訳官の金道一に通訳の役をとって代わられてしまう。

当時「親米派」と見なされてロシア勢力に牽制されていた尹致昊[77]は、アメリカから帰ってきた徐載弼《ソジェピル》を顧問として政府官僚の主導で組織された独立協会に一八九七年七月から参加する。尹は、徐とともに、政府官僚による人民啓蒙的な性格を有した独立協会の活動を、討論会や演説会を導入して[78]人民参加的な性格に変え、反政府的・反外国勢力的な活動に尽力する[79]。このように民間の政治的活動に力を尽くした理由の一つは、洋行中に実感した彼自身の政治的な立ち位置の自覚であると考えられる。

以上の尹致昊に対する閔泳煥の不信は、西洋文化の教養に基づいて西洋文化を優先しようとする尹の態度、親ロシア勢力の浮上という不安定な政治的状況におけるロシア政府との交渉の難航、交渉が尹の英語通訳という閔自身が直接に関与できないコミュニケーションによって行われることに対する不安や不満、これらが複雑に絡んで現れた結果だと考えられる。尹もまた「朝鮮の「両班」の典型」であるとして閔を批判的な眼差しで評価し、こうした尹の啓蒙的視線とそれを支える西洋文化の教養が閔との葛藤と不信感につながる要因にもなったと言えよう。それゆえ、二人の間の衝突と葛藤は、朝鮮知識人の間における東洋／西洋文化の教養の混在と、その教養の差異による摩擦が可視化された一例としても捉えられるのである。

この文化的摩擦を和解に導く契機がまたも漢詩贈答という文化的な手段であった。漢詩贈答は、漢字圏の教養に基づいたコミュニケーション行為であり、尹致昊と金得錬は惜別の情を込めた漢詩贈答を互いに行った。閔泳煥は、この二人の漢詩贈答を通じて、これまで西洋文化の教養しか持っていないと見なしてきた尹が東洋文化の教養を持っていることを知り、厳しい態度を和らげる。この事例から、尹と閔、二人の葛藤の根源には、異文化への無理解や抵抗感、そしてそれによる相互の緊張感が存在したことを逆説的に知ることができる。尹致昊の手によって英文で書かれた朝鮮使節団の記録は、ロシアという異郷にある朝鮮知識人たちが、東洋文化と西洋文化の教養の差異による衝突と反目を経験しながらも、漢詩を通じて互いを理解し合う共同経験を〈再現〉したものでもあったのである。

（1）　尹致昊「只今으로 三十一年前 露西亜에 大使갓든 이약이（只今から三一年前露西亜に大使で行った話）」『別乾坤』第六号（開闢社、一九二七年四月）、一〇頁。原文は国漢文。

（2）　清国と日本のニコライ二世戴冠式への使節派遣の経緯とロシア政府との交渉については、高柄翊「露皇戴冠式에의 使行과 韓露交渉」『역사학보』第二八号（역사학회、一九六五年）、四三―四四頁、李玟源「조선특사의 러시아외교와 金得錬――니콜라이Ⅱ 황제대관식 사행을 중심으로」『실학사상연구』第三三号（역사실학회、二〇〇七年）、二二五―二二七頁、参照。

（3）　「日記」一八九六年六月五日。

（4）　朝鮮とロシアとの交渉の内容と経緯については、前掲高柄翊（一九六五）、四七―六三頁、李玟源「민영환의 외교활동과 외교책」『나라사랑』第一〇二輯（외솔회、二〇〇一年）、一〇一―一〇五頁、前掲李玟源（二〇〇七）、二一一―二一七頁、参照。

（5）　朝鮮使節団と尹致昊の概略的な旅程は次のとおりである（【　】は帰国旅程）。①祝賀使節団の旅程――済物浦→上海→日本→バンクーバー→ニューヨーク→イギリス→ドイツ→ロシア領ポーランド→モスクワ（戴冠式に参席）→サンクトペテルブルク（ロシアに対する交渉）【→シベリア→満州→済物浦】。②尹致昊の帰国旅程――サンクトペテルブルクまで上同【→フランス（パリ［二ヵ月ほどフランス語学習のために滞在］→マルセイユ）→エジプト（ポートサイド）→ジブチ→コロンボ→シンガポール→サイゴン（現在のホーチミン市）→香港→上海→済物浦】。

（6）尹致昊が英語で日記を付けた理由と英語学習の様相については、本書第一章を参照してほしい。
（7）本章で引用する閔泳煥の『海天秋帆』『海天春帆小集』は、『閔忠正公遺稿』巻三（国史編纂委員会、一九五八年）を底本とし、両テキストを引用するとき、前者は日付のみ（年は省略）を記し、後者は頁を記す。そして、金得錬の『環璆唫艸』は同（京都印刷株式会社、一八九七年）を底本とし、面数を記す。漢詩文の日本語訳は引用者による。各テキストの詳細は、本書の第二章六三―六四頁を参照してほしい。本章では尹致昊が書いた一八九六年度の英文日記を主な分析対象とする。
（8）本書第二章参照。
（9）김진영「조선 왕조 사절단의 1896 년 러시아 여행과 옥시덴탈리즘――서울―페테르부르크 여행기 연구Ⅰ」『동방학지』第一三一輯（연세대학교 국학연구원、二〇〇五年）、洪学姫「1896 년 러시아 황제 대관식 축하사절단의 서구체험기、『海天秋帆』과『環璆唫艸』」『한국고전연구』第一七輯（한국고전연구학회、二〇〇八年）、黄載文「캐나다와 뉴욕까지 진출한 조선의 러시아 사절단――1896 년 민영환 일행의 세계여행」（규장각한국학연구원編『조선사람의 세계여행』、글항아리、二〇一一年）、など。
（10）前掲李玟源（二〇〇二）、同（二〇〇七）など。
（11）「日記」一八九六年五月九日。
（12）『海天秋帆』五月八日。「ニューヨークの富裕と繁華は口で形容し難く、筆で記述し難い（紐約之殷富繁萃、口難形言、筆難記述）」『環璆唫艸』、九―一〇頁。詳細については、本書第二章を参照してほしい。
（13）「日記」によれば、尹致昊は、一八九三年八月一四日にワシントンDCを訪ねて徐載弼に出会い、同年九月末から同年一〇月中旬までシカゴに滞在し、シカゴ万国博覧会や世界宗教会議に参加した後、バンクーバーから上海に向かった。
（14）『海天秋帆』五月八日。
（15）小島義朗『英語辞書の変遷――英・米・日本を併せて見て』（研究社、一九九九年）、参照。
（16）宮田和子『英華字典の総合的研究――一九世紀を中心として』（白帝社、二〇一〇年）、参照。
（17）本書の第二章第二節参照。
（18）本書の第一章二六頁参照。
（19）「日記」一八八九年一二月七日。
（20）「日記」一八九六年五月一六日。

(21) 詳細については、本書第二章を参照してほしい。
(22) 以下、上海やアメリカ留学期における尹致昊の読書歴については、柳永烈『개화기의 윤치호 연구』（景仁文化社、二〇一一年［一九八五年］）、六一頁・七六—七七頁参照。
(23)「日記」一八九六年一〇月一三日。
(24)「日記」一八九六年一一月一三日。
(25) 前掲尹致昊（一九二七）、一一頁。
(26)『海天秋帆』六月一〇日。『海天秋帆』におけるロシア認識については、前掲김진영（二〇〇五）、三三八—三四二頁、本書第二章、参照。
(27)「日記」一八九六年五月二三日。
(28)「日記」一八九六年六月九日。
(29)「日記」一八九六年六月八日。
(30) 同上「日記」。
(31) 何人かがいくつかの集団で道を行く様についての英語の表現は一般的に「in twos and threes」であるが、尹致昊は「in 3's and 5's」と記している。これは李白の漢詩「蓮を采るの曲（采蓮曲）」の「三三五五、垂れた楊に映る（三三五五映垂楊）」に見られるような東洋的慣用句「三々五々」を、そのまま英語に訳したものだと思われる。
(32)「日記」一八九六年八月二〇日。
(33)「日記」一八九六年八月二〇日。
(34)「日記」一八九六年八月二四日。
(35)「日記」一八九六年一〇月一日。
(36) 同上「日記」。
(37) 柳永烈「개화지식인 윤치호의 러시아인식——그의 문명국 지배하의 개혁론과 관련하여」『한국민족운동사연구』第四一輯（한국민족운동사학회、二〇〇四年）、一〇七—一一三頁参照。
(38)「日記」一八九七年九月二二日。
(39)「雑報」『独立新聞』一八九六年一一月一〇日。原文は純国文。

(40) 上掲「雑報」。

(41) 姜聖祚「桂庭 閔泳煥 研究」『관동사학』第二号（관동사학회、一九八四年）、三九―五七頁、前掲李玟源（二〇〇一）、九〇―九一頁、Michael Finch, *Min Yŏng-Hwan: A Political Biography*, Hawai'i: University of Hawai'i Press, 2002, pp. 9–38, 参照。

(42) 「日記」一八九六年四月一一日。

(43) 「日記」一八九六年五月二一日。

(44) 「日記」一八九六年五月二四日。

(45) 「日記」一八九六年六月二五日。

(46) 『環璆唫艸』二一頁。

(47) 『海天秋帆』五月二六日「卯正一行着大礼服、同빠스쭘・불난손、往土耳其公館、会同各公使、入귀령님宮。俄法戴冠礼行於礼拝堂、而不免冠、不許入其堂。我国及清国・土耳其・波斯各使皆以不免冠不入、仍留堂外楼上観光。」。

(48) 「日記」一八九六年五月二三日。

(49) 「日記」一八九六年五月二一日。

(50) 「諭特命全権公使閔泳煥」『海天秋帆』、一三七頁。

(51) 「日記」一八九六年五月二二日。

(52) 『海天秋帆』五月二〇日。

(53) 「日記」一八九六年五月二六日。

(54) 「日記」には、閔泳煥が実務のなかでも高宗の還御を最も重要なものとしている場面が確認できる。例えば、ロバノフとの会見（六月一三日）で高宗の還御のためにロシアの軍隊の派遣を要求。ロシア政府のアジア部局の局長カパニスト（Kapanist）との会見（六月一七日）での最も重要なのは高宗の安全保障であるという主張など。

(55) 「日記」五月一日。

(56) 李光麟「旧韓末 露領 移住民의 韓国政界 進出에 대하여――金鶴羽의 活動을 中心으로」『역사학보』第一〇八輯（역사학회、一九八五年）、八三―八四頁、前掲李玟源（二〇〇七）、二一〇―二一一頁、参照。

(57) 「日記」一八九六年五月二二日。

(58) 同上「日記」。

(59)「日記」一八九六年六月一二日。
(60)「日記」一八九六年八月七日。
(61)「日記」一八九七年一月三〇日。駐朝ロシア公使ヴェーバー（K. I. Weber）夫妻と会ってロシア旅行について話すとき、尹致昊は、「私がパリに行った理由は、幾分かはフランス語を学ぶため、幾分かは私を怪しむ人々との長い旅行を避けるためであった」とパリ行きに対する理由を語っている。
(62)「日記」一八九六年三月三〇日。
(63)同上「日記」。
(64)当初は二人とともに成岐運もロシアへ発ったが、彼は途中で病気になり、上海から帰った。彼らは閔泳煥一行が出発した三日後に朝鮮を発ち、目的は「遊覧紳士」と記されている（『海天秋帆』七月一五日）。
(65)「此ニ内閣員ト称スルハ、議政参政参賛（各部大臣）ヲ指スモノニシテ、寵臣トハ、李載純（宮内大臣）・金鴻陸（侍従）・李容翊（観察使）・金道一（宮内参理）・李明翔（民事局長）・李世稙（検事）・洪鍾宇（侍従）・玄興沢（宮内官）・鄭洛溶（中枢院議官）・張駿遠（宮内主事）［中略］更ニ此等寵臣ニ就キ党派ヲ区別スレハ、鴻陸・容翊・興沢・明翔・洛溶・道一ハ、純然タル露国派ニシテ、載純・世稙・鍾宇ノ如キハ、未タ若何ノ派ニモ属シ居ラス。」「内閣員ト寵臣ノ軋轢」「機密第三号、一八九七年［明治三十年］一月二十日（加藤臨時代理公使→外務大臣 伯爵 大隈重信）」『駐朝日本公使館記録』第一一巻。
(66)『高宗実録』一八九六年［建陽元年］三月一九日「外部主事金道一、任赴俄特命全権公使三等参書官、敍奏任官五等。」。
(67)「日記」一八九六年三月三〇日。
(68)『海天春帆小集』、一四〇頁。
(69)『環璆唫艸』、三三頁。
(70)『環璆唫艸』、三九―四〇頁。
(71)「日記」一八九六年八月一三日。
(72)『環璆唫艸』、四〇頁。
(73)漢詩における異郷については、齋藤希史『漢詩の扉』（角川学芸出版、二〇一三年）、一五―二九頁・五一―六七頁参照。
(74)上掲齋藤希史（二〇一三）、一六―一七頁、参照。
(75)「日記」一八九六年八月一六日。

(76)「日記」一八九六年八月一三日。

(77) 一八九七年当時の駐朝ロシア公使のシュペイエルは、独立協会を徐載弼を中心とする「米国党（American party）」だと言い、またアメリカ宣教師の政治的な活動を批判した上で、前任のヴェーバーが尹致昊を親米派だと評価したと、尹に話したという（「日記」一八九七年九月二〇日）。後日、シュペイエルは尹と会ったとき、高宗が徐載弼を嫌がっていると言い、また王は尹致昊も米国人との関わりが深いと思っていると伝えている（「日記」一八九七年一〇月一二日）。

(78) 尹致昊は、実際に独立協会に討論会と演説会を導入するとともに、米国のロバート（H. M. Robert）の通称 *Robert's Rules of Order*（*Robert's Rules of Order: Pocket Manual of Rules of Order for Deliberative Assembiles*, Chicago: S. C. Griggs & Company, 1876）を抄訳した『議会通用規則』（一八九八）も出した。『議会通用規則』の翻訳や流通については、本書の第四章を参照してほしい。

(79) 愼鏞廈『独立協会研究』（一潮閣、一九九三年［一九七六年］）、八一―一〇六頁参照。

第Ⅱ部　朝鮮の近代と啓蒙のエクリチュール

第四章　開化期朝鮮の民会活動と「議会通用規則」

——「議会通用規則」の流通と翻訳の様相を中心に

一　近代討論文化の形成と「議会通用規則」の翻訳

今までの独立協会としては有益ではないため、私は［独立協会を］一般知識協会のようにし、講義室と読書室そして博物館を設けることを提案した。ジェイソン博士［徐載弼《ソジェピル》］は、彼も同じ計画を独立協会の会員たちに提案したが、誰も関心を示さなかったと言う(1)。

今日の午後、独立協会でジェイソン博士と私は、独立協会を有益な組織へ変化させるべきだと強く主張した。独立協会を一種の討論会 (debating society) として組織する計画で、規則を立案する三人の委員を任命することに最終的に決定した。権在衡《クォンジェヒョン》・朴世渙《パクセファン》そして私が委員に任命された(2)。

尹致昊は一八九七年七月から独立協会に参加する。尹の参加は、独立協会の性格を転換する起点として働く。初期メンバーである安駉寿《アンギョンス》・李完用《イワニョン》などの政府官僚が主導した、人民啓蒙的な協会の活動は、尹致昊の参加と、彼の主張による討論会と演説会の導入を通じて、人民参加型の性格に転換する。一八九八年に入ってからの独立協会に見られる、ロシアや日本などの外国勢力に対する牽制、政府施策に対する批判および建議、中枢院を改編した議会設立の推進、万民共同会のような人民参加の演説会の主催などの反外国勢力・反政府的な活動は、政府政策の延長線上にあった初期独立協会の活動とは一線を画す。(3) 一八九八年三月当時、独立協会の副会長であった尹致昊は、会長の李完用の代理を務めることになり、同年八月には正式に会長に選出される。こうした経緯から考えれば、この時期の独立協会の啓蒙活動の変化に、尹が直接的・間接的に関わっていたことが推測できる。

一八九七年八月五日・八日付の「日記」から確認できるように、独立協会を討論会として組織することが尹致昊の提案によって具体化される。これは一八九六年一一月に培才学堂の学生を中心として協成会を創立し、そこで討論会を運営していた徐載弼もまたすでに試みたことでもあった。尹致昊は討論会を組織する運営規則を制定する委員会に関わる実務において協会組織を変化させただけでなく、十余年にわたった海外留学を通じて取得した英語能力をもとに、(4) アメリカ海軍出身であるロバート（H. M. Robert）の通称 *Robert's Rules of Order* (5) を抄訳した『議会通用規則』(6) を刊行し、討論会に関する指南書も提供した。

独立協会における尹致昊の討論会の導入と「議会通用規則」の翻訳の問題は、先行研究において近代討論文化の形成という観点から注目されてきた。(7) とくに注目すべきものとしては、全英雨とイ・ジョンオクの研究が挙げられる。全英雨は開化期全般にわたって近代的な討論の導入と展開を検討し、李商在《イサンジェ》・安昌浩《アンチャンホ》などの当時の演説者の実際的な状況、「議会通用規則」の内容を紹介するとともに、「中枢院議事規則」（一八九九）や「議政府会議規定」（一九〇四）、安国善《アングクソン》の『禽獣会議録』（一九〇八）などとその内容を比較して「議会通用規則」の影響に触れ、近代的な討論と演説文化に関する研究の土台を提供した。だが、全の研究は、分野が広く、研究史的には初期のものであるため、個別の資料の提示ないし概論的な解説にとどまる側面が強い。イ・ジョンオクは、全英雨の先行研究を批判的に取り入れ、開化期の近代的な討論・演説文化に関連した多数の論文を発表した。福沢諭吉の演説会や討論会の運営、『会議弁』（一八七四）に焦点をあて、日本と朝鮮の近代的な討論・演説文化の関連性を検討した。『議会通用規則』が出版された当時、独立協会を中心として行われた議会設立運動と「議会通用規則」との翻訳の関連性をも提示し、議会制民主主義を念頭に置いた政治運動の一環として、このテキストが翻訳されたと指摘した。[8] そしてイ・ジョンオクは、尹致昊が会長を務めた大韓自強会（一九〇六年設立）の会則と、京畿道・忠清道の人士が集まって設立した畿湖興学会（一九〇八年設立）の会則を例として取り上げ、保護国期における「議会通用規則」の受容に関する実際の様相について論じた。[9] だが、イ・ジョンオクの研究は、「議会通用規則」と『会議弁』の用語の翻訳についての分析に際して「議会通用規則」の翻訳の問題に触れてはいるが、「議会通用規則」のテキストの翻訳の様相と特徴に関する具体的な分析までには至らなかった。それゆえ、「最初のスピーチ教育書」[10] あるいは「近代的なスピーチ教育書」[11] として「議会通用規則」を評価している。

本章の最終的な結論と言える尹致昊の「議会通用規則」の翻訳意図は、朝鮮／朝鮮人のために社会的・国家的な公共意識を涵養させるための訓練と実践の場の提供、公共的な意思決定文化の翻訳として要約できる。「近代的なスピーチ教育書」というイ・ジョンオクの評価は、巨視的には筆者の結論と合致する。だが、「議会通用規則」の性格をテキスト自体から導き出そうとするならば、「議会通用規則」を討論という行為あるいはその方法を教える「教育書」として捉えることは難しい。なぜなら、「議会通用規則」には、討論の主題を選定する問題ないし演説に関する具体的な方法についての内容が存在せず、むしろ「会」というものをどのように組織し運営すべきなのか、あるいは議事をどのように進行し議決すべきなのかを重点的に取り扱ったテキストだと言えるからだ。言い換えれば、「議会通用規則」はスピーチの教育書というよりは、人々が集まって議事を決定する「議会」という会を組織して運用するとき、「通用」する「規則」に関するテキストである。それゆえ、「近代的なスピーチの教育書」という討論行為に重点を置いた評価は、民会のような組織を通じての合理的な決定過程の習得という「議会通用規則」が有するテキストの特殊性を看過するおそれがあると言えよう。

本章では「議会通用規則」の翻訳の様相とテキストの流通に関する検討を通じて、先行研究の実証的な部分を補完し、尹致昊の翻訳の意図を分析する。これを通じて「議会通用規則」は、討論概論書としての性格だけでなく、民会の組織と運営のための指南書という性格をともに考慮すべきテキストであることを明らかにする。まず大韓帝国が日本の保護国となった一九〇五年前後に多く生じた愛国啓蒙団体の設立状況と「議会通用規則」の流通の関連性を、『議会通用規則』を取り扱った販売広告を中心に検討する。また明治日本の英学者であり翻訳家だった永峰秀樹が *Robert's Rules of Order* を底本として訳述した『官民議場必携』(一八八〇)と「議会通用規則」の翻訳を視野に入れ、尹致昊の翻訳の論理が「議会通用規則」にどのように反映されているのかを確認する。以上の仮定の検証を通じて、朝鮮の近代的な討論文化の形成における「議会通用規則」の翻訳が持つ意味とそのテキストの社会的役割を提示する。また *Robert's Rules of Order* というテキストを軸とする東アジアの近代的討論文化の形成と翻訳という問題も合わせて考えてみる。[12]

二　保護国期の「議会通用規則」の流通と民会設立ブームとの関連性

天下万国の議会に通用する規則を米国学者ラベーツ氏が作り、大韓前協弁尹致昊氏がホンヤク〔翻訳〕して刷って売るので、議会する規則を学ぼうとする人たちは独立新聞社に来て買ってみなさい。値段は巻毎に銭五分である。[13]

「議会通用規則」が単行本の形で刊行されたのは、尹致昊が独立協会の臨時会長を務めていた一八九八年四月のことである。それ以前、尹致昊と徐載弼の提案で一八九七年八月一五日には独立協会の討論会が組織されていた。[14] 同月二九日に独立協会で初めて討論会が開かれ、尹致昊は討論会の社会的貢献を期待し「今秋にもソウルのあらゆる学校に討論（debates）を紹介するつもり」[15]という志を示す。「議会通用規則」の翻訳作業は彼のこうした討論を紹介する計画の延長線上で行われたと推測される。翌一八九八年三月一八日付の「日記」に「午前中は *Robert's Rules of Order* を翻訳しながら過ごした」[16]と翻訳作業に関する内容が記されている。このときに翻訳されたテキストが、先に引用した『独立新聞』の一八九八年四月一二日付「広告」に載った「議会に通用する規則」であろう。

同月発行の宣教雑誌 *The Korean Repository* の『議会通用規則』に関する記事を通じて、独立新聞社発行の初版の様子を確認することができる。

> 議会通用規則／의회통용규측／尹致昊氏がソウルと国全体のさまざまな討論会（debating societies）に使用させる目的で *Robert's Rules of Order* を縮約して改作した形で翻訳した。朝鮮人のなかで尹致昊氏より、このようなことをよりよくできる人はいないだろう。一二九頁のこの小冊子は、［国漢文］混用体で書かれており、言い換えれば、漢文そして諺文（Enmun）で、灰白色の紙できれいに印刷された［ものであり］、一部五セントで販売する。この編集本は非常に短い時間で一〇〇〇部が売り切れると予測される。若い朝鮮人たちは鴨が水に慣れるように［非常に自然に］こうした内容に慣れていくだろう。出版され続けることを望む。[17]

この記事から、この本は尹致昊が *Robert's Rules of Order* を手本としてそれを「縮約して改作した形（an abridged and adapted form）」で抄訳したものであり、このテキストが国漢文体で書かれた一二九頁の小冊子であることが窺える。『議会通用規則』の初版は現存しないため、直接に比較・対照することは不可能だが、後述する一九〇八年版『議会通用規則』（韓国延世大学校中央図書館所蔵）の本文が国漢文体の小冊子で全一二九頁であることを考慮すれば、類似した形で、初版が後代にも流通したと推測される。

同年一一月の独立協会の中心人物であった李商在や南宮檍《ナムグンオク》などの一七人の一斉検挙を皮切りに、大韓帝国政府は本格的に独立協会を弾圧しはじめ、独立協会の活動は沈滞し、結局一二月には解散を余儀なくされる。独立協会の活動が不可能な状態となることに伴い、尹致昊は協会と一八九八年五月から主筆兼社長を務めていたその機関紙の『独立新聞』から身を引くこととなり、一八九九年一月からアペンゼラー（H. G. Appenzeller）が尹の後任として『独立新聞』の第三代主筆となる。こうした状況下においても『議会通用規則』の販売広告は、同年五月二九日付まで確認できる。このテキストについての販売や需要がその時点においても依然として存在したと言えよう。

『議会通用規則』の広告は、日露戦争（一九〇四—〇五）を経て大韓帝国が日本の保護国となった翌一九〇六年五月三一日付『皇城新聞』に再び登場する。

議会通用規則　一帙一冊定価新貨十五銭／何如なる会でも勿論だが、会員が議会に通用する規則を知らなければ、会員の資格を失って、資格を失えば、議会を行うことが難しいので、美国学士が著した通用規則を繙刊したので速やかに購覧しなさい。／**特別減価**　ただし各会の会員と各学校の学員には、右規則冊定価中、五銭を特別に減ずる。／発售所　**皇城新聞社**(18)

「何如なる会でも勿論だが、会員が議会に通用する規則を知らなければ、会員の資格を失って、資格を失えば、議会を行うことが難しいので」と記されているように、この広告では、ある会に参加するためには会員の資格を維持することが求められ、そのためには「議会に通用する規則」を必ず熟知すべきだという実用性が強調されている。この広告の内容が会員による会の規則熟知という実用性に主眼を置いているのは、各会の会員および学生に「特別減価」として「十五銭」の定価の三分の一に当たる「五銭」を割引するという添え言葉からも窺える。こうした内容を用いる広告は、同年一一月一五日付の『皇城新聞』の紙面まで見られる。

皇城新聞社の販売した単行本『議会通用規則』の内容がどのようなものだったのかは、一九〇六年一〇月二五日に発行された『大韓自強会月報』第四号に載った「議会通用規則」から推測することができる。尹致昊は一九〇六年四月より大韓自強会の会長の職に就く。この大韓自強会の機関紙である『大韓自強会月報』の目次には「美国学士　ラベーッ氏著／本会会長　尹致昊氏繹[19]」とあり、「議会通用規則」の著者と訳者が『独立新聞』で宣伝された形と同じである。当時、皇城新聞社から単行本『議会通用規則』が販売されていたにもかかわらず、尹致昊自身が会長を務めていた大韓自強会の機関誌にテキストを掲載したのは、訳者としての権限によるとも考えられるが、前述した『皇城新聞』の広告と同様に会員たちによる会の規則に関する熟知という実用性が求められる社会的状況があったことによると考えられる。『大韓自強会月報』への掲載とともに付け加えられた「国家は一大の社会であり、すなわち社会に存立する人は、この万国に通用する議会規則を知らなければならないので、特別に編載する[20]」という文章より、この実用性に基づいた「編載」であったことが分かる。

一九〇六年一一月以降、『皇城新聞』の広告において「議会通用規則」の痕跡は消えるが、『大韓毎日申報』の広告より、一九〇七年にも販売・流通されていたことが確認できる。一九〇七年一〇月一七日付の国漢文版『大韓毎日申報』の「新刊書籍発售　広告」に大東書市・中央書館・東書館で販売されていた約一〇〇種の書籍、例えば、上海の中西書院留学時代における尹致昊の師アレン（Y. J. Allen、林楽知）がイギリスの国際法学者であるローレンス（T. J. Lawrence、労麟賜）の *A Handbook of International Law*（一八八五）を漢訳した『万国公法要略[21]』、梁啓超の『飲氷室文集』などとともに、「議会通用規則　拾［十］五銭」と簡略に紹介されている。この広告は翌一一月一七日まで見られる。販売価格が一五銭ということと、後述するように、一九〇八年に『皇城新聞』の広告に再登場する「議会通用規則」の販売所が中央書館であることから、このテキストは前年に『皇城新聞』で広告された版本と同一のテキストと推定される。

『大韓毎日申報』の広告に一ヵ月ほど登場した「議会通用規則」は一九〇八年七月一八日付『皇城新聞』の広告に再び登場し、一九〇九年一月九日まで確認できる[22]。

（議会通用規則）一冊／定価拾五銭／言うまでもなく某会でも会員が議会に通用する規則を知らなければ会員の資格を失って、資格を失えば、議会を行うことが難しいので、美国学士が著した通用規則を繙刊・発行したので、君子皆は速やかに購覧しなさい。／元売所／洞口越便　中央書館　朱翰栄　告白

広告は一九〇六年『皇城新聞』の内容と大きく異ならないが、会員への割引の販売文句が削除され、『大韓毎日申報』の広告に確認された「中央書館」が「元売所」と明記されている。販売所が皇城新聞社から替わり、『大韓毎日申報』の「新刊書籍発售　広告」の「議会通用規則」の広告に見られた「中央書館」を「元売所」として明記している。現存する単行本『議会通用規則』は、本文の最後（二九頁）に「大韓隆熙二年［一九〇八年］五月一日」と記されており、この時期に販売されていたテキストであることが分かる。この版本の奥付（三〇頁）には「定価金　拾五銭／印刷所　皇城新聞社／発売所　中央罷朝橋　中央書館／製冊所　西部社洞　李聖春」と記されており、詳細は不明だが、「議会通用規則」の販売関連の版権が皇城新聞社から中央書館へ渡ったこと（あるいは明記したこと）が分かる。奥付の上段にある「複製不許」という著作権に関する警告は、これに関連して興味深い。この警告から「議会通用規則」の無断複製をめぐる問題があったとも考えられ、「議会通用規則」の商業性と社会的な要求の大きさが推測されるからである。

これまで、一九〇六年から『皇城新聞』には「議会通用規則」の広告が再び掲載され、『大韓自強会月報』には本文が転載、その後数年にわたって『大韓毎日申報』と『皇城新聞』で広告が繰り返し掲載されていることを確認した。こうした現象を考慮すれば、商業的であれ実用的であれ、一九〇五年の第二次日韓協約（乙巳条約）の締結以後の保護国期において「議会通用規則」が注目されていたことは間違いないだろう。

そうであれば、なぜこの時期に「議会通用規則」の販売および流通の痕跡がさまざまな紙面で見られるのか。この問いに関して「議会通用規則」と直接に関わる当時の知識人たちの発言あるいは記事は見られないため、断言はできないが、政治的問題を取り扱う討論会や演説会のような民会に対する大韓帝国政府の統制力が一九〇五年の保護条約

の締結によって弱化したことと、この時期と前後して保護国という状況を打開あるいは利用するための、知識人たちによる民会組織が活性化したことが、その背景として考えられる。[23] 独立協会の解散後、大韓帝国政府は、親政府的な演説あるいは非政治的な演説会や討論会を黙認する一方、政治的な集会や発言行為を積極的に規制した。[24] しかし大韓帝国が日本の保護国となった一九〇五年前後の状況下において、大韓帝国政府の統制力が弱まり、逆説的に民会の組織および政治的な活動が可能となる。[25] 尹孝定《ユンヒョジョン》を中心とする政党志向の共進会（一九〇四年設立）・憲政研究会（一九〇五年設立）・大韓自強会（一九〇六年設立）・大韓協会（一九〇七年設立）、西北出身の鄭雲復《チョンウンボク》・安昌浩などを中心とする西友学会（一九〇六年設立）・西北学会（一九〇八年設立）、官僚出身の儒学者を中心とする大東学会（一九〇七年設立）、宋秉《ソンビョン》畯《ジュン》と東学勢力が中心となった一進会（一九〇四年設立）、そして青年学友会（一九〇九年設立）などの民会が、この時期を前後して多く設立された。

『大韓毎日申報』一九〇五年一〇月一八日付「雑報」に載った「愛国性質」では当時の団体結成を「愛国」のための「実地事業」の要素として示しており、ここから当時の民会組織の論理の一例を確認することができる。

> もしその国が亡びれば、すなわちその民の罪である。そうであれば、その国を愛しているならば、その国を富強にしようとする。／其国を富強にしようとすれば、衆智と衆力をもってするので、一人・二人の愛国は十人・百人の愛国に及ばず、十人・百人の愛国は千人・万人の愛国に及ばないことは、その理が瞭然である。／現今の時代は智力競争の世である。力は衆力を強くすることであり、智とは衆智を大きくすることなので、／社会がなければ、衆力を聯合することができず、教育がなければ、衆智が発達できないため／それゆえ、世界列強が皆社会の聯合と教育の発達によって国家の権利を充足して人民の生活を安全にするのである。／大韓の人士もどうかにして社会を聯合し、団体を固結し、教育を拡張し、知識を増進させることが愛国する実地の事業であろう。[26]

まず強大国の人民には「愛国性質」があり、国事を自分自身のことのように考えると言い、国と国民との間の関係性について論じた上で、国の独立と富強はこうした人民の「愛国性質」にあると強調する。続いて亡国を戒めながら具体的な方案を提示する。「智力競争」のこの時代に「衆力」と「衆智」が正しく作用するためには、人々の集まりである「社会」の「聯合」と人民に対する「教育」が必要であるとし、大韓の諸人士に実際的な事業として「社会を聯合し、団体を固結し、教育を拡張し、知識を増進させる」ことを通じて「愛国」することが重要だと強調する。要するに、この文章の趣旨は「愛国」のために団体を結成して人民のために教育啓蒙活動を展開し、ひいては社会の聯合を期するべきだという主張である。

団体組織と活動が「愛国する性質」に関わるという「愛国性質」の主張に類似した当代認識は尹致昊にも見られる。一九〇六年五月六日付の「日記」で、尹は、彼自身が大韓自強会の会長に去る四月に選出されたことを記した上で、大韓自強会についての自身の意見と当時の諸団体が設立されていた状況について心境を語る。

新しい会 (the new society) [大韓自強会] は、一進会の耐えられない暴政に立ち向かって阻止しようとする民衆的な欲望と、程度の差はあるが、相互共感と連合のために共通の中心を作ろうと努力する朝鮮人が持つ愛国的な——すなわち反日的な——要素に起因する、絶望的な魂たちに対する無意識的な応答だと感じる。しかし、私はこの会が朝鮮人に有用になるやいなや、日本人が攻撃して解散させてしまうという単純な事実から、この会が成果を結ぶとは考えていない。(27)

尹致昊は、大韓自強会の組織は、保護国下で人民が感じる絶望的な状況に基づいた相互共感と連合のための集まりに対する愛国的な (反日的な) 応答だと思っていた。だが、尹は、大韓自強会の活動がジレンマ的状況に陥っていたと指摘する。なぜなら、朝鮮人の啓蒙と韓国の発展のためという日本の保護国化の表面的態度とは異なり、日本は大韓自強会を朝鮮人に役立つ団体と認識するようになれば「攻撃して解散させてしまう」からである。結局尹致昊が予見した通りに、大韓自強会は、国債補償運動への積極的な賛同と高宗退位反対運動など、一連の政治活動が原因となり、一九〇七年に保護国下の韓国政府の命令によって解散される。その後、大韓自強会の後身である大韓協会は、権力志向の政党のような親政府の団体へ変貌する(28)。

尹致昊の指摘のように、当時の一進会は都市部はもちろん東学組織を基盤として地方でも勢力を広げていた。一進会に対する対抗意識がほかの民会の組織に大きな刺激となった(29)。このような一進会の勢力拡張の手段として対民衆演説会が政治宣伝の道具として積極的に利用された。初期の大韓自強会は有識者のみを会員として受け入れ、会員加入や運用などに関する規則および監督を徹底する傾向を見せる。だが、一進会が演説会や支部の設立などをもって勢力を拡大していくことが座視できない状況となり、大韓自強会と後身の大韓協会では演説会を常設化して随時に演説会および討論会を開催するようになる(30)。このように当時の政治的な性格が濃い団体において演説会が啓蒙活動の重要な方法となったのは、決まったテーマを互いに論駁する双方向的な意思疎通方式の討論会より、演説という一方的な情報伝達方式が、民会と演説者の趣旨を効果的に伝える手段だったからである(31)。啓蒙団体の演説会が盛んに行われる状況のなかで、安国善の『演説法方』（一九〇七）と金光済《キムグアンジェ》編『演説大海』（一九〇九）などが刊行され流通するようになったのである(32)。

以上のように、一九〇五年前後において民会や各会の支部の設立などが活発に行われ、同時期に「議会通用規則」の販売と流通が増大した。次節で確認するように、こうした「議会通用規則」をめぐる現象は、「議会通用規則」の民会組織・運営指南書という性格が当時の歴史的・社会的な状況と連動したことから生じたと言える。

三　「議会通用規則」が語る翻訳者の意図

（一）*Robert's Rules of Order* の日本語翻訳──『官民議場必携』の翻訳

一八九八年七月二六日付『独立新聞』に見られる「議会通用規則」の広告は「天下万国の議会に通用する規則を独立新聞社で売っているので来て買って読みなさい。値段は巻毎に銭五分である」[33]と、原著者の「米国学者ラベーッ氏」と「尹致昊氏」という訳者の名前を削除した形となっている。この広告の文面だけでは「議会通用規則」が翻訳テキストなのか、独立新聞社の意図によって作られた著作なのかは判断し難い。

『独立新聞』の「議会通用規則」に関する最初の広告（一八九八年四月二日付）には「大韓前協弁尹致昊氏がホンヤクして」という一文があった。ここの「ホンヤク」は、今我々が一般的に想定する外国語をほかの外国語へうつす行為である「翻譯［訳］／飜譯［訳］」と考えることができる。だが、ここで注意しておきたいのは、一九〇八年版『議会通用規則』には「大韓前協弁尹致昊氏繙繹」と、同じ肩書きで尹致昊を紹介した上で「繙繹」と記されていることである。これより早い時期の『大韓自強会月報』の「議会通用規則」の説明には「本会会長尹致昊氏繹」と「繹」という漢字で記している。『高宗実録』の甲午改革に関連する記事には「国内外の公的・私的な文章は、外国の国名や地名や人名が西欧の文章にあたる場合、国文で繙繹してともに施行すること」[34]となっている。この用例をはじめとして開化期の新聞雑誌で見られるように、「繙繹」という漢語は、この時期すでに外国語の翻訳・通訳という意味で使用されていて、現在の翻訳に近い意味として定着している。[35]

だが、一つ注意しておきたいのは繙繹という漢語には「書籍を読んでその意味を極め尽くす」という古典的含意が重なっていることである。当時の儒学者あるいは識字層は、繙繹をこの古典的含意として読み取った可能性がある。

一九〇八年、道文一致を根幹として、漢文の補助手段として国文を用いることを唱えた呂圭亨《ヨギュヒョン》の「漢文国文を論じる(論漢文国文)」が発端となり、東亜の共通語としての漢字・漢文をもってその存立と重要性を主張した大東学会側と、漢字・漢文への擁護論は慕華・事大意識に基づいていると批判した『大韓毎日申報』などの側との漢字・漢文をめぐる先鋭な論争が起こった。こうした論争を考慮すれば、保護国期における識字層には漢学的素養と思考方式が根強く存在したと言える[36]。

外国語を訳する行為と古典的な理解という重義性(ambiguity)を有する繙繹は、当時の朝鮮知識人にとって外国語を訳する行為であると同時に、繙繹者が自らの理解に基づいて新たなテキストを著述する行為として捉えられていたのではないか。こうした見解から、「議会通用規則」は、単なる外国語の翻訳ではなく、繹者の尹致昊の理解と意図によって新たに編成された著作として捉えることはできないだろうか。

この仮定に関連して、『大韓毎日申報』一九〇九年一月九日に載った「訳書家に一告する」(漢左生)という論説より、一九〇〇年代後半の翻訳の状況を推測することができる。この文章を寄稿した漢左生は、「訳書を文明の輸入だと言い、訳書を富強の資料だと言う。だが、これは善美の訳書を指す」と言い、続いて「訳書家がその道を得ず、その国魂を戕《そこ》ない、その国光を墜《おと》せば、なお国家の大罪人である」とする。この文章の批判の具体的な対象は「某書館」の「大韓地理の訳述」であり、「韓国の[人々]は日本族と扶余族であり、山陽道(日本地名)から追い出された者が移住したという」などと韓国に関する外国地理書の記述を無批判に翻訳した訳者の態度である。そして、漢左生は「その記述を参考にして作ることは可だが、直訳は不可であり、その内容を対照して作ることは可だが、迷信は不可である」と翻訳者の理解による取捨選択した翻訳の重要性を強調する。そして文章の最後に「願うに、訳書家諸公は常に注意して長所は効《なら》って短所は効うまい。我に有用なものは取って不用なものは捨て、善美の訳書を多く出すべきである」と記す。以上の内容より、漢左生にとって文明と自強のための「善美の訳書」とは訳者自身の批判的判断によって原著の長短を取捨選択した訳書であることが分かる。尹致昊が「議会通用規則」を訳した一九世紀末と時間的な隔たりがあるとはいえ、「議会通用規則」に対する尹の選択的な翻訳は、この論説における原著の長短を取捨選択する翻訳者の態度に合致する。また「議会通用規則」は、ただ単に原著を直訳したものではなく、原著を「参考」にし「対照」し、原著を「迷信」せずに「作」ったテキストと考えることができる。

現存する『議会通用規則』のなかには尹致昊の訳者序文がない。前述した「日記」と『大韓自強会月報』の「この万国に通用する議会規則」の紹介から、翻訳の意図を推測することはできるが、具体的な紹介の理由ないし翻訳の方針を直接に確認することはできない。それゆえ、原テキストの *Robert's Rules of Order* を軸として、ほかの翻訳テキストである『官民議場必携』と「議会通用規則」の翻訳の差異を検討することを通じて、尹致昊の「繙繹」の目的と意図を間接的に検証するしかない。

まず原著の作者であるロバートが *Robert's Rules of Order* を著した理由を初版（一八七六年二月）の「序文（Preface）」の冒頭を通じて確認してみよう。

> 国会（Congress）で用いられる規則と手続きに基づき、一般的な方式と日常的な諸会（ordinary societies）で用いるのに適した詳細な、議会規則（parliamentary law）に関する書籍が必要だと多く言われる。そうした書籍は集会（meeting）を組織し運営する方法、委員の義務と一般的な提議に関する名称を提供するだけでなく、その提議に対する異議と効力、修正できるかどうかあるいは討論できるかどうか、もし討論できるとすれば、討論のための主な質問の範囲、提議が可能な状況、そしてほかの提議がその途中に可能なのかどうか、［こうした事項に関する］体系的な方式方法を明示すべきである。本案内書は、各々の規則がそれ自体で完結するものであると同時に、初めて接する人がある特殊なテーマを差し支えなく参照できるように、多様な方法で各々の節を参照できる方式を取っており、簡潔ながらも体系的方法で各々の内容を提供する意図で執筆された。(37)

Robert's Rules of Order の執筆目的は、「序文」から見れば、「議会規則」に初めて接する人々に提議や異議や討論などの議事進行の内容を「簡潔ながら体系的方法」で理解させ、「日常的な諸会」の組織・運営に役立たせることである。アメリカの「国会で用いられる規則と手続きに基づ」いた議会規則が前提とされているとはいえ、この本はあくまでも日常的な諸会の議事進行のためのものであることに注意すべきである。もう一つ注目すべきなのは、形式面において、この本が初心者のために相互参照できるように編成されている点である。各節を独立した内容として読むことができるように構成すると同時に、議会規則の門外漢のために、それぞれの節に関連して参照することができるように体系化されている。このような本の編成を通じて、読者は、はじめから順次に本を読んでいくだけでなく、自身の意図と必要に応じて関連する項目をつなげて読むことで、自身が必要とする情報を選択的かつ体系的に参照できる。後述するように、尹致昊がこの本を抄訳するとき、この選択的読書の論理はそのまま選択的翻訳の論理として転用される。

Robert's Rules of Order は、原著が出版されてから四年後の一八八〇年〔明治一三年〕に永峰秀樹[38]の手によって「訳述」され、『官民議場必携』（ロベルト著、内藤博右衛門出版）というタイトルで日本に紹介された。

まず、「官民議場必携」というタイトルについてだが、内容と時期を考えれば、永峰が翻訳の底本としたと考えられる再版（一八七六年七月）[39]の副タイトル“Pocket Manual of Rules of Order for Deliberative Assemblies”を直訳すると、「議会のための議事規則に関するポケットサイズの案内書」となる。言い換えれば、携帯可能な議事規則の案内書であり、永峰は“Deliberative Assemblies”を「議場」とし、“Pocket Manual”から連想した「必携」というタイトルを付したと考えられる。「官民」が題目の頭に付いたのは、当時帝国議会を準備する段階で設けられた立法機関元老院（一八七五―九〇）の議官だった細川潤次郎が訳書の「序」を書いたからではないかと推測される。平素から元老院の会員たちのためにアメリカの議会規則の翻訳を望んでいた細川は、出版者の内藤博右衛門に頼まれ、永峰の訳書を読み喜んで推薦の辞のような「序」[40]を書いたのである。

『官民議場必携』にも「議会通用規則」と同様に「訳述」者である永峰秀樹の序文は存在せず、前述した細川の「序」が付いている。「序」の冒頭で、細川は、明治政府の樹立後、多くの人々が政論を語る際にイギリスの議会（「英国巴力問［parliament］」）が最も良いと唱え、それに関するさまざまな書籍が日本に紹介されたが、その議事規則が実際に政治に役立つかどうかについて疑問を抱いていたと告白する。続いて、次のように語る。

何年かが経ち、アメリカに使節としていくこととなり、懸念が綺麗に晴れた。アメリカは政事の会で議事法を用い、人民はみなそれを知っており、農商の会や学芸の会や恵済の会や法教の会、そのほかのあらゆる会でその法を用いていないところが無かった。私はこれを目撃してこう考えた。人は互いに一緒に生きるため、公同の事があるのだ。公同の事は規則がなければ治めることができないため、議事の法があるのだ。議事の法は人類のあらゆる会で用いるものであり、政事の会のみで用いるにとどまるものではない。政事の会で用いるにとどまれば、人はそれを身に付けることができず、そこで成俗することができないため、そこで錯誤が生じやすく、そこで過半の説に人の心が服することができない、と。[41]

Robert's Rules of Order で述べられていたような日常的な諸会に適合する議事規則の必要性を、細川はアメリカで痛感する。それは、「人が互いに一緒に生きる」ための「公同の事」を念頭に置いたものであり、当時の明治の日本人にそれを認識させる必要性にほかならない。細川は「議事の法」が単なる「政事の会」のみに用いられるものではなく、あらゆる「公同の事」に用いられる規則であるということを、アメリカを通じて気づく。「公同の事」の理解は、人々が集まりに参加して議事を行う方法を学ぶことで可能となる。人々は自身が属する団体のなかで議事の規則を理解し身体化する過程を通じて、「多数の説」を承知して従う心が自然に生じる。こうした過程のなかで、人々は他人と一緒に生きるための「公同の事」と「多数の説」、つまり公共的なことと公共的な決定を理解するに至ることになる。細川

は、アメリカ人にはそうした議事規則および公共的決定の意識がすでに習俗となっていたと理解している。それに対し、日本人はそうした公共的決定に関する観念を有していないため、一般的な集まりで議事規則を用いて身に付けることを通じて、公共心を身に付けなければならないのである。議事規則という形式の受容と適用による公共心の涵養という細川の意図は、前述した討論会のために「議会通用規則」を抄訳した尹致昊の意図と重なるものであり、それは人民に対する啓蒙的な見解に立脚したものだと言えよう。

『官民議場必携』の翻訳の主眼は、後述する「議会通用規則」の翻訳とは明らかに異なり、原著のすべての内容を細心に翻訳することにある。永峰自身の訳者序文ではなく、原著の"Preface"を「原序」として訳し、最も上位分類の三つの項目"Part I. Rules of Order"・"Part II. Organization and Conduct of Business"・"Part III. Miscellaneous"を、それぞれ「第一巻　議場規則ヲ論ズ」「第二巻　議会ノ整頓及其挙行法ヲ論ズ」「第三巻　雑類」に訳し、中位分類の一三項目の"art."を一三項の「編」に、下位分類の七〇項目は原著には区分の名称はないが、七〇項目の「章」に訳した。しかも *Robert's Rules of Order* の付録"Index"まで「索引目録」として訳している[42]。『官民議場必携』はこうした構成と内容の側面でも最大限に原文に従った翻訳を行った。要するに、『官民議場必携』の翻訳には訳者の判断を最大限に排除して原文の情報を正確に伝えるという意図が窺える。

（二）公共意識の理解と実践の場としての民会――「議会通用規則」の翻訳

「議会通用規則[43]」は、『官民議場必携』とは全く異なり、訳者尹致昊によって必要なところのみが選択的に訳されている。それゆえ、訳者が原著の *Robert's Rules of Order* から何を排除し選択したのか、どのように配置しているのかを検討するのは、「議会通用規則」というテキストの性格とともに、尹致昊の著述の意図を確認することでもある。

「議会通用規則」は全七章で構成されている。その内容を簡略に確認しておこう。「第一章　会を組織する次序」は、

「何事も勿論だが、会を設立しようとすれば、まずいつ・どこに同志諸君を召集した後［後略］」と始まり、臨時会長と臨時書記を、「動議」（議案を発議すること）と「再請」（動議を議案とするために、発議した人以外の一人以上の賛成を得ること）を通じて選出および設立する会の目的などを説明し、会の規則である「章程」と「細則」を定め、正式任員を選定し、会の組織を完了するという内容である。「第二章　章程　細則」は、会の規則にすべき事項に関することを簡単に整理した内容（例　一　会名と目的、二　任員の数爻と票選法と職務など）である。「第三章　任員の職務と権利」では、会長や書記や会計の役割について説明し、「会録格式」「会計の報告書格式」もともに示されている。「第四章　動議再請　投票法」では、議題を出す「動議」を行う方法（例　会長を呼んで許可を得た上で、意見を述べて動議し、再請があれば、票決によって決定）、可否票が明らかではない場合の処理法、「密票［秘密投票］」の方法（「記票格式」が添付されている）、任員選挙の方法（過半数以上の得票の原則）、会員の発言権、議案の改訂に関する内容である。「第五章　動議を速決する方法」では、「即決請」「罷議請」「撤議請」「存安請」「定期延拖請」「再論請」「委任請」のような議案決定と処理に関わる請願の種類を整理している。「第六章　委員　薦選法」では、特別な案件に対する「委任請」などによって「委員」に委任して処理させる場合に任命する委員の種類（例　特別委員、常備委員、全会委員など）とその役割について説明する。最後に「第七章　規則須知［必ず知るべき規則］」では、議事の進行手続き、議案をめぐる討論のマナー、会員に対する処罰規定および会員の権利などについて説明している。

上記の「議会通用規則」の内容を整理すれば、第一章から第三章は会の組織と任員の役割に関する内容、第四章から第五章は議事決定過程に関する内容、第六章は委員の選定と役割に関する内容、第七章の前半は会の進行手続きと会員の討論マナー、後半は会員の処罰規則と会員の権利に関する内容である。ここから分かるように、「議会通用規則」では演説あるいは討論の方法には言及されていない。「議会通用規則」は、その冒頭の「何事も勿論だが、会を設立しようとすれば、まずいつ・どこに同志諸君を召集」という民会の設立に関する方法、組織された会で行われる議案提出と票決などの議事進行、任員・会員・委員の選出・役割・権限・処罰など、民会の運営に重点を置いたテキストである。

さらに「議会通用規則」が民会組織運営の指南書的な性格を有するテキストであることを裏づける根拠は、*Robert's Rules of Order* の第二部 “Part II. Organization and Conduct of Business”、すなわち「組織と事務の運営」に中心を置いて翻訳していることである。「議会通用規則」の各章の *Robert's Rules of Order* の主な参照項目を概略的に提示すると、第一章は “46. An Occasional or Mass Meeting”・“48. A Permanent Society”、第二章は “49. Constitutions, By-Laws, Rules of Order and Standing Rules”、第三章は “50. President or Chairman”・“51. Secretary or Clerk, and the Minutes”・“39. Motions requiring more than a majority”、第四章は “Art. XI. 54. Introduction of Business”・“38. Voting, various modes of”、第五章は “Art. III—Motions and their Order of Precedence”、第六章は “Art. IV—Committees and Informal Action”、第七章は “44. Order of Business”・“36. Decorum in debate”・“Part III. Miscellaneous” などである。第一章から第四章までは第二部によるものであり、第五章から第七章までは第一部と第三部に基づいて抄訳したものである。だが、提議と議事進行に関する事項についての第五章の “Art. III” は別としても、第七章の “44. Order of Business” は第二部に関連するものである。そして、会員の処罰と権限などに関する第三部は初版には区分が無かったことから、著者の最初の意図としては第二部を敷衍するところであると推測される[44]。こうした原著の選択的な翻訳の様相からも、「議会通用規則」は民会の組織と運営のための概論書として編集され「繙繹」されたものだと言えるだろう。

以下では、これまで検討してきた「議会通用規則」の翻訳の全体像を念頭に置き、『官民議場必携』の *Robert's Rules of Order* の翻訳と比較し、「議会通用規則」の「第一章　会を組織する次序」の第一節に見える具体的な翻訳の様相とそのテキストの性格を検討してみよう。

〈一〉「議会通用規則」

一①何事를 無論ᄒᆞ고 会를 設立ᄒᆞ라면 為先某時某所로 同志諸人을 召集ᄒᆞᆫ後②会中 一人이 起立ᄒᆞ야 曰、지금 会를 組織ᄒᆞᆯ터이니、ᄂᆡ가 某氏를 臨時会長으로 推選ᄒᆞ기를 動議ᄒᆞ오 ᄒᆞ면③그 薦을 可케 녁이ᄂᆞᆫ이 起立ᄒᆞ야 曰、ᄂᆡ가 그 動議를 再請ᄒᆞ오 ᄒᆞ면、④動議ᄒᆞᆫ이 問ᄒᆞ되 某氏를会長으로 推選ᄒᆞ기로 動議再請이 되엿스니 可라 ᄒᆞᄂᆞᆫ이ᄂᆞᆫ(예)ᄒᆞ시오 ᄒᆞ야 그 ᄃᆡ답ᄒᆞᄂᆞᆫ 可票를 数ᄒᆞᆫ後에 復問ᄒᆞ되 否라 ᄒᆞᄂᆞᆫ 이ᄂᆞᆫ(안이오)ᄒᆞ시오 ᄒᆞ고 또 그 ᄃᆡ답ᄒᆞᄂᆞᆫ 否票를 数ᄒᆞ야⑤可票가 否票보다 多ᄒᆞ면 復言ᄒᆞ되 此 動議가 可決되엿스니 某氏가 升座ᄒᆞ시오　ᄒᆞ고⑥만일 否票가 多ᄒᆞ면 他人을 薦ᄒᆞ야 如前히 可否로 票決ᄒᆞᆷ。(45)

〈二〉 *Robert's Rules of Order*

46. An Occasional or Mass Meeting. (*a*) *Organization.* ①When a meeting is held which is not one of an organized society, shortly after the time appointed for the meeting, ②some member of the assembly steps forward and says: "The meeting will please come to order; I move that Mr. A. act as chairman of this meeting." ③Some one else says, "I second the motion." ④The first member then puts the question to vote, by saying, "It has been moved and seconded that Mr. A. act as chairman of this meeting; those in favor of the motion will say aye," and when the affirmative vote is taken, he says, "those opposed will say no." ⑤If the majority vote in the affirmative, he says, "The motion is carried; Mr. A. will take the chair." ⑥If the motion is lost, he announces that fact, and calls for the nomination of some one else for chairman, and proceeds with the new nomination as in the first case.(46)

〈三〉『官民議場必携』

第四十六章、一時ノ集会、／甲　整頓。①茲に一集会アランニ、其集会ハ時ヲ定メテ時々集合シ、既ニ一社会ヲ為シタルノ集会ニ非ズ。今ヨリ創立セントスルノ集会ナラバ、預定時間に少シク後レテ、②一員進ミ出デ、「顧クハ集議ヲ開カン、小生ハ此会ノ議長ノ任ヲ甲某君に托セント欲ス」ト発言シ、③之ヲ賛成スル者ハ「小生之ヲ賛成ス」ト発言ス、既ニ賛成アレバ、④初ノ一員「甲某君ヲ推シテ当会ノ議長トナスノ動議アリ、且ツ賛成アリタリ、同意ノ諸君ハ可ト呼ビ玉ヘ」ト唱エテ、可決ヲトリタル後、「不同意ノ諸君ハ否ト呼ビ玉ヘ」ト唱エテ、否決ヲ取リ、⑤可決過半数ナラバ、「動議行ハレタリ、甲某君議長ノ座ニ就キ玉ヘ」ト云フ、⑥若シ否決過半数ナルトキモ、亦之ヲ場ニ告ゲ、更ニ他人ヲ指名ス、其式ハ初メテ示スガ如シ(47)。

〈一〉「議会通用規則」一―一には、会を組織するための臨時会と永久会の組織のための準備会で臨時会長を選出する方法に関して記されている。「議会通用規則」一―一の内容を要約すれば、①臨時会の時間と場所を指定した後、有志者たちによる臨時集会の開催　②会員の組織構成に関する宣言と臨時会長の推薦　③その動議に対する再請　④臨時会長を選出するための票決　⑤可票が多い場合、臨時会長が会長席に着席　⑥否票が多い場合、改めて候補者の推薦をもらって以上の手続きを繰り返す、ということである。この臨時会の開催と臨時会長の選出（会長への推薦のための動議、これに対する再請、可否による票決）の内容は、〈二〉*Robert's Rules of Order* の「四六、臨時あるいは民衆の集まり（An Occasional or Mass Meeting）」と同一であり、それの直訳に近い。〈三〉『官民議場必携』は原文の体系をそのまま翻訳することに主眼があったためだと考えられるが、「（a）組織（Organization）」などの節の下位体系まですべて訳されており、会議組織が「甲　整頓」と訳されている。だが、「小生」「甲某君」など、当時の日本の実情に合わせて日本人読者が理解しやすい用語を使用している。「議会通用規則」一―一と『官民議場必携』の第四六章における議事決定に関する用語の翻訳を比べてみれば、"Chairman"は前者が「会長」で後者が「議長」、"motion"は両方ともに「動議」、"second"は前者が「再請」で後者が「賛成」と訳されている。

しかし、「議会通用規則」の「一　会を組織する次序」では、臨時集会を通じて議事進行（臨時書記をはじめとする臨時任員の選出、会の章程と細則の選定）に関して説明されているだけで、原著の「永久的協会（A Permanent Society）」と『官民議場必携』の「永立会社」に関する具体的な内容には触れていないように見える。ただ「議会通用規則」一―八「章程と細則を決定した後には臨時会長が本会の正式任員［を］選定することを請えば、会中が正式任員［を］公選し次第、臨時任員は譲座し、新任員が升座して本会組織がすべて完了する」と要約する形で訳されているのみである。だが、ここで注意すべきなのは、「議会通用規則」の第一章の題目が「会を組織する次序」であり、その内容を見れば、臨時会は、原著の「四八、永久的協会」（『官民議場必携』の第四八章「永立会社」）の「（a）初集会（First Meeting）」（『官民議場必携』「甲　第一次会」）に当たるということである。

> 四八、永久的協会。（a）初集会。永久的な協会を結成しようとするとき、これに関心のある人々のなかで招待を受けた適切な人々が、指定された時間と場所に集まるべきである。［以下は］民衆の集会あるいは協会を組織するための集会においては、一般的ではない。約束した時間の一五分か三〇分後が過ぎて、初めてある人が前に出て、「［みなさんこれから］集会の議事を進行する。私はこの集会の議長としてA氏を推薦する」という。ほかのある人が「その動議を再請する」と言い、動議をした人がそれを投票にかける場合（あるいは「票決する」という）、「臨時集会」（四六、（a））ですでに説明した通りである。そして議長が選出されたとき、彼は初めての議事として書記の選出を告知する。[48]

原著 *Robert's Rules of Order* は「臨時あるいは民衆の集会」と「永久的協会」を区分し、それぞれの集会の組織と決定方式を説明している。「臨時あるいは民衆の集会」は、ある問題を共同で解決するために意見を分かち合い（46.(b) Adoption of Resolutions）、その実行を委任して問題を解決する、持続性を持たない臨時的な集会を意味する。これに対して「永久的協会」は、組織のために臨時任員を選出する一次集会と、会の規則である「章程（constitution）」と「細則（by-laws）」を定め（「章程」と「細則」は「議会通用規則」の用語であり、『官民議場必携』はそれぞれ「大法」「附則」）、正式任員を選出して協会組織を完了する二次集会（「議会通用規則」の場合、一―六「決まった時間に決まった場所で再開すると、前会臨時会長が［会長の］席に座り、［ガベルを］叩いて静粛にした後［後略］」）に分けられている。『官民議場必携』は原著に従って「臨時の集会」と「永立会社」を分けて説明する。(49) だが、「議会通用規則」には原著に見られた「臨時あるいは民衆の集会」のような臨時的な集会の組織と意見書の採択などの記述が確認できない。この事実から考えれば、「議会通用規則」では、民会のような「永久的協会」の設立のある過程として、原著の「一次集会」の内容である第四六章を訳したことが分かる。

ところで、ここで問題となるのは、永久的協会を設立することを目的とする「議会通用規則」に、なぜ一時的な集まりを扱った第四六章が翻訳されたのかということである。その理由は、引用した *Robert's Rules of Order* の第四八章の傍線部から見られるように、原著の第四六章と第四八章の内容は重複する内容であり、第四八章で説明を省くために、臨時会長を選出する具体的な内容は第四六章を参照するようにとなっているからである。ここから推測すれば、「議会通用規則」の翻訳者尹致昊は、第四八章の内容の「永久的協会」の設立を訳するとき、各内容を相互に参照することができる原著のテキスト性によって第四六章を参照し、それを永久的協会の冒頭に翻訳したと考えられる。それゆえ、「議会通用規則」一―一は第四八章の枠に第四六章の内容を取り入れた内容になっている。「議会通用規則」は、原著 *Robert's Rules of Order* の選択的読書の論理を、そのまま選択的翻訳の論理に転用し、民会のような「永久的協会」の設立をより強調する形で再解釈したテキストとして評価することができる。

「議会通用規則」は、民会に参加する会員たちにその組織・運営と合理的意思決定の過程を理解・学習させることを一次的目標とする。例えば、会議の内容を記録しその内容を朗読すること、会員たちとその内容を共有すること、会員みながその内容を承認すること、多数決という意思決定の方式によって票決を議事決定の最終審級に置くことなどを理解させ学習させることである。

「議会通用規則」七―二「事務次序」には議事進行の過程を七段階に分けて説明しており、その二番目が「第二　会録朗読」である。一―六には会録の朗読について次のように詳しく述べている。

［前略］前会の臨時書記が前会の会録を朗読して読み終わったら、会長に問うて会録に誤差があれば発言するようにと言い、誰かがある字と句についての正誤を請うと、［それに］異論がなければ、会長が書記に命じて誤りを正しなさいと言い、会長が復言して異論がなければ、朗読したままで（あるいは誤りを正したように）登録することを可と思う人は（はい）と言いなさいと言い、可票を数えた後に否票も規則によって問うて決める。(50)

会録の朗読は、このように本会の集まりに参席した会員たちによる内容の共有や修正や議論を経た上で、承認を経る公論の承認過程のために重要な手続きである。記録と朗読を通じた公論の承認は、会の章程や細則（一―七）の制定などのような場合にも適用される。

臨時会長や臨時書記などの臨時任員選出と、会の章程と細則の制定の過程を説明する「議会通用規則」一―一から一―七（一―八は別）には、多数決による「票決」が言及されている。三―三の会長の職務には「（三）各様動議を会中に問うて可否を票決」することを挙げている。また秘密投票の方式と投票用紙の様式（四―六）、任員を選出する場合は過半数の獲得という原則（四―七）、さまざまな会員の請願に対する決定と委員の選出にも票決の原則が示されている。つまり、「議会通用規則」にはあらゆる議事の最終決定を多数決に基づいた票決によってなすべきだということが繰り返し強調されている。

このような「議会通用規則」に見られる光景は、会員たちが同等の一票という均質の権利を有する抽象化された個人であるという概念と、その個々人の権利に基づいた多数決の結果が合理的な選択であるという想像力によって可能となる。(51)そして会員たち個々人に会長から発言権を得て発言する行為および相手に対する悪口・誹謗の禁止などの礼節を求めるのは、こうした同等で均質の個人の権利を想定するからこそ強調される。「議会通用規則」一―一で見られたように、会員は自身の発言権を得るために会長の許可を得なければならない。発言権を獲得するためには、まず会長を呼び、許可を得た上で、起立して発言するという一連の行為が求められる。会員はこのような行為の規則に従って同意や再請（四―一）などの議事に関わることができる。発言の機会を公平に与えるために、発言権の偏重を防ぐための判断基準も示されている（四―九、四―一〇）。そして、七―三「討論礼節」には案件に関して討論する場合、ほかの会員の姓名を呼ぶ行為の禁止、案件のみに触れてほかの会員に対する注意や評価などのような行為を禁止、ほかの会員に対する無礼な言動を禁止することなどが記されている。会員の無礼な行為と規則の違反は、「権利問題　会員権利に相関する争論が起こったら［中略］某事件が如何に自己権利を損傷するかを説明すれば、会長がその権利の相関有無を判決」（「議会通用規則」七―五）するとあるように、他人の権利を侵害する行為と見なされる。

「議会通用規則」は、民会の組織と運営とともに、このように会員たちの同質の権利という想像力に基づいた合理的意思決定の方式あるいは合理的合意の方式を会員たちに学習させる意図で翻訳された。会員たちは、「議会通用規則」を参考にし、民会という小社会を理解し、民会を組織し、民会で活動する。こうした一連の過程のなかで、彼らは、既存の文化的・慣習的・封建的な思考を括弧に入れ、一定の規則のもとで、他人と公論を共有し(52)、意思決定の合理性と合理的決定のプロセスを理解することになる。

だが、この「議会通用規則」を通した啓蒙のプロジェクトの最終的目標は、朝鮮人たちに、社会的・国家的な公共性に基づいた大社会としての朝鮮を想像させ、その大社会／国家の運営原理とその構成員としての倫理と役割を理解し実践させることにある。尹致昊は、主筆を務めていた『独立新聞』の論説「民権とは何か」（一八九八年七月九日）と「下議院は急ぐなかれ」（一八九八年七月二七日）において、朝鮮人を社会的・国家的な公共意識の欠けた存在として捉えている。これは前述した『官民議場必携』の「序」で、細川潤次郎が「公同の事」を「成俗」していない日本人と言ったような評価と類似する。「民権とは何か」で、尹はフランス大革命が起こった「百余年前の法国［フランス］の形勢が今日大韓の情勢より霄壌の差［大きな差］である。我々がこのように無識であり粗悪であり、愛国心が無いのに、どのように法国の人々が成し遂げた事業を軽易だと言えるだろうか」と言い、朝鮮でフランス革命のような「民変」が起こる可能性はないという。(53) そして「下議院は急ぐなかれ」では、人民に民権を与えるのは「ただ自分の権利だけを考えるのではなく、他人の権利を侵害しないようにし、私事を忘れて公務を先にし、小さい嫌疑を考えず、大きな義理を尊んでこそ、民国に有益な政治を施行できる」ためであり、「我が国の人民たちは数百年教育が無かったため、国の事柄がどうなっても自分に直接に害が無ければ、茫然として関わらない」存在である。(54) しかし、朝鮮の公共意識の不在という否定的な朝鮮の現実は、「民を十分に教育し、何事でも賢く議論し、大小の事務において国の事柄を自分の事柄のように楽しむよう」にし、(55)「新聞と教育で同胞の聞見を広めて[中略]自然に聡明さと教育が増していくなかで民権が拡張(56)」するという朝鮮の人民の可能性を念頭に置いた未来認識が前提とされている。

このように「議会通用規則」を翻訳した尹致昊の意図は、民会の組織や運営を通じて合理的意思決定を理解させ学習させることであると要約でき、それは朝鮮／朝鮮人のために社会的・国家的な公共意識を涵養させるための訓練と(57)実践の場を提供することにあったと言えよう。つまり、「議会通用規則」という形で翻訳されたテキストは、公共的意思決定という文化の翻訳であり、その紹介書だったのである。

四　小　結――「議会通用規則」の残影

本章では、「議会通用規則」の翻訳者である尹致昊の「日記」、販売広告、『官民議場必携』との翻訳の比較を通じて、「議会通用規則」の翻訳の目的と内容を検討し、開化期朝鮮における「議会通用規則」の歴史的・社会的な意味を確認した。以上の検討の結果、「議会通用規則」は民会の組織・運営に関する指南書のようなテキストであることを確認し、こうしたテキストの機能性のため、民会設立ブームに伴い、一九〇五年前後において「議会通用規則」が再登場し、その需要が増大したことを明らかにした。

『議会通用規則』は『大韓自強会月報』に転載されたように、『社会勝覧』（一九〇八）、『慶南日報』（一九一〇）、『演説及式辞法』（一九二〇）[58]、『実地応用演説方法』（一九二四）、『十分間演説集』（一九二五、再版一九三四）などに再収録され、開化期だけでなく、植民地期においてもその残影が見られる。最後に、このなかで『社会勝覧』[59]、『十分間演説集』[60]、『実地応用演説方法』[61]に載った「議会通用規則」に関して簡単に触れておく。

まず金丙済《キムビョンジェ》が編纂した[62]『社会勝覧』に「議会通用規則」が見られる。『社会勝覧』は「議会通用規則」が単行本の形で流通していた一九〇八年に出版された。『社会勝覧』の内容は大きく二つに分けられている。前半部は「議会通用規則」、後半部は「演説する方法」と演説文の実例、例えば、南宮薫《ナムグンフン》の「国民義務演説」の一部、金光済の「大邱人民所での人民と国家［の］関係とは［という］問題［に関する］演説」など、演説に関わる内容であり、演説法に関する具体的な説明というよりは実際の演説文の提示に重点が置かれている。『社会勝覧』は純国文で書かれており、もともと国漢文で書かれた「議会通用規則」も純国文となっている。興味深いのは、原テキストと内容的な差異がほとんど無いにもかかわらず、タイトルを「議会通用規則」ではなく「社会に通用する規則」に書き換えたことである。このような「社会」を強調するタイトルへの変更は、「東西文明各国［の］人々は男女がみな社会学問として一生事業とし、愚かな我が大韓人は社会が何かも知らず[63]」のように、「社会」[64]に関する理解のない朝鮮人にその概念を理解させようとする金丙済の編纂意図によるものだと考えられる。「社会に通用する規則」の冒頭に「国家というのは一つの大きな社会であり、社会に志を有する人は万国に通用する議会規則を不可分知るべきなので、特別に記載する[65]」と記しており、これは『大韓自強会月報』に載った「議会通用規則」の冒頭「国家は一大の社会であり、すなわち社会に存立する人は、この万国に通用する議会規則を知らなければならないので、特別に編載する」を国文に書き換えた内容である。『社会勝覧』の「社会に通用する規則」は『大韓自強会月報』に掲載されたテキストを底本として純国文に書き換えて転載したものだと考えられる。

『実地応用演説方法』の著者は朴俊杓《パクジュンピョ》であり、『十分間演説集』の著者は朴埈杓《パクジュンピョ》である。名前にやや相違はあるが、両方ともに同一の著者による著作だと推定される。[66] 一九二三年に初版が出た『実地応用演説方法』は十余年が経った一九三四年に再版が出る。筆者が初版を入手できなかったため、再版によれば、内容は大きく二編に分けられており、付録として「議会通用規則」が載っている。一編には「演説者の素養」と「演説者の風采」など、演説者の心構えと態度、演説関連用語、演説を行うときの音声など、演説という行為に関して具体的に説明されている。二編には「祝詞演説部」「教育演説部」などの実際の演説の例文を載せている。『実地応用演説方法』の「議会通用規則」は、原テキストのタイトルと国漢文体そのままだが、開化期の「議会通用規則」に見られる아《ア》래《レ》 아《ア》（ヽ）のような歴史的綴り字法があまり見られないのが特徴である。そして、『大韓自強会月報』および『社会勝覧』で見られる紹介の文章が無く、「議会通用規則」の原著者あるいは翻訳者についての言及もない。

『実地応用演説方法』の初版が出た二年後の一九二五年に出版された『十分間演説集』はその内容と構成が『実地応用演説方法』に類似する。『実地応用演説方法』と『十分間演説集』の内容および構成の類似性を考慮すれば、両著作は同一の系統だと推測される。『実地応用演説方法』は、一編と二編でそれぞれ演説法と演説文の例を分けているが、『十分間演説集』は上位範疇の区分なしに同一レベルで演説法と演説文を配置し、後半部が始まるところで「(演説の実例)」を記して前の内容との差異を明確にしている。この著作でも「議会通用規則」は付録として載っている。『実地応用演説方法』と同様に、国漢文体、原著者と翻訳者の未表記、歴史的綴り字法の未使用などの傾向が見られる。だが、『実地応用演説方法』の「議会通用規則」というタイトルとは異なり、『十分間演説集』では、原タイトルに「万国」を入れて「万国議会通用規則」というタイトルにしてやや変更を加えている。

『社会勝覧』は「議会通用規則」と演説文を通じて社会を理解させることを目的としたとすれば、このテキストにおける「議会通用規則」の転載の理由は、社会全般的な規則を説明することにあると考えられる。『実地応用演説方法』と『十分間演説集』は、『社会勝覧』に比べて、演説という行為により重点を置いたテキストである。今後これらのテキストを詳細に検証すべきだが、この両著作では著者が「議会通用規則」を副次的な素材として添付したような印象が強い。

簡略ではあるが、開化期から植民地期にかけて転載された「議会通用規則」の様相を概観してみた。開化期に尹致昊によって翻訳された「議会通用規則」は原著者あるいは翻訳者の関連性が削除されたまま、植民地期において「議会通用規則」のテキストのみが流通していたと言える。だが、「議会通用規則」の通史的な流通とそれによる変容、そしてそれが持つ時代的意味について今後より具体的な検討が必要であろう。そして、近代東アジアにおける *Robert's Rules of Order* の翻訳と、東アジアにおける近代的な討論文化の形成の関連性など、さまざまな問題の検討は今後の課題としたい。

（1）「日記」一八九七年八月五日。
（2）「日記」一八九七年八月八日。
（3）慎鏞廈『独立協会研究』（一潮閣、一九九三年［一九七六年］）、八一—一〇六頁参照。
（4）尹致昊の海外留学と英語学習の様相については、本書第一章を参考にしてほしい。
（5）Henry M. Robert, *Robert's Rules of Order: Pocket Manual of Rules Of Order For Deliberative Assemblies*, Chicago: S. C. Griggs & Company, 1876.
（6）「議会通用規則」は、一八九八年に初めて単行本の形で出版されたが、その後『大韓自強会月報』『社会勝覧』などの雑誌・新聞・単行本に再収録され、その内容が単行本の形だけで伝わったわけではない。それゆえ、本章では単行本で出版された書物を指すときには『議会通用規則』と記し、これと区分してテキストを指すときには「議会通用規則」と記す。
（7）尹致昊の討論会の導入について言及した研究は、前掲慎鏞廈（一九九三）、全英雨『한국근대토론의 사적 연구』（一志社、

一九九一年）、이정옥「애국계몽기 연설과 토론의 수용 과정」『현대문학이론연구』第四三輯（현대문학이론학회、二〇一〇年）、「근대 초기 회의 규범의 수용과정（1）——『의회통용규칙』을 중심으로」『한국문학논총』第五九輯（한국문학회、二〇一一年）、「1900년대 후반기 대중연설의 확산과정과 연설문의 양상」『서강인문논총』第三六輯（서강대학교 인문과학연구소、二〇一三年）、「근대 초기 회의규범의 수용양상（2）——애국계몽기『의회통용규칙』의 수용양상을 중심으로」『인문학연구』第四七集（조선대학교 인문학연구소、二〇一四年）、李泰勳「한말 근대정치운동의 확산과 정치연설의 역할」『역사문제연구』第二七号（역사문제연구소、二〇一二年）、申知瑛『不／在의 시대——근대계몽기 및 식민지기 조선의 연설・좌담회』（소명출판、二〇一二年）。「議会通用規則」を分析対象として論じた研究は、全英雨、前掲書、이정옥、前掲論文（二〇一一）。

(8) 上掲이정옥（二〇一一）、三八四—三九一頁参照。

(9) 前掲이정옥（二〇一四）。

(10) 前掲이정옥（二〇一〇）、一八四頁。

(11) 前掲이정옥（二〇一一）、三九一頁。

(12) 『高宗実録』一八九八年（光武二年）一〇月二三日付の記事に当時独立協会の会長だった尹致昊を代表とした上疏の内容が記されており、ここでは独立協会を「民会」と表現している。「［前略］若以外国之例言之면 現有許多民会、而政府大臣行政而失、則布喩全国하야 集会衆民하야 有質問、有論覈焉、而民所不服이면 不敢不去어늘 是則外国民会가 何尚為講談而止哉오릿가。顧我国協会는 以独立為基礎오며 以忠愛為目的이온바 皇太子殿下게옵서 下帑而助之하시고 賜額而掲之하섯사오니 此非私設이오 実公認也。［後略］」、そして、『大韓毎日申報』（国漢文版）一九〇五年九月二日付「奇書」に「民会者ᄂ 衰世之事也라。［中略］今夫韓国之民会가 亦已繁矣라。一進会・憲政研究会・東亜開進教育会・青年教育会・耶蘇教育・天主教会・浄土宗教会等 諸会가 各立門戸에 四面対峙ᄒ야 紛紛演説이 殆無虚日ᄒ니 荘叟所称道術이 為天下裂者ㅣ 正謂此也라。［後略］」という文章に見られるように、保護国期にも「民会」という用語が一進会と憲政研究会などの当時の民間団体を指す用語として用いられていた。それゆえ、本章では一九世紀末から二〇世紀はじめにかけて創立された民間団体を指す言葉として「民会」を用いる。

(13) 「広告」『独立新聞』一八九八年四月一二日。原文は純国文。句読点は、便宜上引用者が付したものであり、日本語訳は引用者による。以下この時期の国漢文・国文で書かれた新聞雑誌の日本語訳は引用者によるものである。

(14) 「日記」一八九七年八月一五日。「午後四時から七時まで独立協会にいた。討論会（debating society）が組織された。」。

(15)「日記」一八九七年八月二九日。
(16)「日記」一八九八年三月一八日。
(17)「議会通用規則」、*The Korean Repository* Vol. 5 No. 4, Seoul: The Trilingual Press, April 1898, p. 157.　原文は英語、日本語訳は引用者による。
(18)「広告」『皇城新聞』一九〇六年五月三一日。原文は国漢文、強調は原文。
(19)「目次」『大韓自強会月報』第四号、一九〇六年一〇月二五日。原文は国漢文。
(20)「議会通用規則」、上掲『大韓自強会月報』第四号、六七頁。
(21)初版は一九〇三年であり、一九〇六年一一月に達城の広文社より重刊。広文社の重刊本には石藍金光済《キムグァンジェ》の追書が付されている。『万国公法要略』については、金孝全『근대 한국의 국가 사상』(철학과현실사、二〇〇〇年)、七三一―七三五頁参照。
(22)同年一〇月二九日まで広告が出てその後見られなくなるが、その翌一九〇九年一月九日に再び掲載される。
(23)朴賛勝『한국 근대 정치사상사연구――민족주의 우파의 실력양성운동론』(역사비평사、一九九二年)、二九―一〇七頁、前掲李泰勲(二〇一二)、一七―二三頁、参照。
(24)上掲李泰勲(二〇一二)、一五―一七頁。
(25)一九〇七年七月第三次日韓協約(丁未七条約)の締結後、大韓帝国の内政を掌握した統監府は、保安法(一九〇七)や学会令(一九〇八)で集会を統制、新聞紙法(一九〇七)や出版法(一九〇九)で言論を統制、私立学校令(一九〇八)で教育を統制するなど、民間活動に関するさまざまな法令を発布し、韓国内における民会活動を統制・抑制しようとしたことも合わせて考慮すべきである。
(26)「愛国性質」『大韓毎日申報』一九〇五一〇月一八日付雑報、原文は国漢文。
(27)「日記」一九〇六年五月六日。
(28)大韓自強会と大韓協会については、前掲朴賛勝(一九九二)、四七―六九頁参照。
(29)前掲李泰勲(二〇一二)、一九―二〇頁。
(30)上掲李泰勲(二〇一二)、二一―二二頁。
(31)政治的民会の演説会活動については、同論文、二三―二九頁参照。
(32)前掲이정옥(二〇一三)、参照。

(33)「広告」『独立新聞』一八九八年七月二六日。原文は純国文。

(34)『高宗実録』一八九四年七月八日、「凡国内外公私文字、遇有外国国名・地名・人名之当用欧文者、俱以国文繙繹施行事。」。

(35)「論説」『皇城新聞』一八九九年五月一九日、「[前略] 世界各国의 歴史와 地誌와 安国治民의 有益한 書籍을 繙繹ᄒᆞ며 또 易知할 文字로 孩童의 初学読本本을 編序ᄒᆞ야 [後略]」、「日軍遊金剛」『皇城新聞』一九〇〇年九月二六日付雑報、「日本陸軍少尉角田利輝氏가 兵士略千与繙繹二人을 帯同ᄒᆞ고 金剛山에 游歴ᄒᆞ기로 外部에 護照를 請ᄒᆞ얏더라。[後略]」、「言則是也」『大韓毎日申報』一九〇五年一〇月二四日付雑報、「[前略] 本大阪市毎日新聞을 本年九月一日為始ᄒᆞ야、[中略] 此新聞을 以漢文与我国文으로 繙繹然後에 可以購読이오。[後略]」、鄭鎮弘「農業의 改良」『大東学会月報』第二号、一九〇八年三月二五日「[前略] 各郡의 人民으로 ᄒᆞ여곰 農会를 組織케ᄒᆞ야 政府로서 若干寄付를 施ᄒᆞ고 会費를 蒐集ᄒᆞ야 各国의 農事雑誌를 繙繹開刊ᄒᆞ며 [後略]」、金源極「大同教会演説」『西北学会月報』第一八号、一九〇九年一二月一日、「[前略] 前日 我国儒教의 普及치 못ᄒᆞᆫ 弊가 経伝의 旨義가 深奥ᄒᆞ고 文字의 声音이 佶屈ᄒᆞᆷ에 由ᄒᆞᆷ인즉 自今 以後로ᄂᆞᆫ 国民의 知識을 統一키 為ᄒᆞ야 経伝中 切要ᄒᆞᆫ 章句를 標取ᄒᆞ야 国漢文으로 繙繹ᄒᆞ여 旨義를 簡詳케ᄒᆞ고 毎月朔望에 中央及地方을 勿論ᄒᆞ고 一定ᄒᆞᆫ 教堂에 聚会講演ᄒᆞᆯ 事이오。[後略]」、など。

(36) 漢文と国文をめぐる大東学会と『大韓毎日申報』などとの論争については、第六章を参照してほしい。

(37) *Robert's Rules of Order*, 1876. p. 3. 原文は英語。日本語訳は引用者による、以下同。

(38) 永峰秀樹（一八四八―一九二七）は山梨県の蘭方医だった小野通仙の末子として生まれ、海軍兵学寮で数学教師として勤め、そこで英学に専念し、その後、同じ学校で英学教授に就き、退任後には性相学の研究に没頭した。永峰はウォーカー（F. A. Walker）の *The Science of Wealth*（一八六六）の翻訳『富国論』（全三冊、一八七四）をはじめとして以後『アラビアン・ナイト』の翻訳『暴夜《あらびや》物語』（全二巻、一八七五）、ミル（J. S. Mill）の "Considerations on Representative Government"（一八六一年）の翻訳『代議政体』（全四冊、一八七五―七六）など、経済学・文学・西洋文明史・政治学・家庭学などの諸分野にわたって翻訳活動に従事した。保坂忠信『評伝 永峰秀樹』（リーベル出版、一九九〇年）、参照。

(39) *Robert's Rules of Order* に関する公式サイト（http://www.robertsrules.com）［二〇一四年七月四日五時五二分接続］には、この本の歴史と版本について説明されており、初版が一八七六年二月、再版が同年七月、そして第三版が一八九三年に出ており、現在第一一版まで刊行されている。内容の大幅な修正は、第四版の一九一五年版と第七版の一九七〇年版に行われ、初版―三版、四版―六版、七版―一一版が一括りであり、各カテゴリーのテキストに内容の多少の差異はあるものの、同一のテキストと見なすことができる。尹致昊が「議会通用規則」の底本とした可能性があるテキストは、最初の初版―三版の系列に属するものであり、この三つの版の内容は大きく異ならないため（初版に比べて、再版以後は、「序文」と目次でさまざまな内容を総合して取り扱った第三部（part. 3）を区分して明記したことが特徴的であるが、その内容的な差異はほとんどない。また再版と第三版は体系と内容がほぼ同一である）、本章では、再版と同系列のテキストの全貌が把握できる一八八五年出版本を、引用と分析の対象とし、場合によって初版、再版系列の一八八〇年版本、第三版系列の一八九四版本を参照する。

（40）　細川潤次郎「序」『官民議場必携』上巻（ロベルト著、永峰秀樹訳述、内藤伝右衛門刊、一八八〇年［明治一三年］）。以下『官民議場必携』はこれを指す。

（41）　「後数歳、使於米国、而前之所疑渙然釈矣。米国之用議事法於政事之会、衆所共知、以農商之会、学芸之会、恵済之会、法教之会、其他凡百之会、莫不用此法者。余既目撃此事、乃以為。人互相為生、故有公同之事。公同之事、無規則不可治、故又有議事之法。議事之法、可通用於人類凡百之会、非可止用於政事之会者也。而如止用於政事之会、則人不習焉、而不成俗、動易差錯、而過半之説、不能服人心。」、細川潤次郎「序」『官民議場必携』上巻。日本語訳は引用者による。

（42）　「索引目録」は原著ではアルファベットで分類されていたが、『官民議場必携』はいろは順に索引を整理して日本語の体系に合わせた。

（43）　本章では、保護国期の最も早い時期の形が検討できる『大韓自強会月報』の「議会通用規則」を分析の対象とする。延世大学校所蔵本『議会通用規則』とその内容を確認した結果、ハングルの漢字語への統一（例　会장→会長）、傍点による強調（例　謀議案에 対ᄒᆞ야 可票만 밧고 아직 否票는 밧기 前에는 会員이 意見을 陳述ᄒᆞ거나 或改議ᄒᆞᆷ을 得ᄒᆞᆷ。）、「会録格式」「会計の報告書」「記票格式」などの表が挿入されており、全体的に読みやすい編集を取っているが、内容的差異は無い。

（44）　再版の第三部の明記については本章の注（39）を参照してほしい。

（45）　「一　①何事も勿論だが、会を設立しようとすれば、まずいつ・どこに同志諸君を召集した後、②会中の一人が起立して曰く、今会を組織するので、私が某氏を臨時会長として推薦することを動議する、と言えば、③その薦めを可と思う人が起立して曰く、私がその動議を再請する、と言えば、④動議する人問うて、某氏を会長として推薦するに動議・再請となったので可とする人は（はい）と言いなさい、と言い、その対答の可票を数えた後にまた問うて、否とする人は（いいえ）と言いなさい、と言い、またその対答した否票を数えて⑤可票が否票より多ければまた言って、此の討議が可決されたので某氏が［議長の］席に座りなさい、と言い、⑥もし否票が多ければ、他人を薦めて前の如く可否で票決する。」「議会通用規則」、六七頁。

日本語は引用者による。以下「議会通用規則」の章と節は略号で記す（例「議会通用規則」一―一）。丸数字は引用者による、以下同。

（46）「四六、**臨時あるいは民衆の集まり**。（*a*）組織。①協会としてまだ組織されていない集まりが開かれる場合、集結時間がすこし過ぎた後、②集会のある参加者が前に出て言う。「［皆さま、これから］集まりの議事を進行していく、私はこの集まりの議長としてA氏を推薦する」と言い、③ほかのある人が「その動議に再請する」と言う。④その後、はじめに動議した参加者が投票をするかどうかを問い、次のように言う、「A氏をこの集まりの議長とすることに対する動議と再請があった、この動議に賛成する方は、はいと言いなさい」。⑤もし多数の票が賛成であれば、彼が言う、「この動議は通った、A氏は議長席に座りなさい」。⑥もし動議［に対する反対票が多数で動議］が否決されたら、彼はその事実を告げ、ほかの議長候補を求め、新しい候補を以上と同様に進める」、*Robert's Rules of Order*, pp. 119–120. 強調とイタリックは原著、丸数字・日本語訳は引用者による、以下同。

（47）『官民議場必携』下巻、二頁。

（48）*Robert's Rules of Order*, p. 129. 傍線は引用者による。

（49）『官民議場必携』下巻、一三―一四頁。

（50）「議会通用規則」一―六、六八―六九頁。

（51）福田歓一は、西洋の近代的公共性の形成において、近代国家の形成とその実態としての「個人」との関連性を強調する。ここでの「個人」とは「自分の労働で自分の生活と生命の再生産をやっていくことの出来る」存在である。この場合、個人は論理的な一つの抽象物として認識され、「血縁とか、身分とか、言語とか、地縁とか、そういうものから解放された抽象的な存在」である。その抽象的個人という「抽象能力」によって「作り上げられた国家」もまた「同質の人間の人的な団体という抽象物」である。まさに今日の公共の秩序という思考はこうした抽象的個人が自分たちの利益を守るために抽象的な国家に「パブリック・ソード（公共の武力）を要請」することで可能となった（福田歓一「西洋思想史における公や私」佐々木毅・金泰昌編『公と私の思想史』東京大学出版会、二〇〇一年、一一―一二頁参照）。

（52）齋藤純一はハーバーマスが言う公共圏を象徴するものとして「討議」を取り上げ、「よりよい論拠」による合理的な結論あるいは合意が討議を通じてなされると説明する。そして齋藤はこのような合理性に基づいた合意という討議の特性とともに、従来の合意、すなわち「道徳的確信、政治的判断、価値基準」を「批判的解体」する作用としての討議の批判性が他者との対話を通じて生じると指摘する（齋藤純一『公共性』岩波書店、二〇〇〇年、三三―三六頁参照）。
(53)「민권이 무엇인지（民権とは何か）」『独立新聞』一八九八年七月九日付論説。
(54)「하의원은 급지 안타（下議院は急ぐなかれ）」『独立新聞』一八九八年七月二七日付論説。
(55) 上掲「하의원은 급지 안타」。
(56) 前掲「민권이 무엇인지」。
(57) 申知瑛は協成会の討論会を例に挙げて討論会が「文明国の舶来品」として討論という行為を学習する訓練の場として機能したと指摘する（前掲申知瑛（二〇一二）、六三―六四頁）。
(58) 以上の例は、前掲이정옥（二〇一一）、三八三頁。
(59) 김병제『사회승람』（보문사、一九〇八年）。延世大学校図書館所蔵。
(60) 朴埈杓『十分間演説集』（博学書館・新旧書林、一九二五年）。韓国国立中央図書館所蔵。
(61) 朴俊杓『実地応用演説方法』（広漢書林、一九三四年［一九二三年］）。韓国国立中央図書館所蔵。
(62)『사회승람』の奥付には「訳述人 ナムジョン 金丙済」と記されているために、金丙済の翻訳と解される余地がある。だが、『社会勝覧』の序文に当たる文章の「社会本意と各団体に有志者［の］言論を要緊とする句節［を］収集編［纂］して名づけて曰く、社会勝覧と」（前掲김병제（一九〇八）、一頁）というくだりのように、『社会勝覧』は金丙済の翻訳物というよりは当時流通していた演説文などを収集・編纂したテキストとして考えるべきである。
(63) 上掲김병제（一九〇八）、一頁。
(64) 金丙済は「社会」を「社」と「会」の二つの側面に分けて説明する。「社会というものに二つの性質」があり、そのなかで「社」は「個人がやることが難しいことを、衆力を合わせて衆心を合わせて拡張する方針を研究して改良」することであり、個人ひとりにはできないことを一緒に協力することを意味する。そして「会」については、まず「人［が］生じた以上に会［が］ないこともなく、［会］ではないものもない」と言い、国家・家族・町などの人に関わるあらゆる現象が「会」だと説明する（同書、一―三頁）。
(65) 同書、六頁。
(66)『実地応用演説方法』の奥付には「著作者 朴俊杓」、『十分間演説集』の奥付には「著作兼発行者 朴埈杓」と記されており、両著者の名前の漢字が「俊」と「埈」と異なる。そして、前者の住所地は「京城府鍾路二丁目八十二番地」であり、後者の住所地は「京城府鍾路二丁目四十二番地」とやや差異がある。この二つの書物の著作者を同一人物として確定することは難しい側面もあるが、住所地が近所であること、そして同一のテーマを取り扱っていることから、本章では同一の著者である可能性が高いと仮定する。『実地応用演説方法』と『十分間演説集』の著者問題に関する詳細な検証は今後の課題とする。

第五章　イソップ寓話の翻訳と『ウスンソリ（笑話）』

一　近代東アジアにおけるイソップ寓話の啓蒙性と『ウスンソリ』

近代東アジアにおいてイソップ寓話は、人民／国民の教育や啓蒙の題材として広く用いられた。イソップ寓話が初めて東アジアに紹介されたのは、一五八三年に来華したイエズス会宣教師のマテオ・リッチによるとされ（マテオ・リッチ『畸人十篇』［一六〇八］）、キリスト教の布教の手段としてであった。その後、中国では、イエズス会宣教師（ニコラス・トリゴー『況義』［一六二五］など）、プロテスタント宣教師（ウィリアム・ミルン編纂の雑誌『察世俗毎月統記伝』［一八一五―二二］など）、西洋人（ロバート・トーム『意拾喩言』［一八四〇］など）、中国人（林紓『伊索寓言』［一九〇三］など）の手によって、さまざまな漢訳イソップ寓話集が刊行された。(1) 近代日本においては、まず福沢諭吉の『童蒙教草』（一八七二）を挙げることができ、そこには西洋の歴史にまつわる逸話とともにイソップ寓話が収録されている。また渡部温の『通俗伊蘇普物語』（一八七三）のイソップ寓話は、明治以降多数の教科書に収録され、国民の倫理教育に用いられ、社会全般に広がった。(2) 近代朝鮮においてイソップ寓話は、『独立新聞』（一八九六―九九年刊行）、『協成会会報』（一八九

八年刊行)、『大韓留学生会学報』(一九〇七年刊行)、『少年』(一九〇八―一一年刊行)などの新聞や雑誌、『新訂尋常小学』(一八九六)などの教科書に啓蒙的題材として断片的に登場する。[3] だが、単行本として出版されたのは、尹致昊の『ウスンソリ(우순소리、笑話)』(一九〇八)[4]が初めてのことである。

近代朝鮮における一八九〇年代半ばから一九〇〇年代にかけての時期は、朝鮮政府や初期国語学者によって朝鮮語の規範化が推し進められ、新聞や雑誌が相次いで創刊され、それらを通して近代的な要素を持つ文学が形成されつつあった時期である。こうした社会の変化は、日清戦争(一八九四―九五)や日露戦争(一九〇四―〇五)など、朝鮮/大韓帝国をめぐる国内外情勢の変化を背景とするものである。とくに日露戦争後の一九〇五年に日本の保護国となった大韓帝国の状況は、当時の愛国啓蒙の動きを促す原因ともなった。

『ウスンソリ』は出版された翌一九〇九年に「治安の妨害」を理由に発売禁止処分を受ける。[5] この事実から、保護国下の韓国の為政者にとって、この書物の政治性が問題になったことが推測できる。禁書処分を受けた翌一九一〇年に『ウスンソリ』はアメリカのハワイ所在の新韓国報社から再出版される。[6]

『ウスンソリ』は、つい最近までその現物が見つかっていなかった。そこで、題目の「ウスンソリ(笑話)」を根拠として、近代的な笑話・野談・才談集の一種と推測されたり、[7] 新韓国報社の広告から「比喩小説」[8] あるいは「風刺小説」と推測されてきた。[9] 許敬震《ホギョンジン》/イム・ミジョンは、金乙漢《キムウルハン》の『佐翁尹致昊伝』所収の「ウスンソリ」を見つけ、その内容と構成を明らかにし、『ウスンソリ』を、イソップ寓話を底本とした尹致昊の翻案物だと論じた。[10] また、当代の世態を風刺した啓蒙書として評価し、このテキストの性格を「風刺寓話集」と捉えた。[11] こうしたなかで、二〇〇九年に富山大学所蔵「朝鮮開化期大衆小説原本コレクション」から大韓書林本『ウスンソリ』が発見された。イ・ヒョジョンは、大韓書林本『ウスンソリ』について紹介するとともに、その内容も分析し、『ウスンソリ』が保護国下の韓国の状況を風刺した翻案物であることを再確認した。[12] また、二〇一三年に新韓国報社本『ウスンソリ』がアメリカUCLA

リサーチ図書館の「咸鏡墉《ハムホヨン》先生コレクション」から発見された(13)。

これら『ウスンソリ』の実物の発見によって活発な研究が期待されたが、これまでは『ウスンソリ』の書誌的な紹介とテキスト分析に重点を置いた研究が主であった(14)。だが、『ウスンソリ』を多角的に理解するには、従来のテキスト分析とともに、『ウスンソリ』が出版された当時の文化的かつ時代的状況と作者である尹致昊の思想という作品の外的要因へ視野を拡大する必要がある。

本章では、翻訳者である尹致昊の思想や活動を視野に入れて『ウスンソリ』を検討し、『ウスンソリ』の底本の問題と翻訳の様相、刊行の目的、テキストの啓蒙的な特徴を明らかにする。

まず、英語版『イソップ寓話（*Aesop's Fables*）』（以下、『イソップ寓話』）と『ウスンソリ』を比較し、『ウスンソリ』は英語版『イソップ寓話』の系統のものを底本とした翻訳物であることを明らかにする。『ウスンソリ』の底本については、これまでの研究では明らかにされていなかった。尹致昊が日本と中国上海に留学したことから、日本で翻訳されたイソップ寓話集や中国で流通した漢訳イソップ寓話集との関連性が指摘されてきた(15)。しかしながら、本章では、アーネスト・グリゼ（Ernest H. Griset）が挿絵を描き、ランデル（J. B. Rundell）が改作し、一八六九年頃イギリスで出版された英語版『イソップ寓話』(16)の系統のものを『ウスンソリ』の底本と仮定し、その真偽を検証する。

次に、尹致昊がこのテキストを「ウスンソリ（笑話）」と題したことと純国文で書かれた『ウスンソリ』の文体の特徴から、『ウスンソリ』の刊行の目的を考えてみる。従来流通していた笑話という様式との関連性と、一九世紀末から二〇世紀初頭にかけて朝鮮に紹介されたイソップ寓話の文体との比較を行い、『ウスンソリ』の国語教科用図書としての性格を明らかにする。

最後に、『ウスンソリ』のテキストや訳者の寸評を分析し、訳者尹致昊の時代認識と啓蒙の観点が『ウスンソリ』にどのように反映されているのかを検討する。訳者の寸評を手掛かりに『ウスンソリ』のテキスト的な特異性を明らかにし、『ウスンソリ』は尹致昊の啓蒙的メッセージが反映された修身教科用図書としての性格も持っていることを示す。

二　翻訳物としての『ウスンソリ』——『ウスンソリ』の底本と翻訳の様相

旅行客のなかの四人の日本人。一人はイギリスから帰国中のきちんとした若い男。ほかの三人は、非常に思いあがっている。私［尹致昊］が考えるに、雄牛ぐらいの大きさになるために努力した蛙のように、彼らが張り裂けてしまうと思った。(17)

『ウスンソリ』の作者である尹致昊は、ハワイの韓人移民の実態を視察した後、一九〇五年一〇月にハワイから日本の横浜に戻ってくる。当時日本の社会には日露戦争の勝利を祝う雰囲気が満ちており、こうした日本の状況が反映されているのか、引用した日記で、尹は一緒に船に乗っていた日本人の思いあがった様子をイソップ寓話に喩えて述べている。翌一一月に大韓帝国は日本の保護国となり、その三年後の一九〇八年七月に『ウスンソリ』が出版される。『ウスンソリ』には「日記」で比喩として用いられた話が「蛙と黄牛」（第九話）という題目で収録されている。

尹致昊がいつから、またどのような形でイソップ寓話に接したのかは定かではない。日本や中国やアメリカでの留学を通じて西洋式教育を受けた尹は、アメリカ留学中の一八八七年から英語で日記を書き続けてきたほど英語が得意だった。こうした英語学習や西洋文学の読書経験のなかで、イソップ寓話を学びその内容を知っていたと思われる。本章では、一八六九年頃イギリスで出版されて当時最も流布していた英語版『イソップ寓話』を『ウスンソリ』の底本と仮定する。

英語版『イソップ寓話』と『ウスンソリ』との関連性を確認する前に、まず『ウスンソリ』の書誌と構成を紹介しておこう。

『ウスンソリ』は一九〇八年七月に大韓書林から単行本として出版された。発行人は純国文新聞『帝国新聞』（一八九八―一九一〇年刊行）の社長や西北学会の会長を歴任した鄭雲復《チョンウンボク》である。大韓書林本『ウスンソリ』は、漢字が混じっていないハングル文である純国文体で書かれており、作者の刊行意図を確認することができる序文は存在せず、挿絵も入っていない。七一編（第一五話が二編）の寓話が収録されている。注目すべきなのは、作者の考えが反映されている寸評が二〇個付いていることである。

大韓書林から『ウスンソリ』が出版されて二年後の一九一〇年五月、ハワイの新韓国報社から三編の寓話を加えた増補版が出ており、発行人は［ノ］・ジェホ（로직호）である。[18] 大韓書林本同様に純国文で書かれた新韓国報社本『ウスンソリ』にも序文や挿絵は付いていない。だが、尹致昊とハワイ韓人学校の生徒との写真と、伊藤博文を暗殺した安重根《アンジュングン》の写真が載っている。また、大韓書林本に収められた七一編の寓話とともに、[19] 第七一話「陰陽家の亡態」、第七二話「金ドリョンの度量」［「ドリョン」は未婚男性に対する呼び方の敬語］、第七三話「無学な父子の物語」が加えられている。新しく加えられた三つの話にはすべて寸評が付いており、新韓国報社本『ウスンソリ』には二三個の寸評が存在する。

『ウスンソリ』がどのような経緯でハワイで増補され刊行されたのかについては不明である。だが、先述した尹致昊の一九〇五年の日記からも推測できるように、そのとき尹は韓人の集まりで演説も行うなど、韓人移民者たちと深く交流しており、尹致昊とハワイの韓人社会との関係は一九〇五年のハワイ視察から始まったと考えられる。新韓国報社本『ウスンソリ』が出版された一九一〇年、尹は、同年三月にアメリカのアトランタで開催された南メソジスト教会の平信徒大会に参加した後、六月にイギリスのエディンバラで開催された世界宣教大会に参加し、韓国併合が行われる直前の七月に帰国している。[20] この外遊が新韓国報社本の出版と関係していると思われる。

『ウスンソリ』の底本となったと思われる書物が先述した英語版『イソップ寓話』である。この『イソップ寓話』が出版された時期はイギリス帝国の絶頂期であるヴィクトリア時代であり、文学的には『不思議の国のアリス』（一八六五）のようなファンタジーや『宝島』（一八八三）のような冒険小説などの児童文学が盛んに出版されていた。そして、印刷技術の発展によって、これらの児童書のなかには挿絵入りのものも登場するようになった(21)。こうした時代を背景として、当時挿絵作家として名を挙げていたアーネスト・グリゼが挿絵を施した『イソップ寓話』が出版された。『イソップ寓話』は、クロクソール（S. Croxall）とラ・フォンテーヌ（Jean de La Fontaine）、レストレインジ（Sir. R. L'Estrange）が著した、三つの従来の代表的なイソップ寓話集の話を、ランデルが選び改作したものである(22)。一八七〇年代に入り、この『イソップ寓話』に約一三〇話が加えられた増補版(23)が出版されるが、その増補版の標題紙からはランデルの名前が削除されている。以降この『イソップ寓話』の内容がいくつかのイソップ寓話集へと転載されてもおり(24)、アーネスト・グリゼの挿絵入り『イソップ寓話』の物語は欧米を中心に流布している。

尹致昊がどの『イソップ寓話』の版本を参照したのかは定かではない。だが、『ウスンソリ』と『イソップ寓話』初版および増補版の寓話を比べてみた結果、表1のように、大韓書林本では七一話のうち六七話が一致しており、多少順序が前後する場合もあるが、おおむね『イソップ寓話』の頁順に沿って『ウスンソリ』の寓話が翻訳されていることが分かった。『ウスンソリ』には、増補版『イソップ寓話』のみに収録された四つの寓話（第三六話「鳩と蟻」、第六〇話「農夫と法学者」、第六九話「コウノトリと鮒」、第七〇話「獣の裁判」）が含まれている。さらに大韓書林本『ウスンソリ』には初版と増補版『イソップ寓話』に収録されていない四つの寓話（第三話「猫と猿」、第二〇話「樵と仏」、第六二話「食滞と蜘蛛」、第六六話「獅子の凶計」）も存在する。こうした結果から推測して、尹致昊は、増補版『イソップ寓話』以降の版あるいはほかにこれらの寓話が転載された形のものを、実際の底本とした可能性が高い。

新韓国報社本に書き加えられた三つの話は、増補版『イソップ寓話』では確認できない。増補版以降の版において

表 1　『ウスンソリ』(大韓書林本＋新韓国報社本)と『イソップ寓話(*Aesop's Fables*)』(増補版) との対照

順番	題目（原題）	*Aesop's Fables*
1	牡蠣訟事 (굴송사)	The Two Travellers and the Oyster
2	外見装い (외양치레)	The Fox and the Mask
3	猫と猿 (고양이와 원숭이)	未収録
4	鹿の角 (사심의 ᄲᅮᆯ)	The Stag Looking into the Pool
5	強弱不同 (강약부동)	The Lion Hunting with Other Beasts
6	虚欲多い犬 (허욕 만흔 개)	The Dog and His Shadow
7	強い奴の経界 (강한 놈의 경계)	The Wolf and the Lamb
8	用心する鼠 (조심하는 쥐)	The Cat and the Mice
9	蛙と黄牛 (개누리와 황소)	The Frog Who Wished to Be as Big as an Ox
10	鷲 (쇠ᄭᅩ리)	The Hawk and the Nightingale
11	腹と手足 (배와 수족)	The Belly and the Members
12	保護国 (보호국)	The Kite and the Pigeons
13	他人の首 (남의 머리)	The Bald Knight
14	獅子と人 (사지와 사람)	The Man and the Lion
15(1)	獅子と鼠 (사지와 싱쥐)	The Lion and the Mouse
15(2)	一夫両妻 (일부 량쳐)	The Man and His Two Wives
16	恩恵と圧制 (은혜와 압제)	The Wind and the Sun
17	兎と蛙 (톳기와 개구리)	The Hares and the Frogs
18	鷲の物心 (술이의 지각)	The Sick Kite
19	獅子の求婚 (사지의 청혼)	The Lion in Love
20	樵と仏 (나무ᄭᅮᆫ과 붓처님)	未収録
21	黒白分明 (흑빅 분명)	The Collier and the Fuller
22	狐と鶴 (여호와 두루미)	The Fox and the Stork
23	狐と山羊 (여호와 염소)	The Fox and the Goat
24	熊と信頼のない人 (곰과 무신한 사ᄅᆞᆷ)	The Travellers and the Bear
25	驢馬の失敗 (나귀의 실수)	The Ass and the Little Dog
26	陶土壷と錫壷 (질항아리와 주석항아리)	The Earthen Pot and the Pot of Brass
27	尻尾の無い狐 (ᄭᅩ리 업난 여호)	The Fox without a Tail
28	蟹歩み (궤 거름)	The Two Crabs
29	錆がつく網と蛇 (쇠쓸넌 줄과 배암)	The Viper and the File
30	運 (운수)	Fortune and the Boy
31	金の卵を産む鵞鳥 (금알 낫던 거위)	The Man and His Goose
32	犬に嚙まれた人 (개게 물닌 사람)	A Man Bitten by a Dog
33	くぬぎと樵 (참나무와 나무ᄭᅮᆫ)	The Wood and the Clown
34	馬と人 (말과 사람)	The Horse and the Stag
35	狐と猿 (여호와 원숭이)	The Fox and the Ape
36	鳩と蟻 (비둘기와 개미)	［増補版］The Dove and the Ant
37	鼠が鈴をつける (생쥐 방울 단다)	The Mice in Council
38	愚かな下人 (어리석은 하인)	The Old Woman and Her Maids
39	牛舎に犬 (외양간에 개)	The Dog in the Manger
40	車夫と仏 (차부와 부처)	Hercules and the Wagoner
41	土の中にある財物 (ᄯᅡᆼ속에 잇넌 재물)	The Husbandman and His Sons
42	猜忌と欲心 (시긔와 욕심)	The Envious Man and the Covetous
43	大鷲と農夫 (새매와 농부)	The Hawk and the Farmer

（表1つづき）

順番	題目（原題）	*Aesop's Fables*
44	燕の忠告 (제비의 충고)	The Swallow and Other Birds
45	雲雀の物心 (종달새의 지각)	The Lark and Her Young Ones
46	狐と酸っぱい葡萄 (여호와 신 포도)	The Fox and the Grapes
47	羊と狼の平和条約 (양과 늑대의 평화조약)	The Wolves and the Sheep
48	驢馬の物心 (나귀의 지각)	The Ass Laden with Salt and with Sponge
49	兎と鼈 (톳기와 자라)	The Hare and the Tortoise
50	狐と平和談判 (여호와 평화담판)	The Cock and the Fox
51	蟻と飛蝗 (개미와 멋쒸기)	The Ants and the Grasshopper
52	田舎者の気まぐれ (촌사람의 변덕)	Jupiter and the Herdsman
53	農夫と運 (농부와 운수)	The Ploughman and Fortune
54	羊と犬 (양과 개)	The Sheep and the Dog
55	狐と驢馬 (여호와 나귀)	The Fox and the Ass
56	狐と雄鶏 (여호와 숫닭)	The Fox and the Cock
57	占い師 (점쟁이)	The Fortune-teller
58	舌宴会 (혀바닥 잔치)	The Tongues
59	蝙蝠 (박쥐)	The Bat and the Two Weasels
60	農夫と法学者 (농부와 법학사)	［増補版］The Partial Judge
61	イソップの知識 (이소푸의 지식)	The Man and the Stone
62	食滞と蜘蛛 (톄증과 검의)	未収録
63	鼠と猫 (새앙쥐와 고양이)	The Young Mouse, the Cock, and the Cat
64	壮士と是非 (장사와 시비)	Hercules and Pallas
65	イソップと海水 (이소푸와 바다물)	The Sea and the Rivers
66	獅子の凶計 (사지의 흉계)	未収録
67	馬の姓名 (말의 성명)	The Fox, the Wolf, and the Horse
68	老人と驢馬 (로인과 당나귀)	The Old man, His son, and the Ass
69	コウノトリと鮒 (황새와 부어)	［増補版］The Cormorant and the Fishes
70	獣の裁判 (즘생의 재판)	［増補版］The Plague among the Beasts
	大韓書林本（71 編）	67 編（初版との重複：63 編，増補版のみ：4 編）
71	陰陽家の亡態 (음양가의 망틔)	未収録
72	金ドリョンの度量 (김도령의 도량)	未収録
73	無学な父子の物語 (무식흔 부즈의 이야기)	未収録
	新韓国報社本（74 編）	

書き加えられた話である可能性も排除できないが、三つの話の内容は、易経に基づいて占う行為（第七一話）、豆を焼いたものをおやつとする風習（第七二話）、「春風」という漢字をめぐる朝鮮語の多様な読み方を利用した言葉遊び（「春《チュン》バラム［漢字の朝鮮語音読み（チュン）＋風の固有語］」「ポム風《ブン》［春の固有語＋漢字の朝鮮語音読み（プン）］」）（第七三話）であり、いずれも朝鮮文化についての理解を前提とする内容となっている。兪春東が第七二話「金ドリョンの度量」と後の朴健会《パクゴンフェ》の『일대장관（一代壮観）』（一九一八）に収録された「ᄌᆡ미잇는 이약이（面白い話）」とが類似する内容だと指摘したように(25)、これら三つの話はイソップ寓話の翻訳ではなく、当時の朝鮮の才談や野談などの影響を受けたものだと考えられる。

次に、筆者が入手した一八七四年頃出版された増補版『イソップ寓話』を『ウスンソリ』の内容と照らし合わせながら、『ウスンソリ』の翻訳の特徴について確認する。

まず寓話のタイトルについてだが、第九話「蛙と黄牛」、第一四話「獅子と人」、第五六話「狐と雄鶏」など、原作の題目をそのまま翻訳したものが多数存在する。だが、第六話「虚欲多い犬」、第四七話「羊と狼の平和条約」、第五〇話「狐と平和談判」など、登場する動物名を用いる点では原作のタイトルを踏襲しつつ、寓話の内容を説明する形での翻訳や、第五話「強弱不同」、第一二話「保護国」、第一六話「恩恵と圧制」など、原作のタイトルとは全く異なる形で、寓話の内容から連想できるタイトルに書き直したものもある。『ウスンソリ』は、内容だけでなく、タイトルの訳にも翻訳者の意図が反映されている。

まず「犬とその影」（『ウスンソリ』では「虚欲多い犬」）を通じて『ウスンソリ』の翻訳の様相を確認してみよう。

「犬とその影」（The Dog and His Shadow）『イソップ寓話』

盗んだ一片の肉を口にくわえた犬が、板［の橋］でなめらかに流れている小川を渡っていた。［水の］中を見ると、彼は一片の肉を持っているほかの犬を見た。貪欲にこれも持とうと吠えると、彼は、持っていた肉を落とし、小川に落としてしまった。[26]

六　「虚欲多い犬」『ウスンソリ』

犬が肉のかたまりを盗んでくわえて橋を渡っていくと、自分の影が水に映るのを見て、ほかの犬が肉のかたまりをくわえていると思って奪おうとして吠えた。しかし、自分の口にくわえた肉まで水に落としてしまった。

口の［中の］一塊の肉が水の中にある二塊の肉よりいい。[27]

『イソップ寓話』の「犬とその影」と『ウスンソリ』の「虚欲多い犬」の内容の設定や構成そして話の長さは、ほぼ同じである。『ウスンソリ』には、原作にはない「口の［中の］一塊の肉が水の中にある二塊の肉よりいい」という寸評が付されており、この寓話の教訓を伝える。

『ウスンソリ』にはこのように原作を忠実に翻訳した寓話が多く存在するが、次の「猫とネズミ」（『ウスンソリ』では「用心する鼠」）のように、翻訳者の手によって一部を省略して翻訳したものも存在する。

「猫とネズミ」（The Cat and the Mice）『イソップ寓話』

ある家にネズミがたかっていた。主人は有名なネズミ狩りの猫を家に連れてきた。［猫は］小さい生き物にすぐに大打撃を与えたが、［その後ネズミたちは上の棚に逃げて］上の棚から去らず問題となっていた。猫はお腹が空いて結局痩せ、彼女は知恵を出した結果、後ろの足で壁の釘にぶら下がり、死んだふりをした。ある年取ったネズミが棚の端に来て、［猫の］ごまかしを見て、「ああ、ネコ婦人！　お前の皮にわらを入れたものだとしても、私たちはお前の側には行かないよ」と叫んだ。[28]

八　「用心する鼠」『ウスンソリ』

猫がある倉にいるネズミをほぼすべて捕まえて食ってしまった。残ったネズミたちが約束をして穴の外に出ないので、猫が姦計を出し、後ろの足で壁の釘を摑んで逆手でぶら下がって死んだふりをした。すると、年取ったネズミ一匹が見て「あっ、この凶悪なもの。死んだふりはやめて。お前の皮にわらを入れて置いても、お前のそばには行かない」と言った。(29)

『ウスンソリ』の「用心する鼠」は、死んでいるふりをする猫の様子と、その猫の姿を見た年とったネズミの皮肉な台詞まで、原作の「猫とネズミ」の内容が忠実に訳されている。だが、原作の傍線部すなわち猫が来ることになった理由が『ウスンソリ』では削除されている。この原作の冒頭は、猫の姦計にも騙されないネズミという全体の話には直接に影響を与えるところではないため、省略されたと思われる。

『ウスンソリ』には、「猫とネズミ」のように原作の内容が省略されたり概略化されたりした話とともに、話の構造はそのまま残しつつも、朝鮮の読者に理解しやすい登場人物や背景設定に改作された話も多数存在する。

「ヘラクレスと車夫」(Hercules and the Wagoner)『イソップ寓話』

車夫が泥沼の道で荷車を駆っていたとき、車輪が粘土のせいで動かなくなり、馬たちも進まなくなった。その人はひざまずいて、泣きながら、ヘラクレスに来て助けてくれるように祈りはじめた。「怠け者！」とヘラクレスが言いながら、「立って自分で動き出せ。強くお前の馬たちをむち打って駆りたて、またお前の肩で車輪を押せ。もしお前が私の助けを求めるのなら、これをやってからだ」。(30)

四〇　「車夫と仏」『ウスンソリ』

ある車夫が泥沼に車を駆って行ったら、車輪が土にはまり、動かなくなった。車夫が両手をこすりながら、観世音菩薩を呼び、車輪を［ぬかるみから］出してくれますようにと祈っていると、仏が「この愚かな民よ。鞭で馬を打って、お前の肩を車輪にあてて力を尽くして押せば、車は動くはずなのに、私だけ呼んでおいて、お前のやる［べき］仕事［を］しなければ、誰がお前の仕事［の面倒］を見てくれるか」と言った(31)。

原作にはギリシア神話の半神人で英雄であるヘラクレスが登場し、自分で物事を解決しようとしない車夫を叱る。一方、『ウスンソリ』の「車夫と仏」には、内容の構造はそのまま訳されているが、ヘラクレスの代わりに「観世音菩薩」や「仏」に設定を変えて朝鮮の読者が理解できるような人物と設定に訳されている。第六四話「壮士と是非」には、ヘラクレスが「壮士」として、ギリシア神話の女神であるパラス（アテナ）は「老人」として、それぞれの性質（前者は力、後者は知恵）を抽象化した人物に訳されている。西洋文化にまつわるギリシア神話に登場する神々は、『ウスンソリ』においては仏や山神など、東洋／朝鮮の文化的文脈に沿って書き換えられている。

以上の『ウスンソリ』の例は、原作の構造をそのまま維持した形での改作である。ところが、『ウスンソリ』の第四七話「羊と狼の平和条約」のように、寓話の基本的な筋は残しつつも、翻訳者である尹致昊による創作と言ってもよいほどに改作を行ったケースも存在する。

「狼たちと羊たち」(The Wolves and the Sheep)『イソップ寓話』

あるとき、狼たちと羊たちが平和条約を結んだ。羊たちは彼ら［を守ってくれた］犬たちを手放し、安全を遵守させるために幼い狼たちを人質とした。幼い狼たちが母をさがして泣き、狼たちはそれを理由として平和条約は破棄されたと主張し、羊たちを攻めた。自分たちを守ってくれた犬たちを奪われた羊たちは、抵抗できなかった(32)。

四七　「羊と狼の平和条約」『ウスンソリ』

狼が羊を捕って食べようとするが、［羊を守っている］犬が怖くて勝手にはできなかった。あるとき狼は特命全権公使を送って羊たちを誘って「我々は本来兄弟のような立場で、歯と唇のように互いに頼れるはず［の関係］だが、奸凶の犬たちにより離間させられ仇となったので、これからは平和条約を定め、永遠に安寧を保護し、独立富強を図り、人質が無ければ信じ難いので、貴方たちは犬を人質とし、我々は子たちを人質とし、互いに疑いの無いことを表そう」と言った。羊たちが大会を開いて外部大臣勲一等を報聘大使に決め、狼の穴に行って平和条約を結んだ後にそれぞれ人質を交換すると、狼が犬は殺して羊に「我が子たちの鳴く声を聞き、おそらくお前たちが虐待したためなので、約条を破った」と言い、羊をすべて捕って食べてしまった。(33)

原作の「狼たちと羊たち」は、狼の姦計や羊たちの軽率さを風刺した内容を簡略に記したものである。それに対して『ウスンソリ』の「羊と狼の平和条約」には、全体的な内容は類似するものの、狼と羊との交渉の内容が書き加えられ、「特命全権公使」「外部大臣勲一等」「報聘大使」などの外交用語が使用され、平和条約の意義について「永遠に安寧を保護し、独立富強を図る」ことだという当代の外交的理解に関する記述など、原作とは異なる設定で改作されている。

こうした外交に関する用語や理解が『ウスンソリ』の内容の改作で見られる特徴であり、これは翻訳者である尹致昊の外交官としての経験や世界認識がこのテキストに反映されたからである。日本をはじめ中国とアメリカに留学した尹致昊は、一八八三年に初代駐朝アメリカ公使の英語通訳官として任用される。その後、朝鮮政府の要職を歴任しながら、ロシアのニコライ二世戴冠式の使節団の随員（一八九六）、外務協弁、日本・ハワイ視察（一九〇五）などの外交官としても活躍した。

以上、『ウスンソリ』の底本となった英語版『イソップ寓話』と『ウスンソリ』との比較を通して、その内容の類似とともに改作による相違が存在することを確認した。『ウスンソリ』の内容は、原作を充実に翻訳したものではあるが、翻訳者である尹致昊の思想や現実認識が直接に反映された形で改作されたものなのである。

三　純国文体の啓蒙性――『ウスンソリ』の刊行目的と読者

大韓書林本と新韓国報社本『ウスンソリ』にはともに序文が記されていない。[34] それゆえ、訳者尹致昊の意図を直接に確認することはできない。尹致昊はなぜイソップ寓話を翻訳したのか。ここでは、この問いに答えるために、『ウスンソリ』の刊行の目的とこのテキストの読者の問題について検討する。

刊行の目的や読者の問題を考えるとき、まず注目すべきなのはそのタイトル「ウスンソリ（笑話）」から推測される笑話という様式との関係性である。笑話は、説話や個人の逸話や性の話などを題材とし、笑いを引き起こす短い話で、娯楽から世間の風刺に至る性格を有するものである。[35] 東アジアの諸国に流布した笑話は、韓国においても、高麗時代から植民地期にかけて、稗説や野談や才談など、その時代に即して形と内容を変容させつつ、口伝され漢文や諺文で記録され、その命脈を保ってきた。

近代啓蒙期において笑話は、人民啓蒙の役割も担うことになる。[36] その一例として李沂《イギ》の笑話「小説」[37] は注目に値する。「小説」は、一九〇六年七月から翌〇七年一月にかけて『大韓自強会月報』に掲載され、国漢文で当時の世態を風刺したものである。『大韓自強会月報』は、大韓自強会（一九〇六―〇七）の機関誌であり、尹致昊はこの民会の会長を務めた。また『大韓自強会月報』には尹が抄訳した「議会通用規則」も掲載されている。[38] こうした情況から、尹致昊は李沂の「小説」を目にしたと考えられる。

笑話の様式的特徴は、短い量に話を圧縮して内容を伝えることである。また記録された笑話には記録者の解釈が付けられることも多い。[39]『ウスンソリ』の各々の話は笑話の圧縮された形式と合致し、また尹致昊の寸評が多数記されている点で、形式の面でも笑話に類似する。

こうした笑話という様式の特徴を持つ『ウスンソリ』が出版された実際の理由は、どのようなものだったのか。筆者は、このテキストの刊行の真意は教科用図書の編纂にあったと推測する。(40)

『ウスンソリ』が刊行された一九〇〇年代後半、尹致昊は、韓英書院（一九〇六年設立のミッションスクール）や大成学校（一九〇八年七月に校長に就任）などの教育事業に力を注いでいた。またこの時期に教科用図書の編纂作業も同時に行っていた。尹は、『ウスンソリ』刊行の翌一九〇九年に漢字入門書『幼学字聚』(41)を、韓国併合の翌一九一一年に英語入門書『英語文法捷径』を刊行する。これら編纂作業のはじまりが『ウスンソリ』の刊行ではなかっただろうか。三つのテキストを内容に基づいて教科に分けてみれば、『ウスンソリ』は国語あるいは修身、『幼学字聚』は漢字・漢文、『英語文法捷径』は英語となる。

『ウスンソリ』の内容は、朝鮮語の学習と修身の教科書として使用できるものである。修身教科用図書としての性格については後述することにし、まず『ウスンソリ』の文体を通じて、『ウスンソリ』の国語教科用図書としての性格を確認する。その分析にあたって、学部の国語教科書として編纂された『新訂尋常小学』（一八九六）と『大韓留学生会学報』（一九〇七）の「イソップス寓語抄訳」と『ウスンソリ』に、ともに収録された「犬とその影」の文体を比較し、それぞれの叙述の特徴と各テキストが想定した読者を探ってみよう。

①　「貪心ある犬なり」『新訂尋常小学』巻一

第二十課。貪心잇ᄂᆞᆫ개라

ᄒᆞᆫ개가。고기ᄒᆞᆫ덩이ᄅᆞᆯ물고。다리ᄅᆞᆯ。건널ᄉᆡ［、］　그다리아ᄅᆡ도。ᄯᅩᄒᆞᆫ。져와ᄀᆞᆺ치고기ᄅᆞᆯ。문。개가잇ᄂᆞᆫ것ᄉᆞᆯ보고。貪心이發ᄒᆞ야。마저ᄲᅦ서［、］　먹고ᄌᆞᄒᆞ야。다리아ᄅᆡ로向ᄒᆞ야지젓소이다

그러나。제。지즐야고。입을열ᄯᅵ。물엇든。고기가。忽然내에ᄯᅥ러져물속으로드러ᄀᆞᆺ소

그ᄯᅢ에。다리아ᄅᆡ잇ᄂᆞᆫ개의입에고기도。ᄒᆞᆫ가지업서졋소［。］　이ᄂᆞᆫ。앗가實狀개처럼。보인것ᄉᆞᆫ。제形狀이。물

에빗최여。그처럼된것시오이다。
그러므로이개ᄂᆞᆫ貪心만나다가저물엇든고기도못먹엇소이다[42]。

② 「貪犬の影」『大韓留学生会学報』

貪犬의影

一日은人家飼的老猪이走出外邊要一要라가[、]得了好大塊肉片ᄒᆞ니[、]當做點心喫了ᄒᆞ면[、]足夠一飽라[。]有的ᄂᆞᆫ說ᄒᆞ되[、]那塊肉은是他偸取來的라[。]ᄒᆞ며[、]有的ᄂᆞᆫ說ᄒᆞ되[、]是個庖與他的ᄒᆞ니[、]這話ᄂᆞᆫ且從第二的어니와[、]只說那猪兒ㅣ得了恁般好東西에也該千歡萬喜的登時喫了로ᄃᆡ[、]原来狗的性이有了珍奇物事에偏是愛向家裏喫的라[。]將那肉片ᄒᆞ야[、]口裏含了ᄒᆞ고[、]意気揚々ᄒᆞ야[、]似大土一般的跑回家来ᄒᆞᆯᄉᆡ[、]路経一條板橋ᄒᆞ니[、]橋下那水ㅣ静蕩々地清瀅徹底ᄒᆞ야[、]照耀如同鏡面이어ᄂᆞᆯ[、]他便跕住了脚ᄒᆞ고[、]向下窺一窺러니[、]猛見一隻狗ㅣ其形貌彷彿自家的가亦口裏含了一塊好肉勝似自家含的ᄒᆞ고[、]目不轉請히睃着自家어ᄂᆞᆯ[、]他便肚裏想道호ᄃᆡ[、]我要試一試奪取他過來호리라[。]有了此ᄒᆞ고[、]得了彼ᄒᆞ면[、]怎生快樂이리오[、]說時遲那時快라[。]撲地攫將去ᄒᆞ니[、]這時節에不由不張着口叫聲喔이라[。]只見自家口裏的東西가丢的墜向波心去了ᄒᆞ야[、]看々沈底了ᄒᆞ고[、]看他對面那隻狗時에亦失了口裏含的라[。]再也莫想與他争奪이요[、]只得垂頭曳尾帰来ᄒᆞ야[、]少不得終日嗟惜에忍着肚飢리라[。]

得瀧望蜀타가連瀧也失之에悔無及矣라[。]凡人之貪取非我之物에反失自家所当有之物이何嘗異此狗之於影이리오[43][。]

③ 「虚欲多い犬」『ウスンソリ』

六 허욕 만흔 개

개가 고기 한덩이를 훔처 물고 다리를 건너 가다가 제 그림자가 물에 비친것을 보고 다른개가 고기덩이를 문줄 알고 쌔아스랴고 짓다가 제입에 물엇던 고기 싸지 물에 빠치더라

입에 고기 한덩이가 물속에 잇난 고기 두덩이보다 낫다(44)

①『新訂尋常小学』の「貪心ある犬なり」の文体は、漢字表記を用いた国漢文体である(45)。だが、朝鮮語の統語構造であり、漢文体が存在せず、露出している漢字語をハングル表記に書き換えれば、純国文に変えられる構造となっていて、朝鮮語使用者が読みやすい文体である。

②『大韓留学生会学報』の「貪犬の影」の文体は、国漢文体として分類できる。だが、ハングル文字は吐すなわち文章の区切り目に付ける助詞としてのみ用いられている。この国漢文体は、漢文に吐を付ける形式であり、漢文から派生した文体である。また、この漢文は白話文で書かれていることが特徴であり(46)、この翻訳文を読むには漢文あるいは中国語の読解能力が必要である。

③『ウスンソリ』の「虚欲多い犬」の文体は、漢字の露出がない純国文体である。この話には、漢字語が題目の「허욕（虚欲）」のみであり、朝鮮語の固有の語彙のみで書かれている。このような語彙使用と文体から、かなり朝鮮語使用者を意識していることが分かる。

『新訂尋常小学』と『大韓留学生会学報』に掲載された「犬とその影」は、それぞれ教科書や留学生雑誌という媒体を考慮すれば、おおよそ読者が想定できる。『新訂尋常小学』の「貪心ある犬なり」は、学校の教科書であり、朝鮮語の統語構造と漢字表記の割合の低さから、児童あるいはそれに相当するリテラシーを持つ人々に対するものだと考えられる。それに対し、『大韓留学生会学報』の「貪犬の影」は、崔南善《チェナムソン》をはじめとする日本留学生が作った雑誌に載っており、漢文の統語構造に朝鮮語でトを付けた形の文体であることから、漢文教育を受けた知識層を読者として想定したと考えられる。

この二つのテキストと比べてみれば、『ウスンソリ』の「虚欲多い犬」の文体は、『新訂尋常小学』の「貪心ある犬なり」に類似するものである。「虚欲多い犬」の文章は、学習しやすい平易な文体となっており、朝鮮語の教科書としても使用できる形式である。ただ『ウスンソリ』は『新訂尋常小学』の文章とは異なって漢字の露出が全く無い純国文体であり、分かち書きも多い。また『ウスンソリ』には、全般的に名詞の場合、漢字語（例　허욕（虚欲））の使用を少なくし、朝鮮語の固有語（例　개（犬）、고기（肉）、그림자（影）など）を主に使用している点からも、漢字を知らない児童や初学者も朝鮮語を学習することができるようになっている。『ウスンソリ』が刊行された翌年に漢字入門書『幼学字聚』が刊行されたのは、ただの偶然かもしれない。だが、近代的教育が広がっている一方、依然として漢字や漢文教育が盛んに行われていた社会的背景を考慮すれば、『ウスンソリ』に欠けていた漢字学習の側面を補うという理由もあったと推定される。

以上の朝鮮語教科書としての性格を持つ『ウスンソリ』の平易な文体は、朗読にも相応しいものである。この口演の可能性は笑話の特徴でもある。笑話は記録されたものが存在するとはいえ、主に口伝されたものを採録したり改作したものである。よって、記録された笑話はいつでも口伝あるいは口演される可能性を有する。朝鮮時代の古小説の享受は、黙読ではなく、朗読による集団的な性格も持っていた。近代においても本を朗読する職業（伝奇叟・講談師）が存続しており、近代啓蒙期の口演文化を看過することはできない。このように『ウスンソリ』は口演を通じての啓蒙という機能性が潜んだテキストでもあったと考えうる。

四　翻訳者の啓蒙の論理――『ウスンソリ』の啓蒙性と寸評

『ウスンソリ』は、文体や形式においては国語教科用図書としての性格を持つ一方、その内容においては人民啓蒙を図った修身教科用図書としての性格も持っている。『ウスンソリ』には、作者／訳者である尹致昊の思想に基づいた寸評が存在し、『ウスンソリ』の内容も同じく作者の思想に基づいて改作され構成されている。ここでは作者の寸評の性格を端緒として『ウスンソリ』というテキストの啓蒙性を検討する。

結論から述べると、『ウスンソリ』（大韓書林本と新韓国報社本）において寸評を作成した作者の主な意図は、朝鮮社会に対する風刺であり、それらは為政者に対する風刺と朝鮮人に対する風刺に大きく分けられる。また少数ではあるが、当時の国際社会に対する風刺も存在する。これらの寸評は、翻訳者である尹致昊の外交官としての履歴が反映された『ウスンソリ』の特異性でもある。

尹致昊の寸評の半数は、為政者に対する批判と風刺である。尹は為政者たちのこれまでの失政に風刺の眼差しを向ける。第三話「猫と猿」の寸評からは、一九〇五年一一月二七日に韓国の保護国化を日本と協約した韓国側の大臣たちへの非難が読み取れる。また、第一六話「恩恵と圧制」の寸評からは、その保護条約後に設置された韓国統監府による言論活動の制限など、当時の韓国政府と韓国における日本の政治行為を批判するものだと言える。

こうした為政者に対する批判や風刺という寸評の観点は、『ウスンソリ』の内容にも同じく反映されている。

一二　「保護国」

数日間、大鷲が鳩の籠の周りを回ったが、鳩が一羽も出てこないので、大鷲が笑顔で籠の前に来て、鳩たちを見ながら誘って言うには「私も翼と羽があり、貴方たちも翼と羽があり、我が先祖は畢竟同じ先祖であり、我々

表2　尹致昊の寸評と風刺の対象

①為政者（朝鮮政府・日本の支配）に対する風刺

話	題　目	寸　評	風刺の対象
第2話	見かけ装い	当世の富貴大臣たちを見れば，この狐が如何に言うか	
第3話	猫と猿	外人の使いとして売国する人々，すこし考えなさい	
第9話	蛙と黄牛	強い国の称号と礼式だけ真似しながら滅んだ国もあるらしい	大韓帝国に対する批判
第10話	鶩	圧制の政治の下にはよく話をしても無駄だ	韓国政府・日本の支配
第13話	他人の首	自分の政府が自分の民を虐待するとき，他人の国が他人の民を厚待するか	
第16話	恩恵と圧制	人心を得るには恩恵の暑い気運が圧制の冷たい風より良い	日本の支配
第18話	鷲の物心	王を騙して民を虐待し国を滅ぼしておいて，仏供と山川での祈禱で国がよくなることを祈る人々はこの鷲の物心より悪い	
第31話	金の卵を産む鵞鳥	民を死なせて財産を一気に奪うと畢竟財物と民と国をすべて失った人々も少なくない	
第70話	獣の裁判	小さな盗みをすれば，懲役であり，大きな盗みをすれば，富貴	

②朝鮮人に対する風刺（◎：新韓国報社本）

話	題　目	寸　評	風刺の対象
第1話	牡蠣訟事	私和して半分を得ることが訟事してすべて失うことより良い	
第4話	鹿の角	外面だけを見て友たちに交わるな	
第5話	強弱不同	強くて儀［が］無い奴とはともに事をするな	日本
第6話	虚欲多い犬	口の［中の］一塊の肉が水の中にある二塊の肉よりよい	
第8話	用心する鼠	悪いやつの側にはいたずらでも行くな	
第12話	保護国	自分が自分を保護せず，他人の保護をどうして信じるか	
第26話	陶土壷と錫壷	朝鮮の人が強い国の人とともに事をしようとしたら，この陶土壷の話を考えるべきだ	
第44話	燕の忠告	後悔もしない人よりは良い	
第45話	雲雀の物心	汝の事をよくしようとしたら汝がやり，悪くしようとすれば他人にさせるべきだ	
◎第71話	陰陽家の亡態	悲しい．国の興亡が朝夕にあるが，杞憂することに奔走不暇［非常に忙しくて余裕がないさま］するもの［は］陰陽家の亡態ではないか	

（表2つづき）

話	題　目	寸　評	風刺の対象
◎第72話	金ドリョンの度量	悲しい．人の度量の大小が定められた分際にあり，剛明［剛直で賢明に］に変わることができない．近日に天下［の］事を語るものが，ついに豆を炒めること［おやつ作り］を超えられないもので，嘆くべきことだ	
◎第73話	無学な父子の物語	その父兄の識見が足りないので，子弟の教育がまた成功しない，まさに悲しむべきことだ	

③国際社会に対する風刺

話	題　目	寸　評	風刺の対象
第7話	強い奴の経界	弱い奴は経界［事を区分する基準］も無く公法も無い	
第15(1)話	獅子と鼠	強い者も弱い者の徳を得るときがあるので，強さを信じて弱さを凌蔑するな	

は同じ種類で、言わば同胞兄弟である。近日見れば、山猫がこの近所を歩き回っており、あやつの凶計が叵測《はそく》［不測。考えや行動などが陰険で腹黒いさま］し、貴方たちは天性が純良であり、間違えば他人の圧制を蒙る。それゆえ、私と保護約条を定めれば、私が貴方たちを保護し、貴方たちの宗家も尊重して、貴方たちの独立と富強を泰山のように固くするので、いかがか」と良い米粒を膳賜した。すると、鳩たちが喜んで大鷲を籠の中に迎え、保護大監にした。その翌日から大鷲が鳩の独立と安寧を維持するためだとし、鳩を一羽ずつ食べ、すべて食べ終えた後はその籠まで占領してしまった。

自分で自分を保護せず、他人の保護をどうして信じるか。(47)

この第一二話「保護国」では本文と寸評の風刺の対象が異なる。本文は、日露戦争後の日本による韓国の保護国化を風刺していると解釈でき、「大鷲」は日本、「鳩」は韓国、「山猫」はロシアを象徴する。「大鷲」が「鳩」を「保護国化」する論理である「私も翼と羽があり、貴方たちも翼と羽があり、我が先祖は畢竟同じ先祖であり、我々は同じ種類で、言わば同胞兄弟である」という話と「貴方たちの宗家も尊重して」という話は、日露戦争下における日本の保護国化の論理である日朝同祖論と、保護国化後の朝鮮王家の存続に関する条規などを想起させる。ところが、尹致昊が付けた寸評の批判の矛先は朝鮮人に向けられている。結局韓国の保護国化は、他人に頼って自国を守ろうとした朝鮮人の責任だと指摘する。

第六六話「獅子の凶計」は、専制君主の権限が巨大化することに警戒を促す内容である。大韓帝国成立以後、皇室の権限が強化されたが、これによる国家財政の貧困と国家の弱体化を風刺している。興味深いのは、儒生を喩えた「驢馬」の存在で、大義名分に象徴される儒学の教えを唱えるだけでは現状を打開することができず、むしろ被害をもたらす原因となったとしている点である。キリスト教徒の尹致昊は、個人倫理を向上させる「機能する」宗教としてキリスト教を評価する一方、儒教を、その優れた教えにもかかわらず、中国や朝鮮の人々の個人倫理を向上させなかった「機能しない」宗教として位置づける。(48)「獅子の凶計」に登場する「驢馬」は、儒生を象徴するものとして描写されており、結局獅子に食われてしまった驢馬の悲惨な運命には、こうした朝鮮社会の儒教に対する尹致昊の批判的な観点が反映されている。

為政者への風刺とともに、『ウスンソリ』の寸評には、人民あるいは朝鮮人に対する啓蒙に関わるものが多数存在する。これらの寸評では、一般人間社会の個人倫理にまつわる教訓が語られている。また内容においても、例えば、第四一話「土の中にある財物」は、畑に宝が葬られているという父の遺言を聞いた三人の息子が、一生懸命に土地を掘り返しているうちに、こうして頑張って働くことが宝であると気づくという話であり、人の勤勉さを強調する教訓がその主眼である。

『ウスンソリ』には、先述した、車が動くように仏に祈るばかりの車夫を風刺した第四〇話「車夫と仏」、自分の寺の仏器を盗まれてしまった僧侶を風刺した第二〇話「樵と仏」、自宅の火事も予想できない占い師を風刺した第五七話「占い師」など、祈る行為や迷信を風刺した話も存在する。朝鮮人に親しみのある仏を登場させたこれらの話は、他人あるいは神に頼ろうとする朝鮮人の態度を問題としている。占いや迷信や祈ることで物事を解決しようとする人々に対する風刺は、朝鮮人の他人依存の態度を批判するものである。『ウスンソリ』の第四五話「雲雀の物心」は、キビ畑の主である農夫父子が今までは他人に頼ってキビを収穫しようとしていたので、キビ畑に暮らしていた雲雀母子は安心していたが、農夫父子が自ら作業を始めようとしたので逃げたという内容である。この話には「汝の事をよくしようとしたら汝がやり、悪くしようとすれば他人にさせるべきだ」という寸評も記されており、自ら物事を解決することの大事さを物語っている。

『ウスンソリ』には、こうした他人依存あるいは非主体性が、個々人の人生だけでなく、国家の独立をも危うくする原因でもありうるという認識が見える。自立性を強調する第四五話「雲雀の物心」の寸評と内容を、前述した第一二話「保護国」の寸評「自分で自分を保護せず、他人の保護をどうして信じるか」とともに考えてみれば、個人の自立こそ国の独立を保つ要因であるという考えにつながる。第四四話「燕の忠告」は、「外国遊覧をしてきた」燕が鳥たちの危険を察知し忠告する話である。危険を探知した燕は、農夫が網を作ることができる作物を育てているので、その作物を食べ尽くすことを鳥たちに何回も促すが、鳥たちは「四〇〇〇年無事に過ごしてきた」ことを信じ込んで、結局秋になって鳥たちは捕まえられてしまったという内容である。「燕の忠告」に登場する「外国を遊覧してきた燕」は、尹致昊のような当時の海外経験を持つ知識人たちとして、そして「四〇〇〇年無事に過ごしてきた」「鳥たち」は朝鮮の人々として理解できる。この鳥たちの危機は韓国の保護国化によって朝鮮人が置かれた現状としても理解することができる。この話からは、亡国の責任が、為政者だけでなく、朝鮮人民の無自覚にもあるという批判的な眼差しが読み取れる。

以上の『ウスンソリ』の寸評と内容の検討を通じて、作者尹致昊の風刺や批判の矛先が、失政を行ってきた朝鮮の為政者や、蒙昧で自立していない朝鮮人民に向けられていることを確認した。朝鮮の構成員たちに、こうした朝鮮の現状を認識させて彼らを変化させるのが、尹致昊が『ウスンソリ』を著した啓蒙の目的であったのである。

この時期の「日記」が残っていないため、『ウスンソリ』と作者の尹致昊の思想を直接関連づけて検討することはできない。だが、少し時期がさかのぼるが、一九〇五年九月から一〇月までのハワイ視察とそこで行われた尹致昊の演説の内容は、『ウスンソリ』に反映されている作者の啓蒙の視線と関連して注目すべきである。尹致昊は韓人移民の実態を調べるためにアメリカ領ハワイに渡り、ハワイ韓人の労働状況や韓人社会を視察する。そのとき、尹は韓人移民者たちに数回にわたって演説を行う。彼は自分の日記に、韓人移民者のなかには無節制な生活を送る人々が多いと印象を述べている。そうした理由で、尹致昊は、移民者たちに「勤勉さ、節約、清潔さ、堅実な習慣」を持つことを求める演説を行った。また、演説のなかで、互いを「逆徒」と呼びながら韓人同士が利益のために争うことを問題とし、「いわゆる忠臣」とされる為政者たちこそ非道に走り「退化し荒廃した現在の韓国の状況をもたらした」「真の逆徒」であると、彼は指摘する(49)。このハワイ視察の三年後に出版された『ウスンソリ』が朝鮮の為政者への批判と朝鮮人の自助や自立を促す啓蒙的な内容に改作されたのは、こうした尹致昊の現状認識と啓蒙思想が反映されたからであろう。

『ウスンソリ』の寸評と内容のなかには、「弱い奴は経界［是非を分ける限界線］も無く公法も無い」（第七話「強い奴の経界」）など、弱肉強食の論理に基づいた国際社会を批判するものも存在する（第五話「強弱不同」、第五〇話「狐と平和談判」、第五六話「狐と雄鶏」など）。とくに国際社会を批判的に見る作者の批判の矛先は、大韓帝国を保護国とした日本に向けられている。第四七話「羊と狼の平和条約」における「狼」と「羊」は、それぞれ日本と大韓帝国を象徴するものとして捉えることができる。この話をはじめ、前述した第一二話「保護国」、人間の助けを受けて鹿との戦争に勝った馬が人の奴隷になってしまったという第三四話「馬と人」、目がよく見えないコウノトリが「鮒国の八〇〇万同胞」を食べるために姦計を巡らすという第六九話「コウノトリと鮒」では、その内容からすれば、羊や馬や鮒に危害を与えたり食べたりする、狼や人やコウノトリが日本を連想させるものである。これらのなかで第三四話「馬と人」の内容は、朝鮮をめぐる状況を日清戦争や日露戦争に際して日本が掲げた朝鮮／韓国の独立という大義名分に重ねて改作した話として読むことができる。

三四「馬と人」

馬が鹿と戦って勝利できなかったため、人に仇を討ってくれと言った。人が承諾して馬に鞍を付けてくつわをはめた後、乗って鹿を追って討った。馬がその恩恵に感謝し、鞍とくつわを外してくれるように願うと、人は「お前の仇を討つために、お前の権利を尊重し、お前の独立を保護し、お前の富強を図ったから、一生私の奴隷になれ」と言い縛り付けた。馬は嘆きながら「小さい敵を討つために大きい敵に会ってしまったのは、私が独立できないせいである。誰を恨もうか」と言った(50)。

この話は、原作の『イソップ寓話(51)』の内容をそのまま利用しながらも、後半の人と馬との会話を書き加えることで、朝鮮の独立のために清国とロシアと戦うという日本の大義名分を連想させる。この話を通して、日本の「奴隷」のような状態に陥ってしまった大韓帝国の状況を、当時の朝鮮人読者に巧みに伝えている。だが、ここで注意すべきなのは、この話は日本の偽の名分と悪行を風刺する内容ではあるが、その風刺の対象は他人に頼って独立を失ってしまった「馬」であり、この話の意図は「馬」にその責任を問うことにあるという点である。国際社会の非情な状況や日本の侵略的な態度よりも、尹致昊が『ウスンソリ』というテキストで朝鮮の読者に求めたのは、朝鮮が陥ってしまった現在の状況と、この現状をもたらした責任が自分たちにあることを認識させること、そして、その解決のためには自分たちを変えなければならないということである。イソップ寓話を翻訳し改作した『ウスンソリ』は、こうした啓蒙のメッセージを、寓話という形に凝縮し、朝鮮の人々の自立ひいては朝鮮の独立を図った尹致昊の試みだったのである。

五　小結――植民地朝鮮と近代東アジアにおける『ウスンソリ』

本章では、『ウスンソリ』の底本の問題と翻訳の様相、国語・修身教科用図書という刊行の目的、『ウスンソリ』の啓蒙的な性格と訳者尹致昊の思想との関連性について検討した。

まず、一九世紀半ばにイギリスで出版された英語版『イソップ寓話（*Aesop's Fables*）』の系統のものを、『ウスンソリ』の底本と仮定し、『ウスンソリ』の底本の問題と翻訳の様相を分析した。『ウスンソリ』の底本となったと思われる英語版『イソップ寓話』と『ウスンソリ』を照らし合わせ、その内容の類似と尹致昊による改作などの差異を確認し、『ウスンソリ』が翻訳物であることを明らかにした。とくに『ウスンソリ』の寓話には原作を忠実に翻訳したものが多数を占めるが、朝鮮人読者に合わせて設定を変えたり翻訳者の尹致昊の啓蒙思想と現実認識を直接反映した形で改作されたものも多く存在することが分かった。

次に、『ウスンソリ』がその「ウスンソリ（笑話）」というタイトルと平易な文体や構成から、国語教科用図書として刊行された可能性を確認した。『ウスンソリ』は、文章に分かち書きが多く、平易な文体および文章構造となっており、また漢字語の使用を全般的に少なくし、漢字を知らない児童や初学者にも朝鮮語を学習しやすくなっている。こうしたテキストの特徴から、『ウスンソリ』が国語教科書として使用できるような条件を備えていたことを確認した。

最後に、『ウスンソリ』の内容と訳者の寸評には、為政者や国際社会の不条理、朝鮮人の他人依存に対して警鐘を鳴らす啓蒙的な意図が見られ、こうした理由でこのテキストは朝鮮人や朝鮮社会への啓蒙のメッセージを伝える修身教科用図書としての性格も持っていることを論じた。尹致昊は、当時の朝鮮人に馴染みのある笑話という様式を借りた『ウスンソリ』を通じて、外来のイソップ寓話に当時の朝鮮社会を投影させ、自助や自立を趣旨とする朝鮮人への啓蒙を図ったのである。植民地期においても、こうした朝鮮社会に対する尹致昊の啓蒙の試みは、教育活動や宗教活動を通じて続いていく。

最後に本章の『ウスンソリ』に関する検討にはいくつかの課題と議論の可能性が残っていることを述べておきたい。

第一に、『ウスンソリ』の実際の底本の確定に関する問題である。本章では『ウスンソリ』の底本が英語版『イソップ寓話』の系統の一つであろうと論じたが、尹致昊が実際に底本とした版本を確定する作業が必要である。実際の版本を確定するための糸口として、『イソップ寓話』には収録されていない『ウスンソリ』の第三話「猫と猿」が挙げられる。猿の力を借りて主人の食べ物を横取りした猫の姦計に関するこの寓話は、ラ・フォンテーヌの『寓話』に登場する有名な話である。『ウスンソリ』の「猫と猿」には改作の痕跡が見られず、底本の寓話がそのまま翻訳された可能性がある。それゆえ、この話が収められている増補版『イソップ寓話』以降の版本を調べるべきであろう。こうした実際の版本の確定を通じて『ウスンソリ』の翻訳の様相をより実際的に検討することができるだろう。

第二に、植民地期における『ウスンソリ』の流通と受容の様相に関する問題である。『ウスンソリ』が大韓書林から一九〇八年に出版され、その翌年禁書処分を受けた後、一九一〇年にハワイの新韓国報社から増補版が出されたことを考慮すれば、植民地朝鮮において『ウスンソリ』の流通は難しかったと考えられる。だが、前述の通り、新韓国報社本に加えられた第七二話「金ドリョンの度量」が以後の『一代壮観』の話と類似する内容であることが確認されたように、植民地期の寓話あるいは笑話に影響を与えた可能性も排除することはできない。もちろん新韓国報社本に加えられた三つの話は、大韓書林本の寓話とはその性格が異なる。この三つの話はイソップ寓話の翻訳あるいは寓話というよりは面白い話という笑話により近い性格を持っている。大韓書林本の寓話と新韓国報社本に追加された三つの話との差異を念頭に置き、今後こうした話が以後のイソップ寓話あるいは笑話や野談や才談などの世界にどのように受容され流通されていたのかも検討する必要がある。

第三に、東アジアにおけるイソップ寓話の翻訳とそのなかでの『ウスンソリ』の位置づけである。これまでロバート・トーム（Robert Thom）の『意拾喩言』などの中国で流通した漢訳イソップ寓話集が『ウスンソリ』の底本であると推測されてきた。こうした推測がなされてきたのは、尹致昊が中国に留学したことと、当時『意拾喩言』がさまざまな形で東アジアに流通していたことで[52]、尹が『意拾喩言』の系統のものを参照した可能性が高いと考えられたからであろう。だが、本章で確認したように、『ウスンソリ』は英語版『イソップ寓話』を底本としたものであり、『意拾喩言』のような漢訳本とは系統が異なる。当時広く流通した『意拾喩言』などの漢訳本のイソップ寓話の翻訳、そして英語版を底本とした日本の渡部温の『通俗伊蘇普物語』[53]などの翻訳を、『ウスンソリ』の翻訳とともに検討することで、東アジアにおけるイソップ寓話の翻訳と受容の問題を探ることができる。例えば『意拾喩言』と『通俗伊蘇普物語』にも、『ウスンソリ』に見える、ギリシア神話の神あるいは人物などの西洋的な人物を仏のような現地人が理解しやすい話に変えて翻訳する様相が見られる。『ウスンソリ』にもあるヘラクレスと車夫の話が、『意拾喩言』にも第五六話「車夫、仏を求める（車夫求仏、The Waggoner and Hercules）」として収録されている[54]。『意拾喩言』の「車夫、仏を求める」で、ヘラクレスは『ウスンソリ』と同様、「仏」あるいは「阿弥陀仏」に漢訳される。『通俗伊蘇普物語』の場合、第七〇話「神仏天上に会合《よりあひ》の話」には、ギリシア神話の神々が、「歳徳神」「海王」「権現」「才智菩薩」に書き換えられて仏教的あるいは東洋的な神に翻訳されている[55]。このような翻訳の類似性が確認できる一方、『通俗伊蘇普物語』では、第七〇話「神仏天上に会合の話」の「ヲリンピュス（ギリシアの霊山）」のように、この会合の空間がギリシアであることを付け加えたり、車夫とヘラクレスに関する第五一話「ヘルキュス権現と車引の話」[56]にはヘラクレスを「権現」という東洋の神に位置づけているものの、ヘラクレスをそのまま示す形で翻訳している。このように『ウスンソリ』とほかの二つのイソップ寓話集を含めた近代東アジアにおけるイソップ寓話の翻訳の様相をともに検討することで、『ウスンソリ』の翻訳の特徴および近代朝鮮におけるイソップ寓話の翻訳の特徴をより明確に提示することができるだろう。

（1）内田慶市「イソップの東漸」内田慶市ほか『文化の翻訳あるいは周縁の詩学』（水声社、二〇一二年）、参照。
（2）小堀桂一郎『イソップ寓話』（講談社、二〇〇一年［一九七八年］）、二五六―二八一頁参照。
（3）兪春東「근대 계몽기 조선의『이솝우화』」『淵民学志』第一三輯（연민학회、二〇一〇年）、参照。
（4）尹致昊『우순소리』（大韓書林、一九〇八年）。本章では、富山大学「朝鮮開化期大衆小説原本コレクション」に所蔵されている『우순소리』（出現コレクション番号　Y―〇三―〇五―〇一）を主な分析の対象とし、「『ウスンソリ』、頁数」という形で示す。
（5）『官報』第四三七〇号（隆熙三［一九〇九］年五月七日）「内部告示」第二七号（隆熙三年五月五日）。
（6）兪春東「윤치호의『우순소리』신한국보사본（1910）에 대하여」『近代書誌』第一〇号（근대서지학회、二〇一四年）。
（7）趙東一「1910년대 재담집의 내용과 성격」『배달말』第九輯（배달말학회、一九八四年）、黄仁徳『한국기록소화사론』（태학사、一九九九年）、金埈亨「근대전환기 패설의 변환과 지향」『口碑文学研究』第三四輯（한국구비문학회、二〇一二年）。
（8）『新韓国報』隆熙四（一九一〇）年五月一〇日・一七日付「広告」。
（9）鄭明基「일제 치하 재담집에 대한 재검토」『国語国文学』第一四九輯（국어국문학회、二〇〇八年）。
（10）許敬震・임미정「윤치호『우순소리』의 성격과 의의」『語文学』第一〇五巻（한국어문학회、二〇〇九年）。
（11）上掲許敬震・임미정（二〇〇九）。
（12）이효정「윤치호의『우순소리』소개」『国語国文学』第一五三輯（국어국문학회、二〇〇九年）。
（13）前掲兪春東（二〇一四）、一六七―一六八頁。ＵＣＬＡリサーチ図書館の咸鎬墉先生コレクション（The Ho Young Ham Papers, Special Collections of Research Library of UCLA）に、新韓国報社本『ウスンソリ』が所蔵されているのが明らかになったが、筆者はこの新韓国報社本『ウスンソリ』を入手することができなかったため、本章では、兪春東の論文（二〇一四）に掲載された資料に基づいて新韓国報社本の様相を検討する。
（14）前掲이효정（二〇〇九）、上掲兪春東（二〇一四）。
（15）前掲許敬震・임미정（二〇〇九）、九二―九四頁、上掲이효정（二〇〇九）、一六五―一六六頁。

(16) Aesop, *Aesop's Fables, With Text Based Chiefly on Croxall, La Fontaine, and L'Estrange*, Illustrated by Ernest H. Griset, Revised and re-written by J. B. Rundell (London and New York: Cassell, Petter and Galpin, [1869?]). 筆者が入手した初版の標題紙には印刷された形ではなく、発行年が鉛筆で［1869］と記されている。

(17) 「日記」一九〇五年一〇月一四日。傍線は引用者による、以下同。

(18) 新韓国報社本『ウスンソリ』の書誌情報や内容については、前掲兪春東（二〇一四）、参照。

(19) 大韓書林本『ウスンソリ』には「第一五話」が二編あり、この点は新韓国報社本『ウスンソリ』でも修正されていない。上掲兪春東（二〇一四）、一七〇頁。

(20) 尹致昊の一九一〇年の外遊については、金永羲『佐翁尹致昊先生略伝』（기독교조선감리회총리원、一九三四年）、一九九―二〇四頁参照。

(21) ピーター・ハンド編『子どもの本の歴史』（さくまゆみこ・福本友美子・こだまともこ共訳、柏書房、二〇〇一年）、一七七―一九三頁・二〇三―二〇七頁参照。

(22) "Editor's Preface", *Aesop's Fables* [1869?].

(23) Aesop, *Aesop's Fables, With Text Based Chiefly on Croxall, La Fontaine, and L'Estrange, New and Enlarged Edition*, Illustrated by Ernest H. Griset (London, Paris and New York: Cassell, Petter and Galpin, [1874?]). 筆者が入手したものは、初版同様、発行年が鉛筆で［1874］と記されている。増補版の「編集者の序文（Editor's Preface）」には「初版と再版には収められていない、合わせて約一三〇個の寓話は、ほかの編集者の責任のもとで加えられたものである」（ibid., vi, 原文は英語）という注記がある。この拡張版は三版以降のものであり、多数の寓話（とくに二四一頁以降）が加えられている。

(24) 例えば、Aesop, *Aesop's Fables, A New Revised Version From Original Sources*, Illustrated by Harrison Weir, John Tenniel, and Ernest H. Griset (New York: Frank F. Lovell and Company, 1884).

(25) 前掲兪春東（二〇一四）、一七四―一七五頁。

(26) "A DOG, bearing in his mouth a piece of meat that he had stolen, was crossing a smooth stream by means of a plank. Looking in, he saw what he took to be another dog carrying another piece of meat. Snapping greedily to get this as well, he let go the meat that he had, and lost it in the stream." *Aesop's Fables* [1874?], p. 9. 日本語訳は引用者による、以下同。

(27) 『ウスンソリ』、六頁。原文は朝鮮語。日本語訳は引用者による、以下同。

(28) "A CERTAIN house was much infested by Mice; the owner brought home a Cat, a famous mouser, who soon made such havoc among the little folk, that those who remained resolved they would never leave the upper shelves. The Cat grew hungry and thin in consequence, and, driven to her wit's end, hung by her hind legs to a peg in the wall, and pretended to be dead. An old Mouse came to the edge of the shelf, and, seeing through the deception, cried out, "Ah, ah, Mrs. Pussy! We should not come near you, even if your skin were stuffed with straw."" *Aesop's Fables* [1874?], pp. 7–8. 傍線は引用者による、以下同。

(29)『ウスンソリ』、七―八頁。

(30) "As a Wagoner was driving his wain through a miry lane, the wheels stuck fast in the clay, and the Horses could get on no further. The Man dropped on his knees, and began crying and praying to Hercules with all his might to come and help him. "Lazy fellow!" said Hercules, "get up and stir yourself. Whip your Horses stoutly, and put your shoulder to the wheel. If you want my help then, you shall have it."" *Aesop's Fables* [1874?], p. 75.

(31)『ウスンソリ』、三五頁。

(32) "THE Wolves and the Sheep once made a treaty of peace. The Sheep were to give up their Dogs, and the Wolves their young ones, as hostages or security for its due observance. The young Wolves cried for their dams, and the Wolves thereupon alleged that the peace had been broken, and set upon the Sheep, who, deprived of their defenders the Dogs, could make no resistance." *Aesop's Fables* [1874?], p. 106.

(33)『ウスンソリ』、四三―四四頁。

(34) 新韓国報社本『ウスンソリ』の序文の有無については、前掲兪春東（二〇一四）、一六九頁。

(35) 前掲黄仁徳（一九九九）、二〇―二四頁。

(36) 近代啓蒙期における笑話・稗説・野談・才説の啓蒙的な機能性については、上掲黄仁徳（一九九九）、二六二―二八一頁、金埈亨『韓国稗説文学研究』（보고사、二〇〇四年）、二二四―二五六頁、前掲金埈亨（二〇一二）、参照。

(37) 李沂「小説」『大韓自強会月報』第一号―第七号（一九〇六年七月―〇七年一月）。

(38) 尹致昊「議会通用規則」『大韓自強会月報』第四号（一九〇六年一〇月）。「議会通用規則」の翻訳の問題と近代朝鮮における流通については、本書第四章を参照してほしい。

(39) 李沂の「小説」については、前掲黄仁徳（一九九九）、二六四―二七五頁参照。

(40) 許敬震・임미정も『ウスンソリ』が教育用図書として刊行されたと推定した。前掲許敬震・임미정（二〇〇九）、九四―九

五頁。

(41)『幼学字聚』については、本書第六章を参照してほしい。

(42)「貪心잇는개라」『新訂尋常小学』(学部、一八九六年)、一六―一七面。

(43)李享雨「이솝스寓語抄訳」『大韓留学生会学報』第二号(一九〇七年四月七日)、七七―七八頁。

(44)『ウスンソリ』、六頁。

(45)『新訂尋常小学』の「貪心ある犬なり」は、当時の日本の教科書『尋常小学読本』に類似するものである。金泰俊「이솝우화의 수용과 개화기 교과서」『韓国学報』第七輯第三号(일지사、一九八一年)、一一三―一二二頁。

(46)前掲兪春東(二〇一〇)、二二〇頁。白話文で書かれていることを顧慮すれば、中国の白話文で書かれた「イソップ寓話」からの翻訳だと推測される。

(47)『ウスンソリ』、一一―一三頁。

(48)本書第八章を参照してほしい。

(49)「日記」一九〇五年九月一〇日・一八日。

(50)『ウスンソリ』、二九―三〇頁。

(51)"The Horse and the Stag", *Aesop's Fables* [1874?], p. 56.

(52)『意拾喩言』の特徴と流通については、前掲内田慶市(二〇一二)、二九―三五頁参照。

(53)『通俗伊蘇普物語』はトマス・ジェームズ(Thomas James)が英訳したイソップ寓話を底本としたものである。谷川恵一「解説」渡辺温『通俗伊蘇普物語』(平凡社、二〇〇一年)、二七九頁。

(54)[Robert Thom], 意拾喩言 *Esop's Fables*, Written in Chinese by the Learned Mun Mooy See-Shang, and Compiled in Their Present Form (With a Free and a Literal Translation) by His Pupil Sloth, [S.L.]: The Canton Press office, 1840, pp. 68–69.

(55)前掲『通俗伊蘇普物語』、九三―九四頁。

(56)上掲『通俗伊蘇普物語』、七四頁。

第六章　漢字漢文教育の変容と『幼学字聚』

一　開化期朝鮮における漢字漢文教育

朝鮮において一八九〇年代半ばから一九〇〇年代にかけての時期は、朝鮮語の近代的な体系化が試みられた、朝鮮語の変貌期でもあった。甲午改革（一八九四―九六）を通じて科挙制を廃止し公文書に国文を使用するなど、朝鮮政府によって朝鮮語を規範化する言語政策と近代教育が施行された。民間においても、李鳳雲《イボンウン》『国文整理』（一八九七）、周《チュ》時経《シギョン》『大韓国語文法』（一九〇六）など、初期国語学者による朝鮮語文法書や読本が刊行された。また、この時期は、『独立新聞』（一八九六―九九）の創刊、李人稙《イインジク》『血の涙』（一九〇六）の刊行など、新聞や雑誌などの近代メディアの創刊に伴う国文を用いた近代文学の形成期でもあった。こうした流れのなかで、知識人の間には、漢字漢文の必要性などをめぐる廃止と制限の議論が台頭した。

だが、朝鮮語をめぐって活発な動きが行われたこの状況においても、実際の朝鮮社会、とくに知識人層においては漢字漢文の識字層が依然として大多数を占め、幼学・初学としての漢字漢文教育の社会的な必要性を看過できない状況であった。例えば、崔南善《チェナムソン》によって一九〇八年に創刊された雑誌『少年』にも漢文漢字学習欄の「少年漢文教室」が設けられており、簡単な語句や短い漢文などが載せられている。[1]

国文への志向と漢字漢文教育が共存するこの時期に、政府による漢字漢文教育の再編が行われる[2]と同時に、民間における漢字漢文学習書が続々と刊行される。例えば、池錫永《チソギョン》編纂『児学編』（一九〇八）、李承喬《イスンギョ》『新訂千字文』（一九〇八）、ゲール（J. S. Gale）の『牖蒙千字』（一九〇三―〇九）、尹致昊『幼学字聚』（一九〇九）などがある。このなかで、『児学編』は、丁若鏞《チョンヤギョン》の『児学編』（一八〇四）をもとにして池錫永が編纂したものである。もとの丁若鏞の『児学編』は〈漢字（天）・朝鮮語訓読み（하늘）・音読み（텬）〉という構成だったが、池錫永版はこれに〈日本語訓読み（アメ）・音読み（テン）・朝鮮語の読み（아메・덴）〉と〈英語（Sky）・朝鮮語読み（스카이）〉を加え、漢字学習だけでなく、日本語と英語学習も可能なものに再構成されている。[3]これらの漢字学習書は『千字文』を代表とする、従来の習字・幼学のテキストの文化を引き継いでいるとはいえ、時代に即してその形が変容したものである。

開化期朝鮮における漢文漢字教育に関する先行研究のなかには、尹致昊の『幼学字聚』を論じるものもあったが、大半がテキストの分析というよりは書誌と内容の概要について論じたものである。[4]また、管見の限り、尹致昊研究において、『幼学字聚』を論じたものは存在しない。その理由としては、まず分析しにくい漢字学習書というテキスト的な特徴と、また英学者としての尹致昊が強く意識されたせいか、彼の漢字学習書の存在を見落としてきた側面があると思われる。

それでは、なぜ当時英学の専門家である尹致昊が漢字学習書『幼学字聚』を著したのか。残念ながら、この時期の「日記」は存在せず、また『幼学字聚』には著作の意図を直接に確認することができる序文もない。そこで、本章では、『幼学字聚』は儒学の経典を学習するためという従来の目的とは異なる学習体系と思考体系の模索ではなかったのかと仮定して論を進めていく。

尹致昊が『幼学字聚』を著した意図に対する以上の疑問と仮説に答えるために、まず、二〇世紀初頭朝鮮における漢字漢文の使用および教育をめぐる論争を確認しておく。次に、『幼学字聚』との比較のために、同時期に民間で刊行された二つの漢字漢文学習書、すなわち儒学者李承橋の『新訂千字文』と宣教師ゲール編纂の『牖蒙千字』について、これらの構成とその特徴を確認した上で、『幼学字聚』の構成とその内容を検討し、二つの漢字漢文学習書との類似と差異を確認する。こうした当時の漢字漢文教育にまつわる歴史的状況と、民間で編纂されたほかの漢字漢文学習書との比較を通じて、尹致昊の『幼学字聚』の著述の意図とテキストの啓蒙性を明らかにする。そして、近代へ転換する朝鮮社会における漢字漢文教育の変容の意味を考えてみる。

二　二〇世紀初頭における漢文と国文をめぐる論争――『幼学字聚』刊行の歴史的背景

『幼学字聚』の刊行は一九〇九年一月である。奇しくもその前年の一九〇八年に漢文と国文をめぐる論争が起こる。まずこの論争の経緯と内容、そしてこの論争に関連して提起された初等教育に関する意見を検討し、『幼学字聚』の刊行の歴史的な背景を確認しておく。

一九〇八年の漢文と国文をめぐる論争は、大東学会の漢字漢文擁護論の提起、国文を擁護する立場の知識人のそれに対する反発として要約することができる。[5] この論争の発端は、大東学会の会員である呂圭亨《ヨギュヒョン》が書いた「漢文国文を論じる（論漢文国文）」であった。大東学会は一九〇七年三月に申箕善《シンギソン》を会長として設立された儒学者の学会であり、呂圭亨の文章は、同学会の機関誌『大東学会月報』創刊号（一九〇八年二月二五日発行）に発表されたものである。

> 文は言による道の形である。［中略］我が韓国は檀君・箕子が国を開いて以来、漢文を用いること四千年であり、漢文は我が韓国の本来の文であり、外から受け継いだものではない。最近世間で言うには「漢文を廃止して国文

をもっぱら使用して、初めて国を立てることができる」という。愚かで分別のないことこのような有様なので、いろいろと述べるべきでもないが、説明しないわけにもいかない。説明しなければ、愚かな者は、結局目覚めることができないからだ。我が英陵［世宗］朝に初めて国文三六字母を支那《ママ》の見溪群疑［牙音。見・溪・群・疑は牙音の代表的文字］の字母を真似して制作し、諺文と呼んだ。［それは］反切［漢字の発音の表記法］であり、漢文を補助してもっぱら解釈するものであり、そもそも漢文が分からない愚かな男と女の［ためのもの］であり、それ［漢文］をやめてこれ［諺文］を立てるようなものではない。日本のいろは字［仮名］が漢字の偏旁にふってあるのは、我が吏読の偏旁の吐のようなものである。国文だといっても漢文の支流である。近年ある議論ではいろはだけを用いて漢文を廃止し、このように行おうとするが、これができるだろうか。西洋人も英字［アルファベット］を用いてローマの旧字を廃止しようとしたが［それが］できなかった。そうだとすると、最近の漢文を廃止しようとする動きは、孔子の道を廃止しようとするようなものである。人は耳目口鼻とともに心を持っており、孔子の道をやめようとすることは、父子と君臣の倫［道徳的な関係］をやめようとすることと同じである。つまり、乱臣と逆子と言うべきである。今日我が大東学会は、斯道［儒学・聖人の道］と斯文を明らかにするものである。[6]

呂圭亨は、道文一致という語に象徴される儒学と漢文との関連性を強調し、今日の漢文の重要性を唱える。呂は、国文を、漢文を理解するための補助手段として位置づけ、漢文の廃止と国文の専用に関する主張を厳しく批判する。その批判の根拠は、道文一致であり、聖人の道を表す「斯文」である漢文を廃止することで、人間社会の儒学に基づいた倫理がなくなってしまう、つまり「斯道」の喪失につながってしまうという論理である。

大東学会を中心とする漢字漢文擁護論に対して、すぐさま『大韓毎日申報』から反論が出てくる。まず、一九〇八年三月一五日付『大韓毎日申報』には黄《ファン》羲性《ヒソン》の「呂荷亭先生あなたに与える書（与呂荷亭先生足下書）」［荷亭は呂圭亨の号］が掲載される。ここで黄は、漢文を重んじる呂圭亨の態度は、自国のものを大事にせず、小国が大国を崇めるような事大主義的なものであり、またこれまで呂が漢文によって自分も成長しさまざまな利益を得ているので、自分のアイデンティティと既得権を守るためだと厳しく非難する。

黄義性の文章が載った二日後の三月一七日から三回（一九日まで）にわたって論説「国漢文の軽重」が連載され、呂圭亭をはじめとする大東学会の漢文擁護論に対する批判が増していく。

国文と言えば、これは一般の韓人がみな自［国］の文として認めるものであり、漢文と言えば、これも一般の韓人がみな他国の文として認めるものである。その文字のどちらが簡潔でどちらが繁多なのかは論じるまでもなく、どちらが学習しやすくてどちらが学習しがたいのかも問うまでもない。ただ国文［と漢文］の二つの文字だけを挙げて、道で［人を］呼んで「何が重要なのか」と言えば、黄口の幼い子供でもみな「国文が重要だ、国文が重要だ」と言うので、ここで「国漢文の軽重」を題として論じるのは、ひょっとすると、必要ではない論かもしれない。ああ。その軽重を雷と大地が懸絶［はなはだしく離れているさま］するように、国漢文を、今何人かの痴人が謬見と妄執で毫芒《ごうぼう》［きわめて微細なもの］が泰山より大きいと言い、細い水流が黄河より広いと言う。ある会場の演説で聴衆が雲集すると、国文は漢文の付属品にすぎないと大きく叫ぶ人もいて、ある雑誌の文苑で天下の事はただ漢文を読む人にのみ任ずることができると言い放つ人もいる。深刻なのは国文を奴隷として漢文を主人とし、国文を臣下として漢文を君主とし、すぐに国文は廃止して漢文だけを尊ぶべきだという意思である。ロシア人はポーランドを滅ぼしてポーランド語を禁じて外語を用いさせ次第にその故国の思想を漸減させた。今日の韓人は自国文を自ら禁じて外国［の文］を使用しようとするので、記者はそこで必ず論じる必要はない国漢文の軽重をやむを得ず一つ論じる境遇に置かれた。(8)

この文章において、漢文は他国の言語として、国文は、韓人の自国の言語であり、子供も重要だとうなずくほどの自明なものとして位置づけられる。また、その両文の性質についても、文字の形と学習の面において、漢文は繁多で学びにくいものとして、国文は簡潔で学びやすいものとして特徴づけられる。こうした〈韓国の自明な国語である国文〉という思想をもって、「国文は漢文の付属品にすぎない」と、国文が「奴」「臣」であり漢文が「主」「君」であるかのように主張する大東学会を非難する。そして、ロシアがポーランドを滅ぼしてポーランド語を禁止しロシア語を強要した結果、ポーランド人の「故国の思想」が亡くなってしまったという他国の前例を挙げ、ある国の人々のアイデンティティと自国語との親密な関係を訴える。国を亡くしたポーランドの喩えは、一九〇五年の第二次日韓協約(乙巳条約)以来、大韓帝国が日本の保護国となっていた状況を連想させる。当時国文を擁護する立場の人は、このように自国の独立が危機的な状況において、他国語である漢文の重要さを主張する危険性を警戒する面もあったと言えよう。

国文を擁護する立場の『大韓毎日申報』の反論に対して、大東学会側も漢文擁護に関する文章を『大東学会月報』に続けて掲載する。

まず鄭喬《チョンギョ》が「漢文と国文の弁別」(『大東学会月報』第四号、一九〇八年五月二五日)を発表する。鄭は、「東方」では古代から漢文ですべての公的・私的なものを記し教育してきたので、漢文を捨て去ることは自分自身を失うことだと述べた上で、国文は漢文を解釈する機能を持つ「表裏をなすもの」であり、漢文と国文は「同じくもともと国の文である」と漢文も朝鮮の文であることを強調する。また、西洋諸国では宗教的な理由でギリシアとローマの「旧文」を使用していることを指摘し、それによって「皆[イギリス・ドイツ・フランス・アメリカ]がギリシアとローマの奴隷と言えるのか」と問いかけた上で、「漢文を使用するからといって、それがすなわち漢人の奴隷になることなのか」と反問する。以上の理由で、漢文を中国人のものとして廃止すべきだという主張と、国文を朝鮮人のものとして専用すべきだという主張は、「井戸に座って空を観ながら「天は小さい」と言う」偏狭によるものだと批判する。東洋における漢文の歴史性と、漢文の補助手段としての国文の役割という鄭喬の観点は、呂圭亭の「漢文国文を論じる」に通じるものである。だが、鄭喬は、漢文と国文をともに「国の文」として位置づけており、漢文も朝鮮の「国の文」であるため、

両方を「弁別」する考えが間違っていると主張しているところが特徴的である。この文章の本文は漢文であるが、タイトルが「漢文과《と》 國文의《の》 辨別」と国漢文で書かれていることは、漢文と国文ともに「国の文」であるという彼の観点が反映されたものだと考えられる。

鄭喬以外にも「藕山居士」の名で書かれた論説が『大東学会月報』第二号から第七号にかけて（第六号には未掲載、一九〇八年三月二五日―八月二五日）連載される。うち第七号の論説は「亜文を論じる（論亜文）」と題しており、前回の第五号から漢文を中国の「文」ではなく、中国・日本・朝鮮がともに用いる「亜文（アジアの文）」として位置づけ、国文の専用は朝鮮の孤立をもたらす要因となると指摘し、漢文廃止と国文専用の危険性を論じる。

大東学会が漢文擁護論を維持し続けるなかで、続いて『皇城新聞』が大東学会の漢文擁護の動きとその論理を批判する。一九〇八年八月二〇日付の論説「大東学報第四号論説に弁ずる（弁大東学報第四号論説）」では、『大東学会月報』第四号に掲載された藕山居士の論説を問題とし、「思うに彼は漢文家の巨頭であり、支那《ママ》人の忠僕である。その論説の趣旨は漢文の専用にあり、国文の廃却にある」と非難する。この文章の論者は、藕山居士の中国志向は、朝鮮の歴史と文献を学ばず中国の歴史と文献だけを学んできたことによって「愛国思想が甚だ浅薄」となった結果だと指摘し、幼いときから朝鮮の歴史を学習する必要を述べる。

「大東学報第四号論説に弁ずる」が載った二日後の八月二二日付の『皇城新聞』論説「大東学会に勧告する（勧告大東学会）」では、道文一致をもって漢文を固守する大東学会に、国文をもって「正学」つまり斯道を広げることが可能ではないかという提案がなされる。

> ただ私たち［『皇城新聞』］が該会［大東学会］に対して遺憾なのは、他ならぬ、そもそも該会の目的の開発・新智は第二の事であり、正学を明らかにすることが、その第一義ではないか［ということである］。［中略］分かりやすく理解しやすい国文に訳して書籍を作ることを、思齋金公［朝鮮中期の文臣金正国《キムジョングク》。思齋は号］の諺解と郷約のように

し、一般国民に普通教育を施すべきだが、今漢文の伎倆《ぎりょう》［たくみに行う能力］を主張して国文を排斥すること、これが正学を明らかにすることだと言えるか(9)。

この文章の論者は、金正国が民の教化のために儒学的な倫理に関わる漢文に諺文の注を付けた『警民編』（一五一九）のように、大東学会の大義名分である社会の秩序と倫理を保つためには、道文一致にこだわらず、民衆を教化するためにも「分かりやすく理解しやすい」国文で儒学の道を伝えるべきだと提案し、漢文を固守する大東学会の態度の矛盾性を指摘する。

大東学会と『大韓毎日申報』『皇城新聞』との間で、漢文と国文をめぐる論争が激しく行われているなか、この論争に関連して、小学と初等教育における国文と漢字漢文についての意見も出てくる。ここでは『新訂千字文』を著した李承喬の「国漢文論」（『西北学会月報』創刊号、一九〇八年六月一日）と、『西遊見聞』（一八九五）を著した兪吉濬《ユギルチュン》の「小児教育に関する意見」（『皇城新聞』一九〇八年六月一〇日）を取り上げてその内容を確認しておく。

まず「国漢文論」についてだが、李承喬は、国文と漢字漢文の教育に関して次のように述べる。

> 初等小学は国文をもってもっぱら課程とし、その次に漢文と漢字を用いて学ぶべきである。だが、「千字文」をもって蒙学［子供の教育］の初階とすることは誤謬と舛錯《せんさく》［錯誤］が何よりも甚だしい。周興嗣が撰したその文は蒙学のために作ったものではない。語句と字義はともに経書と僻書《へきしょ》［奇異な内容の書物］から取り出したものであり、文章を作ることができる人だとしても、明確に理解することが難しいのに、［「千字文」をもって］子供にことばを学ばせて、どうしてその字の意味を理解することができるか。学問をすることは、いまだその性質に通じることがなく、度を超えたものを求めた愚かな性質のものであり、もっぱら棘のやぶをもって乱れが頭脳に加わり、むだにその精神を傷つけるのみである。教育上の妨害が何よりも甚だしく、「千字文」はできる限り束閣［縛って放置し使わないこと］して、天地・父母・東西南北・春夏秋冬・江山・草木など理解しやすくて分かりやすい字学で

課程を作って、その次に国文の専用をしたり国漢文の併用をし、天を穹窿、甲を闒逢、妻を荊布、誉児を跨竈などとする、めったに使わない普通でない文字は一切廃閣［放置しておく］する。ただ実際に使われる実際の名を、そのままに採用すれば国文の程度が自然と発達するので、有志の教育者は秩序を失わないようにし、方針をゆるがせにするな。(10)

李承喬は、「国漢文論」で、児童教育において国文使用を原則とした上で、国文→漢字→漢文という国文から漢文へ進んでいく教育方法を示す。その漢字漢文教育においては、従来の語句で構成された「千字文」を踏襲するのではなく、現時点でよく使われる漢字を選別し、既存の漢字漢文教育を改善することを主張する。こうした漢字漢文の改良の観点は、後に検討する『新訂千字文』にも見られる。そして、李はこうした漢字漢文の教育が国文の発達にもつながると漢字漢文教育と国文との関係に言及しており、ここから国文専用と国漢文の併用をともに認める立場が窺える。国漢文の併用に関する観点は、『西遊見聞』を国漢文体で書いた兪吉濬の「小児教育に関する意見」からも確認することができる。

小学は国民の根本教育である。高尚な文学を主とするのではなく、人世の普通知識を幼年者の脳中に浸染させて習ったことを自らのものとして将来の善良なる国民になるようにすることである。それゆえ、その教育の方法が／一、国語をもってする事／二、国体に協する事／三、普及を図る事／思うにその国語をもってする理由は児童の講習を簡便にすると同時に自国の精神を養成するためである。それゆえ、大韓国の児童の教科書籍は、大韓の国語を用いるべきであるが、近来広く使われる小学書籍を見れば、国漢字を混用するが、漢字を主位において音読する方法を取り、国字は付属となり、小学用としては国文でもなく漢文でもない、一種のコウモリ書籍［国文と漢文どっちでもない書籍］を成している。これをもって部屋いっぱいの小児が教師の口に随って高い声でカエル［のように］声を出し、あるいはその文の意味を聞けば、茫然として雲霧の中に座ってその方向を迷う人が十中八九である。これは国中の子女にオウム教育［ただ真似ばかりさせる教育］を施すことである。善美なる効果を、どうして得ることができるか。それゆえ、小学教科書は国語を専用しなければならない。［中略］小学の教科書の編纂は国文をもっぱら主とするべきであるか。それはそうである。そうだとすれば、漢字を使うべきではないのだろうか。それはそうではない。漢字をどうしてやめることができるか。漢文はやめるが、漢字はやめることができない。［中略］そうであれば、小学教科の書籍は国漢字を交えて使用して訓読する方法を取るべき［である］。(11)

兪吉濬が「国語をもってする理由は児童の講習を簡便にすると同時に自国の精神を養成するため」というところと、「国漢字を混用するが、漢字を主位において音読する方法を取り、国字は付属」となっている現状を批判的に述べているところから、国文と漢文に対する彼の立場は、国文を擁護する『大韓毎日申報』の論説に近い。それゆえ、小児教育は基本的には国文で行うべきだと、彼は主張するわけである。だが、兪は、初等教育上、国文だけでなく、漢字教育も行って、初等教科の書籍は国文と漢字を交えた文体にするべきだと、漢字教育とその使用については容認する立場を示す。ここで注意すべきことは、兪は、漢字を漢文と区分し、漢字語を文章に使用することだけを認めていることと、漢文の学習には賛成せず、文章の構造は国文に従うべきであるという観点を持っていることである。「小児教育に関する意見」でいう国漢文は、国文の構文に語彙のレベルで漢字語を交えたものであり、『西遊見聞』の執筆のときから試み続けてきた、彼の国漢文体への考えが初等の言語教育への考えにも反映されていたと言える。

以上のように、一九〇八年には漢文と国文をめぐる論争が激しく行われ、またそれに関連して初等教育における国文・漢字漢文使用の問題が提起された。こうした朝鮮の言語空間をめぐる歴史的な状況があったなかで、その翌一九〇九年に『幼学字聚』は刊行された。偶然の一致である可能性も否定できないが、この論争に対する尹致昊の反応と意見という観点から『幼学字聚』の刊行を考えることもできるだろう。

三　漢字漢文教科書の変容と啓蒙

(一)漢学者による新式漢字漢文学習書——李承喬『新訂千字文』

まず従来の「千字文」の形を受け継ぎながらもその内容を改良した李承喬の『新訂千字文』を検討してみよう。

李承喬の本名は李潑《イバル》であり、号は蘭谷・一怒。李承喬という異名のほかに李聖橋《イソンギョ》の名もある。社会主義系独立運動家李東輝《イドンフィ》の父である。李承喬は咸鏡南道端川の出身であり、農業を営みながら衙前(朝鮮時代の地方の下級官吏)として暮らした。息子の幼名を「独立」と名づける一方、将来端川の郡守(朝鮮時代の地方の最高官職)の吏房(朝鮮時代、人事と秘書などを務めた下級官吏)になることを期待して礼儀や漢学を教えた。李は気概のある人物として知られ、後に西北学会などの愛国啓蒙運動に参加した。一九〇二年、息子李東輝が江華島の鎮衛隊長(鎮衛隊は一八九五年九月に地方の秩序維持と辺境守備を目的として設置された最初の近代的地方軍隊)となると、ソウルに移住し、普成学校に所属する編集所(出版社)であった普成館に就職し、以後『大韓毎日新報』にも勤務した[12]。

先述したように、李承喬は初等教育における国漢文の問題に関する「国漢文論」を『西北学会月報』に寄せた。その掲載の翌日である一九〇八年六月二日に『新訂千字文』が刊行された。『新訂千字文』の最初の発行は、李が勤めていた普成館からであり、翌一九〇九年に広徳書館から『新訂千字』というタイトルでも刊行された。ここでは、韓国学中央研究院図書館所蔵『新訂千字文』[13](発行所は朝鮮図書株式会社であり、版権紙が無いため、発行日は不明)を分析対象とする。この版本には李承喬の「序」(二頁)があり、「隆熙二年[一九〇八年]六月二日」と記されている。一頁一六字で全六三頁(六四頁があるが、白紙、最後の六三頁は八字)であり、ちょうど千字が収録されている。

李承喬の「序」を通じて『新訂千字文』の編纂の目的を考えてみる。

大底教育には順番があり、科目には水準があり、初めて小学に入門する人は、必ず先に文字を学んで次第に文章を読むことに進む。昔の文字を学ぶのは、文章の筋道の伸びやかさとおもむきには微妙な重みがあるとしても、ほとんど役立つことが無くまた害がある。周興嗣の「千字文」を学ぶとき、教える人は、唇と口が乾き、言葉を学ぶ子供は、くつわをしたようであり、頭が痛く額を寄せている。［中略］総じて言えば、文字の数は程よく選ぶべきであり、文字の意味は分かりやすいものから選ぶべきである。それゆえ、古文の損害や利益を考え、生活での事物に関する千字の漢字を集め、初学の教科書を作り、複雑ではなく重複することなく、純粋で疑いのおそれが無く、男女の学ぶ世界上の普通文字に適合するものである。しかも国文で懸註したものは、国漢文の文字を学ぶことと文字の書き方を習うこと、すべてに便利なものである(14)。

李承喬は「序」で、「千字文」の学習の様子を取り上げ、四字で簡単な文章を作って教育を行ってきた、従来の漢字教育を批判しながら、先に文字(漢字)を教えるべきだと述べる。語句の活用という点において、後述するように『幼学字聚』とは異なる観点が『新訂千字文』には反映されていると考えられ、語句を作らない理由を児童の学習の困難に置いている。『新訂千字文』には、従来の漢字教育を批判的に捉え、「日用事物」に関する千字の漢字を選別したという著述の目的が記されている。注目すべきなのは、漢字に付けた朝鮮語の訓と音についての李の見解である。李は懸註が付いた『新訂千字文』は、漢文だけでなく、国文学習にも適合したものであると述べており、国文の学習が刊行目的の一つとして見据えられていたことが分かる。

『新訂千字文』の表記は、漢字・朝鮮語訓読み・朝鮮語音読みの順(例　天・하ᄂᆞᆯ・텬일(一頁、図1))である。『新訂千字文』の漢字の分類は、「日用事物」に相応しい漢字を選別したものであり、次のようにテーマ別でカテゴリーを成している。ここから漢字を学ぶという点に著作の主眼が置かれていることが分かる。分類の基準は同一ではないが、次のような順番でおおよそ分類されている(テーマ別のカテゴリーの分類は筆者による)。

新訂千字文　二

天 하늘 텬
地 싸 디
日 날 일
月 달 월
風 바람 풍
雲 구름 운
雨 비 우
露 이슬 노
雷 우뢰 뇌
電 번기 뎐
霜 셔리 상
雪 눈 셜
星 별 셩
虹 무지기 홍
烟 연긔 연
霧 안기 무

図 1　『新訂　千字文』(1 頁)

注)　韓国学中央研究院図書館所蔵，以下同．

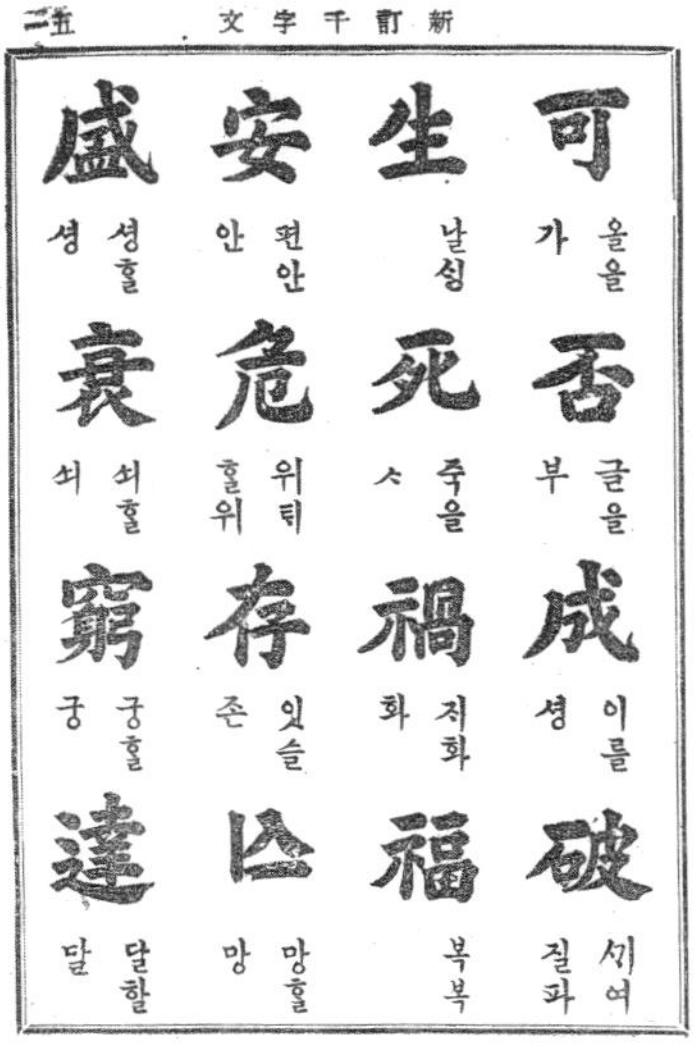

新訂千字文　二五

可 올을 가
否 글을 부
成 이를 셩
破 시여질 파
生 날 싱
死 죽을 ᄉ
禍 지화 화
福 복 복
安 편안 안
危 위틔훌 위
存 잇슬 존
亡 망훌 망
盛 셩훌 셩
衰 쇠훌 쇠
窮 궁훌 궁
達 달할 달

図 2　『新訂　千字文』(51 頁)

気象「例　天、地、風、雲など」
季節・時間「例　春、夏、昨、翌など」
方位・空間「例　東、西、上、下など」
形容「例　清、濁、青、黄など」
数字「例　一、百、兆、京など」
人間関係「例　父、母、吏、民など」
身体「例　耳、目、口、鼻など」
生理「例　汗、涎、糞、溺《ゆばり》など」
地理「例　山、川、海、陸など」
地域「例　国、都、郷、邑など」
植物「例　穀、菜、梅、竹など」
生物「例　鳥、獣、龍、鯨など」
建物「例　宮、闕、闔、門など」
道具「例　舟、車、紙、筆、銭、幣、弓、矢など」
飲食「例　飲、食、膾、炙など」
道理「例　孝、悌、仁、義、貞、烈など」
行動・形容・(代)名詞「例　出、入、呑、吐、談、笑など」

(以上は、頁順。四一―六三頁には、さまざまな行動

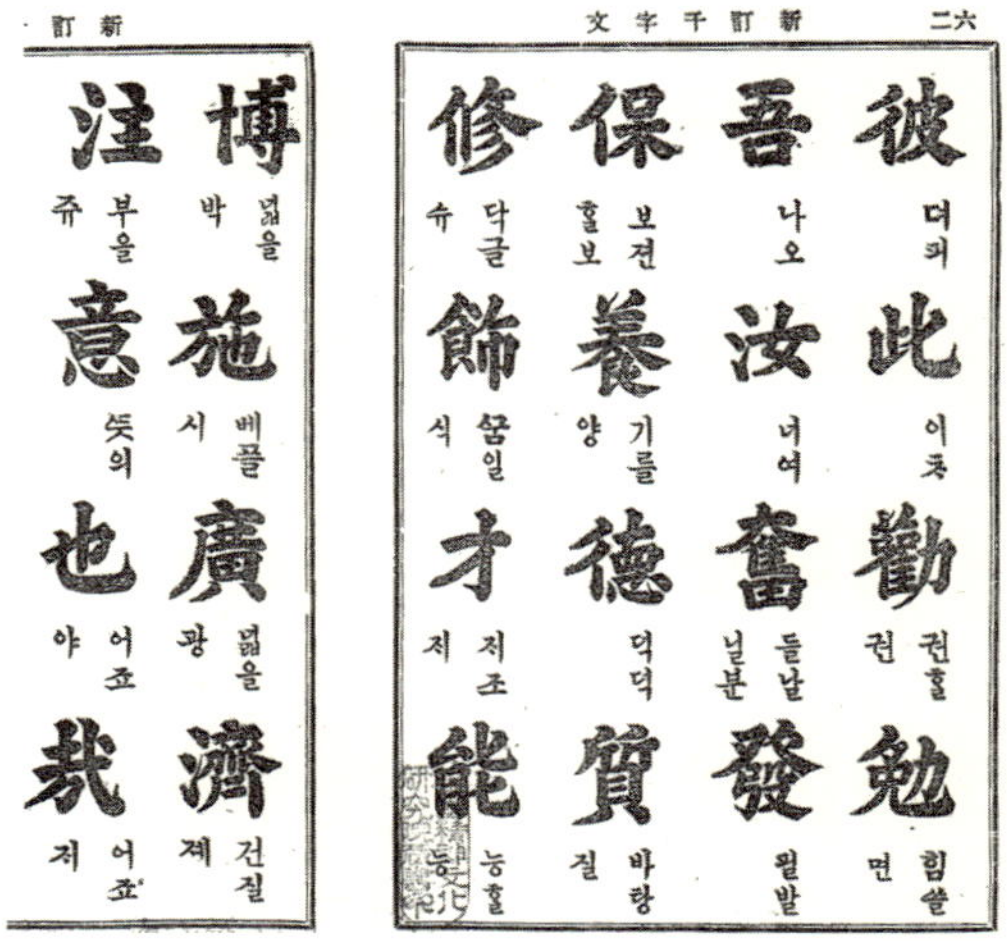

図3　『新訂 千字文』(62–63頁)

や形容や（代）名詞に関する漢字を羅列しており、一定の分類が難しい。）

『新訂千字文』は、主に反義関係にある二字［可↔否、生↔死など］（五一頁、図2）で構成されている。『新訂千字文』には、『幼学字聚』とは異なり、著者である李承喬の思想が直接に反映されたと考えられる語句はほとんど見られない。だが、最後の「保養徳質（徳質を保養する）、修飾才能（才能を修飾する）、博施広済（博く施し広く済《すく》う）、注意（意を注ぐ）」（六二―六三頁、図3）のような語句は学習者に対する李の提言とも考えることができるだろう。

李承喬は『新訂千字文』を通じて「千字文」に代表される従来の初学の漢字漢文教育の不合理性を指摘し、実用漢字を学習することを主な目的として『新訂千字文』を刊行したと言える。『新訂千字文』からは、『牖蒙千字』と『幼学字聚』には見られる著者の直接的な啓蒙の言説を確認することはできない。しかし、『新訂千字文』に見られる新しい漢字の選別と構成は、従来の「千字文」とは異なる漢字学習の様相を示す例だと評価できる。

（二）宣教師による漢字漢文学習書――ゲール『牖蒙千字』

次に、従来の「千字文」とは全く異なる様相が見られる漢字漢文学習書である『牖蒙千字』の構成と特徴について検討する。

編者のゲール（寄一）は、カナダのオンタリオ（Ontario）州生まれで、トロント大学で神学を学び、一八八三年に卒業した後、同年一二月一五日に宣教師として来朝した。一八八九年から海州の辺りで宣教活動を行い、そのとき、漢学者李昌植《イチャンシク》に出会って朝鮮語や風習などを学び、ソウルに帰京した。一八九〇年から聖書公会の専任翻訳委員となり、聖書の朝鮮語訳に努めた。ゲールは、聖書の翻訳のみならず、一八九四年に朝鮮語文法書『辞課指南』を編纂、一八九七年には三万五千字余りを載せた『韓英字典』を著した。一九〇一年に蓮洞女学校（現在の貞信女子中高等学校）と耶蘇教中学校（現在の儆信中高等学校）を設立し、一九〇三年に皇城基督青年会の創立委員として初代会長を務めた。王立アジア学会の朝鮮支部の幹事として活躍し、『天路暦程』の朝鮮語訳（一八九五）、『韓国概観（*Korean Sketches*）』（一八九八）、『転換期の韓国（*Korea in Transition*）』（一九〇九）などを著すとともに、朝鮮古典文学を英訳し西洋に紹介した(15)。

『牖蒙千字』は全四巻から成る（第四巻のタイトルは『牖蒙続編』。ここでは成均館大学校図書館所蔵本を分析対象とする）。以下、それぞれの巻の内容と構成について確認しておく(16)。

第一巻は、一九〇三年に大韓聖教書会から初版が出て、一九〇七年に大韓耶蘇教書会（Korean Religious Tract Society）から再版が出た後、一九〇九年に広学書舗から三版が刊行された。第一巻の構成は英文目次・国漢文目次・国文「序」・本文（四八頁）・使用漢字の字典（一〇〇八字）となっている。「序文」（純国文）には、この本は西洋の児童教育の方法を手本として作った教科書であり、学びやすい漢字千字を選んだと述べられている。

第一巻の本文の構成は、漢字語（単語および一文字）・朝鮮語音読み・単語を活用した文章という形である。テキストのテーマは、世界の諸知識（人種・生物・地球科学など）［例、第一課「地球の略論」（図４）］、近代的な生活に関する事項（時間・時計、商業など）などである。

第二巻は、一九〇四年に大韓聖教書会から初版が出て、一九〇八年に大韓耶蘇教書会から再版が出たあと、一九〇九年に広学書舗から三版が刊行された。第二巻の構成は英文目次・国漢文目次・国文「序」・本文（五五頁）・使用漢字

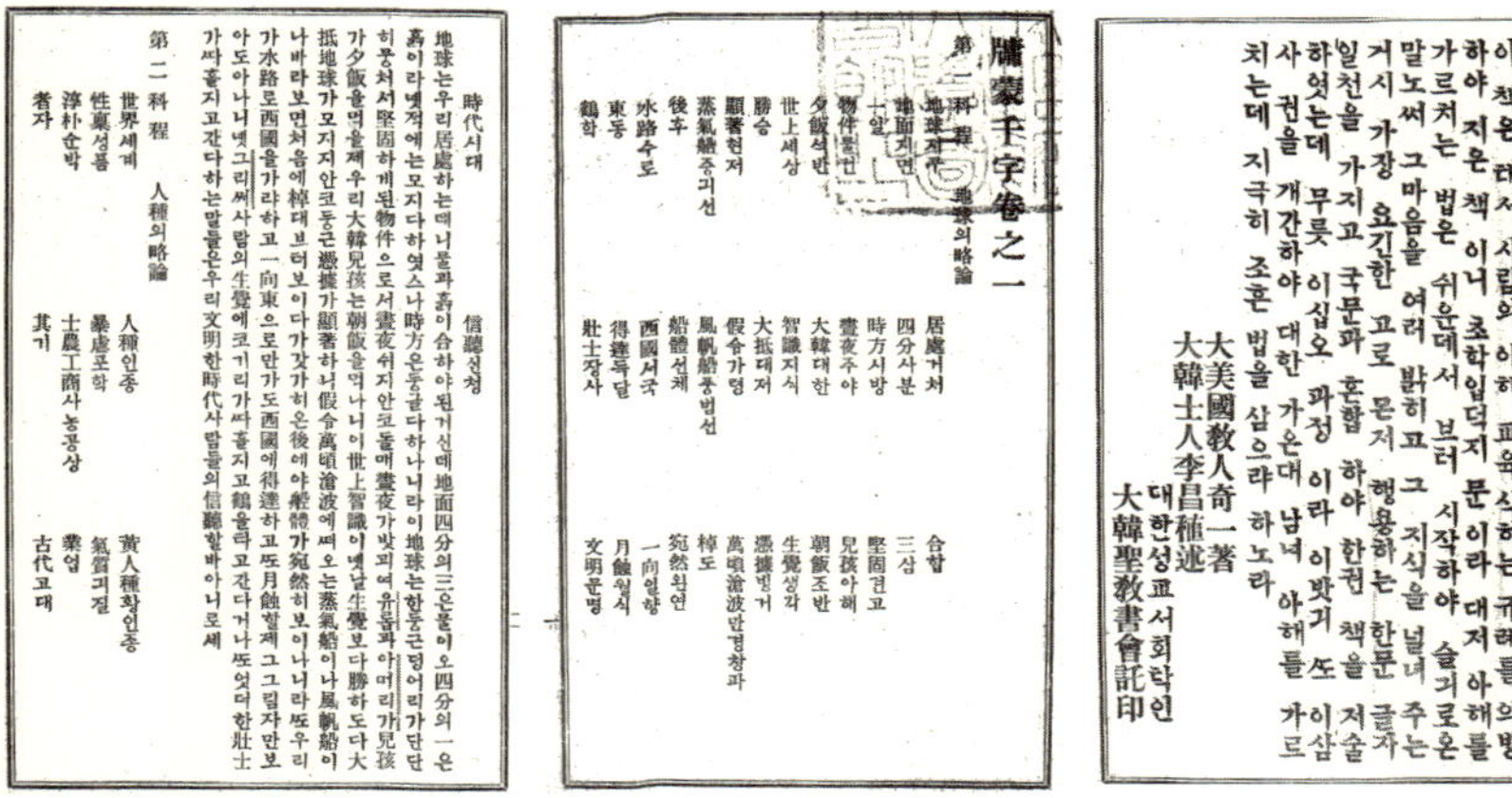

유몽천자
이 책은 대저 사람의 아해 교육 식히는 규례를 의방
하야 지은 책 이니 초학입덕지 문이라 대저 아해를
가르치는 법은 쉬운데서 브터 시작하야 슬거로온
말노써 그마음을 여러 밝히고 그 지식을 넓녀 주는
거시 가장 요긴한 고로 몬저 행용하는 한문 글자
일천을 가지고 국문과 혼합 하야 한권 책을 저술
하엿는데 무릇 이십오 과정 이라 이밧긔 또 이삼
사 권을 개간하야 대한 가온대 남녀 아해를 가르
치는데 지극히 조흔 법을 삼으랴 하노라
大美國教人奇一著
大韓士人李昌稙述
대한성교서회탁인
大韓聖教書會託印

牖蒙千字卷之一
第一科程 地球의略論
地球지구 居處거처 合합
地面지면 四分사분 三삼
一일 時方시방 堅固견고
物件물건 晝夜주야 兒孩아해
夕飯석반 大韓대한 朝飯조반
世上세상 智識지식 生覺생각
勝승 大抵대저 憑據빙거
顯著현저 假令가령 萬頃滄波만경창파
蒸氣船증긔선 風帆船풍범선 棹도
後후 船體선체 宛然완연
水路수로 西國서국 一向일향
東동 得達득달 月蝕월식
鶴학 壯士장사 文明문명

時代시대 信聽신청
地球는우리居處하는데니뭇과물이合하야된거신데地面四分의三은물이오四分의一은뭇이라녯적에는모지다하엿스나時方은둥굴다하나니라이地球는한둥근덩어리가단단히뭉쳐서堅固하게된物件으로서晝夜쉬지안코돌매晝夜가밧괴여유롭파아메리가兒孩가夕飯을먹을재우리大韓兒孩는朝飯을먹나니이世上智識이녯날生覺보다勝하도다大抵地球가모지지안코둥근憑據가顯著하니假令萬頃滄波에떠오는蒸氣船이나風帆船이나바라보면처음에棹대브터보이다가갓가히온後에야船體가宛然히보이나니라또우리가水路로西國을가랴하고一向東으로만가도西國에得達하고또月蝕할제그그림자만보아도아나니녯그리씨사람의生覺에코기리가짜흘지고鶴을타고잔다거나또엇더한壯士가짜흘지고잔다하는말들은우리文明한時代사람들의信聽할바아니로세
第二科程 人種의略論
世界세계 人種인종 黃人種황인종
性稟성품 暴虐포학 氣習긔질
淳朴순박 士農工商사농공상 業업
者자 其기 古代고대

図4　『牖蒙千字』第一巻「序」（国文），「地球の略論」

注）成均館大学校図書館所蔵，以下同．

の字典（一〇〇一字）となっている。「序文」（純国文）には、第一巻よりやや難しい漢字（常用する諺など）を選んだと記されている。

第二巻の本文の構成は、漢字（一文字）・朝鮮語音読み・朝鮮語訓読み・単語を活用した文章という形である。テーマは、面白い話（夢の話など）・歴史話（コロンブスの冒険・スパルタの三百義士など）［例　第九課「コロンブスのアメリカ新占得　一」（図5）］・科学関連話（火山・流星など）などである。

第三巻は、一九〇五年に大韓耶蘇教書会から初版が出て、一九〇九年に広学書舗から再版が刊行された。第三巻の構成は英文目次・国漢文目次・漢文「序」・本文（六六頁）・使用漢字の字典（九四三字）となっている。「序」（漢文）には、児童教育において、漢文・国文両方を教育すべきだと述べられており、日常の事物を理解することに役立つ三千字の通用漢字を選んだと記されている。

第三巻の本文の構成は、第二巻と同様に、漢字（一文字）・朝鮮語音読み・朝鮮語訓読み・単語を活用した文章という形である。テーマは、西洋の歴史や文化（フランス大革命・ロビンソンクルーソーの話など）［例　第十九課「パリ京の変、バスティーユ（獄名）において　一」（図6）］などである。

最後に第四巻にあたる『牖蒙続編』は、一九〇七年に大韓耶蘇教書会から初版が出て、一九〇九年に広学書舗から再版が刊行された。『牖蒙続編』の構成は英文目次・英文紹介・漢文「序」・本文（七四頁）・使用漢字の字典（七六四字）となっている。英文紹介には、ゲールが自分なりに朝鮮の歴代名文を選んで収録したと記されている。そして「序」（漢文）には、箕子によって漢字が朝鮮半島にもたらされて以後、中国の古典のみを重んじて学習してきた状況を批判し、朝鮮における聖君と聖賢の名文を学習することの重要さについ

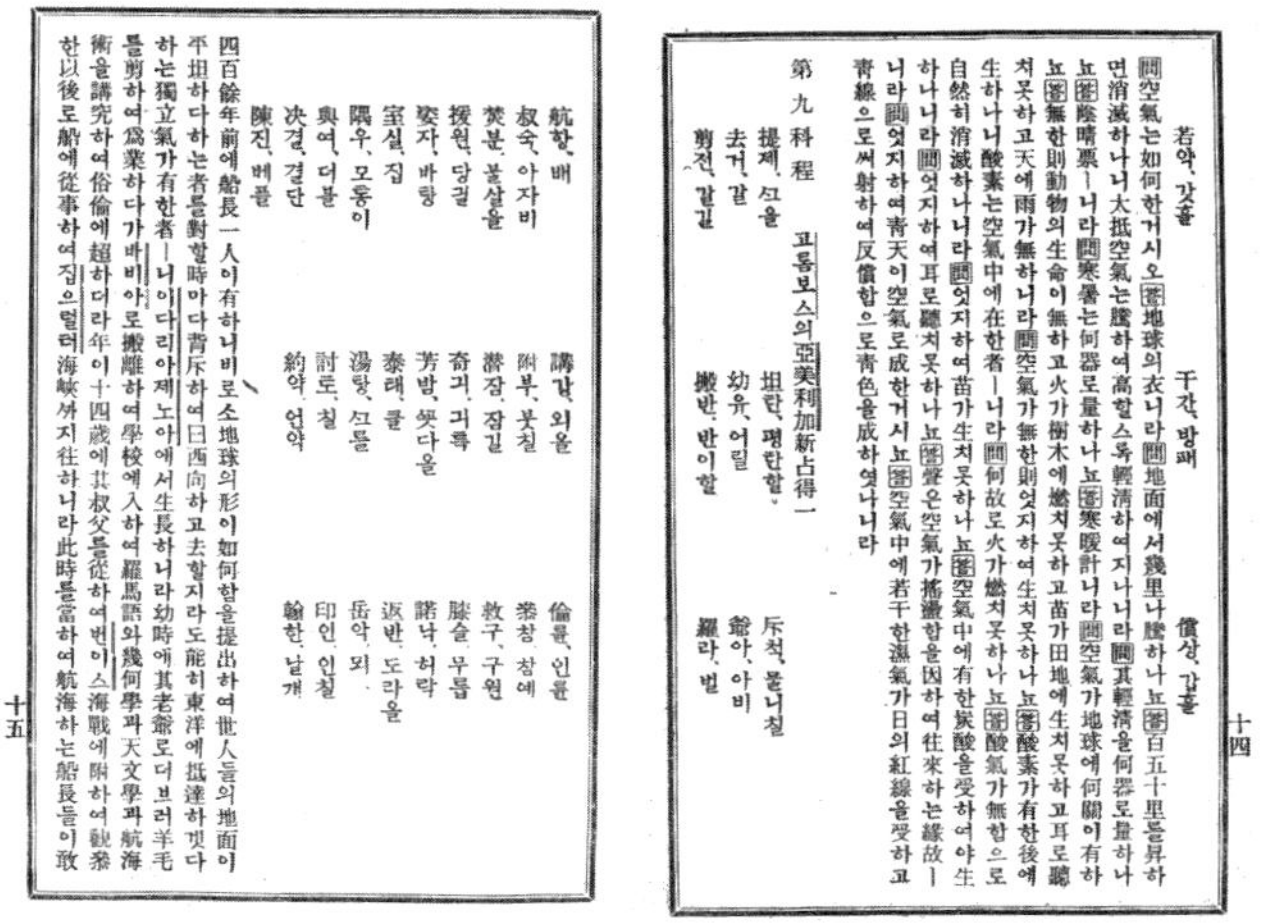

図 5　『牖蒙千字』第二巻「コロンブスのアメリカ新占得　一」

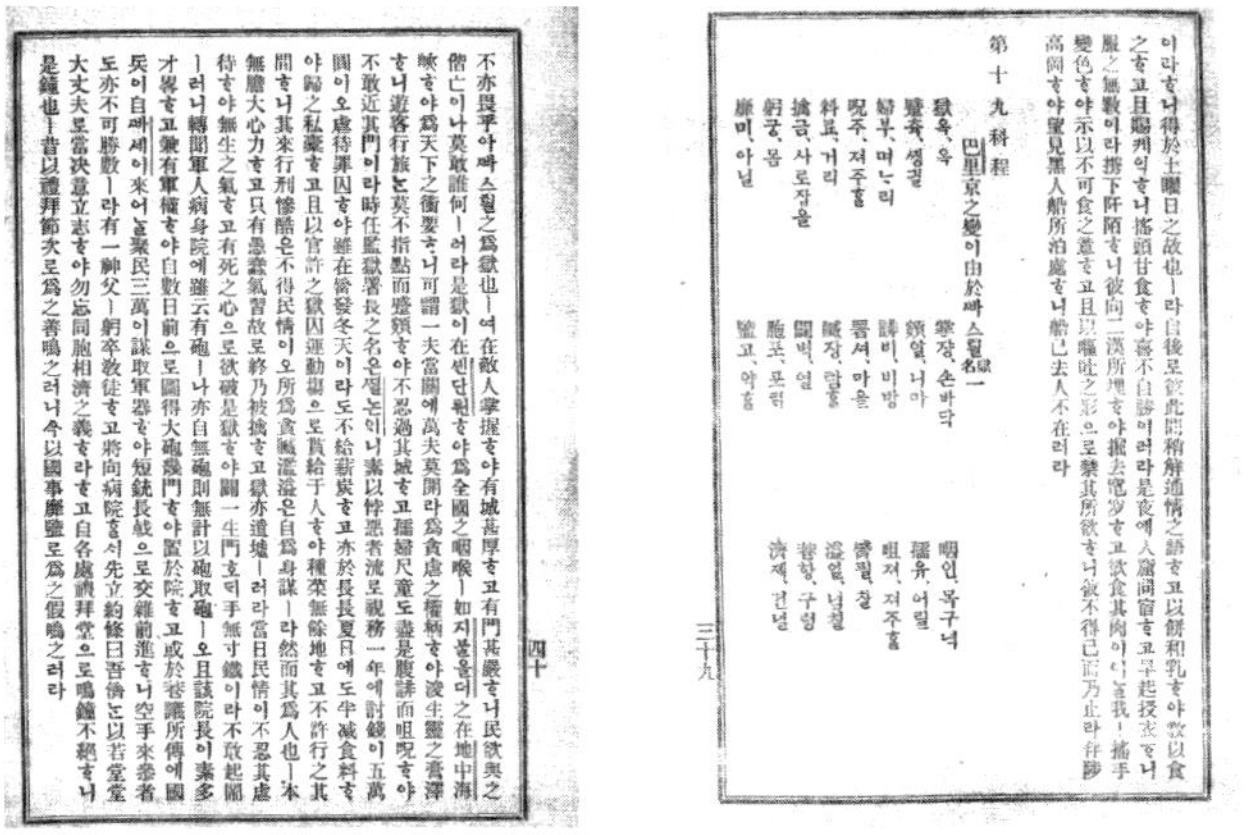

図 6　『牖蒙千字』第三巻「パリ京の変，バスティーユ（獄名）において　一」

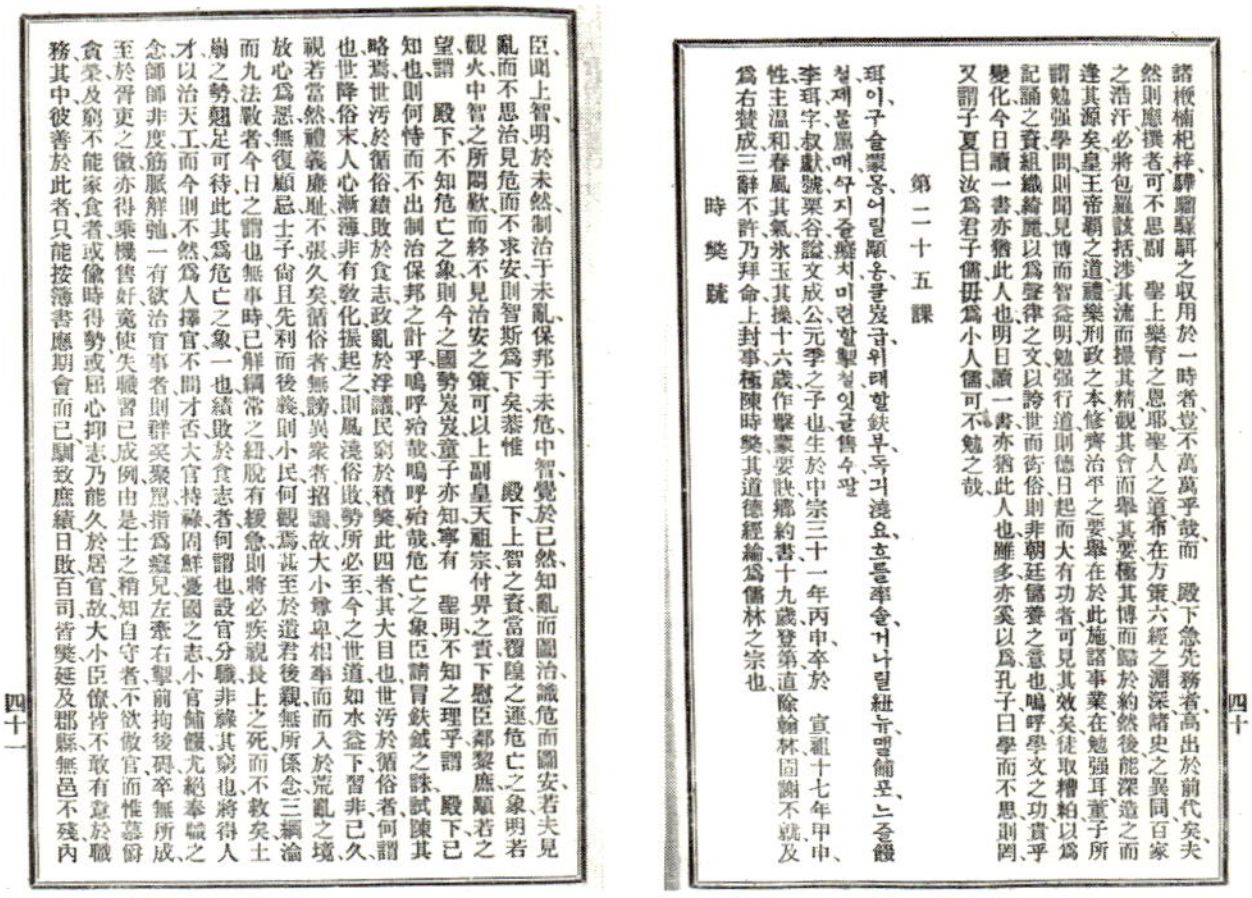

図7　『牖蒙続編』第25課　李珥「時弊疏」

て述べられている。

『牖蒙続編』の本文の構成は、漢字（一文字）・朝鮮語音読み・朝鮮語訓読み・漢文本文（新しい名文が始まるごとに、その名文の作者を紹介している。句読点があり、第一・二「洪範」は漢文懸吐体。懸吐とは、漢文を読むときにハングルで吐［助詞や語尾活用など］を記した表記法）となっている。テーマは、朝鮮の歴代名文（タイトルは英文にも訳されている）［例「Lesson 25 Yi-i (Yul-gok)［李珥（栗谷）］(1575) Present Day Evils（時弊疏）」（図7）］などがある。

『牖蒙千字』は第一巻から第三巻までは国漢文で書かれている。より詳しく言うと、第一巻は、国文を主として漢字が補助的に用いられた国主漢従体、第二巻は、漢字と漢文を主として国文が補助的に用いられた漢主国従体、第三巻は、漢文に懸吐を付けた漢文懸吐体であり、これらの文体の差異から当時の国漢文体の多様な様子を確認することができる。そして、第四巻の『牖蒙続編』は漢文で書かれたものである。このような構成は国文から漢文へと学習を深化していくものである。

『牖蒙千字』は各章の最初にまず漢字を提示し、この漢字で文章を作る形式であり、漢字と漢文を同時に学習することができる構造を成している。このテキストに載った漢字は、実用漢字を念頭に置いて選ばれたものであり、『牖蒙続編』のように、朝鮮の古典を読むことができる漢字漢文能力を養うことまで考慮されている。つまり、『牖蒙千字』は実用的な漢字と古典可読能力を同時に身に付けることができるように構成されている。

内容においては、地球に関する説明（第一巻）、コロンブスに関する話（第二巻）、フランス大革命（第三巻）など、科学や西洋文化の紹介が主である。だが、『牖蒙続編』は、李珥《イイ》の「時弊疏」など、朝鮮の聖君と聖賢の文章で構成されており、朝鮮の漢文学の発見と体系化の試みだとも考えられる。

以上の『牖蒙千字』の内容と構成を整理してみれば、実用漢字学習および国文と漢文をともに学習すること、そしてその内容として西洋の文化と朝鮮の漢学を学習することが、その著述の目的だと考えられる。これに関連して、一九〇九年の『転換期の韓国』における、朝鮮の儒生の漢文教育の実態に関するゲールの評価は興味深い。ゲールは、二〇年間、朝鮮の儒生が漢文を学習するなかで、儒学の経典をはじめとする中国の古典ばかり学び、自国に関するものは学ばないと指摘する。

> 彼〔儒生〕は『千字文』を読みはじめ、その後五倫に関する『童蒙先習』を読む。その後、さまざまな中国の歴史書を読み、儒生は自国に関するものは全く学ばず、中国のもの（『孟子』『論語』『中庸』『書経』『詩経』、最後に『易経』――すべての理不尽な文章のなかでその最たるものである『易経』）ばかり学ぶ。(17)

こうした朝鮮の漢学に注目する『牖蒙千字』の構成は、以後ゲールが「春香伝」「九雲夢」などを英訳したことからも分かるように、朝鮮の古典学と朝鮮の文学についての彼の関心によるものである。(18) それゆえ、『牖蒙千字』は、中国を主とする従来の伝統的な儒学経典を理解するための漢学教育とは異なる目的で刊行されたものだと評価できる。

（三）開化知識人による漢字漢文学習書――尹致昊『幼学字聚』

これまで、一九〇八年に起こった漢文と国文をめぐる論争と、『幼学字聚』と同時期に刊行された漢字漢文学習書『新訂千字文』『牖蒙千字』の特徴を検討してきた。最後に、尹致昊の『幼学字聚』について検討してみよう。

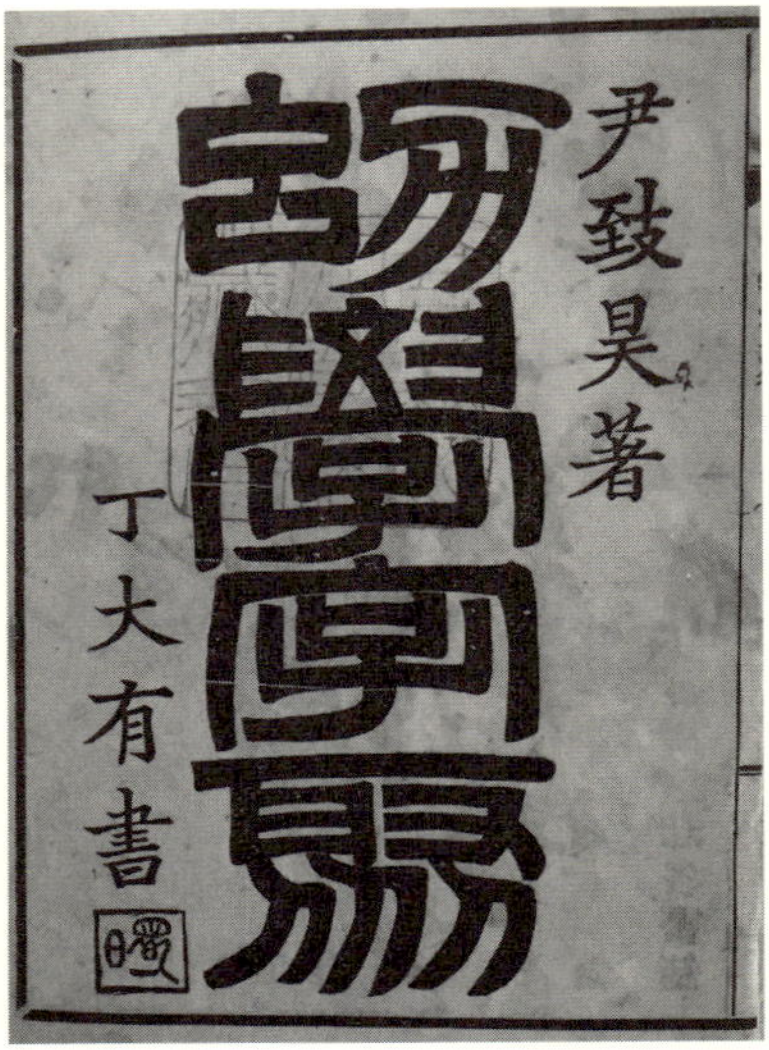

図8　『幼学字聚』の表紙
注）高麗大学校図書館所蔵，以下同．

『幼学字聚』（図8）は一九〇九年一月二〇日に広学書舗（金相万《キムサンマン》冊肆を前身として、一九〇六年四月、尹致昊が代表として設立した出版社）から刊行された（印刷所は徽文館。発行者は金相万）。書字は書道家の丁大有《チョンデユ》の手になり、一面三二字で三九面（最後は八字）、一二二四字が収録されている。序文がなく、尹致昊がどのような意図で漢字学習書である『幼学字聚』を著したのか、その目的を確認することができる直接の資料は見当たらない。だが、次のいくつかの事実を通じてその著作の意図を推測することができる。

『大韓毎日申報』の国漢文版には『幼学字聚』の広告が載っている。

　現世日用に必要とする漢字一千二《マ》百六十四《マ》字を尹致昊氏が精聚して丁大有氏が書した初等読書と習字の珍書である。(19)

この広告の内容から、『幼学字聚』を著した尹致昊の意図は、「現世日用に必要とする漢字」すなわち常用の漢字に基づいた初等レベルの学習者の「読書と習字」のためであることが推測できる。

尹致昊にとって児童・初等教育というのは、どのような意味を持つものだったのか。一八九七年八月二六日付『独立新聞』の「論説」には、児童教育についての尹致昊の見解が窺える演説が載っている。

　次は元協弁の尹致昊氏が演説し、朝鮮の人々に子供［아희］と民［빅셩］と忠誠［츙셩］と国［나라］、この四つの言葉が、どのような意味なのかを理解させることである。子供というのは、国の後生を担う人々である。国がこれから良くなるかどうかは、全く今日の子供たちが良い教育を受けるかどうかにかかって

いる。それゆえ、子供の役割が非常に大事だが、朝鮮の人々は、子供の大事さを考えず、当初から念頭に置いていないのは、非常に情けないことである。［中略］国というのは土台と人民が生じ、上には王がいらっしゃり、下には政府と民がいて、一つの言葉、一つの文を使い、一つの法律と一つの規則で治めるものである。朝鮮では朝鮮を［自分の］国だと思わず、清国を［自分の］国だと思い、学ぶものが清国の歴史であり、学ぶことは清国の文であり、知っているものは清国のものである。どうせ他国のものを学ぶなら、今日滅びていく清国を学ぶのは、知恵も無いことであり、自分の国のものを学んだ上で、他国のものを学ぶのは、人民に朝鮮が自分の国だと知るようにする根本である。この四つを教えることが、第一の急先務である。(20)

尹致昊が朝鮮の急務について唱えたこの演説は、「子供」「民」「忠誠」「国」、この四つをきちんと理解することが大事だという内容である。ここで尹は、子供を、朝鮮の未来の担い手として考えており、児童の教育の必要性を重視している。また、その教育の内容は、清国という個別国家に属する漢字漢文に基づいたテキストや歴史ではなく、朝鮮の自国語で書かれたテキストや歴史を教えるべきだということである。このように、尹致昊は児童教育を重視し、また朝鮮の自国語をはじめとする〈朝鮮的なもの〉を教育の内容として想定していた。

一九〇四年一一月一日付「日記」にも、児童に朝鮮的なものを教える必要性に関する尹致昊の考えが見られる。

私は一般的な中国の歴史書である通鑑の代わりに朝鮮の歴史書である吾誌を弟に教えようと、むなしくも努めてきた。［弟を教えている］先生は変化を好まず、と同時に父上は断然、彼《ママ》（弟たち）に中国の歴史を教えることを好む。彼［父上］は「中国の歴史を基礎として学ばせてから、朝鮮の歴史を気晴らしの読み物のように読ませなさい。公的に、すべての人々が中国の歴史の出来事を引用した文章を理解する。しかし、誰が朝鮮の王がやったことについて知っているのか」と言う。似た理由で彼は、私の子供たちのために私が集めた実用的で分かりやすい［漢字の］コレクションより、中国語で書かれた「千字文」を好む。朝鮮の大臣は朝鮮に関わるものは何でも軽蔑して

受け入れないのか。強国の姿をしてやってくるどの国にでも、朝鮮が進んで奴隷になるということは疑いの余地がない。(21)

ここで弟(22)の教育について述べる尹致昊は、朝鮮的なものではなく、中国的なものを好む父尹雄烈《ユンウンニョル》に批判的に言及する。尹は、父の見解を批判しながら、父尹雄烈は、尹致昊が自分の子供たちの教育のために選別した「実用的で分かりやすい」漢字の選集より、中国の「千字文」を好むと述べる。この発言から尹致昊には『幼学字聚』以前に自ら編んだ漢字選集があり、この漢字選集の編纂の性格が「実用的で分かりやすい」漢字を児童に学習させるためのものだったことが分かる。これは先述した『幼学字聚』に関する『大韓毎日申報』の広告で見られた「現世日用に必要とする漢字」という記述に通じるものである。また『幼学字聚』のような初学の教材の出版には、朝鮮的なものを学習させようとする彼の意図も存在したと考えられる。

『幼学字聚』の内容を検討する前に、『幼学字聚』がどのように流通しあるいは学校などで使用されていたのか、そのテキストの流通と使用について考えておこう。実際に『幼学字聚』が学校の教科書としてどのぐらい採択され利用されたのか、それを確かめることができる資料は見当たらない。だが、朝鮮総督府学部編集局から刊行された『教科用図書一覧』第四版(調査時期、一九〇九年二月)から第九版(23)(調査時期、一九一五年一二月)にかけての「民間漢字漢文教科書の認可状況」を見ると、『幼学字聚』の認可申請は、一九一〇年から一九一五年にかけて見られ、一九一〇年から一一年は「不認可」、その後は「禁書処分」となっている(同書において、『牖蒙千字』は一九〇九年から一九一五年にかけて、『新訂千字文』は一九一〇年から一九一五年にかけて見られるが、両書ともに「不認可」である)。『幼学字聚』が禁書処分を受けた理由として考えられるのは、『幼学字聚』に「大韓帝国／独立万歳」(三八面)という語句などがあることと、また尹致昊が一九一二年に一〇五人事件に関連して投獄されたことである。だが、この「不認可」「禁書処分」があったにもかかわらず、一九一五年まで『幼学字聚』の教科書認定申立てが続けられた事実は興味深く、その事実から一九一〇年代半ばにはまだ『幼学字聚』が流通していた可能性があると考えられる。

これまで論じてきた『幼学字聚』の著述目的を念頭に置きながら、続けて『幼学字聚』の内容と構成について検討してみよう。

『幼学字聚』の表記は、漢字・朝鮮語訓読み・音読みの順（例　一・ᄒᆞᆫ・일（一面、図9））で構成されている。また、しばしば反義関係にある語が組み合わされて配置されている。

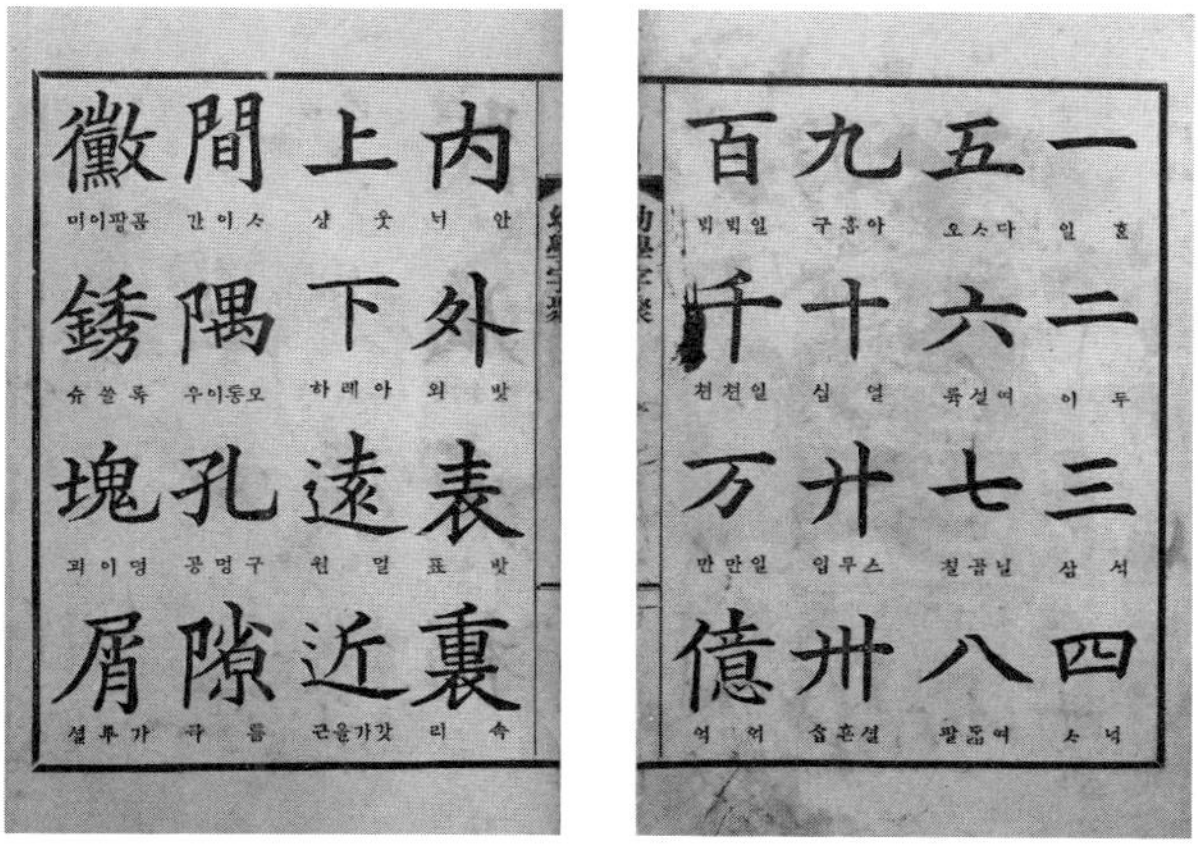

図9　『幼学字聚』（32面，1面）

『幼学字聚』の漢字の分類は、「日記」で確認した漢字の選集の特徴、つまり「実用的で分かりやすい」日常生活に関わる漢字という基準で構成されている（分類の基準は同一ではないが、次のような順番でおおよそ分類されている。テーマ別のカテゴリーの分類は筆者による）。

〔頁順〕
数字〔例　一、二、万、億など〕
気象〔例　天、地、風、雲など〕
季節〔例　春、夏、秋、冬など〕
地理〔例　土、山、川、海など〕
身体〔例　耳、目、口、鼻など〕
感情〔例　怒、哀、喜、笑など〕
行動①〔例　黙、吐、寝、想など〕
生理〔例　汗、涙、糞、溺《ゆばり》など〕
行動②〔例　起、歩、捜、貯など〕

人間関係［例　父、母、君、臣など］
社会［例　儒、仏、仙、僧など］
飲食材料［例　米、麺、茄、芋など］
食器［例　箸、器、椀、盃など］
衣服［例　布、棉、帯、衣など］
生活道具［例　笠、鏡、暦、枕など］
文具［例　書、札、筆、墨など］
単位［例　斤、両、寸、尺など］
移動手段［例　船、帆、車、輪など］
行動③［例　遊、玩、剃、琢など］
色［例　黒、白、青、黄など］
植物［例　松、柳、蒲、梨など］
金属・鉱物［例　金、銀、琉璃など］
生物［例　魚、虫、馬、竜など］
地域・建物［例　京、郷、家、寺など］
方位・空間［例　前、後、上、下など］
形容［例　多、小、貴、賤など］
商売行動［例　買、売、雇、貰など］
その他（道理・学習法など）［例　読、誦、問、答／仁、義、礼、智など］

『幼学字聚』は、従来の「千字文」が語句を作って基本的な漢文構造を学習可能にしたように、漢字で語句を作って、「主語＋述語」「述語＋目的語」のような、簡単な漢文の構造を学ぶことができるようになっている。

① 「主語＋述語」

「天高地円（空は高く地は円い）」（二面）
「晝明夜暗（昼は明るく夜は暗い）」（二面）
「手把足踏（手は把《にぎ》り足は踏む）」（五面）
「花発果結（花は発し果《くだもの》が結ぶ）」（二四面）
「燕鴻知時（燕《つばめ》・鴻《ひしくい》は時を知る／知らせる）」（二八面）
「源因相随（原因は相随う）」（三五面）など。

② 「述語＋目的語」

「積土為山（土を積み山を為す）」（三面）
「盖瓦筝甓（瓦《かわら》を盖《おお》い甓《へき》を筝《きず》く）」（三二面）
「運搬物貨（物貨を運搬する）」（二一面）など。

『幼学字聚』の語句のなかには、次のように、尹致昊の思想が直接に反映されたものも存在する。

「巫卜欺人（巫《かんなぎ》は卜《うらな》って人を欺《あざむ》く）」（一二面）
「民本官末（民は本であり官は末である）」（一三面）
「棄短取長（短を棄てて長を取る）」（三七面）
「賞善罰悪（善は賞され悪は罰される）」（三八面）
「大韓帝国／独立万歳」（三八面）

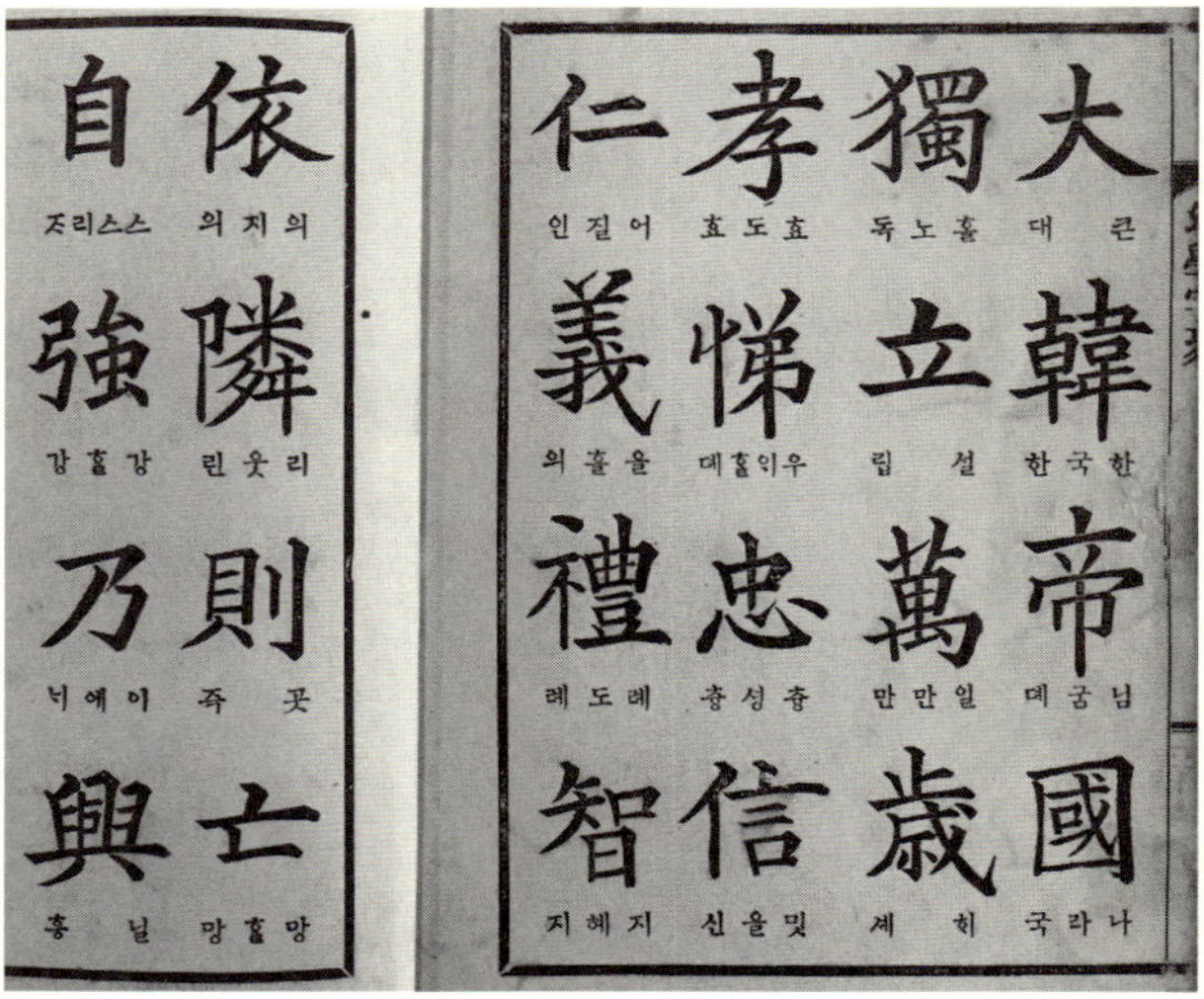

図 10　『幼学字聚』（38–39 面）

「依隣則亡／自強乃興（隣《となり》に依れば、則ち亡びる／自強すれば、乃《すなわ》ち興する）」（三九面）

『幼学字聚』の最後近くには「大韓帝国／独立万歳」という語句があり、尹致昊の愛国的な態度が前面に現れている。また最後の二つの語句「依隣則亡／自強乃興」という表現には、自助と自強という尹致昊の思想が窺える（図10）。尹は『幼学字聚』が刊行される前年の一九〇八年にイソップ寓話を題材として訳した『ウスンソリ（笑話）』を著したが、その内容は、国際社会や為政者の不条理と朝鮮人の他人依存に対して警鐘を鳴らすものである。[24] こうした『ウスンソリ』に見られる尹致昊の思想が『幼学字聚』の語句にも反映されたと言えよう。

これまでの内容を整理すると、『幼学字聚』は、ときに反義語の組み合わせで構成し学習効果を高め、日常生活に関連する漢字学習のために一定の基準を設けて漢字を分類している。「主語＋述語」「述語＋目的語」の構成によって、漢文の初歩的な構造が学習できる。また、丁大有の書字によって漢字の書き方を学ぶこともできる。これは日常漢字の学習という『幼学字聚』の刊行の一つ目の目的である。さらに、もう一つの刊行の目的は、簡単な漢文の語句を通じて、児童などの初学者に物事の原理を理解させることである。ひいては、「民本官末」「大韓帝国／独立万歳」「依隣則亡／自強乃興」など、作者尹致昊の思想を伝える啓蒙的な目的もあった。このように、『幼学字聚』は、漢字・習字の教材であると同時に、尹致昊の啓蒙思想が反映されたテキストだとも評価できる。

四　小　結――朝鮮的漢字漢文教育への模索

本章では、まず開化期朝鮮の漢文・国文に関する論争について述べ、次いで『新訂千字文』と『牖蒙千字』のような民間で刊行された漢字漢文学習書の特徴を比較し、『幼学字聚』の出版の目的とその内容を検討した。

最後に開化期朝鮮における漢字漢文教育の変容の特徴について述べておく。

一つは、既存の漢字漢文学習が儒学経典の理解および学習のためのものであったのに対して、開化期朝鮮における漢字漢文の学習は日常生活のためのものであった点である。従来の漢学学習が何十年間という長い時間を要したのに対し、開化期の漢字漢文学習書には、短期間の学習効果と日常生活で使用することができる漢字および漢文を学習するという実用性を重視する傾向が見られる。

もう一つは、東アジアの文脈において、漢字漢文の普遍性が士大夫のエトスを形成する重要な材料となったのに対して、朝鮮の開化期においては、こうした漢文学の普遍性が、〈中国的なもの〉〈朝鮮的なもの〉のような特殊性の問題として考えられるようになったことである。本章の冒頭ですでに述べたように、近代朝鮮においても漢字漢文の素養は依然として社会的には求められ、朝鮮の文化および知識人社会において漢字漢文は排除できないものであった。また、社会進化論が反映された梁啓超の『飲氷室文集』（一九〇七）がそうであるように、当時の朝鮮社会においては、近代的文化も、漢字漢文で書かれたり翻訳されたものによって伝達される側面が大きい状況であった。開化期は、自国語と自国の文化を重視していく社会的状況のなかで、朝鮮的な漢字漢文の文化への模索および体系化が試みられた時期だったと言える。

こうした朝鮮的かつ近代的な漢字漢文の教育への模索という観点から見れば、『新訂千字文』が従来の漢学に基づいた漢字漢文教育に近いものであり、『牖蒙千字』が最もそこから離れて朝鮮的かつ近代的な漢字漢文教育の体系を構築しようとしたものだと評価できる。『幼学字聚』は『新訂千字文』と『牖蒙千字』の中間に位置づけることができよう。近代朝鮮においては、このように漢字漢文教育へのさまざまな試みが行われ、尹致昊の『幼学字聚』はその時代の変化を示す一例だったのである。

(1)『少年』創刊号（一九〇八年一一月）の「少年漢文教室」にはその連載の理由が記されている。まず、「泰東文化」を産み出して思想と出来事を記録した漢文は、朝鮮とは密接な関係を結んだ「第二の国語」とも言えるものであり、朝鮮に「帰化した文字」だと評価する。しかも、朝鮮では、漢文を通じて、「新文化」を多く受け入れているため、児童が漢字漢文を学ぶ必要があるという。

(2) 南宮遠は、『皇城新聞』一八九八年一二月二三日付の記事に基づき、大韓帝国政府の学部が小学校の尋常科と高等科を合わせて六年間の教育期間とし、授業の内容は、全学年を通して、儒学教育を中心に小学と四書の一部分を教える形にしようとしたと指摘する。南宮遠「開化期 漢文 및 漢文 教育에 대한 認識 一考」『한문고전연구』第一三輯（한국한문고전학회、二〇〇六年）、三六六―三六八頁。

(3) 池錫永編纂の『児学編』の構成については、韓成愚「解題」『근대 이행기 동아시아의 언어 지식―지석영 편찬『児学編』의 언어 자료』（인하대학교출판부、二〇一〇年）、一〇―一五頁参照。

(4) 漢文漢字教育に関連して『幼学字聚』を論じた先行研究としては、李美娟「愛国啓蒙期 漢文教科書 研究」（부산대학교 교육대학원 한문교육전공 석사학위논문、一九九六年）、四〇・四五・五五頁、南宮遠「韓国 開化期 漢文科 教育의 展開 過程과 教科書 研究」（성신여자대학교대학원 한문학과 박사학위논문、二〇〇六年）、一四四―一四五頁、禹小汀「愛国啓蒙期 漢字教材 研究」（경북대학교 교육대학원 석사학위논문、二〇〇九年）、二二―二六頁がある。このなかで、『幼学字聚』の内容の分析については禹小汀の研究が詳しい。本章で『幼学字聚』とともに検討する『新訂千字文』と『牖蒙千字』の先行研究の状況についても確認しておく。『新訂千字文』の先行研究は、『幼学字聚』と同様、以上の三人の研究以外には確認すること

ができないほど研究が少ない。一方、『牖蒙千字』の場合は、以上の李美娟（一九九六）と南宮遠（二〇〇六）の研究を含めて、南宮遠「선교사 기일（James Scarth Gale）의 한문 교과서 집필 배경과 교과서의 특징」『동양한문학연구』第二五輯（동양한문학회、二〇〇七年）、林相錫「한문과 고전의 분리、번역과 국한문체—게일의『牖蒙千字』연구」『고전과 해석』第一六輯（고전문학한문학연구학회、二〇一四年）など、個別研究も行われている。

（5）二〇世紀初頭朝鮮における漢文と国文をめぐる論争については、姜明官「漢文廃止論과 愛国啓蒙期의 国・漢文論争」『한국한문학연구』第八輯（한국한문학회、一九八五年）、二二六—二四七頁、前掲南宮遠（二〇〇六）、三四九—三六二頁、허재영『근대 계몽기 어문 정책과 국어 교육』（보고사、二〇一〇年）、一〇六—一二二頁、参照。

（6）呂圭亨「論漢文国文」『大東学会月報』創刊号（一九〇八年二月二五日）。原文は漢文、日本語訳は引用者による、以下同。

（7）原文は「自文」となっている。だが、後の「他国文」と対をなしており、「自文」は「自国文」の誤植だと思われ、ここでは「自［国］文」と解釈する。

（8）「国漢文의 軽重」『大韓毎日申報』一九〇八年三月一七日。原文は国漢文、日本語訳は引用者による、以下同。

（9）「勧告大東学会」『皇城新聞』一九〇八年八月二二日。原文は国漢文、日本語訳は引用者による。

（10）李承喬「国漢文論」『西北学会月報』創刊号（一九〇八年六月一日）。原文は国漢文、日本語訳は引用者による。

（11）兪吉濬「小学教育에 対ᄒᆞᄂᆞᆫ 意見」『皇城新聞』一九〇八年六月一〇日。原文は国漢文。「／」は段落区分。

（12）李承喬については、南宮遠「근대 초기 한문과 교재 서문에 나타난 집필 동기 및 경위 고찰」『한문고전연구』第一一輯（한국한문고전학회、二〇〇五年）、一一八—一一九頁。

（13）李承喬『新訂千字文』（朝鮮図書株式会社、［一九〇八年］）。

（14）「序」『新訂千字文』、二頁。原文は漢文、日本語訳は引用者による。

（15）ゲールについては、金鳳姫「게일（James Scarth Gale, 奇一）의 韓国学 著述活動에 관한 研究」『서지학회연구』第三輯（서지학회、一九八八年）、一三八—一四二頁、前掲南宮遠（二〇〇五）、一一九—一二〇頁、李祥賢『한국 고전번역가의 초상——게일의 고전학 담론과 고소설 번역의 지평』（소명출판、二〇一二年）、一一—一七頁、参照。

（16）以下の『牖蒙千字』の書誌情報については、前掲南宮遠（二〇〇七）、八七—九四頁、参照。

（17）J. S. Gale, *Korea in Transition*, New York: Young People's Missionary Movement of the United States and Canada, 1909, p. 141. 日本語訳は引用者による。

(18) ゲールの朝鮮の古典学への関心と古典小説の翻訳については、前掲金鳳姫（一九八八）、前掲李祥賢（二〇一二）、参照。
(19) 「広告」『大韓毎日申報』一九〇九年一月三〇日―二月一三日。
(20) 「論説」『独立新聞』一八九七年八月二六日。原文は純国文。日本語訳は引用者による。
(21) 「日記」一九〇四年一一月一日。傍線は引用者による。
(22) 異母の弟尹致旺《ユンチワン》は一八九五年生れ、同尹致昌《ユンチチャン》は一八九九年生れである。ちなみに、尹致昊の長女尹鳳姫《ユンボンヒ》は一八九四年生れ、長男尹永善《ユンヨンソン》は一八九六年生れ、次男尹光善《ユングァンソン》は一八九八年生れ、次女尹龍姫《ユンヨンヒ》は一九〇三年生れである。
(23) 学部編集局『教科用図書一覧』第四版―第九版（朝鮮総督府、［一九一〇］―［一六］年）。
(24) 『ウスンソリ』については、本書第五章を参照してほしい。

第Ⅲ部　尹致昊の政治思想の変容と自由思想

第七章　尹致昊の改革と啓蒙の論理

――主権をめぐる政治思想の変容

一　尹致昊の政治思想の軸――政府・教育・宗教

独立協会（一八九六―九八）の活動は、開化期朝鮮における近代的公共圏の形成の一例として評価される(1)。独立協会は、清国との朝貢・冊封関係を象徴する迎恩門と慕華館を、朝鮮の独立を象徴する独立門や独立会館に建て替える事業を進めるために、徐載弼《ソジェピル》を顧問として安駉寿《アンギョンス》・李完用《イワニョン》などの政府官僚が主導し、一八九六年七月に創立された。また、独立協会の機関誌とも言える朝鮮初の純国文新聞『独立新聞』や演説会を通じて啓蒙的言説を発信すると同時に、翌九七年半ばから討論会を導入、人民が参加可能な公論の場を築き上げていく。一八九八年に入ると、政府官僚と人民がともに参加する官民共同会の開催や人民の主導による万民共同会の開催などを行い、これら諸活動を通じてロシアや日本などの外国勢力への牽制、政府批判や政策への建議、さらには政府諮問機関だった中枢院を再編し立法機関とする議会設立運動を試みる。独立協会のこうした反政府的な政治活動が原因となって政府の弾圧が始まり、同年一一月に独立協会による議会設立の試みは高宗の廃位と共和制を図っているという匿名の文書が問題となって実現できず、その後、政府による独立協会や万民共同会の強制解散が行われる。そして独立協会の中心人物一七人（南宮檍《ナムグンオク》、李商在《イサンジェ》、鄭喬《チョンギョ》など）が検挙され、以降独立協会は事実上政治的な機能を失ってしまう(2)。

尹致昊は一八九七年七月から独立協会の活動に参加する(3)。尹は、一八九六年春にロシアのニコライ二世戴冠式の祝賀使節団員としてヨーロッパに派遣されていたため、独立協会の創立には直接に携わっていなかったが、九八年三月に会長代理、同年八月には会長に選出され、独立協会の中心的な人物になった。またこの間、朝鮮政府との関係悪化でアメリカに帰国することとなった徐載弼の代わりに、尹は九八年五月一二日から『独立新聞』の主筆兼社長を務めた。彼は、徐とともに独立協会への討論会の導入を主導すると同時に(4)、アメリカ人のロバート（H. M. Robert）の通称 *Robert's Rules of Order* を抄訳した『議会通用規則』（一八九八）を著し(5)、討論会を通じての啓蒙活動に直接に取り組んだ(6)。独立協会の活動において一八九八年は、反外国勢力や反政府的な活動、官民共同会や万民共同会などの人民集会の開催、議会設立運動に力を入れていた時期である。尹がこの時期に会長を務めていたことは注目すべきであり、この時期の独立協会の活動には間接・直接的に彼の思想の影響が存在すると考えられる。また、徐載弼に続いて尹致昊が『独立新聞』の主筆を引き継いでおり、同年五月以降の『独立新聞』「論説」には彼の思想が色濃く反映されていたと言える(7)。

本章では、以上の独立協会の啓蒙活動と尹致昊の政治思想がどのように関わっているのかを問題とし、開化期における尹致昊の政治思想とその特徴を検討する。時期としては、儒学的教育を受けてきた尹致昊に開化思想が兆し、彼が政界に足を踏み入れた一八八〇年代から、一〇年間の海外生活を終えて政界に復帰し、彼の近代的自由思想が独立協会の啓蒙活動や議会設立運動などを通じて具現化した一八九〇年代後半にかけての時期を扱う。

開化期における尹致昊の政治思想についての先行研究では、まず一八八一年からの日本留学および金玉均《キムオクキュン》をはじめとする開化派知識人からの影響、とくに開化思想が注目され(8)、加えて甲申政変後、中国やアメリカへの留学を通じて本格的に受け入れた西洋文明論や社会進化論や自由思想などが、彼の改革論と独立協会活動の思想的基盤となったと指摘される(9)。次に、上海留学時代に尹がキリスト教徒となったことから、彼の思想へのキリスト教の影響も合わせて検討される(10)。ただし、尹致昊の独立協会活動において見られる朝鮮の民衆を政治的主体として認めない態度や民衆蔑視的な視線から、近代民主主義的観点からは彼の政治思想に一定の限界が存在したと指摘するものもある(11)。

このように、尹致昊の開化思想とキリスト教の影響に注目する研究は多数存在する。だが、彼の儒学的素養や政治思想の性格についてはあまり検討されていない。とくに、朝鮮士大夫として漢学教育を受けてきた尹致昊の初期思想すなわち儒学的政治思想と西洋の開化思想がどのように関連し、その関係性がどのように変化し、彼の政治思想を形作っていたかに関する研究は、管見の限り、まだ行われていない。先行研究においては、尹致昊が前近代的遺物として儒学を位置づけていたことから、民権思想や自由思想などの近代的政治思想とキリスト教を判断の基準とした尹致昊の態度に着目し、彼の近代思想の特徴を読み取っている(12)。このような近代政治思想の観点に基づいた分析や評価は、尹致昊の政治思想における前近代と近代という区別とその断絶性に注目したものである。一方、梁賢恵は、キリスト教への入信が尹致昊の儒教的自己修養論の延長線上にあると指摘する。梁は、キリスト者である尹致昊が持つ儒教的思想の残影は儒教的思想に対する批判の不徹底さによる尹の思想的限界であると指摘する(13)。キリスト教への入信が尹致昊の儒教的自己修養論の延長線上にあるという梁の理解は、キリスト教神学の観点からの尹の思想的限界についての指摘であり、逆説的にそれはキリスト教の入信の前後における尹の思想の連続性を語っている見解としても理解することができる。先行研究で指摘される、儒教に対する尹の批判も、後述するように、彼が儒学的知識と教養を持つ士人的政治思想を持っていたから可能だったとも言えるだろう。

本章では、本書の第一章において尹致昊の英語学習が漢学的教養に基づいた翻訳の過程を経ていたことを確認したのと同じように、彼の西洋政治思想の受容の問題も、このような彼が持っていた漢学的かつ儒学的な教養や思想に基づいていたと仮定する。尹致昊の儒学的政治思想が近代政治思想と接することにより、それらがどのように拮抗し変容していったのか、その思想的連続性とダイナミズムに注目する。とくに尹致昊における主権者に関する意識の変化を問題とし、その変化を、士人的な君権概念から市民的な民権概念への移行の様相と仮定して確認する。こうした仮定と分析を通じて、開化期における尹致昊の政治思想を再考すると同時にその全体像を示すことが本章の目的である。議論を進めていくなかで、具体的には、政府・教育・宗教という尹の思考軸を議論の糸口として、彼の政府改革論と人民啓蒙論を検討する。

政府の弾圧による独立協会の解散を経た翌一八九九年二月、高宗は、尹致昊に地方官（徳源監理兼徳源府尹［徳源は現在の元山市の一地域］）として赴任することを打診して、人民啓蒙活動に関わらないように懐柔する。外遊も考えていた尹は、父尹雄烈《ユンウンニョル》の説得もあって地方官職を受け入れ、[14]『独立新聞』主筆の職も辞する。一八九九年二月一日付「日記」からは、約一年半にわたって関わった独立協会の活動に対する尹の心境が見て取れる。

私を落胆させて失望させたのは、過ぎ去った民衆運動の無分別さでも暴力でも失敗でもない。そうした運動は韓国において全く新しい実験であり、閔氏や李氏のようなばかどもや詐欺師たちでなければ、政府の腐敗を止めることを試みた人々を嘲ったり毒舌を振るったりはしないだろう。しかし、私をうんざりさせて絶望させたのは、独立協会や万民共同会の会員多数（十分の九ぐらい）の腐敗を見つけたことである。［会員の］その誰もが、寄付金をできるだけ多く盗もうとする誘惑に耐えることができるようには思われない。文台源《ムンデウォン》・金光泰《キムグァンテ》・方漢徳《バンハンドク》・林珍《イムジン》洙《ス》など、私が彼らの正直さや誠実さを深く信じ込んでいた人々が、まぎれもない泥棒であることが分かった。［中略］昨年中、この悪漢たちのために、我々の心身の幸福を犠牲にしたのか？　そうした人々とともに、そしてそうした人々のために、民衆運動を始めるのは愚かなことである。この民族の血は、**新しい教育や新しい政府や新しい宗教**によって替えられるべきである。[15]

尹致昊にとって独立協会の活動は、朝鮮における類例の無い「全く新しい実験」であった。だが、この「実験」に対して王族や外戚らは冷淡であって、しかも、政府の腐敗を批判する独立協会内部で露呈した会員たちの腐敗は、尹に失望感と今後の人民啓蒙運動への懐疑心を抱かせた。彼が政府の懐柔策を受け入れた判断の根底には、独立協会の会員のこうした腐敗や不正直さによる懐疑があった。

この発言で注意しておきたいのは、朝鮮人全般の腐敗に対する処方として、「新しい教育（new education）」「新しい政府（new government）」「新しい宗教（new religion）」が提示されていることである。この三つの組み合わせは、尹致昊がアメリカ留学を終えて上海で教鞭を執っていた一八九三年一二月一七日付「日記」にも見られる。

> 私は明確な信念を持っていることを喜びます。物事に対する信念の曖昧さが東洋を呪ってきたことを誰も知りません。私は、数千万の一般人民がほこりと不潔［な環境］のなかでひれ伏している一方で、宮殿で一人の王子や貴族が暮らすようにすることを、**良き政府**とは言いません。数千万の一般人民に初歩的な教育さえ与えられていない一方で、教育と知識の習熟を、恵まれた一人や二人の人間に与えることを、**良き教育の制度**［とは言いません］。漠然として不十分な性質を有する教理や宗教のために、数千万の一般人民が道徳的あるいは精神的な堕落、罪のなかに生き死んでいる一方で、あなたのような少数の知的で鋭敏な思想家たちが思索の贅沢にふけることを可能にしていることを、**立派な宗教や教理**［とは言いません］。私は、**キリスト教**の教えが明確で建設的で簡単で［人間性を］向上させるがために、それを信じるのです。(16)

当時上海に滞在中だった池雲英《チウニョン》（初名は運永《ウニョン》）との仏教や儒教やキリスト教の教理に関する議論のなかで、尹致昊は、仏教や儒教の教理の曖昧さを指摘しながら、「明確に理解できる信念」としてキリスト教の教理を弁護する。この引用文は、池雲英がキリスト教の明確さについて肯定しながらも、その教理が明確であるあまり狭量ではないか、という彼の質問に対する答えである。尹は、明確な信念の重要性について述べながら、多数が悪条件のなかで犠牲になる一方で少数が特権を享受する状況を、前述した「政府」「教育」「宗教」という三つの側面から批判する。こうした弊害は、「キリスト教」の「明確で建設的で簡単で向上」的な性質とは異なる、東洋の宗教、すなわち仏教や儒教の教理の「曖昧さ」に起因すると弁論する。

「政府」「教育」「宗教」は、以上の二つの逸話における尹致昊の発言から考えれば、海外留学後の尹がある社会を理解する思考の軸だったことが分かる。

本章では、以上の問題意識に基づき、開化期における尹致昊の政治思想を検討し、儒学に基づいた士人的政治思想と、近代自由思想に基づいた市民的政治思想が、前近代と近代の過渡期を生きた朝鮮知識人尹致昊の政治的想像力として働いていたことを論じる。この両者が尹致昊の改革と啓蒙の論理の底辺に流れていたことと、両者がどのように拮抗しつつ相互に影響し合うことによってどのように彼の政治思想が変容していったのかを検討する。さらに尹致昊の事例から、東アジアの前近代と近代の過渡期的状況を生きた朝鮮知識人における士人的政治思想と市民的政治思想の混在という特徴とその変容の様相を示す。

二　主権意識の変化と西洋経験——初期官吏時代—海外亡命期

(一)　仁政の政治的想像力と君権——仁政の理想と朝鮮の現実との乖離

尹致昊は一八八三年から初代駐朝アメリカ公使フート (L. H. Foote) の英語通訳官となる。当時の尹の職位は統理交渉通商事務衙門の主事であり、これが官界における彼の活動の始まりであった。国政への尹の参加は、科挙を通じてではなく、英語能力という実務による抜擢であった。当時政治的な地位が低かった尹は、アメリカ公使フートを介して王や王妃に進言し、炭鉱開発(17)や貨幣鋳造(18)や日本の明治政府を手本とする改革(19)など、朝鮮政府の国政に自身の意見を反映させようとした。

尹致昊は、幼いときから科挙に及第するために学問に励んでおり[20]、英語通訳者となった尹の思想にも士大夫としての儒学的政治思想が大きく働いていることが見える。一八八三年一二月二日付「日記」で、尹は、政府の失政のため、民が苦しい状況に置かれている現状を嘆いている。

　最近では国の外には明火賊［盗賊］が非常に盛んであり、城内には追剥徒［泥棒］が横行している。官吏は貪って民は飢えており、貨幣［の価値］が一定ではなく、物の値段がとび上がっている。政府は民をなだめる（安民）ことなく、ただ賄賂を貪るのみであり、人民は口に糊する粒を得ることが大変なのに、賦役で困っている。小人が朝廷に満ちており、自分自身を肥やす策を求め、戚臣と宦官は権力を用いて、売官の路だけが開かれている。上下は利益を取ろうとし、官民はともに疲弊しており、我が民の塗炭［泥と炭の灰。ひどい苦しみのたとえ］が、最近のように深刻なときはなかった[21]。

尹致昊の目に映っている朝鮮の現状は、盗賊や泥棒が横行し、貨幣制度が機能せず物価が高騰するなかで、民の生活は類例のない最悪の状況である。その原因は、政府が「民をなだめる（安民）」ことに関心がなく、官吏や朝廷の臣下たちは私利私欲を満たすために不正を犯していてその負担を民に押し付けているからである。つまり、政府や官吏たちが自分たちの職分である「安民」のために努める良き統治が行われていない現状である。この尹の現実認識から、彼にとって良き政府あるいは良き統治とは、民の生活を常に考えた思いやりのある政治である仁政の実現であったことが分かる。

仁政の政治的想像力には、儒学的な公私概念が前提とされている。この儒学的公私概念は、天＝民という絶対基準による絶対性とそれによって定められる公私関係の相対性を前提とするものである[22]。溝口雄三によれば、「中国には古来、天が民を生ずるといういわゆる生民の思想、すなわち民は国家・朝廷に帰属するのではなく、天・天下に帰属するという思想」[23]が存在した。君主の政治とは天の理を借りて民の生を保存することであるため、政府から見れば君主や朝廷が〈公〉に、臣下や民が〈私〉に当たるが、天から見れば、その関係が逆転し、民が〈公〉に、君主や朝廷が〈私〉となる。

仁政の実現は〈天理＝安民〉の実現を意味する。天子や王は、現実政治において、その天の権利を代わりに執行する存在となり、民を安んじるようにする仁政を実現していくことによって、その主権者としての正統性を保ち続けることができる。臣下は、民を啓導すると同時に、主権者である王が天理に背かないように輔佐する政治的存在である。

当時、朝鮮王の臣下であった尹致昊には君権こそが主権であった。一八八四年一月八日付「日記」には、尹が高宗に謁見する場面が記されている。まず高宗は尹致昊に対する洪英植《ホンヨンシク》の意見を聞いてみたと話す。王である高宗が臣下である洪英植の意見を聞いたことに対して、尹致昊は「あらゆることは必ず聖断［天子や王の決定］によるものであり、お尋ねになる必要はありません」[24]と答える。尹のこの発言から、彼は当時の高宗を政治の最終的決定権を持つ主権者として認識していたことが分かる。

尹致昊が朝鮮政府の官吏となってまだ一年にもならない一八八四年一月一日付の「日記」には、一八八二年に起こった壬午軍乱についての感想が記されている。ここには、朝鮮の現実に対する尹の認識とその改善策が述べられており、それは儒学的政治思想の理想である仁政の実現のための構想と、それが実現されていない朝鮮の現状への懸念として要約できる。

まさに徳政を修めることにつとめて民心を安定させ、兵隊を訓練させることにつとめて王室を保全することをはかり、［外国と］仲をよくし外からの援助を取り交わして自主を保全することを期するべきである。六月の変［壬午軍乱］はすでに終わり、悔しくて思い返し難いとしても、千乗の国［王や諸侯の国］は小さくなく、徳を修めれば王になることができる。だが、上は、王室と政府より、これ［徳を修めること］につとめることなく、王と臣下が

一時しのぎに安んじ、上と下が小さい安定を楽しみ、まつりごとが壬午年六月の前に似ており、より悪くなっている。(25)

西暦の新年を迎えた日に尹致昊が高宗に謁見したとき、朝鮮における清国軍の増員が話題となる。朝鮮における清国の影響力の増大を心配する高宗に対して、尹は、朝鮮の軍隊を訓練させる必要性と指揮の一元化を進言しながら、約一年半前に起こった壬午軍乱を振り返る。新式軍隊の優遇と旧式軍隊への粗末な待遇が原因となって起こった壬午軍乱は、清国の介入によって終息され、その後、清国の朝鮮の影響力が強まる契機となった。引用のように、尹は、徳に基づいた政治による安民という仁政の実現、軍の育成と強化による王室の保全、外国の援助による自主の保全という朝鮮政治の構想案を述べる。だが、軍乱から約一年半が経った朝鮮の現状は、この構想とははるかに離れたものであり、上下問わず、仁政の実現による大きな安定ではなく、自分のための「小さい安定」に満足しており、軍乱以前よりその程度は悪くなっていると指摘する。そして「善を知って実行せず、悪を知って問題としなければ、天子は天下を保たず、諸侯はその国を保たず、大夫・士と庶［一般民衆］は家と身を保たない」と、儒学的政治的感覚に基づいて当時の朝鮮の内政の状況を懸念する。

外交の問題にあたっても、尹致昊は民の保護を重視している。前述したように、壬午軍乱以後、清国は藩属国としての朝鮮への宗主権を主張し内政に関与しようとする動きを見せており、このような清国の動きが、急進開化派による甲申政変の原因にもなった。このように朝鮮における清国の影響力が増大するなかで、清国人による朝鮮人への暴行が発生し、この問題で清国に抗議しない朝鮮政府の対応を、尹は批判的に捉える。

私は芸台［閔泳翊《ミンヨンイク》］に「もしも我が政府が剛《つよ》くて明断であれば、どうしてこんなことがあるのでしょうか」と言った。芸台は、「言うのをやめろ。ただ強ければ事を成せるというわけではない」と言った（ああ、かつて我が政府は柔弱でもって物事を成し遂げたことがあっただろうか）。私は、「私が言う強さとは、争論して理致を押さえつけることではありません。そもそも我が国の人民を保護し、我が権利を失わないもの、これを剛さと言います。初めから我が国は、清国人に対して非常に柔弱で怯懦《きょうだ》［臆病で弱い］であり、清国人が罪の無い者を打ち殺しても、政府はそれを問題にしません。どうしてこれが柔弱の結果ではないでしょうか。清国人は官民を侮辱し圧迫し、抑えつけ、道理にそむいていますが、我が政府は道理に拠って弁ずることができません。どうしてこれが柔弱の結果ではないでしょうか」と言った(26)。

尹致昊は国の強さについて意見を述べながら、朝鮮政府が清国人の暴行を黙認することを批判する。フート、閔泳翊、尹致昊が集まった夕食の席で、清国人の陳樹棠が強制的に家を明け渡させるために朝鮮人の李範晋《イボンジン》に暴行した事件が話題となり、この陳の蛮行に対して尹は、憤激しながら朝鮮政府の弱さを嘆く。だが、閔泳翊は清国が大国である以上仕方の無いことであると尹の意見を受け入れない。この引用から、尹にとって国の「強さ」とは、政府による自国の人民の権利の保護であることが分かる。政府の外交は、自国民の権利を守るために、他国に対して「道理に拠って弁ずることができ」る強さがなければ、前述した「自主を保全する」ことは不可能だと尹は思っていたと言える。

この自国の人民の権利を保護することは、おおむね民の生活を守るという内政における仁政の実現につながるものではあるが、外国（人）から自国民の権利を保護するという意味でその性格がやや異なる。だが、一八八四年一月一日付「日記」で確認した三つの改革が相互に関わって初めて、良き統治が可能となるように、尹致昊にとって外交の問題は、内政と無関係ではない。以上の閔泳翊との会話に続く尹の感想では、閔泳翊をはじめとする閔氏戚臣たちの清国に対する態度が問題とされる。

ああ、国が亡びる日と閔［氏一族］が落ちぶれる時、必ずそれらは同じ時であろう。だが、［閔氏一族は］国のために力を出さず、いつも自分の考えを固く守り、よい話を受け入れようとしない。自ら清国に従うことでその身と家門を保つことができるのか、いまだ知らない。そして狐の群れに惑わされ、公義に暗く、古くさいことに力を尽くし、もう自主しようとしない。また他人事のようにいたずらをし、どんな考えで、どれほどの知恵の量なのか。残念で心が苦しい(27)。

尹致昊の視線から見れば、閔氏一族は、朝鮮という国の臣下でありながら、国のために努力せず、さらには朝鮮の「自主」も考えず、ただ自らの保身のために、他国である清国に従うのみである。閔氏一族がこのように保身だけを考えて行動するのは、「公義」を理解していないからだという。この「公義」の意味は、朝鮮に仁政を実現しようとする尹の思想を考えれば、忠君や安民などの臣下の職分と道理であると推測される。

ここで批判の対象となっているのは、閔氏家門の戚臣である。だが、尹致昊の真の標的は、彼らではなく、「我が朝廷には意志が強く決断力がある臣下が無く、みな清国人の威嚇を畏れており、ただ王様のご決断を願ってためらっている(28)」とあるように、朝鮮政府の臣下の失態である。このような朝鮮政府の臣下たちの過ちは、外交だけでなく、より根本的に「公義」に基づいて政治を行わず、「自分自身を肥やす策を求め(29)」、民を「塗炭」に陥らせたことにある。つまり、尹致昊は、朝鮮で仁政が施されていない最大の理由を、主権者の王ではなく、閔氏をはじめとする臣下たちが自身の職分を疎かにし、保身に走ってしまったことと考えている。一八八四年に起こった甲申政変とその失敗によって翌八五年一月から上海に滞在中だった尹は、一八八五年六月二〇日付「日記」で、朝鮮政府のあり方を振り返りながら、政治における臣下の責任問題を酷烈に問う。

> 朝鮮の政治を行う人は、なぜ夢から目覚めて国を保全することを図らないのか。そもそも平穏なときに危機を忘れず、内には民の安定を保ち、外には隣国の心配事を見抜くことが、知識のある文明なる政府のまつりごとである。どうしてあえて今の我が政府に[これを]望むことができるか。[中略]ある人は「今の我が朝廷の臣下たちが国を心配していないわけではないが、王様が自ら調べられて政治を行われているため、[臣下は]国のためのいい考えがあるとしても、勝手に行うことができないからしようがない」と言う。そうではない。君父母の民を愛

する思いやりを、下が体をもって仰いでいないため、上下の気持ちが離れている。そして妬んで権力と官位を奪い合い、一時しのぎに自分自身の利益のみを図ることが、我が朝廷の臣下が昼夜に営む［ことなので］、どうしていい考えがあるだろうか。［中略］王様は慈しんでおられるが、賢くて優れた臣下がおらず、［臣下たちが］ついに国を危機の状態にさせたこと、どうして嘆かないでいられようか。王様の禄で生きて、王様の寵愛をいただいているが、この乱れたときに、国の状況を奮い起こすことを考えず、逆に才能［のある人を］を妬んで嫌がり、一時しのぎに豚尾［清国人の卑語］に迎合し、古い見解にむやみにこだわり、いつも新しく明るいことを妨げている。今の我が朝廷の大臣という人々の、その罪がどうして軽いだろうか。(30)

尹致昊にとって朝鮮の政府は、「知識のある文明なる政府」という理想からは、はるかに離れたものである。その理由は、国内においては民が苦しい生活を強いられ、国外においては清国の脅威が朝鮮に迫っているにもかかわらず、こうした国内外の状況に朝鮮の政治は適切に対応していないからである。その根本的な原因は、王と民ではなく、両方の仲介的な存在である臣下にある。なぜなら、王はいつも民を愛してなだめようとしているが、臣下たちは、その「公義」に眼を背け、私腹を肥やそうとし、私利のために朝鮮の国益ではなく清国に従っている。つまり、朝鮮において良き政治が行われていない理由は、私利私欲だけを求めている、臣下たちが、自分自身の「公義」を捨て仁政の実行者としての職務を果たしていないからである。こうした朝鮮の臣下たちに対する尹致昊の批判は、安民に基づいた仁政の実現という彼の政治思想によるものであった。

(二)　新しい民の可能性と教育——仁政的教化から啓蒙的教育へ

尹致昊が朝鮮の失政の責任を臣下に問うたのは、士である臣が王の代わりに実際の政治を行う政治的存在だからである。一方、仁政思想において民は、天理に基づいた君権の正当性を求める存在ではあったが、王の聖恩を受ける存在であり、士の教化の対象でもあった。民の教化という思考には愚かな民という愚民観が前提とされていた。民は愚かであり教化の対象と見なす為政者の観点は、仁政と王道を唱えた孟子の思想によるものである。

人の暮しというのは、衣食にあきたり安住して、それで教育［教化］がなければ、禽獣にも近くなる。聖人の堯はそのことを心配して、民を豊かにしてから契《せつ》を起用して人倫を教えさせた。その内容は父子の間に親しみがあり、君臣の間に正義があり、夫婦の間に分別があり、長幼の間に序列があり、朋友の間に信義があるようにすることであった。(31)

この『孟子』の話は、後代に五倫と言われて儒教社会の秩序を保つ論理として転用されるが、もともと孟子の意図は、「聖人の堯」が自然災害を乗り越えて民の生活を安定させた出来事を取り上げ、仁政を実現した王の例やその方法を示すことにあった。その仁政の方法の一つとして民への教化に触れている。民の生活を維持するためには社会秩序を保つ必要性があり、そのためには民の教化が必要だとある。なぜなら、もし民を教化しなければ、民は「禽獣にも近くなる」可能性があり、人間社会の秩序が乱れかねない。仁政の理想的状態は、民が教化を受けて人倫を身につけることによって維持できる。それゆえ、仁政の実現を目指す為政者にとって民への教化は、政治に緊密に関わるものになる。

士であった尹致昊も、民の教化と国の政治との関係性を重んじる思想を持っていた。まず民に対する尹の観点を確認しておきたいが、一八八四年一月一日付「日記」には、仁政思想に基づいた民に対する尹の認識が見られる。

朝廷の官僚たちは、私的利益を争い権力を貪っている。そこで、あらゆる邑の地方官の人事は、すべて勢道家の好き嫌いによるものである。賄賂がそのために生じ、不当な財を貪ることがこれによって増えている。そこであらゆる民が塗炭に陥らされており、上下がともに困っており、そもそもこれらの外の事情が王様のお耳に入る道がなく、また多くの王様の愛と恩恵が人々に及んでいない。それゆえ、そもそも我が君父と君母が、ひたすら民をなだめることを求められているとしても、たとえすべての事を治めたとしても、一度王様の聡明さが行き渡らず、民の情に逆らうことがあれば、下の民は知識がなく道理に疎いので、ただ天を怨む。非常に残念ではないか。(32)

尹致昊は、臣下の勢道家が私利私欲の道に走っている現状を改善するために、政府の改革、とくに人の能力に合わせた適切な人事を通じて臣下の不正を防ぐ必要性を高宗に訴えながら、民について言及する。民は、「知識がなく道理に疎」く、王の仁政の試みが臣下たちによって妨げられていることに気づくことができず、また自分たちの生活の苦しみを自ら改善しようともせず、「ただ天を怨む」。同日の「日記」には朝鮮の軍政改革に関する尹の意見が述べられており、尹はそこで王室や国に対する民の態度を問題とする。「[朝鮮の民は]もともと朝鮮で生まれ、朝鮮で育ち、王の恵みを受け、王の禄をいただき、これを教えて養うのは、すべて我が王室を保存するためであることは、もとより疑いのないこと」であるが、「愚かな民は無知で、状況によって情に流される」と述べている。ここで朝鮮の民は、「王の恵みで生活」しているにもかかわらず、それを知らないため、常に「教えて養う」べき存在として位置づけられている。

上海留学期の一八八五年六月二〇日付「日記」には、朝鮮の現状に関する「ある意見」に対する尹致昊の反論が見られる。「ある意見」とは、国内の民生が疲弊して国外からの侵犯を憂いている、朝鮮の現状は、朝廷の臣下たちの政治や民生に対する無関心によるものではなく、国力が及ばないからだという主張である。尹は、この意見を否定し次のように論破する。

そもそも世界の富強国も、はじめには貧しくて弱くないものはなかった。ただ富強を図ることを、進めて怠けず、農事を行う時期を奪わず、租税を軽くして夫役を減らすのみである。民がやっと安らかになり、[民に]礼儀を教え、[民に]法律を適用し、その権利を保障し、自由と天福を受けるようにする。そこで、民は忠君と愛国の意味を知るようになり、上下がともに憂いともに喜ぶようになり、内にはその業を互いになだめ、外には他国の侵略を防ぐことができる。我が国は今これに逆行している。それゆえ、民は酷い政治に苦しみ、［王と臣を］敵視することが止まないので、どうして国のために力を出すいとまがあるか。(33)

国の富強は最初からそのような状態だったわけではなく、その国の人々が常に努力した結果である。国の富強のためには、まず民の経済的な安定が必要であり、そのためには、民を、彼らの主な産業活動である農業に集中させ、租税や夫役の負担を軽減させる。その後、民に「礼儀を教え、法律を適用し、その権利を保障し、自由と天福を受けるように」すれば、「民は忠君と愛国の意味を知り」、上下が力を合わせることで、国内外の問題が解決される。つまり、国の富強は、民の安らかな生活の保障と民の教化との好循環による結果である。この富強国に至る政治的方法は、前述した『孟子』の「聖人の堯」の仁政に重なるものである。

仁政の政治思想において民は、いつも平和な社会で自分たちの「自由と天福」を享受するためには、為政者によって、礼儀を教えられて法律によって制限される受動的な存在にならざるを得ない。仁政の実現を夢見ていた尹致昊にとって民は、政治的な主体ではなく、つねに保護され教化されるべき存在だったのである。

これまで見てきたように、初期官吏時代と上海留学期における尹致昊の政治思想は、王が政治の最高決定権を有し、臣下がその主権者の王を補佐し正しい政治を行うようにすると同時に、愚かな民を教化して人倫を覚えさせて社会秩序を維持することで、民の安泰な生活という仁政の理想を実現することだと要約できる。

だが、アメリカ留学を通じて、尹致昊は新しい民の姿を発見する。それは政治的主体としての民の姿である。尹は、議会による民政(34)や大統領の民選(35)などをアメリカで経験し、民による政治の可能性を意識するようになる。

アメリカに留学して半年も経たない一八八九年三月三〇日付「日記」で、尹致昊は、朝鮮政府の外国人顧問官だったアメリカ人デニー（O. N. Denny）が辞任したことに言及しながら、国の興亡における「人民」の役割を強調する。

デニー氏が我国の顧問官を辞職したという。やはり思った通りである。我が王は善良だが、左右の臣の罪悪や奸邪で卑陋な気性が我が国の亡兆である。デニーが一〇〇［人］いたとしてもいかなることができるか。一国の興亡盛衰はその人民の知覚と気性によるものであるが、我が国の場合、民が何百年も完全に他人の奴隷になってしまい、知覚と男らしい気性はほんのわずかも無く、また世の中に類ない悪い政府に五〇〇年間圧制を受け、上下の官民が他人に縛られてとりあえず命を保つことを図るばかりで、今の我が国の形勢で独立をどうして願い、独立するとしてもどうして後の弊害を防備し、国家を保全することができるか。それゆえ、当今の我国の急務は国民の知識や見聞を広げ、道徳や信義を教え、愛国の心を育てることにあるが、政府がこのように汚く腐ったので、国のためにどのような長大な方法と策略があるだろうか。我が国の教育を助けて人民の気性を回復する奇計は耶蘇教しかなく、私の国のためにも、一身の事業のためにも聖教に一身の心と力をすべて捧げ、上には救世主の幸徳を返し、下には私の魂の幸福を無事にすることが、私の大望である(36)。

尹致昊は、それまで通りに朝鮮の政治の問題を、善良な王ではなく、「罪悪や奸邪で卑陋な気性」を持つ臣下たちにあると指摘する。尹は、朝鮮の臣下たちのせいで、デニーのような外国人の「臣」の活動が難しいことを、すでに予測していたと言い、デニーのような有能な臣下が多くいるとしても、今の朝鮮の政治状況は変わりにくいと結論づける。この判断は、仁政の実現のために臣下の役割の重要性を唱えてきた、これまでの自身の考えを否定するものである。既存の自身の改善策を否定した上で、尹は、朝鮮政治を改善する新しい方法として、「一国の興亡盛衰はその人民の知覚と気性による」と、人民の役割を強調する。国政における人民の役割の強調には、国と人民との相互関係が想定されており、尹がここで言う人民は政治的主体である。朝鮮の民は、長年政府の圧政を受け、他人に縛られており、「人民の知覚と気性」を備えていないため、国の富強や独立が危うくなっている。それゆえ、尹致昊は、朝鮮の独立と富強のためには、朝鮮の民が人民たる知覚と気性を備えるように、民の見聞を広げることと、道徳心と愛国を培うための「我が国の教育」が最優先だと強調する。

尹致昊が語るこの「教育」は、仁政における教化とその性質が異なるものである。「教育」は、民を愚かな存在として見る点においては、仁政思想における民の教化に類似するものである。だが、これは一方的に安泰な生活が与えられる民を想定したものではなく、民に知識や道徳心や愛国心を持つようにさせ、自ら国のために主体的に活躍する人民を形成する手段である。愚かな民は、「教育」によって、人民の性質を備えることができ、人民になりうるのである。それゆえ、朝鮮の民は、現在は愚かな存在ではあるが、教育を通じて、未来には人民になりうる潜在的存在である。

ここでもう一つ注目しておきたいのは、「我が国の教育を助けて人民の気性を回復する奇計」としてキリスト教を挙げていることである。上海留学中にキリスト教徒になった尹致昊は、個人倫理の向上における宗教の役割に注目し、とくにキリスト教の有効性を主張することになる。次節で詳述するが、キリスト教は、尹致昊の人民啓蒙思想の中核であることをまず押さえておきたい。

アメリカ留学中、尹致昊は、朝鮮の民を人民の潜在態と見なすことになり、教育による人民の形成への彼の志向が強まっていく。アメリカ留学が始まって一年あまりが過ぎた一八八九年一二月一四日付「日記」には、ある宣教月報に掲載された朝鮮や朝鮮人に関する記事の感想が記されている。ここで、尹は、朝鮮人の潜在能力をもって宣教師の朝鮮人に対する評価に論駁する。

ある宣教月報の朝鮮に関する記事を読んだ。朝鮮の明るい面に関するものは無い。政府は悪く、人民は貧しく、家屋は粗末であり、街路は汚い。ある人は「朝鮮人はアジアで一番の嘘つきだ」と言う。ほかの人はもし彼が駐朝公使になるのであれば首をつって死んでしまうと言う(!!)。もちろん、私は彼らを非難しない。しかし、公平な人々は、以下のことについて同意するだろう。あらゆる朝鮮人は、身体的に強靭な民族であることを、彼らは頭が良いことを、彼らは高度の教育を受けられる能力を持っていることを、記憶力がよいことを。［朝鮮は］気候は健康によく自然資源が豊かであることを。ここに希望がある！[37]

宣教師による記事では、朝鮮は「政府は悪く、人民は貧しく、家屋は粗末であり、町の道は汚い」惨めな状況にあると評価され、「朝鮮人はアジアで一番の嘘つきだ」として最悪の評価を受ける。朝鮮や朝鮮人の現状に対する宣教師の評価に、まず尹致昊は同意を示す。だが、「身体的な強靭」さと「頭の良」さ、そしてそれによる「高度の教育を受けられる能力」のような朝鮮人の潜在能力を根拠として反論する。尹にとって朝鮮人の現状は悲観的ではあるが、朝鮮人は潜在能力を持ち啓発可能な存在である。

尹致昊は、潜在能力を持つ朝鮮人が高度の教育を受けることによって、国政の担い手という政治的な主体になりうると考えていた。日清戦争の起こった一八九四年七月二七日の「日記」には、朝鮮人に関する日本の新聞の記事に対する尹致昊の反応が記されている。朝鮮や朝鮮人を後進的な存在と規定する日本の新聞の発言に対して、尹は朝鮮人の潜在能力を根拠として反論する。「朝鮮人による独立国家の運営の不可能性」に言及した日本の新聞の記事について、尹は、もし朝鮮人の国家運営能力が英国人やアメリカ人のような西洋人に比べて劣るということなら納得できると述べた上で、しかし日本を含むアジアの諸国の人々の国家運営能力は西洋人に到底及ばないと強調する。むしろ近年清国が朝鮮政府を統制しようとするなかでも、朝鮮は独立国家を維持してきたことと、ノルマン族の支配を経験した英国人が成し遂げた歴史や彼らの現状を取り上げた上で、「良き政府やより良い教育を受ける公平な機会を与えられることのない個人や国家の、自由や独立の不可能性に関する発言の不合理」を指摘し、日本の新聞記事に傲慢な発言だと反駁する。これは、「良き政府」の下で、朝鮮人が高等教育を受けるなら、朝鮮人の国家独立維持や運営には問題がないという認識による反論であり、ここにも朝鮮人の潜在能力に対する尹の信念が見られる。

以上の朝鮮や朝鮮人についての宣教師や日本の新聞の評価に対する尹致昊の反論には朝鮮人の教育が前提とされて

いる。朝鮮人の現状は教育を必要とする状況であるという認識を、尹は持っていたと言える。仁政の実現を目指した士大夫の尹は、海外亡命生活を通じて、啓蒙思想を受け入れ、それを自分の思想としていくなかで、民の政治的潜在性に気づくことになる。しかし、啓蒙知識人となった尹致昊から見た、この時点での朝鮮の民は、教化の対象から教育の対象に変わっただけであり、まだ政治を主体的に行うことができる存在ではなかった。朝鮮の民に対する彼の啓蒙や教育の志向は、後述するように、その後、独立協会の活動期間中により具体化して現れるようになる。

（三）人民啓蒙と宗教――キリスト教の有効性と儒教の無効性

約一〇年間の海外亡命生活を通じて、尹致昊は、政治的存在としての新しい民の様子を経験し、人民形成のために朝鮮人の教育を志向するようになる。民の教育への尹の志向には、朝鮮人を人民にするという志向とともに、朝鮮におけるキリスト教の布教への志向が重なっていた。

上海の中西書院で修学中だった一八八七年四月三日、尹致昊は洗礼を受けて南メソジストとなる。同日付の「日記」には「本日から私は謹んで教を奉って主を信じることを誓い、［今日は］一生の最も重要な日だ」(38)と言い、キリスト教に入信したことを人生の大きな転換点として述べる。

キリスト教への入信は尹致昊の思想的な転換点でもある。メソジスト教会の宣教月報である *The Gospel in All Lands* の一八八七年六月号に「朝鮮人の告白（A Korean's Confession）」というタイトルで、尹の信仰告白が載っている。最初に「私は上海に来る前には神について聞いたことがありませんでした。／私は異教徒の国で生まれました。／私は異教徒の社会で育ちました。／私は異教徒の学問を学びました(39)。」と述べた上で、それまでの自身の無節制な生活を反省しながら、次のような過去の自身の思想を再考する。

私の弱さと、これまで全く信じていなかった来世のために純粋な霊魂を備える必要性に、私は気づくことになりました。／人間の助けによってでは、真に罪の無い人生は絶対に不可能であることに、私は気づきました。近頃儒教の四経を読み直して、さまざまな良い格言を見つけました。しかし、それに従わなければならない理由が何も無かったので、またそれら――教理――が霊魂の求めを満たしてくれないので、私が求めたことを［そこに］探すことに失敗しました。／私はさまざまな悪い習慣を直そうと努力し、蜜のように好きだった罪をもたらす行為を、ある程度［無くすことに］成功しました。／この努力は聖書、そして宗教書籍と宗教講義によって助けられました(40)。

尹致昊の信仰告白には、彼自身の「悪い習慣」の改善とキリスト教との関連性が語られている。彼の人間としての「弱さ」による「悪い習慣」は、キリスト教の「聖書」や「宗教書籍」「宗教講義」によって改善された。一方、「四経」に代表されるそれまでの彼自身の思想である儒教の「教理」は、教理上の「さまざまな良い格言」があるとはいえ、尹自身がそれに従う理由はない。なぜなら、儒教の「教理」は、神ではなく「人間の助け」の次元のものであり、それによって自身の「霊魂」は救われない。「来世」のためには、霊的な救済が必須であり、そのためにはキリスト教を信じるしかないのだ。この尹致昊の告白に示唆されているように、彼はキリスト教の信仰を通じて来世を認知し、そして現世の贖罪を求めるようになった。そして、キリスト教の信仰や教理などの宗教生活を通じて、それまでの彼自身の悪習が改善したことから、それに基づいて個人の生活や倫理の改善に関するキリスト教の有効性を主張するようになったと推測される。尹致昊の改心は、儒教からキリスト教へという大きな思想的転換である。と同時に、尹に、キリスト教の信仰を通じて、個人倫理の改善と宗教との関連性を経験・理解させ、その思想的根拠を与えた。

尹致昊は、一八八八年九月にアメリカへ旅立ち、アメリカ南部にあるヴァンダービルト大学で新しい生活を始めた。ヴァンダービルト大学に留学したのは、神学や英語を学ぶためであった(41)。この時期を通じてキリスト教についての体系的な教育を受けることになり、キリスト教への理解が深まる。ヴァンダービルト大学で神学を専攻した後にエモリー大学に移ることになるが、尹はここで朝鮮宣教や教育施設の開校問題を具体的に構想しはじめ、同大学の総長キャンドラー（W. A. Candler）と朝鮮での宣教について相談し、その結果、大学から朝鮮の宣教支援基金が助成された。

尹致昊は、エモリー大学の援助を受け、一九〇六年開城に、朝鮮初の南メソジスト系ミッションスクール韓英書院を設立する。尹は、韓英書院を設立する前から、日本におけるミッションスクールの経営や教育実態に関心を抱いていた。「日記」によれば、尹は、一八九三年にアメリカから上海の中西書院への帰路で、当時東京の明治学院の総長だった井深梶之助と交流した(42)。そして、そのとき、尹は、彼が尊敬していた新島襄が設立した京都の同志社(43)や、ヴァンダービルト大学時代から交わった吉岡美国が院長を務めていた神戸の南メソジスト系学校である関西学院(44)を見学した。尹致昊は、日本のミッションスクールを見学し、教育家たちとも交流し、韓英書院の開校にあたって日本のミッションスクールの運営と教育内容などを参考にしたと考えられる。

それでは、なぜ尹致昊は朝鮮人の教育の問題とキリスト教の布教が緊密に関わると考えたのか。この答えは、民の知識や個人倫理の向上を図る教育において、キリスト教は「人民の気性を回復する奇計(45)」だからである。尹がキリスト教を「我が国の教育(46)」の「奇計」と主張するのは、彼が個人の倫理向上や成功に対する宗教の影響性に気づいたことと、諸宗教のなかで、とくにキリスト教が最も有効な宗教だと思うようになったことによる。一八九二年一一月一二日付の「日記」で、尹は、「宗教は世俗的な成功に必須なのか」という課題で行われた討論会に参加した感想を次のように記している。

宗教は、孤立した事例の場合、世俗的な成功において不可欠なものではないように考えられる。しかし、この問題について思慮深く観察してみれば、宗教が個人であれ国家であれ、あらゆる場合の成功に不可欠であることは明らかである。宗教が無いため、道徳と法の基盤が無い。道徳と法が無ければ、人々と財産への安全の保障が無い。安全の保障が無ければ、人民の繁栄が無い。繁栄が無ければ、個人の成功が無く、したがって国家の成功も無い。邪悪さと無宗教による成功［の例］は、おそらくこうした観点とは相反するかもしれない。だが、法によって人身と財産の安全が守られていなければ、そして宗教によって人民の正直さが培われて大事にされなかったとすれば、いかに彼らが成功することができたのだろうか？　宗教を持っていない人々は、宗教のおかげ［で成功したこと］を否定するかもしれないが、事実は［依然として］残っている。(47)

尹致昊は、ここで個人と国家との相互関係を前提とし、個人と国の成功における宗教の役割について意見を披瀝する。宗教が個人の「道徳」のような個人倫理を培い、これによって向上した個人の「道徳」と国の「法」によって、個々人の生命や財産に対する「安全の保障」が可能となり、個々人の集合体である「人民」が国家の成功をもたらす、という論理である。つまり、個人と国の成功は、国の人々の個人倫理と司法制度の好循環によって成就されるものである。この好循環において、宗教は「道徳」や「正直さ」などの個人倫理を培う要因となり、法は個人の生命や財産を保護する要因となる。宗教と法は、個人と国の成功に不可欠な要素である。無宗教者の成功は、あたかも宗教とは無関係に成し遂げられたように見えるが、その成功が可能なのも、無宗教者が生きる社会や国には、すでに宗教と法による環境が成立しているからだと尹は指摘する。それゆえ、無宗教社会では、個人と国の成功はありえない。尹致昊にとって宗教は、個人と国の「世俗的な成功」を左右する核心である。

宗教に対する尹致昊のこうした判断には、個人倫理を向上させる宗教の功利性が前提とされている。一八九四年一月一日付「日記」で、尹は個人倫理の向上に対する宗教の作用に関連して「機能（work）する宗教」に言及する。彼は「機能する」ことを「提案された目的を成し遂げること」だと言い、「機能しない宗教」は「我々の霊的な鑑識眼を損ない新しい事実に無神経にさせるのみ」だと述べる。翻って言えば、「機能する」宗教は、霊的な鑑識眼の向上や新たな事実に反応する思考の柔軟さをもたらすものである。尹は、人間の思考の向上を促す「機能する」宗教としてキリスト教を取り上げる。

一方、儒教は、優れた教理を持っていたにもかかわらず、数千年を経ても中国人の倫理向上に失敗したという理由で無効な宗教として評価される。一八九三年一二月一二日付「日記」で、尹致昊は、「二五世紀間にわたって、この国［中国］に絶対的な支配を行ってきたこの主義は、それに従う男子と女子を正直にすることに成功していない」と言いながら、中国人の不正直さを理由として、儒教の有効性を問題とする。

儒教の教理はそれ自体では素晴らしい。しかし、その有用性はどのようなものなのか。その信者に対してその教理を実行させる力の無い規則は、優れたもので満ちてはいるが、実現する気は全くない中国人の宣言と同じくらい最悪である。規則というのは誰かが行わなければ機能しない。儒教は無力なので無用である。なぜなら、その基盤が孝行以上のものではないからである。それは、その教理のなかに、女性の劣等的地位、王への絶対的な服従、永久の「過去志向主義」に関わる腐敗の種を持っている。その唯物主義は人間を粗野にする。それは向上や改善のための生命力と活気を持っていない(48)。

尹致昊は、前述した信仰告白のように、儒教の教理の素晴らしさを認めながらも、その有用性について疑問を示す。彼は、儒教は信者に「その教理を実行させる力の無い規則」だと述べた上で、「規則というのは誰かが行わなければ機能しない」と、人々が実践できるかどうかを問題とする。尹の言う「有効性」は、人間における宗教の有効性と言い換えられる。前述した「世俗的な成功」と宗教との関係性に関する尹の発言から確認したように、宗教の有効性は、宗教が個人の倫理に影響を与えて「正直さ」のような道徳心を培い、その道徳心による人々の実践という結果によって認められる。〈宗教→人の倫理向上→人の実践〉という宗教の有効性を確認する思考から見れば、儒教は、その教理の優秀さにもかかわらず、長い間、儒教に基づいて生きた中国人に道徳心を涵養させることと、その道徳心に基づいて実践させることに失敗したとして、「無力であり、無用である」と判断される。さらに、尹は、儒教に「女性の劣等的地位、王への絶対的な服従」などの人々に対する抑圧と、「永久の「過去志向主義」」を持続する根拠が含まれているという。このなかで、「王への絶対的な服従」を批判的に見る尹致昊の発言から、王を主権者として仁政の実現を志向した彼が、従来の自身の儒学に基づいた政治思想を相対化し否定していることが分かる。キリスト教徒の尹致昊は、儒教を、「向上や改善のための生命力と活気を持っていない」無効な宗教として厳しく規定する。

さらに、尹致昊は、一八九四年五月三一日付「日記」で、儒教の中心概念である「礼」を取り上げて儒教の教理と中国人の現状との乖離を問題にすることを通じて、儒教の無用性を論証しようとする。

中国古典がさまざまなことを教えようとも、強調されるのは、礼である。孔子が他にさまざまなことを繰り返し説き聞かせたとしても、彼が主張したのは、礼である。全時代にわたり、尊敬すべきあるいはそうではない孔子の信奉者たちが、さまざまなものを書いたり講義したりしたとしても、とくに彼らが重点を置いたのは、礼である。他の人々より優れていると、中国人がうぬぼれるものが他にもあるとしても、彼らが自慢するのは、礼である。礼にはさまざまな意味があるとしても、それが意味するのは、礼儀正しさや礼節や礼法である。それゆえ、我々が中国人について他に何か思い浮かぶことがあっても、中国で広く行われていることのなかで、最も確実に分かるのは、礼儀正しさや礼節や礼法であろう。しかし、文監師路［現在の塘沽路］や乍浦路のような二つの道路の四つ辻で、万国の男女が往来する面前で、小便をする人を見たとき、例外なくあらゆる場合、［例えば］白髪の老人と離乳したばかりの赤ん坊、主人と召使い、官吏と苦力［クーリー］、年配の女性と若い女主人、［彼らの］口から出る、最も不快で下品な表現を聞いたり、これらを目にしたりしたとき、儒教は、約三〇世紀にわたって彼らを明らかにその支配下に置いてきたにもかかわらず、外見的な態度や表現においてさえ、それを信奉する人々を礼儀正しくすることができない、まことに薄っぺらなものだと確信せざるを得ないだろう。(49)

「礼」は、孔子以来の儒学者たちが強調してきた儒学の中心概念である。今の中国人はこの礼をもって、自らが他国の人より優れていると主張する。礼に対する中国人の観念を考えれば、彼らの行動にはいつも「礼儀正しさや礼節や礼法」のような上品さが見られるはずである。だが、中国人は、教理としての礼を強調するにもかかわらず、その実態は、他人の目は気にせず、公共の場で不潔な行為をしたり、男女老少・上下貴賤を問わず、「最も不快で下品な表現」を口にしたりする。今の中国人の行動や話し方に見られる下品さから判断すれば、礼という儒教の中心的な教理による人の教化がもしこれからも長い間中国に影響を与えることがあったとしても、儒教は「信奉する人々を礼儀正しくすることができない」と認めざるを得ない。儒教は、こうした宗教の教理や教化の結果という因果関係に基づいた実証的な尹の眼差しによる判断としては、「まことに薄っぺらな」宗教にすぎない。

前述した一八九三年一二月一二日付「日記」の最後に、尹致昊は朝鮮における儒教の弊害について触れている。

朝鮮を地獄にしたのは儒教である。[その理由は][儒教の]教えが、朝鮮に悪い[と判断できる]あらゆる悪いことを教えたからではなく、悪い影響を和らげる何事もせず、その諸要因を[そのまま]許容してしまったことにある。(50)

尹致昊は、儒教が朝鮮を「地獄」のような悪い状況にした主な原因だと言う。その理由として、朝鮮が悪い状況になっているのは、儒教の教理と教化自体の問題ではなく、どの宗教でも持っている「悪い影響」を、儒教自らが抑制し改善できなかったという宗教的な無用性にあると指摘する。つまり、尹にとって儒教は、個人倫理の向上に「機能しない宗教」であり、中国と朝鮮における人々への弊害は、こうした儒教の無用性によるものである。

尹致昊にとって朝鮮でのキリスト教の布教が人民啓蒙と教育の要となったのは、彼がキリスト教に改宗し、キリスト教社会であるアメリカを経験しながら、個人と国の成功において、宗教の重要性、とくにキリスト教の有効性を認識したからである。尹は、こうした宗教の有効性を問題とする眼差しを持つこととなってから、それまでの彼自身の思想的根拠となった儒教を、無効の宗教として否定し、その思想的根拠をキリスト教に求めることとなる。これは儒教からキリスト教へという尹致昊の思想的な変容として理解できる。また、政治思想の側面からは、仁政の実現を放棄し、人民主権と西洋文明論の精神的核心を追求することとして捉えることができる。

こうした啓蒙知識人としての尹致昊の思想が前景化することによって、過去の士としての彼の思想が否定されて消えてしまったようにも見える。しかし、士としての尹致昊の思想は後景化されその影響が薄くなっていたとはいえ、それが完全に消滅したわけではない。民のためという、士としての彼の思想は、キリスト教の文脈と混在し、一つの思想的な志向として存在し続けたのだ。

三　政府改革と人民啓蒙の構想——甲午改革期—独立協会期

(一)　日清戦争と朝鮮改革の構想——安民思想の変容

尹致昊がアメリカ留学を終えて上海で教鞭を執っていた一八九四年七月に日清戦争が勃発した。一八九四年六月二〇日付「日記」で、尹は、朝鮮において清国と日本との間に戦争が起こったという噂を耳にしたと言い、この戦争を朝鮮の転機として記している。

朝鮮で清国軍と日本軍との戦争が起こったという噂が流れている。両者の激しい戦いは素晴らしいことだっただろう。私は、政府が組織されてから、朝鮮人が戦いのみを考えるようになることを、戦いのみを好むことを、戦いのみを実践することを望んでいた。そうだったら、朝鮮の状況は、今より立派になっただろう。平和は、もし真で正しい原則に基づいているのなら、良いことである。だが、支配者と奴隷としての被支配者という[関係に基づいた]圧政によって維持される平和は(卑劣な数世紀の間、朝鮮と中国を眠らせるためにあやしてきた平和は、臆病、裏切り、嘘、柔弱、腐敗の源である)、事実、朝鮮を真の地獄にした、あらゆる悪徳[である]。私は、朝鮮や中国のような半開国が勇敢で愛国の精神をより維持するためには、戦いあるいはそれを好むしかほかはないと信じる。日本を見ろ。(51)

尹致昊は、日本と清国との戦争が、朝鮮人に「戦い」の重要性を認識させる契機になることを願った。「平和」というものは、「真で正しい原則」に基づいていれば良いと言えるものだが、そうではない「圧政」による平和は、悪徳の源である。尹にとって、「臆病、裏切り、嘘、柔弱、腐敗」は悪徳であり、これらに対して戦う闘争心は美徳と見なされている。そして、今の朝鮮と中国においては圧政によってこれらの悪徳が蔓延しており、この両国は「半開国」として評価される。この評価からすれば、尹は、日本を、朝鮮と中国とは異なる、闘争心という美徳を有する文明国として考えていたことが推測される。こうした文明論的な眼差しを通じて、尹致昊は、日清戦争を、悪徳を持つ半開国である中国と美徳を持つ文明国である日本との戦いとして捉え、朝鮮が闘争心という美徳を認識し、今の「半開」から脱却できる好機として見ていた。

しかし、尹致昊は、この戦争を、単なる朝鮮の好機として見ていたわけではなく、この戦争の背景には、朝鮮の政治的主導権をめぐる日本と清国との争いがあると捉えていた。

日本は清国の侵害に対して朝鮮の独立を完全に維持するために戦争を行うと発表する。これは真実であるには素晴らしすぎる。より合理的な説明としては、清国が朝鮮を属国とするかもしれないという、そして日本［社会］の公的に不安定な状態が内戦をもたらすかもしれないという日本の恐れに基づいている。日本の真意はともあれ、日本の手にかかっている。もし［日本が］成功すれば、朝鮮を保護国のようにし、台湾の占有権を手に入れるだろう。［日本が］叩かれてしまえば、［日本は］朝鮮への影響力を完全に失い、琉球を清国に譲渡するかもしれない。(52)

尹致昊は、一八九四年七月二四日付の「日記」で、日本と清国との戦いの背景と、戦勝国の利益について指摘する。尹は、清国から朝鮮を完全に独立させるという日本の表面的な理由を疑う。尹は、日本が清国と戦争を行う実際の理由は、清国の朝鮮に対する影響力の増大を防ぐことと、日本国内の社会的葛藤を解消させることにあると考えた。尹は、日本が戦争に勝利すれば、朝鮮に対する主導権を獲得するとともに、清国に台湾を割譲させると予測した。逆に清国が勝利すれば、日本は、朝鮮のみならず、琉球を割譲しなければならないと判断した。尹致昊は、日本の戦争行為を、朝鮮の独立のためという口実を掲げた帝国主義的な行動として理解しており、この日本と清国との戦いを、朝鮮の将来に大きく影響を与える出来事として注視していたのである。

尹致昊は、朝鮮の将来がかかったこの日本と清国との戦いにおいて、どの国の勝利を願っていたのか。尹は、朝鮮政府の改革の契機を得るという理由で、日本の勝利を願っていた。日清戦争をめぐる日本の底意はともかく、尹は、日本の勝利によって朝鮮と清国との事大関係が清算されれば、完全な自主的改革は可能ではないものの、朝鮮は近代化への道を歩む機会を得ることができると予想した。尹の願いは、どの国が勝利しても戦勝国の朝鮮に対する内政干渉は免れないという国際社会の原理を前提とし、結果的に朝鮮の改革により有効となる帰結を望んだものだったと言える。

それゆえ、尹致昊は、朝鮮の改革のために、日本の役割に期待していた。一八九四年六月に起こった日本軍の景福宮占拠を耳にしたときにも、その事実に驚きながらも清国より日本のもとに王がいる方が良いという理由で、「今日本は私が思っていたよりも、はるかに遠くまで行こうとしている。日本にこの状態を保たせよ。朝鮮に良き政府を与えよ」(53)と日本への期待を失わなかった。

日清戦争に際して朝鮮に出兵しその勢力を拡大していた日本の内政改革勧告を皮切りに、一八九四年七月から約二年間にわたって朝鮮の近代改革を試みた甲午改革が行われた。(54)日本は、(一)中央と地方の政府機関に対する改革と有能な官吏の任命、(二)財政の再編成、(三)法律と法廷の再編成、(四)軍隊と警察の再編成、(五)教育制度の改定という改革案を朝鮮政府に提示した。(55)この日本の改革案について、尹致昊は「日本が朝鮮政府に提示した改革の対策は、全くもって私が長らく実行を望んでいたものである」(56)と同感を示す。尹は自らの改革案を、一八九四年九月二八日付「日記」に記している。その内容は、(一)皇室の刷新、(二)新政府のための軍隊の組織、(三)新聞の発行、(四)中央政府の官吏調整、（五）郵便制度の導入、（六）地方制度の改革（三六〇の邑《コウル》を約一〇〇（あるいは、それ以下）に減らすこと）、（七）徴税制度の刷新、（八）各政府部署での日本人顧問の雇用、（九）殖産奨励と政府による独占や干渉の排除、（一〇）日本型の教育制度の導入および宣教師たちの布教と教育活動の支援、という一〇項目と要約できる。行政や徴税から軍制に至る諸分野に及ぶ尹の政府改革案は、日本の改革案と類似するものではあるが、改革案の一〇番目の項目に「日本式教育制度はすぐに導入すべきである。伝道や教育事業において、宣教師に便宜と援助を与えるべきである」(57)と言っているように、教育制度の導入と改革においては宣教師の助力を意識した点で相違がある。

初期官吏時代における尹致昊の改革論の目的は、仁政の実現にあった。その改革の具体的な方法としては、士である臣下の為政者としての職務を強調し、その改善を求めていた。臣の職務とは、国内的には、君主を助け、実際に君主の徳治を民に広げることに努め、民を安らかにし、国外的には清国の影響に左右されないことで、良き政府や民の安泰を保つことである。

日清戦争期の尹致昊改革案から見たように、一八八五年以来の約一〇年間の海外生活を通じて、彼の朝鮮改革論は変わっていく。この変化した改革論は、西洋諸国の国家システムと近代的社会システムの導入を特徴とする。

尹致昊の政治思想の変化と、その変化が与えた改革論への影響は、詳しく言えばいかなるものなのか。尹の政治思想の変化とは、政治的存在としての人民の可能性という民への思考の変化と、日清戦争における朝鮮の将来に関する判断の基準となった国際社会に対する認識の変化である。アメリカに留学中だった尹は、一八九〇年五月一八日付「日記」で、朝鮮の現状と改善策について記している。尹致昊の改革論の変化を考える上で、ここでの彼の発言は検討すべき内容を含んでいる。

私が知っている限り、現在の朝鮮のためには五つの選択肢がある。

一つ目。平和的な自己改革。よく訓練された軍隊の組織。政府の再編成、役に立たない、劣った官吏たちの一掃。言論の自由。教育。これらが、改革のための、いくつかの方法である。しかし、王妃と彼女の取り巻きの利己心のため、そして王に対する良い助言者が不足しているために、そうした改革を、朝鮮［の状況］で期待することはあまりにも出来すぎたことであろう！

二つ目。内部革命。存在する悪習と非常識すべての清算と、開明的で確固とした基準に基づいた政府の新しい体系の樹立を、賢明で強健な心［を持って］行う。しかし、外国勢力と彼らの利益のための介入が現存し、こうした健全な革命が起こる希望はない。

この二つが最善である。しかし、これらはほとんど起こる可能性がないので、最悪ではあるが、［次の］ありうる選択肢に進む。

三つ目。現在の状態の継続。愚かで抑圧的で残酷で暴政的な政府の状態。無知であり、迷信を信じ、貧しく悲惨な民の状態。恥ずかしく屈辱的で国として死んだままの状態。

四つ目。清国人のくびき。これは朝鮮が陥ることが非常にありうる運命である。これが起こるとき、朝鮮の災難になる。もしこのようになれば、これは最後［の選択肢］より最悪であろう。

五つ目。イギリスやロシアの支配。三つ目と四つ目よりは、これがはるかにいいものだと確信する。英国人やロシア人による支配下では、民は——人民として——苦しみの軽減を経験し、多くの利点を享受するようになる。だが、私はロシアよりイギリスの支配が良いと思う。最後の案を願う自分は自暴自棄の状態である！　だが、前者［一つ目と二つ目］の二つは実現が不可能であり、後者［三つ目と四つ目］の二つは耐えられないのだ。(58)

尹致昊が考える朝鮮の将来は、(一)平和的な自己改革、(二)内部革命、(三)現在の状態の継続、(四)清国への隷属、(五)イギリスやロシアによる支配、と要約できる。第一案と第二案は、尹の改革構想であり、朝鮮政府の改革と、社会全般を改める革命を趣旨とする。彼はこの改革案が「最善」策だと言う。だが、第一案は閔妃を中心とする一族の利己的行動と、王を補佐できる臣下がいないという理由で、第二案は朝鮮をめぐる列強の干渉を理由に、実現不可能だと判断する。この第一案が不可能な理由は、初期官吏時代に尹致昊が臣下の職務を強調したことと同じ発想に基づいている。そして、第二案を不可能だと判断した理由においては、朝鮮をめぐる列強の動きが前提とされており、第四案と第五案には、彼の国際情勢認識が具体化される。尹にとって第一案・第二案以外の三つの案はどれも許しがたいものではあるが、彼は、清国による干渉と朝鮮政府の悪政に比べた場合、清国よりは西洋文明国の支配が好ましいと結論づける。この発言から、尹の将来の朝鮮の青写真には、西洋列強の手を借りて朝鮮を変えていく方法も存在したことが分かる。

柳永烈の指摘の通り[59]、尹致昊が持つ西洋文明国の支配下の朝鮮改革構想は、外国勢力の支配を正当化する論理であり、国の独立を前提としない改革であるため、「主体を喪失した」改革構想だと言える。尹致昊のこの改革構想は、彼の「現実状況主義」と「開化至上主義」による「危険性」を孕んでいる[60]。

ところで、尹致昊のこの改革構想に対して「危険性」を指摘するその根拠は、近代の国民国家論に基づいた観点によるものであり、その評価は、近代的な啓蒙知識人としての尹致昊が持つ思想の限界を指摘するものである。こうした近代的観点からの尹致昊の思想的限界を指摘する観点は保持しつつ、ここではすこし視点を変えてみよう。この時期以前の尹致昊の士としての政治思想を振り返って、それとの関連からこの改革構想を読み直すことで、尹致昊の初期からの思想的連続性と、海外滞在期を通じて変容した改革構想の性格がより鮮明に見えてくる。

尹の朝鮮の現状認識と改革案には、仁政に基づいた儒学の政治思想と完全一致するものではないとはいえ、政府改革における臣下の責務を強調する思想の連続性が見える。さらに、より興味深いのは五つ目の西洋文明国の支配下の朝鮮改革構想の根拠だが、なぜならそこには変容した安民思想が見られるからである。尹は「英国人やロシア人による支配下では、民は――人民として――苦しみの軽減を経験し、多くの利点を享受するようになる」と言い、国の独立より、民の生活の安泰や利点を保持することを優先している。

国の独立より民の生活と教育を優先する尹致昊の態度は、この一八九〇年五月一八日付「日記」以前にも確認できる。その約一年前の一八八九年五月二五日付「日記」には、イギリス領インドの初代総督であったヘースティングズ（W. Hastings）のインド政略に関する文章を読んだ感想が記されている。尹は、このイギリスのインド統治に関する文章を読んで弱肉強食の世界を嘆きながら、イギリスによるインドの植民地化に関して「恃強勒弱［強さに頼って弱いものを従わせること］する西洋の政略は正しくはないが、アジア各国が虐政［を行い］、その人民を孱弱《せんじゃく》［元気がなく弱い］にし、外患を自ら招いた過ちをどうして免れるか[61]」と言い、西洋諸国による東洋の植民地化自体は悪いとはいえ、その真の罪は、自国の人民の生活を守れず外患を防ぐことができなかった、インドのような東洋諸国にあると指摘する。さらに「イギリスが主人となった後、インドの内乱が治まり、外憂も次第に治まり、人民の生命［と］財産をよく保護し、学校を施し、人材を養成し、学問を勧めることに勉め、前日より太平を楽しんで[62]」いると、イギリスの植民地下において、インドの人民の「生命［と］財産」が保護され、人民に教育が行われていることを理由に、植民地化以前よりインドの人民の生活が「太平」だと評価する。つまり、尹致昊はイギリスによる植民地化を人民の安全保障と教育増進という根拠で正当化する。

その約半年後の一八八九年一二月二八日付「日記」で、尹致昊は、中西書院の恩師ボンネル宛の手紙に、イギリスの歴史家であるマコーリー（T. B. Macaulay）の『イギリス史』を読んだ感想を、次のように書いた。

私にとって朝鮮の独立に関する質問は論外です。現在のような政府であれば、独立は、国に救いのない状況をもたらします。これに対して、［現在より］より良い政府であれば、［つまり］民の幸福について、愛国的で思いやりのある関心を持つ政府であれば、［ほかの国に］従属するとしても、本当の災難ではありません。さらに健全で繁栄した国はいつでも独立を取り戻す［ことができる］が、弱く貧しく無知で恥知らずの利己的な政府によって、民が

貧しく無知で弱い［状態］が続く［ことになれば、そのような政府による］独立は、民にとって何が良いのでしょうか。(63)

ここで尹致昊は、現在の朝鮮政府による国の独立の維持は、民に良くないと断言する。もし朝鮮政府が、民を抑圧して彼らの生活を脅かすことをせず、民の幸福をもたらす政治を行うことになれば、朝鮮政府による独立は有意味である。だが、これは現政府によっては不可能であり、もしも朝鮮の民の幸福を大事にする政治が行われるのであれば、他国への従属も、「本当の災難」ではない。尹致昊が考える「本当の災難」は、民を抑圧して彼らの生活を脅かすものであり、国の独立は、二次的なものである。なぜなら、国の独立は、民の安定や発達によって維持されるべきものであり、さらには独立を失った状況であっても、その他国の統治下において、民の生活と発達が保障されるのであれば、いつでも国の独立は回復できると、尹は考えていたからである。アメリカ留学中の尹致昊にとっても、彼の政治思想の核心は〈安民〉であったと言えよう。

尹致昊の安民という発想は、このように約一〇年間の海外滞在期において消えてなくなったのではなく、ほかの形に変容していたのである。初期官吏時代において仁政の実現を志向した尹致昊にとって民は、政治の核心的な存在であり、君主の徳治や士の教化を受ける受動的な存在として認識された。だが、アメリカ留学を通じて、尹は、民の政治的可能性を見出し、民が教育を受けることによって、国政に影響を与える人民になりうる存在であることに気づく。そして、弱肉強食の原理に基づいた世界秩序における朝鮮の現状と照らし合わせることで、朝鮮という国の独立より、朝鮮の民の生活や教育を優先する改革構想を持つようになった。アメリカ留学期における尹の安民思想は、民の政治的可能性と西洋文明論が絡み合って変容されたものであり、その後も、彼が語る朝鮮の改革構想を支える大きな政治思想的根拠として働き続ける。(64)

日清戦争の開戦前の一八九四年六月、日本軍による景福宮占拠以後、新たに金弘集《キムホンジプ》内閣が成立し、政府改革が行われるようになる。尹致昊は、翌一八九五年二月に朝鮮に帰国し、新政府に加わる。その後、井上馨をはじめとする日本人の朝鮮政府に対する態度を目の当たりにした尹は、「なぜ私がその日本人たちに飽きたのか。朝鮮の唯一の友達だと公言しながら、あらゆる利益に関わる問題において、ここの日本人公使たちと領事たちは、いつも自国の利己的要求のために朝鮮の利害を犠牲にする[65]」と日本人に批判的な態度を取ることになる。さらに、一八九五年一〇月に発生した王妃殺害事件である乙未事変によって、朝鮮の現状と日本に対する尹の態度が大きく変わる[66]。

尹致昊は、甲午改革は失敗に終わったと判断する。甲午改革の帰結に関して「結局、日本は事実上朝鮮の改革に失敗した。だが、その誤りは、朝鮮政府のものであり、日本のものではない。驢馬を小川の辺に連れて行くことはできるが、驢馬に水を飲ませることはできない[67]」と評価し、甲午改革の失敗の根本的な原因は、朝鮮政府の新・旧勢力の間の争いによる内部的な不和にあると結論づける。

その後、尹致昊は、独立協会に参加し、朝鮮人の啓蒙活動に尽力する。その理由は、朝鮮政府自らが成し遂げえなかった甲午改革と、失敗という結果に対する尹の反省にあったと考えられる。

一八九七年一〇月に高宗は皇帝に即位し朝鮮から大韓に国名を改め、国際的に大韓帝国の独立を宣布する。同年八月一五日、この宣言に先立ち、朝鮮の年号は建陽から光武に変わる[68]。年号が改められた二日後の一七日に尹は高宗に次のように進言する。

　日本とロシアとの間に戦争が起こると、しばしば話題になっています。しかし、朝鮮に良き統治が広く行われれば、外国人たちの紛争が我々をかき乱すことはないのです。平和で平穏な人民［の状態］を維持するのは非常に重要です。人民に害を及ぼすあらゆる処置、例えば、雑多な税金や金鉱探しや無効になった公的な借金の回収などは、廃止しなければなりません[69]。

尹致昊は、朝鮮をめぐる日本とロシアとの紛争に巻き込まれないためには、「平和で平穏な人民」の生活を保障することが最善策であり、そのためには「良き統治」を行うべきだと高宗に意見を述べる。この時期においても、変容した安民思想は、尹の政論の論理として働いている。

ところで、この国家の経営に関する尹致昊の進言には、政府と人民との相互補完的な関係が前提とされていることに注意すべきである。ここで尹が語る「人民」は、自立性を持つ個人の集まりという意味として理解でき、ここには近代的個人と政府との相互関係の観念が前提とされている。その相互関係は、自立した個々人が自身の生命と権利の保護を要求し、政府はそれに応じて彼らの安全を保障するという社会契約の実行を内容とする。(70)

日清戦争を機に、尹致昊は日本に頼る政府改革ではあったが、朝鮮政府の近代的改革を夢見た。この尹の政府改革構想は、以上の近代的個人と政府の関係において、政府の役割に目を向け、朝鮮政府の改革を図ったものだったと言える。だが、その政府改革の夢は実現されず、尹致昊は、個人という要因に目を向け、独立協会活動を通じて朝鮮の個々人の啓蒙を図りながら議会設立を計画し、朝鮮の政体を改変することで政府改革を試みるようになる。

(二)　独立協会の人民啓蒙と議会設立運動――君権への牽制と民権への志向

日清戦争を契機に行われた朝鮮政府の改革は、高宗の露館播遷によって新たな局面を迎える。乙未事変後、日本の脅威を感じていた高宗は、一八九六年二月に慶福宮からロシア公使館に身を避け、一八九八年一月に慶運宮（現在の徳寿宮）に還御するまでロシア公使館に滞在することになる。高宗は、金弘集内閣を逆徒とし、金内閣は崩壊、二年余の改革は中止される。その後、親露派の李範晋を中心とする親露政府が樹立され、王権強化に力点を置いた新たな改革が進められる。同年結ばれたロシアの外務大臣ロバノフと日本の山県有朋との密約によって、朝鮮に対する日露の勢力均衡の状態がしばらくの間続くことになるが、朝鮮におけるロシアの影響力は露館播遷以前より増大していく。

朝鮮の政治的状況が急変する一八九六年から九七年の間、尹致昊の政治的活動も変わっていく。一八九六年三月、朝鮮政府は、ロシアのニコライ二世戴冠式のために祝賀使節を送り、閔泳煥を正使とするこの使節に尹致昊も英語通訳として同行する。[71]同年一〇月に祝賀使節はシベリアを経て朝鮮に帰国するが、尹は翌年一月までパリに滞在しフランス語を学んでから朝鮮に帰ってくる。

帰国後、中枢院の議官に任命された尹致昊は、中枢院議官でありながら、一八九七年七月から独立協会に参加する。尹が参加しはじめた一八九七年後半の独立協会は、朝鮮におけるロシアの影響力の拡大を牽制する活動を行っていた。と同時に、尹致昊と徐載弼の主導で、討論会が独立協会によって行われることとなり、[72]協会の人民啓蒙活動が本格化する。

『独立新聞』の一八九七年八月二六日付「論説」に、朝鮮の急務についての尹致昊の演説が載っている。ここから尹致昊の朝鮮人に対する啓蒙の鳥瞰図が窺える。

次は元協弁の尹致昊氏が演説し、朝鮮に第一の急先務は、朝鮮の人々に子供［아히］と民［빅셩］と忠誠［츙셩］と国［나라］、この四つの言葉が、どのような意味なのかを理解させることである。子供というのは、国の後生を担う人々である。国がこれから良くなるかどうかは、全く今日の子供たちが良い教育を受けるかどうかにかかっている。それゆえ、子供の役割が非常に大事だが、朝鮮の人々は、子供の大事さを考えず、当初から念頭に置いていないのは、非常に情けないことである。民というのは、国の根本であり、民［がいる］から色々なことがすべて備わるようになり、民［がいる］から国の名があるのである。そうであるが、今日の朝鮮の経界［事を区分する基準］は、民が民ではなく、官人の奴隷になって死ぬように働き、政府に税を納めたり、両班にお金を奪われたり、うろついていると両班に殴られたりばかりしている。それは民ではなく奴隷であるが、奴隷と民の間には層等［互いに異なる層と等級］が非常に［存在］する。朝鮮の人々は［官人や両班の］奴隷の役をすることを民の役をすることだと考えているので、どうして情けないと言えないだろうか。忠誠ということは心中に精誠と実心をもって王に見《まみ》えて、国の仕事に対して私事と文句が無い実状と精誠［、この］二つが忠誠となるが、朝鮮の人の考えでは王にへ

つらって良い話ばかりをするか、そうでなければ、頭巾をかぶって道端に筵を敷き坐って、何年前かにあったことで罪がある一人を捕らえ殺してほしいと上疏するものを忠臣として考えるので、もし忠臣の役をすることがこんなに容易《たやす》いことのようなら、誰でも忠臣になれるだろう。国中に満ちているのが、みんな忠臣である。またソルロンタン一杯をやると、みんな来て頭巾をかぶって伏閤［王宮の門の外でうつぶせて王に訴えること］するはずなので、その人々がみんな忠臣であるはずだが、そんなに忠臣が多く［いる］国がなぜこの様子になっていくのか分からない。国というのは土台と人民が生じ、上には王がいらっしゃり、下には政府と民がいて、一つの言葉、一つの文を使い、一つの法律と一つの規則で治めるものである。朝鮮では朝鮮を［自分の］国だと思わず、清国を［自分の］国だと思い、学ぶものは清国の歴史であり、学ぶことは清国の文であり、知っているものは清国のものである。どうせ他国のものを学ぶなら、今日滅びていく清国を学ぶのは、知恵も無いことであり、自分の国のものを学んだ上で、他国のものを学ぶのは、人民に朝鮮が自分の国だと知るようにする根本である。この四つを教えることが、第一の急先務であるが、これを教えているのが誰かと言えば、朝鮮の人々が悪く言って冷遇する宣教師である[73]。

尹致昊の演説の内容は「朝鮮の人々は子供と民と忠誠と国、この四つの文字がどのような意味なのかを知るべき」だという趣旨である。「子供というのは、国の後生を担う人々」であり、「国がこれから良くなるかどうかは、全く今日の子供たちが教育をよく受けるかどうかにかかって」おり、「それゆえ、子供の役割が非常に大事だが、朝鮮の人々は子供の大事さを考えず、当初から念頭に置いていない」。「民というのは、国の根本」であり、「朝鮮の人々は［官人や両班の］奴隷の役をすることを民の役をすることだと考えている」が、「民［がいる］から色々なことがすべて備わるようになり、民［がいる］から国の名がある」。「忠誠ということは心中に精誠と実心をもって王に見えて、国の仕事に対して私事と文句が無い実状と精誠［、この］二つが忠誠となるが、朝鮮の人の考えでは王にへつらって良い話ばかりをする」ことを「忠臣」と考えている。「国というのは土台と人民が生じ、上には王がいらっしゃり、下には政府と民がいて、一つの言葉、一つの文を使い、一つの法律と一つの規則で治めるものである。朝鮮では朝鮮を［自分の］国だと思わず、清国を［自分の］国だと思い、学ぶものは清国の歴史であり、学ぶことは清国の文であり、知っているものは清国のものである」が、「自分の国のものを学んだ上で、他国のものを学ぶのは、人民に朝鮮が自分の国だと知るようにする根本である」という。尹のこの演説は、子供の教育、民の奴隷状態からの解放、真心を持って王を奉る行為としての忠誠、自文化に基づいた自国意識の育成と要約できる。

この演説に強調された四つは、いずれも国家と人民との関係性の再考を促すためのものである。演説の前半は、「民」の国の主人としての役割と自主的な「民」を創出する必要性、未来の「民」である「子供」の教育についてである。後半は、公的な国の営みに携わる際に私的な考えを排除し国の利益を優先する態度や、自国の固有文化を重んじる態度としての国民倫理の涵養についてである。

また、この演説の最後に「この四つを教えることが、第一の急先務であるが、これを教えているのが誰かと言えば、朝鮮の人々が悪く言って冷遇する宣教師である」と付け加え、朝鮮における宣教師の活動を高く評価し、彼らへの軽視を止めるよう朝鮮人に訴えている。

独立協会に積極的に参加していた尹致昊は、翌一八九八年三月に独立協会の会長代理となり、八月には正式に会長に選出される。この時期の独立協会は、官民共同会と万民共同会のような人民が参加可能な公論の場を設けると同時に、中枢院を議会に改編する議会設立運動を行う。

独立協会の議会設立運動が具体化するのは、一八九八年七月からである[74]。同年三月に独立協会の会員（李源兢《イウォングン》、安沂《アンギ》中《ジュン》、池錫永《チソギョン》、呂圭亨《ヨギュヒョン》）が流言蜚語の流布の罪で、高宗の勅令によって逮捕され、裁判も経ず収監される事件が起こった。この事件が議会設立の一つの契機だったと考えられる。高宗の君権が司法権を超えて行使される状況は、大韓帝国宣布以降の君権強化と関連しており、そこには皇帝権の絶対性を強調する時代的背景がある。この事件に対する高宗と政府の処理に対して、独立協会は、罪人は裁判を通じて刑罰を受けるべきだと指摘し、法による司法の執行を趣旨として高宗や政府の過失を批判し(75)、続いて拘束者たちの釈放を訴えた。結局、逮捕された独立協会の会員たちは、同年六月に釈放された。

独立協会は、この事件を契機に、高宗と政府の専横を、民意が反映される議会によって牽制する必要性を感じた。同年四月三日には「議会院を設置することが政治上、第一に緊要である」という主題で討論会を行い(76)、同年四月三〇日付『独立新聞』には、行政権と立法権を分離することを主張する「論説」が出た。こうした流れのなかで、一八九八年七月、尹致昊をはじめとする独立協会の会員たちは、中枢院を議会へ改編するという趣旨の上疏を行い、議会設立運動が具体化したのである。

中枢院は、甲午改革が行われる過程で、職を失った高官たちの臨時待機機関として設置された。一八九四年一二月に朴泳孝《パクヨンヒョ》が内務大臣として内閣に参加した後、国政への牽制や法律制定などの政務機能が強化される。しかし、一八九五年七月に朴が失脚し日本に再び亡命すると、中枢院は政府の諮問機関としての機能のみを持つことになった(77)。中枢院を議会に改編する独立協会の運動は、中枢院を政府の諮問機関から立法機関へと改変することを通じて、政治への民意を反映するとともに、議会による君権と行政権の牽制にその目的があった。言い換えれば、この運動は、議会による法の制定と行政執行の監視という法治主義の実現を目指していたと言える。

独立協会による議会設立運動より以前の一八九七年三月に朝鮮政府は校典所を設置して法的体制の整備を試みた。だが、ここでも政府側の議員と独立協会側の議員との意見の衝突が起こった。校典所は、当時甲午改革によって施行された近代的新法と従来の旧法が共存していたため、法体系を整理するために中枢院の傘下に設置された機関である(78)。中枢院の議官だった尹致昊も、同年四月に校典所の知事員に任命された(79)。同年四月から校典所は本格的に活動し、「校典所会議規則」を決めるなど、運営の体系化が進められた。だが、五月以降、独立協会会員の委員たちは、法の整理において、高宗の権力濫用を制限することと国家権力の分権を主張したが、一方、高宗の側近や政府側の委員たち、とくに外国人顧問官のルジャンドル（C. W. Le Gendre、李善得）とブラウン（J. M. Brown、柏卓案）などは、この独立協会側の主張に激しく反対の意を示し運営が難航した(80)。一八九八年四月一四日付「日記」には、尹致昊とルジャンドルとの会話が記されており、ここでルジャンドルは、朝鮮の現状において、独立協会側が主張する議会設立のような代議機関の設立は時期尚早であり、政府の行政権を牽制する機関を設置するのが現実的だと述べている。このように議会設立に関しても、政府側と独立協会側との対立は続いていた。

当時独立協会の会長だった尹致昊の政府改革計画と法治主義が、独立協会の議会設立運動に関連していたと考えられる。一八九八年三月一九日付「日記」で、尹は、前述した独立協会の会員の逮捕について書いており、この事件を、高宗と政府による反改革的行為として非難する。

今朝鮮は貴重な機会を得ている。この国に誰も干渉していない。国の繁栄を心に持ち、強くて賢明な政府であれば、おそらく朝鮮国内外において安定して持続する平和を確立するために、この（最後の）機会を利用するだろう。しかし、ああ！　王と側近たちが最初にやったのが、特別な罪でもなく、一般的な規則で、罪のない人々を逮捕することだった。このように反改革の日々［にあった］専制的な嫌悪［の状況］に戻っている。もう終わりだ！(81)

この「日記」から、尹致昊は、日本とロシアの影響力が縮小していた当時を、朝鮮の繁栄のために、自主改革が可能な好機と判断していたことが分かる。そして、独立協会の会員の逮捕自体を「罪のない人々」を無理やり拘束したと判断する尹致昊にとってこの逮捕事件は、高宗と政府自らが改革の絶好の機会を捨て専制的状況に後退してしまった事例となる。

二日後の一八九八年三月二一日付「日記」には、会員たちへの判決に対する尹致昊の感想が見られる。ここで尹は判決の法的不当性を指摘する。

昨日皇帝陛下は、勅令で李源兢、安沂中など、四人皆に一〇年刑を宣告された。これは、どの犯罪でも裁判を経ずに下された判決を認めることはないという法文と法の精神への明白な冒瀆である。協会の主要メンバーと協議を行ってから、我々は皇帝陛下に抗議文を送ることを決定した。(82)

皇帝の勅令によって逮捕された会員たちは、裁判も経ず、刑を言い渡された。尹致昊は、この君権による法的処分を、「法の精神」に背くものと見なす。この「法の精神」は、法の執行において犯罪者であっても、人権を持つ存在として裁判を受ける権利があり、その権利と裁判という法的判断の過程が守られることで、法的正当性が与えられるというものとして理解できる。尹は、法治主義に基づいて、法的正当性が高宗の勅令による判決には欠けていると批判しているのだ。

ここで注意しておきたいのは、この尹致昊の判断から、彼が法的正当性を、王や皇帝の君権よりも優位において認めていることである。これに関連して一八九八年三月二八日付「日記」に記されている、独立協会の要求に対する法部大臣の返信と、独立協会の要求をめぐって交わされた当時侍従院の侍従であった金泳準《キムヨンジュン》と尹致昊との会話は興味深い。法部大臣宛の独立協会会員の逮捕問題に関する協会側の要求に対して、法部大臣から却下の返信が送られてくる。法務大臣の文章の結びには「雨と露、霜と雪が至上の天の摂理である」とあり、皇帝による判決は覆すことができない自然法のようなものであるがゆえに、独立協会の意見は受け入れられないとなっている。そして、金泳準と尹致昊との会話で、金は高宗が今の尹致昊の態度に怒りを感じていると警告する。だが、尹はその話に対して、この事件においては君権による判断より「大義の正当性」を優先すべきだという意見を述べる。

尹――独立協会の会長として、私は会員たちが正しいと思い、適切だと思う抗議を止めさせることはできません。我が国は深刻な状況です。陛下が正しいことをなさるか、あるいは国が苦しむかです。

金――もし私が警察長官だったら、協会の人々を皆捕まえて皆首を切ったでしょう。いいですか。この国において王が最高であるかどうかを問題とする行為は、この国に民主制を導入しようとすること［と同じ行為］です。
尹――もし朝鮮が昔の隠遁状態に戻るのであれば、絶対君主制は可能です。しかし、この国の門戸が開かれ、外国人がこの国の行動を注視しており、朝鮮は昔のやり方に戻ることはできません。
金――皇帝陛下の不機嫌をものともしないとは、あなたは何かに頼っているでしょう？
尹――あなたがよく知っているように、私は何にも頼っていません。私が唱える大義の正当性が、私の唯一の頼りです。(83)

尹致昊は「大義の正当性」を主張し、至上権としての君権を主張する金泳準に異論を唱える。金は、君権を問題とする行為自体が反逆であり、皇帝の処分に異を唱える、尹致昊をはじめとする独立協会の会員たちを逆徒と見なしている。そして金は、君権を問題とするのは、民主制（democracy）、すなわち人民を政治的主体とする人民主権を導入することであると理解している。

この尹致昊と金泳準との間の論争は、表面的には独立協会の皇帝に対する異議申立てをめぐるものであるが、その核心は、主権が君主にあるのか、あるいは人民にあるのかという主権の所在に対する意見衝突である。尹致昊が強調する「大義の正当性」は、直接には逮捕された会員たちが受けるべき裁判などの法的正当性を意味する。しかし、それは、法による政府あるいは君権の統制の正当性でもあり、またそこには国政に民意を反映するという人民主権の志向につながる政治的想像力が働いている。それゆえ、この独立協会の会員をめぐる出来事以来、尹致昊と独立協会の活動が、議会という立法機関の設置運動につながったのは、君権の強化を目にし、朝鮮の政治が「絶対君主制」に帰する可能性のある「深刻な状況」に陥っていると判断したからであろう。この君権の復古への動きに対して、尹致昊をはじめとした独立協会の人々は、議会を設立することを通じて、君権を牽制すると同時に、民権に基づいた人民主権の実現を目指すことになったのである。

一八九八年七月三日に独立協会側は、尹致昊を筆頭として議会設立について高宗に上疏を行った。だが、同年七月九日、高宗はこの上疏を退ける。その後、同年七月一二日に独立協会側は重ねて上疏するが、皇帝と親露政府はそれを拒否する態度を貫く。(84)

同年七月一三日に、政府側は、議会設立運動に対する折衷案として、尹致昊、鄭喬などの独立協会の人士を中枢院の議官として任命する。しかし、中枢院の役割について独立協会側の議官と政府側は異なる認識を持っていた。(85) 独立協会側は、中枢院に議会の役割を与えて政府を牽制する機能を強化しようとした。一方、政府側は、専制君主体制下の諮問機関としての役割を果たすものとなることを企図していた。中枢院における両者の意見の衝突が、同年九月一一日に起こった毒茶事件に関連して生じた。(86) この事件は、ロシア語通訳として当時実権を握っていた金鴻陸《キムホンニュク》が毒入りコーヒーで高宗を毒殺しようとした事件であるが、これに関連して、以前に残酷な刑罰としてすでに廃止されていた孥戮法《どりく》（夫や父の罪で家族も処罰されること）、連座制（親族や友人などが連帯責任で処罰されること）復活の問題が浮上したのである。当時法部大臣兼中枢院副議長の申箕善《シンギソン》をはじめとする三四人の議官がこの両法の復活を申し立て、尹致昊らの独立協会系の議官たちと激しく対立した。この争論に対して、諸駐朝外国公使館は、孥戮法と連座制の復活の動きに懸念と反対の意を示した。また独立協会の抗議と大規模の集会などによって、結局高宗は申箕善などの保守派官僚を免職し、同年一〇月一二日に朴定陽《バクジョンヤン》を総理大臣とする新しい内閣が発足する。

朴定陽内閣成立後、独立協会の議会設立への動きが本格化し、同年一〇月一五日から政府側と独立協会側の協議が行われ、五〇名の議官のうち、政府側の推薦が二五名、独立協会や皇国協会からの民選議官が二五名という形で、中枢院を上院に改変することに合意した。(87) ところが、このような議会設立の動きに水を差す匿名の文書が出回る。その文書の内容は、独立協会は朴定陽を大統領とし尹致昊を副大統領として国体を共和制に変えようとしているというものであった(88)。これを受け、同年一二月には、高宗と政府側は独立協会の活動と万民共同会を弾圧する方向へ転換し、独立協会の活動は不可能となるとともに、中枢院の議会への改変の機運も終焉を迎えた。

ここで一つ注意しておきたいのは、独立協会が中枢院を議会に改編しようとした具体的な内容は、上院の設置であり、一般民衆による民選で構成される下院を設置することではなかったことである。独立協会の主導で議会設置の建議が行われていた最中の一八九八年七月二七日付『独立新聞』には、「下議院は急ぐなかれ」という論説が掲載される。議会設立の初期段階において「民」による下院議会設置は時期尚早だという趣旨の文章である。

下議院というのは民に政権を与えることである。政権を持つ人は一人であれ何万人であれ知識と学問を有して、ただ自分の権利だけを考えるのではなく、他人の権利を侵害しないようにし、私事を忘れて公務を先にし、小さい嫌疑を考えず、大きな義理を尊んでこそ、民国に有益な政治を施行できるのであるから、無識ならば一人が治めても多数が治めても国政が過つことは同様である。［中略］どの国でも下議院を始めようとすれば、まず民を十分に教育し、何事についても賢く議論し、大小の事務において国の事柄を自分の事柄のように思うようになって初めて［国は］混乱することがない。しかし、我が国の人民たちは数百年教育が無かったため、国の事柄がどうなっても自分に直接に害が無ければ、茫然《ぼうぜん》として関わらず、政府が誰のものとなろうと朝飯夕粥のみして過ごせれば、どの国の属国となっても心配せず、自由や民権を口にする人々は自分勝手にすることを自由だと思い、他人に害を与え自分に有利になることを権利だと思うのであって、このような民に忽然《こつぜん》と民権を与えて下議院を始めることはむしろ危険を速めることである(89)。

下院議会設置に反対する理由は、「民」の「知識と学問」のような素養の不足である。「民」に「政権」を与えることは、「自分の権利だけを考えるのではなく、他人の権利を侵害しないようにし、私事を忘れて公務を先に」考える個人倫理を、長期間の「教育」を通じて培わせ、「何事についても賢く議論し、大小の事務において国の事柄を自分の事柄のように思うように」した上で可能となる。しかし朝鮮の「民」は、「民権」を有した政治的な主体ではなく、「教育」を受けざるを得ない存在であり、その「教育」を通じて「民権」を得ることができる政治的な潜在態として位置づけられている。

この「下議院は急ぐなかれ」の作者が誰なのかは確定しがたいが、当時独立協会の会長代理と『独立新聞』の主筆を兼任していた尹致昊である可能性が高く、そこには彼の思想が強く反映されていたと言える。実際に、当時尹致昊は、民衆による代議制度については悲観的な考えを持っていた。一八九八年五月二日付「日記」で尹は、「朝鮮で代議制の民衆議会」の不可能性について述べる。

朝鮮で代議制の民衆議会が可能だと、もし私が考えたとすれば（考えたことはないが）、その考えを今諦める。隣人が毎晩盗みに入られているのに、彼らを助けるために指一本動かそうとせずに傍観しているような、公共心と意識のない民、そのような民にどうして国の重大な問題を任せることができるだろうか(90)。

尹致昊は麻浦（現在のソウルの中西部にあった港町）の悪い治安状態を耳にし、その原因がその地域の警察の腐敗と住民たちの自警意識不在にあると指摘する。尹は、この現状の原因を、「民」に「公共心と意識のない」からだと言い、この「民」には「国の重大な問題を任せることができ」ないと断言する。尹致昊にとって公共心を有しない民は、政治的な主体に相応しくない存在である。

『独立新聞』の「論説」と尹致昊の発言における民に対する規定からは、現在の「民」は「民権」を用いることが出来ない存在であり、民に「民権」を持たせるためには「教育」が必要だという認識がともに窺える。こうした啓蒙の観点から見れば、民が政治的主体となるためには、民自らが、先述した尹致昊の演説で見られたように、国家と人民との相互関係という近代的な公／私関係を認識し、私益より公益を優先し、その理念を実践する存在になる必要がある。つまり、民は、公共心を持ち自ら国のために働くという自覚を持つことによって政治的主体となりうるのだ。

「下議院は急ぐなかれ」では、「公務」のような公共的な面を重視しており、「他人の権利を侵害」し「自分に有利なことを権利」として考えることを「私事」として止揚すべきものとする。こうした「私事」の排除による公共的な「民権」の形成という観点においては、「国」は公であり「民」は私となる。だが、「民国」と「民」は、両者の相互関係において、その公私関係の境は曖昧であり、国と民、この両者は、場合によってその位置が入れ替わる。このように国と民の相互関係は、公私関係において二重の含意を有するものである。この国と民の相互関係における公私の無境界性と両義性を認識させることこそが、『独立新聞』の「論説」と尹致昊の啓蒙の意図である。

「民国」は公的な存在であると同時に、「民」が「自分の仕事」のように意識することによって私的な意味を有するものになる。また、「民」にも、民という集団的な意味だけでなく、その個人の素養と力量に重点が置かれた、個人の抽象的な集まりとしての意味も含まれており、「民」は私的な存在であると同時に公的な存在である。こうした公と私の両義性を有する「民」は、「教育」を通じて新しい民となり、その新しい民による「有益な政治」によって「民国」が成立するわけである。

だが、尹致昊が麻浦の例から民の公共心の不足を指摘したように、この新しい民と「民国」は、あくまでも朝鮮の現状からは離れた理想型である。尹致昊にとって「民権」に基づいた「民国」の実現は、「民」の素養を培うこと、とくに「教育」によって民の公共心や愛国心などの個人倫理を向上させることで成就できるものである。それゆえ、尹の人民啓蒙と「教育」への関心と試みは、朝鮮の「民」に、国家と個人との相互関係という近代的公私関係を認知させることであると同時に、民の個人倫理を培養しようとした啓蒙的志向と実践であった。そして、それは現在の民ではなく、来るべき新しい民に民権を持たせようとした政治的構想でもあった。

四　小　結——尹致昊の主権と安民思想の変容

尹致昊は、一八八一年からの日本留学を経て八三年から英語通訳として官界に入った。だが、幼いときから科挙の準備をしながら儒学的経典と史書を学んできた尹致昊の初期開化思想には、具体的な方法として西洋文物を受け入れた政府改革論が見られるが、王をその改革や政事の最終決定権者として考えていることが明らかである。この君権に基づいた尹の政治思想においては、王の政治の目的は民の安楽な生活の保障とその実現にあるという、天理思想に基づいた儒学的政治思想が根幹を成している。こうした儒学的観点からは、民は政治の主体ではなく、王さらには王を補佐する士人たちによって保護され教化される受動的存在である。朝鮮士大夫の尹致昊も、このような王を政務の最終決定者とし、朝鮮の民の生活と生命を保つことを念頭に置いて改革案を構想していたのである。

しかし、甲申政変の翌一八八五年から始まった約一〇年間の中国とアメリカでの海外生活を通じて、こうした君権を重んじる尹致昊の考え方には変化が見られるようになる。とくにアメリカの大統領選挙や議会活動などを経験し、尹は、主権としての民権と、民に対する啓蒙や教育による民権の実現可能性を認識する。と同時に、人民の意志を代弁する議会とそれによって作られた法による君権の制限可能性をも思い至る。尹が考えを改めたことについてはこうした彼の主権に対する意識の変化が根底にあり、そこには政府・教育・宗教が思考の軸として作動していた。

独立協会の活動に際して、尹致昊が民の教育の重要性を強調したのは、民の個人倫理を向上させることとともに、朝鮮を自国として認識させることを目的とするものであった。約三〇年の時が経って尹は、「独立協会の始終」において自らの活動を次のように回顧する。

協会の体制を見れば、まだ団体的訓練がなかったときだったので、あらゆることが幼稚ではあったが、これが初めて「国家」という観念を民衆に鼓吹した「国家の新発見」であり、「独立自主」の四字を外交文書上にとどまらず、国民の頭上に移した初めてのことであり、次第に国のなかに反響が生じ、［協会は］一大勢力となろうとした。(91)

この回想より、尹致昊にとって独立協会の啓蒙活動は「国民の頭上」に「独立自主」を認識させて朝鮮人を「国家の新発見」へと導く試みだったことが分かる。

こうした国家との相互関係に位置づけられる新しい民の形成のために、尹致昊が注目したのは、宗教による個人倫理の向上であった。尹は、上海留学中の一八八七年に南メソジストとなり、西洋諸国の文明発展の原因を、その国民の道徳心の相対的な優位に見出し、キリスト教をその道徳心を培う要因として捉える。こうした宗教の功利性に基づいた観点から見れば、キリスト教は、教理上にとどまらず、人間に実践・実行させる個人倫理、すなわち「機能（work）」する宗教として評価される。一方、それまで尹自身の思想的根拠となっていた儒教は、その教理の優秀さが認められるとはいえ、中国人や朝鮮人のような東洋の人々の個人倫理を向上させることができなかった結果から、「機能」しない宗教として評価される。尹は、独立協会参画に際して宣教師の社会的役割を強調し、一九〇六年に韓英書院を自ら設立してミッションスクールによる教育に携わるなど、キリスト教の精神に基づいた教育に力を注ぐ。

独立協会が解散という事態に直面した一八九八年一二月に、尹致昊は、在朝宣教師による月刊雑誌*The Korean Repository*に「韓国における民衆運動（Popular Movements in Korea）」と題し、独立協会の活動の経緯と歴史的意義を述べる。尹は、従来の朝鮮政府の政治を「勢道」政治と述べた上で、とくに彼自身が直接に関わった一八九八年を中心に活動の経緯を述べ、朝鮮における協会の活動が持つ歴史的意義を強調する。こうした観点は、この文章の最後で尹が独立協会の意義を次のように評価するところに端的に表れている。

思い切って高官たちの腐敗と不正を暴き、政府は人民のために存在するものであり、政府のために人民があるのではないことを、公然と踏みつけられていた数百万の人々に悟らせた、韓国歴史上初めての協会のメンバーであったことを、私は恥だと思っていないことを、明確な判断力をもって私は確信する。独立協会は無くなったかもしれないが、その精神は生きて、そして**機能（*work*）する**であろう。[92]

独立協会の活動は、「高官たちの腐敗と不正」を批判する政府の改革活動であると同時に、「政府が人民のために存在するもの」であることを人民に認識させる啓蒙活動であったと尹致昊は要約する。尹は、彼自身の「明確な判断力（clear conscience）」をもって、この協会に関わったことを誇りと思っており、独立協会の精神は、これからも朝鮮人のなかで「**機能（work）する**」と断言する。ここに述べられている「明確な判断力」と独立協会の精神は、尹致昊自身の個人倫理である。と同時に、それは朝鮮の新しい民である「人民」が持つべきものでもある。

（1）独立協会と近代公共領域形成の問題については、이나미『한국 자유주의의 기원』（책세상、二〇〇一年）、「개화파의 공공성 논의——共治와 公心을 중심으로」『공공사회연구』第三輯第一号（한국공공사회학회、二〇一三年）、김용직「개화기 한국의 근대적 공론장과 공론형성 연구——독립협회와『독립신문』을 중심으로」『한국동북아논총』第一一輯第一号（한국동북아학회、二〇〇六年）、参照。

（2）独立協会の啓蒙活動と経緯については、愼鏞廈『独立協会研究』（一潮閣、一九九三年［一九七六年］）、『한국 개화사상과 개화운동의 지성사』（지식산업사、二〇一〇年）、朱鎮五「독립협회의 개혁론과 민족주의」『현상과 인식』第二〇輯第一号（한국인문사회과학원、一九九六年）、月脚達彦『朝鮮開化思想とナショナリズム』（東京大学出版会、二〇〇九年）、参照。

（3）尹致昊は一八九七年一月にヨーロッパから朝鮮に戻ってきたが、その後三月から七月まで上海に滞在し、七月以降に朝鮮に戻ってきた。

（4）「日記」一八九七年八月八日。

（5）Henry M. Robert, *Robert's Rules of Order: Pocket Manual of Rules of Order for Deliberative Assemblies*, Chicago: S. C. Griggs& Company, 1876.

（6）独立協会に尹致昊が討論会を導入したことと『議会通用規則』の翻訳や流通については、本書第四章を参照してほしい。

（7）尹致昊は『独立新聞』の主筆兼社長となった後、同紙の運営や編集上に変化を試みた。『独立新聞』は、尹が同紙に携わっ

てから約二ヵ月後の七月一日より、新聞の発行を隔日刊から日刊に変え、編集面でも論説や雑報などに題目が付されるようになった。蔡白『독립신문』의 참여 인물 연구」『한국언론정보학보』第三六号（한국언론정보학회、二〇〇六年）、一五二―一五三頁参照。

（8）尹致昊の初期思想の特徴と開化思想の形成については、朴正信「윤치호 연구」『백산학회』第二三輯（백산학회、一九七七年）、閔庚培「초기 윤치호의 기독교신앙과 개화사상」『동방학지』第一九輯（연세대학교 국학연구원、一九七八年）、柳永烈『개화기의 윤치호 연구』（景仁文化社、二〇一一年［一九八五年］）、李光麟「尹致昊의 日本留学」『동방학지』第五九輯（연세대학교 국학연구원、一九八八年）、梁賢恵『윤치호와 김교신――근대 조선의 민족적 아이덴티티와 기독교』（한울아카데미、二〇〇九年［一九九四年］）、許東賢「1880년대 개화파 인사들의 사회진화론 수용양태 비교 연구――유길준과 윤치호를 중심으로」『사총』第五五輯（역사학연구회、二〇〇二年）、など。

（9）甲申政変後の海外留学経験における西洋思想の受容と、尹致昊の改革論と独立協会活動との関連性については、上掲朴正信（一九七七）、上掲柳永烈（二〇一一）、上掲梁賢恵（二〇〇九）、など。

（10）尹致昊の政治思想におけるキリスト教の影響については、朴正信同論文、前掲閔庚培（一九七八）、柳永烈同書、梁賢恵同書。以下の研究では、尹致昊にとってキリスト教が帝国主義を容認する論理として働くようになったと指摘する。梁賢恵同書、鄭容和「문명개화론의 덫――『윤치호일기』를 중심으로」『국제정치논총』第四一輯第四号（한국국제정치학회、二〇〇一年）、유불란「〝우연한 독립〟의 부정에서 문명화의 모순된 긍정으로――윤치호의 사례를 통하여」『정치사상연구』第一九輯第一号（한국정치사상학회、二〇一三年）、など。

（11）朴正信同論文、三七七頁、梁賢恵同書、六九―七一頁。

（12）朴正信同論文、三七八―三七九頁、前掲閔庚培（一九七八）、一八〇頁、前掲柳永烈（二〇一一）、一九五―二〇四頁。

（13）前掲梁賢恵（二〇〇九）、三五―四一頁。

（14）尹雄烈は、尹致昊に、もし日本や中国に行くつもりなら元山の地方官の職を経てから行くべきであり、現状としては地方官として元山に行くことが最良の選択だと説得する（「日記」一八九九年二月一日）。

（15）「日記」一八九九年二月一日。傍線、強調は引用者による、以下同。

（16）「日記」一八九三年一二月一七日。

（17）「日記」一八八三年一一月五日［漢］。

(18)「日記」一八八四年三月一九日［漢］。
(19)「日記」一八八四年七月二二日［漢］。
(20) 金永羲『佐翁尹致昊先生略伝』（基督教朝鮮監理会総理院、一九三四年）、二一―二五頁。前掲柳永烈（二〇一一）、一二―一四頁参照。
(21)「日記」一八八三年一二月二日［漢］。
(22) 天と公私の相対的関係については、溝口雄三「中国思想史における公と私」佐々木毅・金泰昌編『公と私の思想史』（東京大学出版会、二〇〇一年）、参照。
(23) 上掲溝口雄三（二〇〇一）、四一頁。
(24)「日記」一八八四年一月八日［漢］。
(25)「日記」一八八四年一月一日［漢］。
(26)「日記」一八八四年六月二一日［漢］。
(27)「日記」一八八四年六月二一日［漢］。
(28)「日記」一八八四年一月一八日［漢］。
(29) 同前。
(30)「日記」一八八五年六月二〇日［漢］。
(31)『孟子』「滕文公上篇」。日本語訳は、金谷治『孟子』（岩波新書、二〇一五年［一九六六年］）、四四頁。
(32)「日記」一八八四年一月一八日［漢］。
(33)「日記」一八八五年六月二〇日［漢］。
(34)「日記」一八八九年一月三一日、一八九三年八月一四日。
(35)「日記」一八八八年一一月三日、一八九二年一一月八・九日。
(36)「日記」一八八九年三月三〇日［国］。
(37)「日記」一八八九年一二月一四日。
(38)「日記」一八八七年四月三日［漢］。
(39) T. H. Yun, "A Korean's Confession", *The Gospel in All Lands*, June 1887, Methodist Episcopal Church Missionary Society, p. 274. 原

文は英語。日本語訳は引用者による、以下同。

(40) *Ibid.*, p. 275.

(41) 尹致昊は、ヴァンダービルト大学の神学英語課程（English Course of Theology）で三年間（六学期）一三科目を受講したが、神学と英語は六学期、教会史は四学期、演説学は三学期、聖書史・説教学・論理学はそれぞれ二学期、ローマ史・心理学・説教史・修身・科学はそれぞれ一学期間、授業を受けた（前掲柳永烈（二〇一一）、七四頁）。

(42) 一八九一年五月一七日付「日記」には、尹が第一長老派教会（First Presbyterian Church）で、「井深牧師（Rev. Ibuka（井深））」の説教を聞いたという記録がある。井深梶之助は一八九〇年から一八九一年九月にかけてアメリカニューヨークのユニオン神学校に留学していたので、この「井深牧師」は井深梶之助を指すと考えられ、尹が初めて井深に会ったのはこのときだと考えられる。東京では井深と二回会っている。一回目は一八九三年一一月二日で井深夫妻に会い、二回目は翌一一月三日に井深の主催で行われた懇談会で、明治学院の教員や在日宣教師たちと交流したと記されている（「日記」一八九三年一一月二日・三日）。

(43) 尹致昊は上海からの帰国途中に同志社を初めて訪問し、六〇〇人に及ぶ学生数（キリスト教徒は四〇〇人）と校舎の素晴らしさに感心し、このとき新島八重とともに新島襄の墓に詣でた（「日記」一八九三年一一月六日）。尹は同志社の設立者である新島襄をアメリカ留学前から尊敬していた。尹が新島襄に会ったのは一八八八年一〇月六日のアメリカに行く途中の東京でのことである。新島の死去の翌一八九一年一二月三日付「日記」には、新島の評伝 *Dr. Neesima's Life*（A. S. Hardy, *Life and Letters of Joseph Hardy Neesima*, Boston and New York: Houghton, Mifflin and Company, 1891）を、中西書院のアレンからもらったことへのお礼の手紙の内容が書かれている。尹は、そこに東京で新島に会ったときの会話を記し、福沢諭吉とともに新島を「新しい日本の偉人」の一人として挙げるほど、新島を高く評価している（「日記」一八九一年一二月三日、「To Dr. Young J. Allen (December 20, 1891)」『尹致昊書簡集』（国史編纂委員会、一九八四年［一九七一年］））。尹致昊と新島襄との会話の内容については、本書第八章を参照してほしい。

(44) 「日記」一八九三年一一月七日。「日記」における吉岡美国に関する最初の記録は、尹と、当時ヴァンダービルト大学に留学中だった吉岡が、尹の部屋で一緒に過ごしたという一八九〇年一一月四日付の「日記」である。その「日記」で、尹は吉岡を「良い人で英語が上手」だと評価する。その後、二人は、アメリカの神学生の問題（「日記」一八九〇年一二月一三日）やアメリカのキリスト教の現状（「日記」一八九一年一月四日）などについて意見を交わすほど、親密な交遊関係を築いた。

(45) 「日記」一八八九年三月三〇日［国］。
(46) 上掲「日記」。
(47) 「日記」一八九二年一一月一二日。
(48) 「日記」一八九三年一二月一二日。
(49) 「日記」一八九四年五月三一日。
(50) 「日記」一八九三年一二月一二日。
(51) 「日記」一八九四年六月二〇日。
(52) 「日記」一八九四年七月二四日。
(53) 「日記」一八九四年七月三一日。
(54) 柳永益『甲午更張研究』(一潮閣、一九九七年［一九九〇年］) 参照。
(55) 「日記」一八九四年八月七日。
(56) 「日記」一八九四年八月三日。
(57) 「日記」一八九四年九月二八日。
(58) 「日記」一八九〇年五月一八日。
(59) 前掲柳永烈(二〇一一)、九三—九四頁。
(60) 上掲柳永烈(二〇一一)、九四頁。
(61) 「日記」一八八九年五月二五日［国］。
(62) 上掲「日記」。
(63) 「日記」一八八九年一二月二八日。
(64) 変容した安民思想は、日本の植民地統治を正当化する尹致昊の論理としても働く。と同時に、植民地統治権力に被植民者である朝鮮人の安全を保障するようにと主張する根拠にもなる。これについては本書第九章を参照してほしい。
(65) 「日記」一八九五年九月七日。
(66) 王妃殺害事件が起こった翌日の一八九五年一〇月九日付「日記」には、外務大臣金允植《キムユンシク》と尹致昊との会談が記されているが、この出来事に関連して国際社会に向けての朝鮮政府の対応についての内容である。ここで金は「我々は独立している。

外国人たちは我々の政治に対して何も言う権利はない」と断言したのに対して、尹は「本当に我々は独立しているのでしょうか?」「本当に我々は外国の干渉から自由ですか? まさか! [我々に] 招待された日本人たちが宮殿を攻め、我が王妃を殺害するのが、独立ですか?」と金の現状認識と日本人の蛮行に怒りを示し、王妃の死を世界に公表すべきだと主張する。

(67)「日記」一八九五年八月五日。

(68)「日記」一八九七年八月一五日。

(69)「日記」一八九七年八月一七日。

(70) 福田歓一によれば、近代国家の実体である個人は「自分の労働で自分の生活と生命の再生産をやっていくことの出来る個人」であり、その個人の生命および財産を保護する概念としての人権、またその人権を保護する機関としての政府あるいは国家が形成される。個人は自身の安全を保護するために公共的暴力を容認し、暴力を行使する国家を求め、社会契約と言われる個人と国家との抽象化された契約関係が結ばれる(福田歓一「西欧思想史における公と私」佐々木毅・金泰昌編『公と私の思想史』東京大学出版会、二〇〇一年)。

(71) ロシアのニコライ二世戴冠式への朝鮮祝賀使節については、本書第二・三章を参照してほしい。

(72) 独立協会における討論会の導入と尹致昊の役割については、本書第六章を参照してほしい。

(73)「論説」『独立新聞』一八九七年八月二六日。原文は純国文。日本語訳は引用者による。

(74) 以下独立協会の議会設立運動については、王賢鍾「대한제국기 입헌논의와 근대국가론――황제권과 권력구조의 변화를 중심으로」『한국문화』第二九輯(서울대학교 한국문화연구소、二〇〇二年)、前掲愼鏞廈(二〇一〇)、四四五―四六九頁、이방원『한말 정치변동과 중추원』(혜안、二〇一〇年)、前掲柳永烈(二〇一一)、一二三―一五一頁、参照。

(75)「雑報」『独立新聞』一八九八年三月二九日・三一日。

(76)「雑報」『独立新聞』一八九八年四月九日。

(77) 前掲이방원(二〇一〇)、二九―五四頁参照。

(78)『高宗実録』一八九七年[建陽二年]三月二三日。

(79)『高宗実録』一八九七年[建陽二年]四月一五日。

(80) 前掲王賢鍾(二〇〇二)、二五九頁。

(81)「日記」一八九八年三月一九日。

（82）「日記」一八九八年三月二一日。

（83）「日記」一八九八年三月二八日。

（84）前掲愼鏞廈（二〇一〇）、四四七―四四八頁参照。

（85）前掲이방원（二〇一〇）、二九―五四頁参照。

（86）中枢院における孥戮法と連座制の復活に関する、政府側と独立協会側との対立については、上掲이방원（二〇一〇）、六一―六七頁参照。

（87）同書、六八―七二頁、前掲愼鏞廈（二〇一〇）、四五八―四六三頁、参照。

（88）上掲愼鏞廈（二〇一〇）、四六三―四六六頁参照。

（89）「하의원은 급지 안타（下議院は急ぐなかれ）」『独立新聞』一八九八年七月二七日付論説。

（90）「日記」一八九八年五月二日。

（91）尹致昊「独立協会의 始終」『新民』第一四号（新民社、一九二六年六月）、原文は国漢文。日本語訳は引用者による。

（92）T. H. Yun, "Popular Movements in Korea", *The Korean Repository*, Vol. 5, No. 12 (Seoul: The Trilingual Press, December 1898), p. 469. 原文は英文。日本語訳は引用者による。強調は原文。

第八章　尹致昊の啓蒙思想とキリスト教的自由
——福沢諭吉の自由観と宗教観の比較を通じて

一　尹致昊と明治日本の啓蒙思想

［一八］八八年に私［尹致昊］がアメリカへ向かう途中、東京で彼［新島襄］に出会ったことを伝えることができて嬉しいです。そのときには時間的に余裕はなかったのですが、新しい日本の二人の偉人である彼と福沢氏［福沢諭吉］を訪ねるつもりでした。八一年から八三年の間、私は福沢氏と懇意にしていました(1)。

上海留学中の一八八七年四月三日、尹致昊はキリスト教徒となる。一八八五年一月より、尹は、南メソジスト教会のミッションスクールである中西書院（Anglo-Chinese College）に留学することになり、その二年後に洗礼を受けてメソジストとなる。当時の校長アレン（Y. J. Allen）の周旋によってアメリカに渡り、一八八八年一一月からアメリカの南部テネシー州のヴァンダービルト大学（Vanderbilt University）で神学を専攻する。このアメリカ行きの道中に東京で新島襄(2)と出会ったのである(3)。

そのとき、新島襄は、尹致昊が同志社に入学を申し込んだことを聞き、亡命者であることを理由に入学を断られた

[4]ことに遺憾を示した。続いて新島は「あなたはアメリカで東洋の諸国より悪いさまざまな悪を見つけ出すかもしれません。しかし、良いことを学んで悪いことからは離れていてください[5]」と彼自身のアメリカ経験を踏まえて助言する。新島の話の通り、尹はアメリカにおいて人種差別や帝国主義的な発想や宗教的な不誠実さなどを経験する。一方、キリスト教への信仰と理解を深め、朝鮮への宣教を夢見るようになる。

尹致昊が海外で十余年の亡命生活を送った理由は、一八八四年一二月に起こった甲申政変とその失敗にあった。甲申政変は、金玉均《キムオクキュン》や朴泳孝《パクヨンヒョ》や洪英植《ホンヨンシク》など、いわゆる急進開化派によるクーデターであった。尹は、金らとの親交が深かったものの、政変という急進的な手段による政府改革には賛同しておらず、政変に直接には関与していなかった。だが、金らとの親交が理由で、尹は亡命せざるを得ない状況となり、翌一八八五年に上海に渡ったのである。

甲申政変が試みられた要因としては、朝鮮への宗主権を主張する清国の動きとそれに賛同する閔氏戚臣に対する金玉均らの危機感があった。一八八四年八月、ベトナムの領有権をめぐって清仏戦争が起こり、朝鮮に対する清国の軍事的影響力が弱まったことを機に、急進開化派は駐朝日本公使館などの日本側の軍事的支援を受けて政変を実行に移した。しかし、この政変は清国の介入によって三日天下で終わった[6]。

当時朝鮮の開化派との交流が深かった福沢諭吉もこの政変に関心を寄せていた[7]。福沢は、一八八〇年以後、修信使として渡日した金玉均と朴泳孝との交流を始め、翌一八八一年には、紳士遊覧団の一員だった兪吉濬《ユギルチュン》と柳正秀《ユジョンス》を慶應義塾に受け入れた。尹致昊は、兪らと同じく、紳士遊覧団の一員として来日し、中村正直が設立した同人社に入学、福沢とも親交を持った。福沢は、こうした朝鮮知識人との交流を通じて、朝鮮問題に関心を持つようになり、朝鮮の開化派知識人を援助して自身の「朝鮮改造論」を試みた。だが、甲申政変の失敗を目にした福沢は、政変の失敗によって日本に亡命していた金玉均や朴泳孝を世話する傍ら、翌八五年に自ら経営に携わっていた『時事新報』の三月一六日付社説「脱亜論」を発表し、清国と朝鮮のようなアジアの「悪友」との付き合いを拒むべきだと主張するに至る[8]。

引用した書簡のように、一八八一年に来日した尹致昊も福沢諭吉と交流をしていた。一八八三年に尹は駐朝アメリカ公使として赴任したフート（L. H. Foote）の英語通訳として帰国したが、尹を通訳に推薦したのが福沢と井上馨であった[9]。そして、福沢は一八八二年四月に尹が一時帰国するときに船便を手配するなど、尹を私的に支援した[10]。

福沢諭吉は、前述したように朝鮮の開化派知識人の開化思想の形成に影響を与えた人物として評価できる。尹致昊においても明治日本の社会と福沢からの影響が窺える。尹は、一八八四年一月二九日付「日記」で、師魚允中《オユンジュン》との議論において「野蛮」と「開化」との差異を、「仁義」と「残酷」という基準で区別して語ったことを記している。この尹の文明論的発想は、直接的な関わりは確認できないものの、福沢諭吉が『文明論之概略』（一八七五年［明治八年］）の「第二章　西洋文明を目的とする事」で示した「野蛮・半開・文明」という文明論的段階論を連想させるものである[11]。そして、甲申政変の直前である一八八四年七月に、尹は日本が旧習を廃し三十余年で富強たる文明国と言える国になったと言い、日本を手本とする改革を高宗に進言した[12]。上海留学前における尹の開化思想の形成には、金玉均をはじめとする朝鮮の開化派知識人の思想とともに、福沢諭吉の西洋文明論そして明治日本の社会的変化が影響を与えたことは確かであろう。

しかし、上海留学を経て、さらに当時の西洋文明国であったアメリカでの留学を通じて、尹致昊は人民の個人倫理と国家の富強との相互補完的関係を重視するようになる。これは人民を国家政治の主体として国家の独立や富強や文明化を図る人民啓蒙思想に対する自覚だと言える。その原型は、おそらく『学問のすゝめ』（一八七二―七六年［明治五―九年］）三編「一身独立して一国独立する事」のような福沢諭吉の人民啓蒙論に倣ったものだと思われる。

海外での亡命生活後、尹致昊は一八九七年から独立協会に参加し、翌年には同会の会長および機関誌と言える『独立協会』の社長兼主筆を務めながら人民啓蒙活動に力を注いだ[13]。しかし大韓帝国の政府による弾圧によって同年一二月に独立協会は解散させられる。尹は、一八九九年二月一日付「日記」で、独立協会の活動を回想しながら、朝鮮における類例の無い「全く新しい実験」だったと評価する。と同時に、政府の弾圧があったとはいえ、その失敗の根本的な原因は、協会の会員たちの腐敗にあったと指摘する。そうした現状を打破するためには、朝鮮人への「新しい教育（new education）」「新しい政府（new government）」「新しい宗教（new religion）」が必要であると述べる。このうち前者の二つ、人民啓蒙（教育）と政府改革は福沢の人民啓蒙論にも見られるものだが、三つ目の宗教的観点はキリスト教信仰と神学に対する尹の理解や信仰によるものだと言える。

尹致昊にとって宗教、とくにキリスト教の信仰は人民啓蒙の思想の中核である。冒頭で引用した「新しい日本の二人の偉人」のなかで、尹が福沢諭吉とともに新島襄を挙げたのは、新島の当時の活動とキリスト教信仰との関連性に対する評価によるものであろう。一方、福沢は「新島襄氏の卒去」（『時事新報』一八九〇年［明治二三年］一月二六日付社説）で「今新島氏は今世の流俗に処して其流に流れず、教育宗教の事に熱心して多年其節を渝《か》へず、真に独立の士と称す可し[14]」と評価する。だが、新島に対する福沢の評価は、新島が「独立の男子ありて然る後独立の国を見る可き[15]」手本としてのものである。福沢は、新島の「教育宗教の事」に言及しながらも、新島を「真に独立の士」とし、「教育宗教」の内容については触れてはいない。この宗教的信仰と人民啓蒙についての理解の差異は、尹致昊と福沢諭吉との思想的な差異を示すものでもある。

開化期における尹致昊の思想については「日記」を中心資料として宗教学、歴史学、政治学などの多様な分野で研究が行われ、彼の思想の輪郭と特徴についての分析が各々の分野で深まった[16]。この時期の尹致昊の開化思想および文明論についての先行研究においては、尹の思想的特徴としてキリスト教、社会進化論、人種主義などの影響が挙げられており、それらは、当時の西洋を中心とした帝国主義の精神的な基盤となった、このような当代の西洋思想を、尹致昊が無批判に受け入れ、朝鮮と東洋の現実を批判あるいは啓蒙するツールとして使用したと指摘する[17]。先行研究の多くは、西洋思想あるいは主義に関する現在的な理解に基づいて尹致昊の思想を分析している。そこでは、当時の西洋思想あるいはキリスト教の神学的思想がどのような影響を与えたのかという、当代の思想的文脈における尹致昊の政治思想あるいは宗教思想との直接的な関係性にまでは議論を展開していない。

また尹致昊についての先行研究は、尹致昊という個別人物に分析の重点を置いている。[18]管見の限り、従来の研究には、当代の東アジアの思想的地形のなかで尹致昊がどのように位置し、尹のキリスト教の受容の政治思想的な役割をどのように考慮すべきなのかなど、比較思想的な問題提起と分析を行った研究は見当たらない。前述した先行研究の限界は、こうした東アジア的観点に基づいた比較思想的分析の不在によるものだとも言えよう。

とくに本章で取り上げる福沢諭吉については、朴泳孝、兪吉濬などの開化派知識人たちとの思想的関連性に関する研究がすでに多数行われてきた。[19]一方、管見の限り、福沢諭吉と尹致昊を直接比較対象とした研究は存在しない。本章は朝鮮の開化知識人の問題を、明治日本の思想界との交流を一例として検討することを通じて、福沢諭吉と朝鮮知識人の思想的交流、そしてその思想的影響と差異の問題を補完するものでもある。

こうした先行研究の問題点を念頭に置き、本章では尹致昊の人民啓蒙思想の一つの軸である宗教が持つ政治思想的な意味を明らかにする。尹の神学的思考が具体化するアメリカ留学（一八八八―九三）前後の「日記」を分析の対象とし、尹の人民啓蒙思想における自由観に注目し、それがキリスト教信仰と関わっていると仮定する。また、宗教改革を率いたルターとメソジスト教会の思想を検討することで、尹の自由観の宗教思想的な文脈を明らかにする。

また本章では朝鮮の開化知識人の思想、とくに尹致昊の初期思想に影響を与えた福沢諭吉の自由観と宗教観の比較を通じて、尹致昊のキリスト教信仰に基づいた自由観を、東アジアの思想史の観点から検討し、その思想的意味を明らかにする。[20]尹致昊と福沢諭吉は西洋文明を手本として人民啓蒙を主張・実践し近代化を追求した人物である。[21]その思想的基盤は自由なる個人と社会・国家との関係性を前提とした自由主義的政治思想である。とくに二人は英米の自由主義を思想的土台とした人民啓蒙、個人の自由、ひいては文明論を主張するという思想的共通性を有する。また本論で論じるように、尹致昊と福沢諭吉は人民啓蒙のために宗教の功利性を認める。だが、メソジストの尹致昊はキリスト教信仰に基づいた人間の自由を想像したのに対し、福沢は一生涯「宗教の外に逍遥」[22]する態度を貫いて宗教的信仰とは一線を引いて人民啓蒙を唱えた。本章ではこうした人民啓蒙における宗教の役割、キリスト教、宗教的信仰に対する福沢の見解を問題とし、福沢における宗教と文明論についても検討する。

つまり、本章は、尹致昊と福沢諭吉の宗教と自由に対する観点あるいは態度を比較し、この二人の知識人が持つそれぞれの宗教観と自由観という個別の思想の同一性と差異を論じるものである。ひいてはこの東アジアの二人の知識人たちの宗教と文明に対する認識の交差と葛藤の様相を分析し、近代東アジアの自由という政治的想像力と信仰という宗教的想像力が相互に連関して働く事実を明らかにするものである。さらにこの議論を通じて、近代東アジアの人民啓蒙思想に宗教的想像力が政治的想像力として転用されて現れていることを示す。

二　宗教の功利性と信仰

（一）福沢諭吉の功利主義的宗教観と無信仰的態度

福沢諭吉――「メソジストは禁酒を厳しく守りますね、そうですね？　私はそうできると信じますが！　結局あらゆる宗教は、貧しい人々と無知な人々が自分たちの現状に満足する、さまざまな手段の一つにすぎません」。［中略］「我が家には宣教師たちが暮らしました。［中略］もし信仰を持つ彼が信仰を持っていない私より優れていないとすれば、信仰を持っていない私が彼より劣っていないとすれば、どのような点で宗教が役に立つと言えるでしょうか？」

尹致昊――「そうではありますが、非凡なあなたと凡人のキリスト教徒とを比較することは公平ではありません。

しかし、彼が信仰なしではもっと劣っていたかもしれないことを考えれば、［ここで］信仰の有効性が確認できます。[23]」

一八九三年一〇月三一日、福沢諭吉の主催で、当時日本に亡命中だった金玉均と朴泳孝も同席し、尹致昊のアメリカからの帰国祝賀会が開かれた。この宴席の場で宗教の社会的役割が話題となる。

尹致昊はキリスト教に入信してから禁酒を厳しく貫いてきていた。[24] このメソジストとしての彼の態度が発端となり、宗教の有効性と信仰との関連性について議論が交わされるようになる。宴席に集まった四人は、おおむね宗教の功利性を認めるものの、尹とほかの三人との間には根本的な理解の差異が存在する。宗教における信仰の問題がその論点の核心である。福沢は「貧しい人々と無知な人々が自分たちの現状に満足する」手段として宗教を捉えており、この福沢の意見に金玉均も賛意を示し、朴泳孝も「宗教は政治の道具であり、それ以上でも以下でもありません」と同意する。福沢・金・朴は社会維持に役立つという宗教の機能性を肯定する。さらに、福沢は宣教師との同居生活という彼自身の経験を通じて、個人倫理における信仰者と無信仰者との優劣の無さを経験したと述べた上で、尹に信仰に基づいた宗教の有効性について質問する。それに対して、尹は信仰による悪人の改善という個人倫理の教化の事例を取り上げ、信仰と宗教の功利性との因果関係が存在すると応える。

福沢諭吉のこうした宗教に関する問いには、彼が生涯にわたって貫いた無信仰の宗教論が前提とされている。この宴席の三年前の一八九〇年（明治二三年）、福沢は雑誌『ゆにてりあん』創刊号に「ユニテリアン雑誌に寄す」を掲載し、宗教についての彼の態度を示した。

余は素と日本士族の家に生まれ、小少の教育は当時普通の古学流なりしが、今を去ること三十六、七年前、齢二十歳の頃、偶然の機会にて洋学に志し、之を悦ぶこと甚だし。［中略］一身恰かも淡白にして熱するを得ず、自国の仏法を信ぜざる如く、西洋の耶蘇教に向ても亦信心なし。[25]

福沢は、仏教やキリスト教など、これまで宗教への信仰を持ったことが無いと告白する。その上で「滔々たる凡俗世界に宗教の必要なるは飽くまでも之を了解して、其盛に行はるゝを悦ぶと雖も、身躬ら其宗教に入るを得ず」(26)と言う。彼は信仰とは別に「凡俗世界に宗教の必要なる」こと、すなわち宗教の功利性を「洋学に志してから」いつも意識していた。つまり、福沢は宗教を信仰の対象として認識していなかったのである。

明治初期にキリスト教の信徒の増加や活動が盛んになっていく社会状況から、福沢諭吉は仏教を支援してキリスト教を排撃する態度を取る。しかし、一八八四年（明治一七年）六月に「宗教も亦西洋風に従はざるを得ず」（『時事新報』社説）を発表し、キリスト教を容認する態度を見せる(27)。そのキリスト教に対する態度の変化は、白井堯子によれば、「日本の国益、キリスト教徒の状況、社会的効用、教育効用などを考えてのことであって、回心によるものではな(28)」かった。

福沢が「ユニテリアン雑誌に寄す」を寄稿したことには、こうした福沢諭吉のキリスト教に対する態度の変化と、ユニテリアン宣教師のナップ（A. M. Knapp）が来日し慶應義塾の教師として勤めていたという背景がある(29)。小泉仰は、アメリカ留学中の長男一太郎がユニテリアン教徒となったことに触れ、福沢諭吉が手紙を通じて息子と彼の信仰に関して話し合ったことが、キリスト教信仰とその論理を再考する契機の一つになったと指摘する(30)。また土屋博政は、福沢はナップとの私的関係を超えてユニテリアン主義に共感を持っていたと言う(31)。こうした福沢のユニテリアン主義についての関心と共感は、当時の日本が人民たちの道徳を必要とする時期だという、当代に対する彼の認識に基づいて、ユニテリアン主義がこの時期に人民の道徳性を養う宗教として有効だと彼が判断したからである(32)。そして、ナップが当時経営難に陥った日本ユニテリアン・ミッションの神学校である先進学院を慶應義塾の大学公開講座機関（university extension）にすることを福沢に提案すると、福沢はそれに承諾の意向を示すほど、ユニテリアン主義を支援する態度を見せた(33)。

ユニテリアン主義は、神の単一性（Unity）を主張し、正統派キリスト教の中心的教義である三位一体論、すなわち神は聖父（父たる神）・聖子（神の子たるイエス・キリスト）・聖霊（神の働き）という三つの位格（ペルソナ）と一つの実体（スブスタンティア）において存在するという教義を拒み、イエス・キリストを一人間と見なしてその神性や彼の死による人間の原罪の贖罪という教義を否定する教派である。[34] 人間の理性に基づいた合理主義を重視して福音主義を拒否し、社会啓蒙的な性格が強い。[35] ユニテリアン主義は人間の理性に基づいた啓蒙主義的な性格によって、福沢諭吉、森有礼、矢野竜渓、馬場辰猪、徳川義礼、金子堅太郎など、明治期の日本知識人の思想的好感を得ていた。[36]

福沢は「ユニテリアン雑誌に寄す」で「ミストル・ナップの言に従えば、ユニテリアン教は必ずしも一派の宗教宗門にあらずして、洋語にしてムーヴメントと称し、邦言に訳すれば、運動、動勢、運機とも言ふべきものなりと云ふ」[37]と説明する。福沢はユニテリアン主義を個人の信仰に基づいた宗教というよりは、「ムーヴメント」、すなわち社会運動として捉えている。この記事を載せた頃、キリスト教に対する批判的視線が緩和していたとはいえ、福沢は常に宗教の功利性に重点を置き、宗教の信仰の問題とは一線を画していた。

宗教の功利性に注目していた福沢の認識は、その約一五年前に出版された『通俗国権論』（一八七八年［明治一一年］）第五章から確認することができる。そこで福沢は、キリスト教を信じる西洋諸国を「道徳の国」や「完全無欠の聖人国」と専ら崇拝し、西洋諸国の暗面は看過する「心酔者類」に批判的に言及する。[38] そして「文明開化は必ずしも宗教の種類如何に由らず、人文少しく進歩すれば、今の所謂宗教の如きは、之を度外視して差支なきこと明に知る可し」[39]と付け加える。ここではさらにキリスト教だけでなく、神道や仏教などの現行の日本の諸宗教も「文明開化」に役立つと言い、「宗教の外に逍遥」することを主張する。[40]

続編である『通俗国権論』二編（一八七九年［明治一二年］）では「宗教の外に逍遥」することの意味を詳しく説明して、「我士人が神仏を信ぜずして礼拝等の事をば意に関ぜずと雖も、殊更に之を敵視せず又蔑視せず」「悠々として強ひて争ふものもなく、よくその心身を安んじてその品行を維持し、識らず知らずの際に社会の幸福を致す、人生の美事」「是即ち余輩の所謂宗教の外に逍遥するものなり(41)」と強調する。つまり、宗教への信仰がなくても、宗教自体が有する文化的かつ教化的な性質によって社会の幸福が達成できるという主張である。

尹致昊の帰国祝賀会において、福沢諭吉が「信仰」に基づいた「宗教の有効性」を質問したのは、こうした信仰と宗教との無関係性という彼の徹底した宗教観によって導かれたことである。宗教的信仰は尹致昊と福沢諭吉が相互に理解し得ない思想的な差異である。そして、信仰をめぐる思想的な齟齬は、ひいては人間の自由についての根本的な理解の差異をもたらすものでもあった。

(二) 尹致昊の功利主義的宗教観とキリスト教信仰

宗教は、孤立した事例の場合、世俗的な成功において不可欠なものではないように考えられる。しかし、この問題について思慮深く観察してみれば、宗教が個人であれ国家であれ、あらゆる場合の成功に不可欠であることは明らかである。宗教が無いため、道徳と法の基盤が無い。道徳と法が無ければ、人々と財産への安全の保障が無い。安全の保障が無ければ、人民の繁栄が無い。繁栄が無ければ、個人の成功が無く、したがって国家の成功も無い(42)。

尹致昊も、福沢諭吉と同様に、宗教の功利性に着目する。引用した一八九二年一一月一二日付の「日記」には、宗教が個人の「道徳」のような個人倫理を培い、これによって向上した個人の「道徳」や国の「法」によって、個々人の生命や財産に対する「安全の保障」が可能となり、個々人の集合体である「人民」が国家の成功をもたらす、という論理が窺える。ここでは個人と国家との相互関係が前提とされており、その根本的な出発点には、個人倫理が位置している。宗教はその根本を培う要因である。

宗教に対する尹致昊のこうした判断には、個人倫理を向上させる宗教の功利性が前提とされている。一八九四年一月一日付「日記」で、尹は個人倫理の向上に対する宗教の作用に関連して「機能(work)する宗教」に言及する。彼は「機能する」ことを「提案された目的を成し遂げること」だと言い、「機能しない宗教」は「我々の霊的な鑑識眼を損ない新しい事実に無神経にさせるのみ」だと述べる。翻って言えば、「機能する」宗教は霊的な鑑識眼の向上や新たな事実に反応する思考の柔軟さをもたらすものである。尹は、人間の思考の向上を促す「機能する」宗教としてキリスト教を挙げている。一方、またその前年一二月の「日記」で儒教は優れた教理を持っているにもかかわらず、数千年を経ても中国人の倫理向上に失敗したという理由で無効の宗教と評価される。(43)

「機能する宗教」としてのキリスト教という尹致昊の主張は具体的にどのような思想的な基盤によるものなのか。尹致昊が属するメソジスト教会は、イギリス国教会の司祭だったジョン・ウェスレー(J. Wesley)を始祖とする正統派プロテスタント教派である。(44)メソジスト教会は、イギリス国教会が強調する理性と自由意志に基づいた主体的信仰と、初期教会が強調した人間の情感に基づいた霊的信仰、これら両者の相互性を重視し、敬虔・清潔な個人の生活、簡潔な教義を特徴とする。(45)

またメソジスト教会はアメリカにおけるプロテスタンティズムの精神性の形成に大きな役割を果たした教会でもある。(46)アメリカにおけるメソジスト教会の勢力拡大は、イギリスから渡米したホイットフィールド(G. Whitefield)などの宣教の努力によるところが大きく、一八世紀半ばから信者数が徐々に増加する。その後、奴隷廃止論をめぐる意見の相違によって一八四四年に南北メソジスト教会に分裂するも、(47)南北戦争(一八六一―六五)後に約三五〇万人の信者を持つプロテスタントの第一教会となる。(48)尹致昊が渡米した一八八八年の時点においてメソジスト教会の教勢が盛んだったことは推測される。

一八九一年四月三〇日付「日記」に見られるように、こうしたアメリカにおけるメソジスト教会の拡大と変貌の過程で、従来の教理を改めてアメリカ的なメソディズムを創出しようとする動きも現れるようになったと言えよう。

一、「この時代は信条を作る時代ではない」。人は無益な教理、告白書、化石化された神学に疲れている。我々が求めるものは、より多くの教理書［を作ること］ではなく信仰であり、より多くの規範［を作ること］ではなく霊性であり、より多くの教理問答［を作ること］ではなく［その道徳的］特性である。

二、聖書と［神との］生活と［霊的］経験によって、しかし信仰告白書にはよらずに、メソディズムは、一世紀の間、霊性の競争においてほかの教派より上回っていた。メソディズムが衰えたとしたら、それは［神との］生活の不在のためであって決して信仰告白書が必要だからではない(49)。

既存のメソジストの信条二五（25 Art.）はアメリカの現状に対して不十分であり、「アメリカ人のための信仰告白書（American Confession of Faith）」を作る必要があるという主張に対して、尹致昊は反対意見を述べる。アメリカのメソジスト教会の布教のために必要なのは、新たな教理や告白書などの形式面ではなく、「聖書と［神との］生活と［霊的］経験」によって、「霊性」に基づいた信仰を深めていき、「［神との］生活の不在」を克服することだと尹は主張する。形式面での変革を求めるアメリカ人に対する尹致昊の批判的な視線には、初期メソディズムの原論的な立場、すなわち信仰生活における神との霊性の経験を重んじるジョン・ウェスレーの神学的態度に類似した考え方が窺える。

ジョン・ウェスレーは、真のキリスト教信者になるためには、教義のみを追求するのではなく、キリスト教の教義の理解とともに、聖書や宗教儀式や信徒班会による訓練、その結果としての社会での実践が必要であるとし、これら三つを連動することの重要性を説いた(50)。それゆえ、メソジスト教会は、社会的関心が強く、労働者階級のための教育施設の設立や貧困者の救済を積極的に行う。尹致昊における朝鮮人に対する啓蒙・教育の試みには、朝鮮の独立保全という政治的側面に加え、こうした信仰による実践という宗教的側面が背景にあることは看過できない。社会への関心と奉仕という信仰の実践には、キリスト者の内に神の聖霊が存在するというキリスト教的信仰が前提とされている。

ジョン・ウェスレーは、個人の内の聖霊と個人にまつわる社会との関係性を常に意識した。このキリスト者の信仰生活における二つの側面とそれらの関連性について、ジョン・ウェスレーは説教「キリスト者の完全（Christian Perfection）」（一七四〇）[51]を通じて論じた。

（一）キリスト者はいかなる意味で完全でないのか。知識における完全ではない。無知から、そう、間違いから免れることはできない。生きている人間に全知であることを期待することができないのと同じく、無謬であることを期待してはいけない。［中略］こうした弱さから、私たちは神のもとに帰るまでは、だれ一人として完全には解放されない。またその時まで誘惑から完全に解放されることも期待できない。［中略］したがってこの意味において地上に生きている限り、絶対的完全なるものはない。［中略］

（二）では、キリスト者はいかなる意味で完全なのか。［中略］キリスト者の特権は、ユダヤ教の恵みの下にいた人たちに関する旧約の記録によって決して測ることはできない。今や時が満ちて、聖霊が与えられ、神の偉大な救いがイエス・キリストの啓示によって人々にもたらされたからである。［中略］もし〈罪はない〉、〈罪を犯してはない〉と言うなら、私たちは自分を欺いており、神を偽り者とする。しかしもし私たちが自分の罪を言い表すなら、神は真実で正しい方ですから、私たちの罪を赦すだけでなく、すべての悪から私たちをきよめてくださる。［中略］キリスト者は罪を犯さないという意味で、完全である。[52]

ジョン・ウェスレーによれば、キリスト者は地上に生きている限り、知識や行動や誘惑などの世俗的な側面において不完全である。このキリスト者の不完全性への思考には、人々の犯す罪についての認識が前提とされている。人間としてのキリスト者は、そもそもこうした世俗的な罪から自由な存在ではない。

しかし、イエス・キリストが自らキリスト者のために犠牲となって復活したとされる、新たな約束・契約後の新約の時代には、キリスト者に「聖霊が与えられ、神の偉大な救いがイエス・キリストの啓示によって人々にもたらされ」、キリスト者は世のすべての罪を許され不義から救われた。キリスト者は、外的には罪を犯さず、内面的には悪い思いと気質から解放されることで罪から解放され、「完全」となるのである。ここではキリスト者自身の内に神の聖霊が存在するというキリスト教の信仰が人の完全と不完全を区分する基準となっている。聖霊に基づいた信仰を持つことで、人々はキリスト者となると同時に、「罪を犯さない」完全な存在となる、という論理である。

前述した信仰生活における神の霊性の経験を重んじる尹致昊の神学的態度を考えれば、尹の宗教観には、ジョン・ウェスレーが主張した「キリスト者の完全」への志向が存在したと推測することができる。個人の道徳倫理を向上させるという、尹の語る宗教の功利性は、キリスト教の教理の踏襲と知識などの外見的かつ形式的側面によって実現されるものではない。尹にとってキリスト教の功利性あるいは機能性は、聖霊に基づいたキリスト教信仰という内的な状態を問題とする概念である。尹致昊はこうしたキリスト教信仰による個人の道徳倫理の「完全」に対する信念を持って宗教の功利性について語っていたと言えよう。

三　自由の想像力――キリスト教的自由と文明論

（一）近代の自由観とキリスト者の自由

人生無係の通義とは、其個条多しと雖ども、先づ綱領を挙げて名義を下されば、即ち人生天賦の自由なり。自由とは何ぞや。我心に可なりと思ふ所に従て事を為すと云ふ。其事を為すや、只天地の定理に従って取捨するのみにして、其他何等の事故あるも、分毫も敢て束縛せらるゝこと無く、分毫も敢て屈撓すること無し［原注省略］。然りと雖ども、人として既に世俗人間の交際に加はるときは、此交際上よりして我に得る所の恵沢裨益も亦大なれば、之を償ふが為に天の賦与せる一身の自由をも聊かは棄却する所なかる可らず。(54)

福沢諭吉は、「人間の通義」（『西洋事情』二編）で、イギリスの社会状況を説明しながら「自由」について定義する。ここで人間の「自由」は、「天の賦与せる」ものであり、他人に「束縛」されたり「屈撓《くっとう》」すること無しに自身がやりたいことをする、他人に侵害されない「天賦」の権利である。一方、「自由」は、他人との「交際」、すなわち社会的な関係を持つことによって互いの利益のために制限される場合もある。国家間の貿易の規則と国法に従うことなどがその例だという。ある社会に属する人間は、社会のほかの構成員と公益のために、自身の自由が制約されることを受け入れるべきだという認識が窺える。ここで福沢が語る「自由」には、天賦的な個人の権利としての自由と社会的義務によって制約されうる自由という矛盾する論理が含まれている。

社会の関係性に基づいた「自由」という矛盾する概念が、福沢諭吉と同じく、尹致昊にも見られる。

> それら［人間の自由と社会の利益のために自由を制限すること］は、五千万あるいは六千万成人男性と女性で構成されている共同体にも必要です。議長、もし共同体の個々人と万人が、彼や彼女の最高の利益は社会全体の幸福によって増進されることを、彼や彼女の真の自由（true freedom）は彼あるいは彼女がやりたいことを［そのまま］やることではなく、彼や彼女の意志を制御することにあることを知れば、つまり、もし皆が何が正しいのか何をすれば良いのかを知れば、皆さま、あなたたちは警察も法廷も法律も規則も何も必要ではなくなります。[55]

尹致昊は論証会（Dial. Society）で義務教育の必要性について発表する。この発表はあらゆる制約が抑圧なのではなく共同体のためには必要になる場合もあるという旨のものである。尹にとって人間の自由は、共同体のためにそして社会の利益のために制限されうるものである。また「真の自由（the true freedom）」は、ある社会に属する個人自らが社会のために、自身の意志で自分の欲望を抑制することであると、彼は強調する。尹致昊にとっても、「自由」という概念は、社会との関連性に基づいたものである。そして、尹には社会の公益が個人の私益より優先されるものだという認識があることが窺える。

福沢諭吉と尹致昊は、なぜ個人と社会との関係性に基づいた自由概念を共有しているのか。それはトマス・ホッブズ、ジョン・ロック、ジャン＝ジャック・ルソーにつながる、西洋の近代的公共性に基づいた市民社会形成と自由な個人との関わりを前提とする社会契約論のような西洋近代思想を、福沢と尹が共有していたからだと答えることができよう。だが、こうした近代的な社会契約論を可能とする自由の概念は、前述したように、天賦的自由と制限的自由という論理的な矛盾を孕んでいる。その矛盾は公益という合理性を保つ根拠とする不合理的想像力の働きによって解消される。尹の宗教思想の系譜を辿ってみることで、その不合理的想像力の原型を確認することができる。それは宗教改革を導いたマルティン・ルター（M. Luther）のプロテスタンティズム的なキリスト者の自由観に基づいた宗教的想像力である。

パウロ、ルター、ウェスレー、マーティンのイエスと神様は、私のすべてのささやかな世俗的な欲望を棄て私の人生を捧げて、あなたの大義のために働くことを助けてくださる(56)。

インドで宣教活動をした英国国教会の宣教師のヘンリ・マーティン（H. Martyn）の評伝を読んだ感想として、尹致昊は、パウロ、ルター、ウェスレー、マーティンが神やキリストの助けで福音を広げることができたと述べる。尹自身も彼らに倣って福音を広げることに献身することを改めて決心する。マーティンは尹の宣教師としての実践的なモデルとして理解することができる。一方、パウロ、ルター、ウェスレーは、実践的なモデルであると同時に、尹の連なる神学的な系譜として捉えることができる。異教徒からの改宗者であるパウロは、聖霊に基づいた信仰の重要性を唱えた原始キリスト教神学の代表的な人物である。前述したように、ウェスレーは尹致昊にメソジストとしての宗教思想的な影響を与えた人物である。

ルターについての尹致昊の発言は、一八九二年四月一八日付「日記」でも見られる。「ルターは決して一貫性を気にしなかった。彼はより良いものを見つけたときにはいつも意見を変えた。それこそ人が歩むべき道である」(57)と述べ、尹はルターを柔軟な思考の持ち主として評価する。次節で確認するように、福沢諭吉も『学問のすゝめ』一五編で西洋に「文明の進歩」をもたらした「懐疑心」に基づいた「智力」を持つ人物としてルターを取り上げる。尹致昊と福沢諭吉は神学的な理解を共有してはいないとはいえ、西洋の文明を理解するに際し、ルターの宗教思想が西洋文明に流れているという認識を共有していたと言える。

ヴィッテンベルク大学で司祭兼教授として聖書講義を担当していたルターは、一五一七年に宗教改革の引き金となった神学論争の討論提題「贖宥の効力を明らかにするための討論提題」、通称「九五箇条の提題」を発表し、これをめぐる神学論争の後、一五二一年にローマ・カトリックの教皇庁から正式に破門されることになる。「九五箇条の提題」が発端となった神学論争の最中であった一五二〇年、ルターは『キリスト教会の改善』『教会のバビロン捕囚について』など、神への信仰の重要性を強調し現状のカトリック教会の誤りを批判する著作を次々に発表する。その一連の作業の掉尾を飾った著作が『キリスト者の自由』である。(58)

『キリスト者の自由』で、ルターは「キリスト者の自由」を説明する上で次の二つの命題を提示する。

　キリスト者はすべてのものの上に立つ自由な君主であって、何人にも従属しない。
　キリスト者はすべてのものに奉仕する僕であって、何人にも従属する。(59)

ルターによれば、キリスト者は自由でありながら、世の中のあらゆるものの僕である。この二重命題は相反するものである。しかし、この論理的な矛盾は、不合理性に基づいた宗教的想像力、すなわち神への信仰によって合理化される。キリスト者の自由は神への信仰によって内的に自由であるという意味であり、世の中のあらゆるものに奉仕することは神への奉仕でもある。日々罪を犯す世のキリスト者が、神の恵みであるイエス・キリストの代理犠牲によって罪から解放され内的に自由となる。このように「プロテスタント的人間においては」、内的自由と外的拘束という互いに反する関係、すなわち「自由と責任とは相即する関係(60)」が前提される。

ルターが語るキリスト者の自由観には、神と人々の仲介項として機能したローマ・カトリックの教会や司祭や秘跡（Sacrament）などの形式を廃して、ただ信仰のみを通じて神と人とが一対一の関係で結びつく万人司祭の論理が前提とされている。[61]こうしたプロテスタントの信仰は、聖書の御言葉を通して神に交わり、日常生活のなかで神の召命（Beruf）を果たしていくことなどを特徴とする。宮田光雄によれば、「神の御言葉にのみ結びついた良心の自由がプロテスタント的人間の本質的標識」となり、「プロテスタント的人間」は「自己の決断において神の意志に応え、それを実現することにつとめる」「みずからを自由な自己責任的人格として理解する」[62]。プロテスタントの信仰においては神への信仰者の「自覚的・主体的な、さらには倫理的な信仰が問題となる」[63]。

尹致昊と福沢諭吉が語る〈社会のなかの個人の自由〉、すなわち天賦的自由と制限的自由という矛盾する自由論には、こうした神への信仰を通じてプロテスタントが有する自由と責任との関係性が前提とされている。そして、信仰という不合理性による合理性という想像力がそこに作動することで、自由論の二重命題の矛盾は解消し合理化される構造を有するようになるのである。

（二）物理学的世界観と知性の文明論

文明の進歩は、天地の間にある有形の物にても無形の人事にても、其働の趣を詮索して真実を発明するに在り。西洋諸国の人民が今日の文明に達したる其源を尋れば、疑の一点より出でざるものなし。［中略］何れも皆［ガリレオ、ガルヴァーニ、ニュートン、ワット］疑の路に由りて真理の奥に達したるものと云ふ可し。格物窮理の域を去て、顧て人事進歩の有様を見るも亦斯の如し。［中略］羅馬宗教の妄誕を疑て教法に一面目を改めたる者は「マルチン・ルーザ」なり。[64]

福沢諭吉は、「第十五編　事物を疑て取捨を断ずる事」（『学問のすゝめ』）で、西洋「文明の進歩」は物事を疑う態度から可能となると述べる。そこでは「格物窮理」する自然科学や「人事進歩」に関わる人文科学や社会科学などにおいて、西洋で諸分野の文明に貢献した人物を取り上げているが、ルターは既存の宗教を改めた人物として言及される。福沢にとってルターは、ガリレオ、ガルヴァーニ、ニュートン、ワット、ミルなど、西洋文明の進歩をもたらした人物の一人であり、福沢はルターの具体的な宗教観については触れていない。ここでの福沢の主張は、既存のものを疑う態度とそれを可能とする人間の知性に重点が置かれている。福沢は西洋文明の進歩が人間の知性と疑う力によって可能となったと西洋文明の特徴を説明するのである。

人間の知性と文明の進歩との関連性については『文明論之概略』に具体的に述べられている。福沢は文明の進歩の原動力として「智力」と「精神の自由」を取り上げる。

既に天然の力を束縛して之を我範囲の内に籠絡せり。然ば則ち何ぞ独り人為の力を恐怖して之に籠絡せらる、の理あらん。人民の智力次第に発生すれば、人事に就ても亦其働の源因とを探索して軽々看過することなし。聖賢の言も悉く信ずるに足らず、経典の教も疑ふ可きものあり。堯舜の治も羨むに足らず、忠臣義士の行も則とる可らず。古人は古に在て古の事を為したる者なり、我は今に在て今の事を為す者なり。何ぞ古に学て今に施すことあらんとて、満身恰も豁如として天地の間に一物以て我心の自由を妨るものなきに至る可し。既に精神の自由を得たり、又何ぞ身体の束縛を受けん。(65)

文明の進歩は「徳義」に基づいた道徳行為よりも「智力」による知的行為が原動力となる。この「智力」によって人々は疑う心を持ち、これまで畏敬してきた存在、例えば、自然や君主や教理などに拘束されている「惑溺《わくでき》」の状態を捉え直し、「自由」になることができる。こうした「精神の自由」が存在するからこそ文明は進歩する。

福沢諭吉にとって「学問」とは、「唯むづかしき字を知り、解し難き古文を読み、和歌を楽み、詩を作るなど、世上に実のなき文学を云ふにあらず」、「人間普通日用に近き実学」である。(66) 福沢は「実学」の例として、「地理学」「窮理学〔物理学〕」「歴史」「経済学」「修身学」などを挙げ、「実学」は「近く物事の道理を求めて今日の用を達すべき」学問であると述べる。(67) 福沢は人々の身分の相違が「その本を尋れば唯其人に学問の力あるとなきとに由て其相違も出来たるのみにて、天より定たる約束にあらず」(68) と言う。彼が語る「実学」としての学問は、人間が「天〔自然〕」によって定められた宿命と制限を克服し、自由になるための手段である。学問の有効性は、「身も独立」する個人レベルにとどまるものではなく、「家も独立し天下国家も独立」(69) し、ある個人に関わる世界の万物の「独立」をもたらす手段である。福沢にとって「実学」としての学問は、文明に至る路であり、人間の「精神の自由」を前提とした、人間の知性を養う方法でもあるのだ。

小泉仰は、福沢の晩年の著作『福翁百話』（一八九七年〔明治三〇年〕）を取り上げ、「物理学的宇宙観」が福沢の実学思想の背景となっていると指摘する。(70) この世界観は人間の知性に基づいた福沢の文明観を支えるものとして理解することができる。『福翁百話』の最後の「人事に絶対の美なし」（百）の冒頭で、福沢は「今の世界の人類は開闢以来尚ほ少なくしても、文明門の初歩、次第に前進する者」であり、そこから「絶対の美を見る可らず」と言い、西洋を含めた文明の段階は至上の状態ではないと述べる。(71) しかし、後世には「天」の「物理」を知り尽くすことでいつか「天人合体の日」を迎えるという論理を展開する。

世界の人事に絶対の美なしと雖も、唯今日の人文に於いて然るのみ。千万年後の絶美は我輩の確かに期する所にして、其道筋の順序は先づ器械的に有形の物理を知るに在り。物理を究めて歩々天工の領分中に侵入し、其秘密を摘発し其真理原則を叩き、之を叩き尽くして遺す所なく、恰も宇宙を将《もっ》て我手中の物と為すの日ある可し。即ち天人合体の日にして〔後略〕(72)

「物理」、すなわち自然の原理を究明し、明らかにしたその原理の段階によって文明の進歩の差異が生じる。福沢諭吉のこの論には、自然の原理を知り尽くすことが文明の進歩の条件となっており、人間の「精神」「智力」は無限に発展するという認識と、それによる文明の進歩に対する絶対的な肯定が窺える。言い換えれば、文明進歩への宗教的信仰のような信念的な理想論が表れている。福沢の「物理」に基づいた世界認識は、上述したような人間の知性の発達による文明の進歩観に関わっている。これは福沢の初期思想にも展開された論理であり、「科学による全知という理想を福沢は晩年に至るまでもち続けた(73)」のである。例えば、『西洋事情』初編巻之一「文学技術」では「西洋学術の大趣意は、万物の理を究め其用を明らかにして、人生の便利を達せんがために人々をして天稟《てんぴん》の智力を尽くさしむるに在り(74)」とあり、『文明論之概略』第三巻「第六章　知徳の弁」では「人の精神の発達するは限あることなし、造化の仕掛けには定則あらざるはなし。無限の精神を以て有定の理を窮め、遂には有形無形の別なく、天地間の事物を悉皆人の精神の内に包羅して洩らすものなきに至る可し(75)」と言う。このように人間の知性と「精神の自由」に基づいた福沢諭吉の文明論は、自然の原理を知り尽くすことができるという物理学的世界観によって成り立っていたのである。

（三）キリスト教国家への認識と救済の想像力

野蛮人は自然の奴隷である。半開化人は自然に対する臆病な乞食である。文明人は自然の主人である(76)。

福沢諭吉と同様、尹致昊にも自然と人間との関係によって文明の位相が変わるという認識が見られる。尹が言う文明の位相は、『文明論之概略』の「文明・半開・野蛮」と類似するものであり、それらを区分する基準は人と自然との関係である。野蛮人は「自然の奴隷」であるが、「文明人」は「自然の主人」として振舞う存在である。

しかし、自然と人間との関係に基づいた文明論に対する尹致昊と福沢諭吉の論理には、認識論的な差異が存在する。自然の主人としての「文明人」という尹の考えは、自然に対するキリスト教的な自由概念に基づいている。人と自然の関係性に関する彼のキリスト教的認識は「キリスト教国家（Christian nation）」が富国になった理由についての説明から明らかに示される。

彼［ワシントン駐在清国公使館の秘書］は、キリスト教国家の富と繁栄が、従者たちに世界の財貨を貯めないようにと言っていたキリストの教えに反すると思っている。愚かな！［中国の人々に］孔子あるいは孟子あるいはほかの偉大な師たちが拝金主義を教えて植え付けたことがあったと、彼は偽って主張することができるだろうか。キリスト教は人を自然の上に置く。それは人の心と想像力と先天的な力の実践を自由にする。彼は主人のように自然的な働きを利用し、奴隷のようにそれを崇拝することはしない。それゆえ、キリスト教国家は富国になったのである。(77)

尹致昊は、キリスト教国家の繁栄に批判的に言及したワシントン駐在清国公使館の秘書に対し、拝金主義が蔓延している現在の中国を批判した上で、キリスト教は心や想像力や実践において人間を自由にし、人間をつねに自然より上位に置くと反論する。自然を上手く制御した結果、「キリスト教国家」すなわち西洋文明国は富国になったという論理である。

だが、ここで注意しておきたいのは、尹致昊の擁護がキリスト教国家に対するものであり、西洋諸国それ自体に対するものではないことである。白人ではない東洋人の尹致昊は、他国に対する人種主義的かつ帝国主義的な西洋諸国の態度を批判的に捉えている。

私にとって「不可譲の権利」あるいは人間の自由を自慢したがるアメリカ人の見せかけに騙されてしまう人よりおかしく馬鹿げた人は無い。彼ら［アメリカ人の］演説者や説教者や詩人や政治家は、平等や自由や人間の同胞愛について多く語る。しかし、アメリカ人は実践においては、皮膚の色による平等など、彼らの主義をただ皮相的に示すのみである。もしあなたがいわゆるこの「自由の国」で人間の不可譲の権利を享受したいのであれば、白人でなければならない。(78)

尹致昊にとってアメリカ人の語る自由論は、人種主義に基づいた概念である。アメリカ人の語る「不可譲の権利あるいは人間の自由」という標語は、白人に適用される原則であり、黒人やネイティブ・アメリカン、そして東洋人には実際には適用されない。こうしたアメリカをはじめとする西洋諸国の「国際的な罪悪」を目にした尹致昊は、「なぜ神様はすべての人種が同じく良い環境に生きるようになさらなかったのか。なぜ神様はすべての人種に同等な肉体的かつ精神的な能力を与えてくださらなかったのか[79]」と、神への信仰に疑いを抱くこともあった。

前述した「アメリカ人のための信仰告白書」の作成に反対の意を表したように、尹致昊は、アメリカ人の信仰に対する不信実な様相と、アメリカの精神的な基盤とも言えるキリスト教の倫理に反する現象が社会全般に広がっていることを問題とする。尹が上海留学時代にキリスト教に改宗してから自ら厳しく禁じてきた飲酒と売春を平気で行うアメリカのキリスト教徒たち、日本のような住みやすいところへ宣教することを好む神学生たち、金銭に執着する牧師たちなど、こうした現状はアメリカを理想的な「キリスト教国家」として考えてきた彼の信念を揺るがすものであった。尹の目に映るアメリカの宗教的堕落は批判すべきものであり、彼にとってアメリカ社会は現実と理想との乖離が存在する矛盾の場だったと言える。

アメリカや世界のキリスト教国家に対する尹致昊の批判は、聖霊による信仰などのキリスト教の原論的な信仰態度を強調することで可能となる。こうした原論的なキリスト教信仰への態度は西洋文明国の「国際的罪悪」を相対化する根拠となる。一方、そうした「国際的罪悪」を合理化させるものにもなる。

国際社会において、弱い国家が存在する限り、力は正義であろう。イギリス人やフランス人やアメリカ人が弱い民族の権利を踏みつけることを非難するとき、後者［弱い民族］がより無知な人々を抑圧して害を与えること、そしてもし可能であれば彼らはそれをやり続けることを思い出してほしい。したがって、欧米人は、とりわけガリラヤ人［ガリラヤは古代パレスチナ北部・現在イスラエル北部を指す。イエスとその弟子たちはガリラヤ出身であり、ここの「ガリラヤ人」はキリスト教徒の喩えである］である以上は決して罪人ではない。このすべては、弱い人たちの本質

と生を向上させて救って保護する、キリスト教徒が持つキリスト教の光栄なる性質の現れである。(80)

「キリスト教国家」の「国際的な罪悪」は、ルターの「キリスト者の自由」における二つ目の命題である現世におけるキリスト教者の「僕」としての義務、すなわち世界の人々を助けるという名目の論理で合理化される。しかし、現状としては尹致昊は「弱い国」の朝鮮の人であり、西洋諸国の「国際的な罪悪」への尹の容認は、もっと根本的なキリスト教的な想像力の働きによって可能となる。それはキリスト教の救済の想像力である。

尹致昊が洗礼を受けてメソジストとなったとき、彼の信仰告白がメソジスト教会の宣教月報である *The Gospel in All Lands* の一八八七年六月号に「朝鮮人の信仰告白（A Korean's Confession）」というタイトルで掲載された。

私の弱さと、これまで全く信じていなかった来世のため、純粋な霊魂を備える必要性に、私は気づくことになりました。／人間の助けによってでは真に罪の無い人生が絶対に不可能であることに、私は気づきました。(81)

尹致昊は、自身がキリスト教を信仰するようになった最大の理由として神による来世の救済を取り上げる。この信仰告白で、彼自身の従来の思想基盤であった儒教は教理の「さまざまな良い格言」を認めることはできるものの、神ではなく「人間の助け」の次元のものであるため、彼自身の「霊魂」が救われるものではないという。「来世」のための霊的な救済のためには、キリスト教を信じて「純粋な霊魂を備え」ておかなければならないのである。

キリストの流された血を通じて私の罪が赦されたことに感謝する。彼を通じて私は、至福を感じさせる音楽が決して止まず、あらゆる人種が救われ互いに愛し合いながら、平和で平等に暮らす、あの安息所を得ることができるだろう。(82)

キリスト教の義務という観点で「国際的な罪悪」が容認できることは、現世の問題だからである。だが、キリスト者は、西洋人であれ東洋人であれ、「キリストの流された血を通じて私の罪が赦された」平等な存在であり、白人であれ有色人種であれ、いつか一緒に神の国で「互いに愛し合いながら、平和で平等に暮らす」ことができるという。こうした来世への救済の想像力によって「キリスト教国家」の現実とその矛盾は、究極的なレベルでは解消されてしまうのである。

福沢諭吉と尹致昊の文明論においては自然状態から自由な人間という認識がともに前提とされる。だが、福沢は人間の「智力」による「精神の自由」に重点を置き、尹はそれを含めて信仰に基づいたキリスト教的自由と救済を念頭において文明論を語る。福沢諭吉は「あくまでもこの世の世界、すなわち此岸的見地に踏み止まろうとした」(83)文明論者であった。一方、尹致昊は、神による来世の救いを求める彼岸への志向を持ち続けて西洋文明を合理化した文明論者であった。

四　小　結――個人の自由への信仰と東アジアの近代

朝鮮人の未来はどのようになるだろうか。私は適者生存主義を信じている。彼ら［朝鮮人］に、今まで持ったことのない、公平な機会を与えて、そしてもし彼らがそのままでは生存に適合しないことが証明されてしまったら、私の任務は彼らを生存に適するようにするために貢献することであり、結果は神の手に委ねられている。キリスト教は朝鮮人を救済する唯一の手段である。(84)

尹致昊は、「適者生存主義」に基づいた世の中においてキリスト教が必須条件であると考え、彼自身の人生を通じて福音を伝えることで、朝鮮人の生存のために尽力すると述べる。そこにはキリスト教と文明論の暗面を認識しながらも、その論理を相対化しえない信仰的な態度が窺える。

此頃の新聞紙にも見えたる如く、西京なる両本願寺の法主は、我軍隊の出陣を聞き、兵営所在の地を巡回して親しく兵士に面し、国家の為めに身を致すは宗教の本旨なる旨を懇々説きたるよし。本来本願寺の信徒は法主を仰ぐこと生仏の如く、本山の為めとあれば財産生命をも愛しまざる程の次第にして、今回出陣の兵士中には其信徒多きに居るよしなれば、法主自身の懇話はます〳〵従軍者の決心を鞏固ならしめて、戦場の実地に非常の効能を現はすや決して疑ふ可らず。単に両本願寺のみならず、その他の各宗も同様の次第にして、我輩が宗教を経世に必要なりとするは是等の効能あるが為に外ならず。(85)

晩年の福沢諭吉にも功利主義的な宗教観が相変わらず見られる。この文章からは日清戦争へ出陣する兵士の精神武装のために仏教の役割は有効であるという認識が窺える。ここで仏教は国家のために戦うという精神を高揚する手段として捉えられており、福沢にとって宗教は日本のナショナリズムに貢献できるものでもある。

尹致昊と福沢諭吉には宗教の信仰問題について根本的な認識の差異が存在した。だが、この二人の東アジアの知識人には、このような宗教論的差異が存在したにもかかわらず、宗教を人民啓蒙のツールとして捉えていた点で共通点が存在する。以上の二つの引用文からも分かるように、宗教に対する功利的な認識の基層には文明論やナショナリズムなどが複雑に絡んでいる。

ここで注意しておきたいのは、二人の認識には、神（文明、国家など）と個人との関係という発想に基づいて、個人に内面化された近代的信仰による政治的想像力が働いていることである。福沢諭吉と尹致昊において文明と国家はある種の信仰的対象に置き換えられている。西勢東漸を目睹した東洋の知識人たちは個人の自由と宗教的信仰を東洋諸国家の存続と富強の問題に直結する事案と見なし、彼らはこの思考の枠を簡単に相対化することができなかった。それゆえ、彼らが語る文明の達成と国家の富強と独立は当代の絶対命題となり信仰的対象となる。この絶対命題に対する意識的あるいは無意識的な信仰によって、彼らは西洋文明の人種主義的あるいは帝国主義的な暗面を認識し批判的な態度を取りながら、思考の最終的な審級においてはそれを承認せざるを得なくなったのである。

このような宗教的想像力に基づいた近代自由論の政治的想像力は、東アジア知識人たち、とくに文明論およびそれと表裏を成すナショナリズムに基づいた人民啓蒙思想を持つ知識人たちに働いていた。文明論を信仰の対象とする東アジアの知識人たちは近代的個人の自由に基づいた人間の無限の発展可能性に対する信念を共通して持っていた。本章で確認したように、個人の自由という概念が絶対的な命題として認識されるのは、キリスト教的文脈から見れば、神と個人という一対一の関係に基づいたプロテスタンティズム的な想像力によって可能である。このプロテスタンティズムの文脈における神と個人の関係は、文明論の文脈においては神を文明に置き換え、ナショナリズムの文脈においては神を国家に置き換えて考えることで、文明と個人、国家と個人の関係性を想像する枠として転用される。神・文明・国家と個人との関係性を前提として想像・思考できるようになることで、人間の無限の発展可能性に基づいた個人の発展と、それらを集合的に考えることを通じての文明の発達、国家の独立と富強という思考が可能となり、それは現実的な目標となる。それゆえ、東アジアにおける知識人と宗教との関わり、とくに近代的信仰が媒体となったキリスト教の東アジアへの流入の問題を、個人の自由という政治的想像力を可能とした宗教的想像力の流入と転用の事例として理解することができる。

本章では、近代東アジアにおける自由の政治的想像力と信仰という宗教的想像力の関連性の問題を、尹致昊と福沢諭吉の自由観と宗教観を通じて論じた。本章は、巨視的には、日本と朝鮮の知識人の自由思想と宗教概念を検討することで、東アジアの近代を再考する試みでもある。東アジアの近代という問いと同じように、個人の自由概念とキリスト教の流入、そしてこの二つの関係性の変容の問題は、多岐であり複雑な問題である。また、この問いは、東アジアの知識人たちが自ら近代という空間のなかで思惟しはじめた時点からの長い歴史を有し、簡単に解決できる性質のものではない。本章は自由主義の系譜学的観点から東アジアの近代を再考する必要性についての問題提起である。また東アジアの近代に関わる微視的あるいは巨視的問題群が複雑に絡み合ってできた結び目を解く糸口を示そうとしたものであり、これを通じて東アジアの近代という問題が現在の東アジアの状況を考慮する際に看過されてはならない現在的問題であることを改めて強調した。このような複雑で多端な東アジアの近代の現在的な諸問題の検討は、今後の課題として一つずつ具体化していきたい。

（1）尹致昊「To Dr. Young J. Allen」（December 20, 1891）、『尹致昊書簡集』（국사편찬위원회、一九八四年［一九七一年］）、六三頁。原文は英文。日本語訳は引用者による。
（2）安中藩士だった新島襄は、一八六四年に函館よりアメリカに密航し、アメリカで理学や神学を学んだ。一八六六年にボストンで洗礼（会衆派［日本では、組合教会］）を受け、一八七四年に帰国し、翌一八七五年、京都に同志社英学校、一八七七年には女学校を設立する。キリスト教の伝道や教育に力を注いだ明治期における代表的なキリスト教系の教育者・啓蒙知識人であった（井上勝也『新島襄――人と思想』晃洋書房、一九九〇年参照）。
（3）「日記」一八八八年一〇月六日［国］。
（4）「同志社の返事をもらってみたら、我が政府の許可がなければ、学校には入学できないという」（「日記」一八八八年九月四日［国］）。
（5）前掲尹致昊「To Dr. Young J. Allen」、六四頁。
（6）金容九『임오군란과 갑신정변――사대질서의 변형과 한국 외교사』（원、二〇〇四年）、一五九―一八八頁参照。
（7）当時福沢諭吉の推薦で朝鮮に渡ってきた井上角五郎によれば、井上が竹添進一郎に金玉均らに支援する態度を見せた真意を尋ねた上で、その内容を福沢諭吉に書簡で報告したという（上掲金容九（二〇〇四）、一八二頁）。だが、政変の失敗後、福沢は、『時事新報』の一八八四年一二月一五日付社説「朝鮮事変」で、甲申政変に対する福沢自身を含めた日本側の関与を否定する立場を示し、日本も政変の被害者であると主張するようになる（月脚達彦『福沢諭吉と朝鮮問題――「朝鮮改造論」の展開と蹉跌』東京大学出版会、二〇一四年、七五―七七頁）。
（8）一八八〇年代における福沢諭吉の朝鮮知識人との交流と「朝鮮改造論」については、上掲月脚達彦（二〇一四）、四一―九一頁参照。月脚によれば、福沢諭吉の「朝鮮改造論」に関する『時事新報』などを通じての発言は、大きく次の二つの時期に見られる。まずは一八八〇年を前後する朝鮮知識人との交流から、壬午軍乱（一八八二）が起き、甲申政変が失敗に終わった一八八〇年代半ばまでの時期である。次は、日清戦争（一八九四―九五）の勃発、朝鮮における親日政府の成立以後に行われた甲午改革（一八九四―九六）、乙未事変（一八九五）後の露館播遷（一八九六）など、朝鮮におけるロシア勢力が拡大する一八九〇年代半ばから後半にかけての時期である。興味深いことに、この二つの時期は朝鮮に対する日本の国際情勢の認識と態度が変わる時期である。一九〇一年に福沢諭吉が亡くなったため日露戦争（一九〇四―〇五）との関わりを確認することはできないが、彼のジャーナリズム活動が日本国内の対朝鮮世論の形成に関わっていたと考えられる。

（9）柳永烈『개화기의 윤치호 연구』（景仁文化社、二〇一一年［一九八五年］）、一一九―三〇頁参照。

（10）福沢諭吉、書簡「久保扶桑宛」（一八八二年［明治一五年］四月二八日）（『福沢諭吉全集』第一七巻［全二一巻］、岩波書店、一九六九―七一年［一九五八―六四年］、五〇五―五〇六頁）。以下、福沢諭吉の著書や記事を引用するときは、便宜上著者の名前を省き、記事（章）名・著書のみを記す。『福沢諭吉全集』はこの全集を指す。

（11）『文明論之概略』巻之一（『福沢諭吉全集』第四巻、一六頁。以下、同書からの引用については『全集』の頁数を示す）。

（12）「日記」一八八四年七月二二日。

（13）独立協会における尹致昊の活動については、前掲柳永烈（二〇一一）、一一三―一六一頁、そして、本書第七章を参照してほしい。

（14）「新島襄氏の卒去」『時事新報』一八九〇年［明治二三年］一月二六日付社説（『福沢諭吉全集』第二〇巻、三六八頁）。

（15）上掲「新島襄氏の卒去」、三六八頁。

（16）本章では尹致昊の政治・宗教思想に関して注目すべき先行研究を選別して示す。宗教的な観点からは、閔庚培「초기 윤치호의 기독교신앙과 개화사상」『동방학지』第一九輯（연세대학교 국학연구원、一九七八年）、梁賢恵『윤치호와 김교신——근대 조선의 민족적 아이덴티티와 기독교』（한울아카데미、二〇〇九年［一九九四年］）、안신「좌옹 윤치호의 종교경험과 종교론——종교현상학적 해석」『한국기독교와 역사』第二七輯（한국기독교역사연구소、二〇〇七年）、「개종에서 변혁으로——좌옹 윤치호의 기독교 선교사상에 대한 연구」『선교신학』第一七輯（한국선교신학회、二〇〇八年）、「정약용과 윤치호의 종교관 비교연구——초기 천주교인과 개인교인의 신앙유형을 중심으로」『교회사학』第八輯第一号（한국기독교회사학회、二〇〇九年）、など。歴史的観点からは、朴正信「윤치호 연구」『백산학회』第二三輯（백산학회、一九七七年）、前掲柳永烈（二〇一一）、許東賢「1880년대 개화파 인사들의 사회진화론 수용양태 비교 연구——유길준과 윤치호를 중심으로」『사총』第五五輯（역사학연구회、二〇〇二年）、朴枝香『윤치호의 협력일기——어느 친일 지식인의 독백』（이숲、二〇一〇年）、など。政治学的観点からは、鄭容和「문명개화론의 덫——『윤치호일기』를 중심으로」『국제정치논총』第四一輯第四号（한국국제

정치학회、二〇〇一年)、우정열「윤치호 문명개화론의 심리와 논리——근대 자유주의 수용과 노예로의 길」『역사와 사회』第三三輯(국제문화학회、二〇〇四年)、金昊一「문명론과 인종주의、아시아 연대론——유길준과 윤치호의 비교를 중심으로」『사회와 역사』第七八輯(한국사회사학회、二〇〇八年)、유불란「〝우연한 독립〟의 부정에서 문명화의 모순된 긍정으로——윤치호의 사례를 통하여」『정치사상연구』第一九輯第一号(한국정치사상학회、二〇一三年)、など。

(17) キリスト教については、上掲柳永烈(二〇一一)、上掲梁賢恵(二〇〇九)、上掲鄭容和(二〇〇一)、上掲유불란(二〇一三)、など。社会進化論については、柳永烈同書、梁賢恵同書、鄭容和同論文、上掲許東賢(二〇〇二)、上掲우정열(二〇〇四)、上掲金昊一(二〇〇八)、など。人種主義については、柳永烈同書、梁賢恵同書、鄭容和同論文、우정열同論文、金昊一同論文、など。

(18) 尹致昊と金教臣の宗教思想をともに視野に入れてそれぞれの人物の思想を論じた梁賢恵同書、韓国におけるカトリシズムとプロテスタンティズムの宗教思想的な受容問題を、丁若鏞と尹致昊を比較して論じた前掲안신(二〇〇九)、兪吉濬と尹致昊の啓蒙思想を比較思想的観点から論じた許東賢同論文、金昊一同論文、などの研究が存在する。だが、これら先行研究は韓国の啓蒙思想家あるいは宗教家を比較の対象とし、本章で行う東アジア的観点を通じての比較思想的分析までには至らなかった。

(19) 福沢諭吉と朝鮮開化知識人との研究は、慶應義塾に留学した兪吉濬との比較分析が主な傾向である。福沢諭吉と兪吉濬の政治思想を直接に比較した研究は、李起勇「유길준과 복택유길의 정치론 비교연구——한・일 근대화 방향차이를 중심으로」『한일관계사연구』第一三輯(한일관계사학회、二〇〇〇年)、金鳳珍「서구〝권리〟관념의 수용과 변용——유길준과 후쿠자와 유키치의 비교 고찰」『동방학지』第一四五輯(연세대학교 국학연구원、二〇〇九年)、方相根・渡辺浩「다중적 근대의 모색——19세기말 후쿠자와 유키치의 경쟁론과 유길준의 교화론」『현대정치연구』第六輯第一号(서강대학교 현대정치연구소、二〇一三年)。そして月脚達彦は、開化期朝鮮のナショナリズムを論じながら兪吉濬と福沢諭吉の関連性を視野に入れて論を展開した(月脚達彦『朝鮮開化思想とナショナリズム——近代朝鮮の形成』東京大学出版会、二〇〇九年)。また月脚は、福沢諭吉との朝鮮開化知識人たちとの交流に見られる、「政治的恋愛」とも言える福沢の朝鮮への関心と失望に注目し、福沢の生涯にわたる朝鮮との関連性を論じた(前掲月脚達彦(二〇一四))。他方、朴泳孝に着目し福沢諭吉の朝鮮知識人との関連性や朝鮮観やアジア観を論じた研究として青木功一『福沢諭吉のアジア』(慶應義塾大学出版会、二〇一一年)、など。

(20) 開化期における尹致昊の政治思想を自由主義の観点から論じた研究としては、前掲우정열(二〇〇四)などがあるのみで数

少ない。尹致昊について自由主義的観点から分析した先行研究は、開化期の自由主義思想の特徴と言うよりも、主に植民地期に焦点を当てたものである。前掲朴枝香（二〇一〇）、鄭容和「근대적 개인의 형성과 민족――일제하 한국자유주의의 두 유형」『한국정치학회보』第四〇輯第一号（한국정치학회、二〇〇六年）、など。

(21) 福沢諭吉の文明論と自由主義との関連性に関する研究は、丸山眞男『「文明論之概略」を読む』（岩波新書、一九八六年）、松沢弘陽『近代日本の形成と西洋経験』（岩波書店、一九九三年）、田中浩『日本リベラリズムの系譜――福沢諭吉・長谷川如是閑・丸山眞男』（朝日新聞社、二〇〇〇年）、西村稔『福澤諭吉――国家理性と文明の道徳』（名古屋大学出版会、二〇〇六年）、安西敏三『福澤諭吉と自由主義――個人・自治・国体』（慶應義塾大学出版会、二〇〇七年）、など。

(22) 『通俗国権論』二編（『福沢諭吉全集』第四巻、六二六頁）。

(23) 「日記」一八九三年一〇月三一日。

(24) 上海に滞在中だった一八八六年春から尹致昊は、キリスト教関連の会に参加し戒酒を決心し、洗礼を受ける二ヵ月前の一八八七年二月二七日に絶対禁酒を誓い、以後禁酒を貫いた（前掲柳永烈（二〇一一）、六五頁）。

(25) 「ユニテリアン雑誌に寄す」『ゆにてりあん』第一号（惟一社、一八九〇年［明治二三年］三月）（『福沢諭吉全集』第二〇巻、三六八頁。以下、この論説からの引用については『全集』の頁数を示す）。

(26) 上掲「ユニテリアン雑誌に寄す」、三六八頁。

(27) 白井堯子『福沢諭吉と宣教師たち――知られざる明治期の日英関係』（未来社、一九九九年）、二二一―四〇頁、小泉仰『福沢諭吉の宗教観』（慶應義塾大学出版会、二〇〇二年）、四一―九三頁参照。

(28) 上掲白井堯子（一九九九）、三三頁。

(29) 同書、八六―八九頁参照。

(30) 前掲小泉仰（二〇〇二）、六二―六七頁。

(31) 福沢諭吉とユニテリアン主義については、土屋博政『ユニテリアンと福沢諭吉』（慶應義塾大学出版会、二〇〇四年）、参照。

(32) 上掲土屋博政（二〇〇四）、一一〇―一一一頁。ユニテリアン主義についての福沢諭吉の期待がアメリカ・ユニテリアン協会のジョージ・バチェラー（G. Batchelor）に宛てた手紙（一八九五年一〇月二六日付）から窺える。福沢はこの手紙でユニテリアン主義について「（a）キリスト教から発展したものとはいえ、ユニテリアン教は科学的な原理に基づき、自由探求により導かれ、（b）神学的偏狭さから自由だからです。これら二つの特徴は特に日本の教育ある階層に魅力的です」と言う（同書、一六二頁。原文は英語、一九三頁）。

(33) 同書、一三七―一九八頁。このナップの提案は結局実現されなかった。その理由について土屋は当時日本ユニテリアン・ミッションに距離を置いて活動していたナップの提案が日本ユニテリアン・ミッションの監督者のマコーリー（C. McCauely）からの公式的なものではなかったこと、また「教育勅語」に対する批判的な態度を見せていなかったマコーリーに対する福沢の批判的な態度など、諸要因によって実現できなかったとしている。

(34) 日本基督教協議会文書事業部キリスト教大辞典編集委員会『キリスト教大事典』（教文館、一九六八年［一九六三年］）、四五一・六三八・一〇八七頁、前掲小泉仰（二〇〇二）、八四―八五頁、参照。

(35) 上掲『キリスト教大事典』、一〇八八頁。

(36) 前掲小泉仰（二〇〇二）、八三―八四頁参照。福沢諭吉をはじめとする明治期における知識人のユニテリアン主義に関する理解と支援の様相については、上掲土屋博政（二〇〇四）が詳しい。

(37) 前掲「ユニテリアン雑誌に寄す」、三六九頁。

(38) 『通俗国権論』二編（『福沢諭吉全集』第四巻、六二五頁。以下、同書からの引用については『全集』の頁数を示す）。

(39) 上掲『通俗国権論』二編、六二六頁。

(40) 福沢諭吉の「宗教の外に逍遥」については、前掲小泉仰（二〇〇二）、二九―三一頁参照。

(41) 前掲『通俗国権論』二編、六七一―六七二頁。

(42) 「日記」一八九二年一一月一二日。

(43) 「日記」一八九三年一二月一二日。

(44) ジョン・ウェスレーとともに、弟チャールス・ウェスレー（C. Wesley）をメソジストの始祖とする見解もある。チャールス・ウェスレーは福音活動における賛美歌の役割を強調し、福音のために多数の賛美歌を作り賛美歌集の出版に力を注いだ。だが、兄と同様、国教会司祭だったチャールス・ウェスレーは、国教会制度に反する、監督に任命されていない説教者の聖餐式施行を固く禁じた。説教者の制度的資格よりも神の恵みを重視したジョン・ウェスレーに対して、チャールス・ウェスレーは神学的制度を守る態度を貫いた。このような説教者の資格をめぐる問題など、兄弟の神学的観点の差異は一生存在した（清水光雄『メソジストって何ですか――ウェスレーが私たちに訴えること』教文館、二〇〇七年、六五―六七・六九―

七一頁参照)。

(45) 上掲清水光雄(二〇〇七)、一九八—二〇六頁参照。
(46) 森本あんり『アメリカ・キリスト教史——理念によって建てられた国の軌跡』(新教出版社、二〇〇六年)、七二頁。
(47) アメリカにおけるキリスト教会の南北分裂については、上掲森本あんり(二〇〇六)、一〇六—一〇八頁参照。
(48) 同書、一一七—一一八頁。今日のアメリカにおいては、プロテスタント教会のなかで、メソジスト教会は信者数でバプテスト教会に次ぐ第二位を占めている(堀内一史『アメリカと宗教——保守化と政治化のゆくえ』中央公論新社、二〇一〇年、二二一—二二三頁参照)。
(49) 「日記」一八九一年四月三〇日。
(50) 前掲清水光雄(二〇〇七)、四五—五五頁参照。
(51) 説教「キリスト者の完全」が初めて行われたのは一七四〇年だが、この主張に対する反論への反駁や自身の主張の具体化のために、一七五九年に「キリスト者の完全についての考察」、一七六一—六二年に「キリスト者の完全・追考」が続いて著された(ジョン・ウェスレー「キリスト者の完全」藤本満訳『キリスト者の完全』イムマヌエル綜合伝道団出版事業部、二〇〇六年、参照)。
(52) 上掲ジョン・ウェスレー(二〇〇六)、五四—五六頁、五八—五九頁。
(53) 福沢諭吉は「一身の通義」について定義するとき、「有係」と「無係」を区分して説明する。この引用の前で「無係の通義とは只一人の身に属し他に関係なきものを云ふ」と定義している(「人間の通義」『西洋事情』二編巻之一、『福沢諭吉全集』第一巻、四九四頁。以下、同書からの引用については『全集』の頁数を示す)。
(54) 上掲『西洋事情』二編巻之一、四九五頁。傍線は引用者による。
(55) 「日記」一八九〇年一一月二九日。
(56) 「日記」一八九二年二月一〇日。
(57) 「日記」一八九二年四月一八日。
(58) 徳善義和『マルティン・ルター——ことばに生きた改革者』(岩波新書、二〇一二年)、五八—六九・一三一—一三四頁参照。
(59) マルティン・ルター『キリスト者の自由・聖書への序言』(石原謙訳、岩波文庫、二〇一四年[一九五五年])、一三頁。

(60) 宮田光雄『キリスト教思想史研究』(創文社、二〇〇八年)、一一八頁。
(61) ルターの万人司祭主義については、上掲宮田光雄(二〇〇八)、一〇九―一一三頁参照。
(62) 同書、一一七頁。
(63) 同書、一〇九頁。
(64) 「第十五編　事物を疑て取捨を断ずる事」『学問のすゝめ』(『福沢諭吉全集』第三巻、一二三―一二四頁。以下、同書からの引用については『全集』の頁数を示す)。
(65) 「第七章　知徳の行はる可き時代と場所とを論ず」前掲『文明論之概略』巻之四、一二一頁。
(66) 前掲『学問のすゝめ』初編、三〇頁。
(67) 上掲『学問のすゝめ』初編、三〇頁。
(68) 同書、二九頁。
(69) 同書、三〇頁。
(70) 前掲小泉仰(二〇〇二)、二六〇―二六四頁参照。
(71) 「人事に絶対の美なし」『福翁百話』(『福沢諭吉全集』第六巻、三七八頁)。
(72) 上掲『福翁百話』、『全集』第六巻、三八三頁。
(73) 前掲小泉仰(二〇〇二)、二五七頁。
(74) 「文学技術」前掲『西洋事情』初編巻之一、三〇一頁。
(75) 「第六章　知徳の弁」前掲『文明論之概略』、一一四頁。
(76) 「日記」一八九二年一二月二九日。
(77) 「日記」一八九四年三月一一日。
(78) 「日記」一八九〇年二月一四日。傍点は原文斜体。
(79) 「日記」一八八九年一二月二三日。
(80) 「日記」一八九四年一月二九日。
(81) T. H. Yun, "A Korean's Confession", *The Gospel in All Lands*, June 1887, Methodist Episcopal Church Missionary Society, p. 275. 日本語訳は引用者による。

(82)「日記」一八九三年一二月一九日。

(83) 前掲小泉仰(二〇〇二)、二七六頁。

(84)「日記」一八九三年四月八日。

(85)「宗教の効能」『時事新報』一八九四年[明治二七年]九月三〇日付社説(『福沢諭吉全集』第一四巻、五八三―五八四頁)。

第九章　植民地朝鮮と自助論の政治的想像力
――一九一〇年代における尹致昊と崔南善の自助論

一　独立に対する朝鮮知識人の相反する態度

崔南善《チェナムソン》氏が私を訪ねてきてヨーロッパに行くようにと説得した！　彼は我々が何かすべきだと思っている！　私は口をつぐんだ。(1)

崔南善のような何人かの朝鮮人たちは、朝鮮の独立のために平和会議に［我々が］日本を好ましく思っていないことを知らせるべきだと思っているようだ。愚かな！　なぜ？　（一）朝鮮の無能な政府と有能な日本の政府の［間に結ばれた］協定は、あまりにも印象的でよく知られており、今の朝鮮人たちの状況が以前より悪くなったことを、平和会議に確信させることは事実上不可能である。（二）朝鮮は日本の生命線であり、軍事的な力で無理やりに強要しない限り、後者［日本］は前者［朝鮮］を手放さないだろう。そうだとすれば、日本とともに戦争を行っているアメリカあるいはイギリスが可愛そうで小さい朝鮮を独立させるためだけに日本と戦争をしようとするだろうか？

想像もできないことだ！（三）人種あるいは国家が政治的な独立のために戦わずに［政治的な独立を］獲得した例は歴史にない。朝鮮人が戦うことができない限り、独立について話すことは無用である。我々は強くなる方法を知らないのだから、弱くなる方法［弱者として生きる方法］を学ぼう。(2)

植民地朝鮮の知性界を代表する元老知識人尹致昊と少壮知識人崔南善の間には、第一次世界大戦（一九一四—一八）の戦後処理問題と朝鮮の独立に対する立場の差異が存在した。尹致昊は崔南善が自身を訪ねてきてパリ講和会議に参加することを勧めたという。崔南善の訪問の前にも、申興雨《シンフンウ》(3)、宋鎮禹《ソンジヌ》(4)が尹を訪ねてパリ講和会議に参加し朝鮮の独立を主張することを勧めたが、尹はその提案を退けた。引用から分かるように、その理由は、朝鮮政府が失政を行った韓国併合（一九一〇）以前より、植民地統治以後の状況がより悪くなったとは理解し難いという現実認識、第一次世界大戦で連合国として日本と一緒に戦ったアメリカとイギリスが同盟国である日本の植民地を解放するために努力するとは考えにくいという世界情勢認識、自らの闘争によって独立を勝ち取らなかった人種と国が独立を成し遂げたことは無かったという歴史認識によるものである。

尹致昊と崔南善は韓国併合以前から交流していたと考えられる。二人は青年学友会（一九〇九年発足したと推定される）に発起人として参加した(5)。尹致昊は青年学友会の会長を務め、この会の象徴的な役割を果たした(6)。崔南善は彼自身が設立した新文館から雑誌『少年』（一九〇八年一一月—一一年五月）を刊行しており、この雑誌は青年学友会の準機関紙のような役割を果たした。

韓国併合以降の一九一〇年代において、尹致昊は宗教界と教育界で、崔南善は出版界で活動する。尹致昊は一〇五人事件（一九一二）で投獄され出獄した後、転向を宣言し、朝鮮ＹＭＣＡで総務職を務めながら教育活動に専念した。崔南善は新文館を通じて『少年』に続く雑誌『青春』（一九一四年一〇月—一八年九月）を発行し、朝鮮光文会（一九一〇年に創立）での活動を通じて古籍収集や編纂にも力を注いだ。

ところで、二人は一九一九年に起こった三・一運動に対して異なる反応を見せる。崔南善は「己未独立宣言書」（一九一九）を起草し、その理念の土台を提供したのに対し、尹致昊は朝鮮独立不能論を展開して三・一運動を批判的なまなざしで評価する。

三・一運動を目にした尹致昊は『京城日報』のインタビュー「鮮人の為に悲しむ——自立は到底不可能だ」（一九一九年三月七日付）で朝鮮独立不能論を述べる。この記事は翌三月八日付『毎日申報』にも朝鮮語に翻訳され掲載される。尹はここで朝鮮独立不能論を主張し、その理由を三つ挙げる。まず朝鮮の独立問題は世界大戦の処理を議論するパリ講和会議の埒外だと言う。次に独立が与えられたとしてもそれは「他力」を借りたものであり、現状として朝鮮の「自立は到底不可能だ」という見解を示す。最後に弱者は強者に従うことで強者の「愛護心」を導くべきだと言う。これらの理由は国際社会のなかの朝鮮の現状に対する認識、自助論的思考、統治権力との関係性と、それぞれ要約できる。

先行研究には、尹致昊の三・一運動に対する態度を批判的に検討するものが多い。代表的なものとして開化期における尹の思想を集大成し分析した柳永烈の研究[7]と、金教臣《キムギョシン》との比較を通じて尹の思想を検討した梁賢恵の研究[8]が挙げられる。柳と梁は、朝鮮知識人を統制するために植民地統治権力が引き起こした一〇五人事件と尹致昊との関連性を指摘しているが[9]、拷問や投獄などの被植民者が曝されていた暴力性と被植民者の行動との関係性を看過し、開化期に尹が接した社会進化論などの個人思想の結果としてのみ三・一運動を捉える尹の態度の問題性を論じている。

本章では、こうした先行研究の成果と限界を念頭に置き、一九一〇年代の植民地朝鮮に対する尹致昊の認識の特徴を、彼の自由主義的な思想、とくに自助論的思考に注目して検討する。具体的には植民地に対する尹致昊の状況認識と自由主義思想の関連性を、〈近代的な個人としての朝鮮知識人〉と〈植民地統治権力としての帝国日本〉の間で被植民知識人が取った被植民者の安全保障をめぐる態度の問題として論じる。

金杭は、帝国日本にとって、植民地期の朝鮮人は、日中戦争以後の戦争動員という形で「帝国臣民」として制度的な保障が与えられる以前には「統治」の対象ではなかったと指摘する。(10) 金によれば、日中戦争以前、帝国日本は朝鮮半島という領土だけを「占領」したのであって、朝鮮人の生命と財産を保障する「統治」を行ったのではない。この「統治」という概念はあくまでも帝国臣民である日本人だけに該当するものであった。金は、植民地期の尹致昊の道程について「彼の足跡は、植民地最高エリートの欺瞞を見せてくれると同時に、祖国をなくしたものの処世における苦悩の痕跡でもある。特に統治者と非統治者の民族的非対称性がもたらす様々なひずみに、当時の朝鮮半島で彼ほど敏感だった人物は他にいない」(11) と評する。金は植民地朝鮮における非統治の状況の問題と植民地統治権力に対して敏感に反応した人物として尹致昊に注目する。

金杭が示唆するように、一九一五年の出獄後、植民地統治権力と当時の代表的な朝鮮知識人であった尹致昊との間には、暴力性に基づいた非対称的関係が存在した。後述するが、この時期の植民地統治権力に対する尹致昊の妥協の背景には、植民地統治権力の果てしない監視と統制の下に置かれながら、朝鮮人のために教育増進と社会活動の保障などを実現しようとした、彼の政治的な志向が存在した。本章では植民地統治権力と被植民知識人との暴力に基づいた妥協関係を念頭に置き、尹致昊の三・一運動に対する評価を再考してみる。

一九一〇年代における尹致昊の三・一運動に対する評価を理解するためには、先行研究で指摘されたように、尹致昊の開化思想を無視することはできない。本章では、開化期における海外留学と独立協会運動などを通じて尹致昊が受け入れた自由主義思想に注目する。(12) 自由主義に基づいた政治的想像力がどのようなものだったのか、そしてそれが一九一〇年代における尹致昊と植民地統治権力との非対称的な連携にどのように働いていたのかを問題とする。こうした検討を通じて、自由主義思想が尹致昊の植民地統治権力への協力と三・一運動に対する朝鮮独立不能論の思想的根拠となったことを明らかにする。

また、尹致昊の自助論的思考を立体的に示すために、一九一〇年代の青年知識人層における自助論の流通という背景を合わせて検討する。とくに、一九一〇年代の崔南善の思想に注目する。崔は一九一八年に『自助論』を翻訳し、翌一九一九年に「己未独立宣言書」を起草する。とくに本章では、崔南善の持つ自助論的思考が「己未独立宣言書」に理想主義的論理として働いていたと仮定する。一方、植民地統治権力に対する尹致昊の協力は、自助論の現実主義的性質が強く働いている一例であり、この自助論の現実主義的性質が尹にとって三・一運動を批判的に捉える政治的想像力となったと仮定する。

崔南善の『自助論』の翻訳とテキストの性格については、多数の研究[13]が行われてきた。崔南善の『自助論』の翻訳は、サミュエル・スマイルズ（S. Smiles）の *Self-Help*（初版一八五九年、改定版一八六六年）を、中村正直が訳した『西国立志編』（初版一八七一年、改訂版一八七七年）と、畔上賢造が訳した『自助論　上・中・下』（内外出版協会、一九〇六年）を参考とした重訳であることが明らかとなった[14]。そして崔南善の『自助論』は、「近代英雄」「偉人」の模範を示すことを意図して訳されたテキストであり[15]、第一次世界大戦以後に新たな文明の到来を願い、その変革の主体としての「青年」を創出することを企図するものだったと論じられた[16]。

崔南善の自助論が、『自助論』が刊行された翌一九一九年の「己未独立宣言書」にどのように働いたのかに関する分析は、管見の限り、まだ行われていない[17]。ここでは『青春』に掲載された崔南善の自助論に基づいた文章を分析し、一九一〇年代後半に刊行された『自助論』が「己未独立宣言書」の思想的基盤となったことを明らかにすることで、従来の『自助論』研究を補完する。

さらに、一九一〇年代の植民地朝鮮に対する尹致昊の認識と当時の自助論が与えた政治的想像力についての検討を通じて、これらの自由主義や自助論に基づいた政治的想像力が、文化政治の実施以降の一九二〇年代における植民地朝鮮の知識人たちの思想的実践、例えば、実力養成論、文化運動、青年会活動などの社会運動の基層を成す現実主義的思想につながったことを示す。

二　理想と現実の政治的想像力——自助論の流通と三・一運動

独立運動の扇動者たちは神（God）は自ら助ける者を助けるという理由で運動をすべきだと考えている。しかし、神は間違った方法で自らを助けようとする人たちを助けることはできない。あなたたちは真冬の雪のなかに種を植えて神にそれが育つように求める。あるいはあなたたちはあなたたちの小さい指を火のなかに入れておいて神にそれが焼かれないようにしてくれることを願う。あなたたちは「万歳」を叫び、アメリカの大統領があなたたちの独立を保障すること、あるいはやむを得ず、日本が朝鮮を手放すようにする血戦を行うことを期待する。(18)

尹致昊は三・一運動参加者たちに批判的な態度を見せる。一九一九年四月二二日付「日記」には、「神［天］は自ら助ける者を助ける」というサミュエル・スマイルズの *Self-Help* の有名な句が引用されている。尹は三・一運動の参加者たちがこの文句を引いて独立運動を正当化することは誤りだと指摘する。この引用は三・一運動に自助論がある種の政治的想像力として働いていた当時の状況を示唆している。当時三・一運動の参加者たちが自助論の表現を用いたのは、どのような理由によるものだったのだろうか。また、どのような歴史的背景によってこの表現が選ばれることとなったのだろうか。

まず三・一運動に自助論が登場した当代の背景を、一九〇〇年代から一九一〇年代にかけての自助論の流通の様相を通じて確認してみよう。

自助論は保護国期（一九〇五—一〇）から翻訳され流布していた。(19) 崔僖庭によれば、自助論は一九〇六年から〇八年の間に集中的に紹介された。まず、一九〇六年に刊行された『朝陽報』創刊号（一九〇六年六月二五日）を嚆矢とし、『大韓自強会月報』第四号（朴殷植《パクウンシク》「自強与否の問答」、一九〇六）、『共修学報』創刊号（金聖睦《キムソンモク》「自助精神」、一九〇七）、『大韓毎日申報』(一九〇七年一〇月二五日・二七日)、『大韓学会月報』第三号(洪聖淵《ホンソンヨン》「国家程度は必自個人之自助品行」、一九〇八)、『西友』第一二号―一四号(一九〇七―〇八)などの新聞雑誌に紹介され、新小説『松籟琴』(一九〇八)[20]にも自助論の内容が見られる。崔信庭は *Self-Help* の第一章「自助――国家と個人(Self-help: National and Individual)」がこの時期に主に翻訳されたと言い、その背景には一九〇五年の大韓帝国の保護国化と一九〇七年に締結された第三次日韓協約(丁未七条約)など、大韓帝国が存立の危機状態に直面した歴史的状況があったと指摘する[21]。つまり、この時期の自助論の紹介は、個人と国家との関係性を強調し、国家の存立が国民個々人の力に委ねられているということを強調するところにその目的があったと言える。

しかしながら、一九一〇年の韓国併合以降においては、このように個人と国家の関係性に基づいた個人の自助を重んじる主張を展開することは難しくなる。大韓帝国という国家の消失によって、朝鮮人は個人と国家の関係を直接想定することが難しい状況に置かれたからだ。それにもかかわらず、自助論と自由主義思想は一九一〇年代における植民地朝鮮の知識人たちのなかでも、依然として流行していた。主に日本留学生たちを中心にこうした傾向が見られるが、例えば、宋鎮禹の「思想改革論」(『開闢』第五号、一九一五)、田栄沢《チョンヨンテク》の「旧習の破壊と新道徳の建設」(『学之光』第一三号、一九一七)、崔南善の『自助論』上巻(新文館、一九一八)、李光洙《イグァンス》の「新生活論」(『毎日申報』一九一八年九月六日―一〇月一九日)などがある[22]。自助論の文言が三・一運動においてスローガンとして用いられたという尹致昊の「日記」での言及は、一九〇〇年代から一九一〇年代にかけての思想的流れと関連があり、自助論に基づいた政治的想像力が三・一運動の政治的な呼び掛けとして実際に現れたことを語っている。

だが、三・一運動と自助論の問題を考えるとき、権ボドレが指摘したように、一九〇〇年代と一九一〇年代の思想的差異が存在することに注意すべきである[23]。一九〇〇年代の朝鮮知識人たちは社会進化論に基づいた世界観を持っており、西洋の文明国を「至善至美」の段階に至ったものと想定し、この文明の段階論的な観点をもって国家の独立を主張する側面があった。一方、一九一〇年代に入り、韓国併合と第一次世界大戦を経て、朝鮮の知識人たちは、西洋文明の矛盾に気づき、それに対して批判的視覚を持つようになり、人類と世界を重んじる、より普遍的な世界観を持つようになる。この普遍主義的世界観を志向する朝鮮知識人たちの思想が三・一運動に現れたのは、本章で問題とする崔南善が起草した「己未独立宣言書」の性格とも関わる。

管見の限り、尹致昊は「日記」でスマイルズの *Self-Help* について直接に言及はしていない。だが、尹致昊は日本をはじめとして中国の上海とアメリカへの留学中に *Self-Help* に接した可能性があり、また彼は誠実なプロテスタントであり一生勤勉で自ら努力する生き方を貫いた。彼にとって自助論は人生の思想的根幹となっていたと推測される。こうした尹の宗教思想の側面と合わせて、彼が *Self-Help* に接したと考えられるいくつかの可能性について触れておきたい。

まず尹致昊の日本留学である。尹は一八八一年に紳士遊覧団すなわち朝鮮政府の視察団に参加し、魚允中《オユンジュン》の随員として兪吉濬《ユギルチュン》と柳正秀《ユジョンス》とともに日本に留学した。兪と柳の二人は福沢諭吉が経営していた慶應義塾に入学し、尹は中村正直が経営する同人社に入学する。中村正直は一八七一年に *Self-Help* を『西国立志編』というタイトルで翻訳し、この本は福沢諭吉の『学問のすゝめ』とともに、明治期のベストセラーとなった(24)。中村が経営する同人社で修学した尹が、中村の代表的な翻訳書の一つである『西国立志編』を読んだ可能性は高いと言えよう。

さらに『西国立志編』以後の、日本における自助論の翻訳と流通との関連性も考えられる。とくに山県悌三郎と山県自身が設立した内外出版協会の出版事業に注目する必要がある。山県悌三郎は、朝鮮総督府の英字機関紙だった *The Seoul Press* の社長山県五十雄《いそお》の兄であり、『少年園』（一八八八年創刊）などの児童や青年を対象とする総合雑誌を刊行する出版事業を行うと同時に(25)、教科書編纂および教育活動にも従事した。一九一六年には植民地朝鮮に渡り、松都（現在の開城）のミッションスクール好寿敦女塾で教鞭を取り、その後、延禧専門学校と梨花女子専門学校にも勤めた。山県が以上のミッション系の学校で教師となったのは、彼がクリスチャンだったことに関連があると思われる。山県の自伝には一九一五年に尹致昊が彼を訪ねてきたので尹を歓待したことが記されている。[26] その翌年に山県は来朝し、当時の宣教師とも交流し、ミッションスクールの経営と活動に関わっていた尹致昊と親密な関係を築いた。

崔南善は、『自助論』を翻訳するとき、中村正直の『西国立志編』とともに畔上賢造の『自助論　上・中・下』を参照した。[27] 畔上賢造は万人司祭説に基づいて無教会主義を唱えた内村鑑三の弟子であり、聖書関連書籍および英文学の翻訳に尽力した人物である。畔上が訳した『自助論』は山県悌三郎が経営した内外出版協会から刊行されたものである。[28] この出版社は山県が一八九五年に『少年園』の営業部を改変して作ったものであり、[29] 一九〇〇年代にも、畔上賢造が訳した『リンコン言行録』などの偉人たちの言行を掲載した「偉人研究言行録」シリーズ、畔上の『自助論』を含めた「スマイルズ五大著書」シリーズ、個人の修養の重要性を主張した「修養全書」シリーズを刊行した。[30] 山県自身も一九一二年に『新訳　自助論』（内外出版協会発行）を翻訳・出版し、[31] 一九〇〇年代から一九一〇年代にかけての日本の自助論と修養論の思想的潮流において中心的な役割を果たした。一九一五年以降の尹致昊と山県悌三郎との交友関係を考えると、こうした山県の出版や教育活動が、尹致昊に思想的影響を与えた可能性もあると言えよう。

三　独立宣言書の政治的想像力——崔南善の『自助論』と自助論の理想主義的性質

我等は茲に我朝鮮国の独立たること及朝鮮人の自由民たることを宣言す。此を以て世界万邦に告ぐ人道平等の大義を克明し、此を以て子孫万代に誥え民族自存の正権を永有せしむ。半万年歴史の権威に伏りて此を宣言し、二千万民衆の誠忠を合して此を佈明し、民族の恒久一の如き自由発展の為めに此を主張し、人類的良心の発露に基因したる世界改造の大機運に順応并進せんが為此を提起するものなり。是れ天の明命、時代の体制、全人類共存同生権の正当なる発動なり。［中略］自己を策励するに急なる吾人は他を怨尤《えんゆう》するの暇がなし。現在を綢繆《ちゅうびゅう》するに急なる吾人は宿昔の懲弁するの暇なし。今日吾人の任ずる所は只だ自己の建設あるのみ決して他の破壊するにあらざるなり。厳粛な良心の命令によりて自家の新運命を開拓せんとするものなり。決して旧怨及び一時的の感情によりて他を嫉逐排斥するものにあらざるなり。(32)

崔南善が起草した「己未独立宣言書」は、「人類的良心の発露に基因したる世界改造の大機運に順応幷進せんが為」という普遍主義的自由思想に基づいた宣言である。まず、朝鮮（人）に対する日本の暴力性を指摘した上で、「他」である日本を排斥することに尽力するよりも、まず朝鮮人の「自己の建設」が重要だと主張する。「己未独立宣言書」の本文に続く「公約三章」の第一の原則でも「自由的精神」に基づいて排他的行為を禁じている。ここで「自己の建設」とは個々人の「良心の命令」に従ったものであり、「自家の新運命を開拓」するのは、こうした自由なる個人の良心という普遍的価値に基づいたものとされる。朝鮮の独立は、朝鮮「民族の恒久一の如き自由発展の為め」であり、「各個人格の正当な発達を遂げる」ことがそのために必要と言い、個人修養論の思考が独立論の前提とされる。

「己未独立宣言書」に先立って宣言された「二・八独立宣言書」にも普遍主義的な自由思想が見られる。在日朝鮮人留学生たちが結成した朝鮮青年独立団は、一九一九年二月八日に神田青年会館で朝鮮の独立を宣言する。そのときに朗読され配布された「二・八独立宣言書」は、当時上海から日本に渡ってきた李光洙が起草したと言われている。「二・八独立宣言書」は「吾族は兵力を以て日本に抵抗する実力なし。然れども日本若し吾族の正当なる要求に応せされは吾族は日本に対して永遠の血戦を宣すへし(33)」と暴力闘争まで想定しており、非暴力に基づいた独立運動を主張した「己未独立宣言書」とはその内容に相違が見られる。とはいえ、「己未独立宣言書」と同じく、「吾族」すなわち「二千万朝鮮民族」の独立を、普遍主義的な自由思想に基づいて主張する。

全朝鮮青年独立団は二千万朝鮮民族を代表して正義と自由との勝利を得たる世界万国の前に独立を期成せんこ

とを宣言す。

［中略］吾族は久遠にして高等なる文化を有し又半万年間国家生活の経験を有するものなれは縦令多年専制政治の害毒と境遇の不幸とか吾族の今日を致したるにもせよ正義と自由とを基礎とする民主主義の上に先進国の範を取りて新国家を建設せは建国以来文化と正義と平和とを愛好したる吾族は必ずや世界の平和と人類の文化とに貢献するところならん。(34)

「二・八独立宣言書」において、「朝鮮民族」の独立は、世界の「正義と自由」の勝利を意味するとされている。ここでは人間の自由に基づいた「民主主義」とそれを実現した「先進国」が朝鮮の理想のモデルとなっている。そこで、「朝鮮民族」の独立宣言は、単なる「吾族」の「新国家を建設」することにとどまらず、究極的には自由思想の理想を実現することを訴えることでもある。つまり、「朝鮮民族」の独立は、「世界の平和と人類の文化とに貢献する」という普遍的な価値としての自由を具現化することになるのである。

解放後に崔南善が「己未独立宣言書」を書いた当時を回想した「私が書いた独立宣言書」という文章がある。三十余年の時間的差異と大韓民国の建国という政治的状況の変化を考慮すべきだが、「己未独立宣言書」を起草するに際して崔南善が念頭に置いたことを、解放後彼自身が書いたこの文章から確認することができる。

（一）朝鮮民族の独立精神と、およびその由来を徹頭徹尾［して］民族固有の良心と権能から発動したものとする。［中略］（二）次に重要なのは、朝鮮人の独立運動は排他心、とくに単純な排日精神から出たものではなく、民族の生存発展上［の］当然の地位を要求したところから出たことを明らかにしようとした。(35)

回想のなかで崔南善は、（一）朝鮮民族の固有の良心と権能、（二）民族の生存と発展上における当然の地位の要求、（三）東洋平和と当時の世界的趨勢における朝鮮の独立の妥当性、（四）独立運動は一時的な感情によるものではなく持続する性質のものであること、この四つを重視しながら「己未独立宣言書」を起草したという。一つ目と二つ目は、

「己未独立宣言書」で見られる個人的良心に基づいた「民族の良心」と関わるものだが、そこには「民族の生存」のためという発展論的思考が窺える。また、ここには自由を個人とその個人の抽象的集合体である民族の普遍的価値として見る理想論的な自由主義が前提とされている。

こうした普遍主義的自由思想と発展論的歴史認識がこの「己未独立宣言書」に見られるのは、崔南善の思想的背景に関わっている。この宣言書を起草する一年前の一九一八年に出版された『自助論』上巻は、崔南善の自由思想の特徴を確認することができる一例である。

崔南善は植民地期以前から自助論に注目し、彼が創刊した『少年』にスマイルズの *Character*（一八七一）を抄訳し紹介した(36)。崔は保護国期から個人の修養論と文明の発展の関係性を前提とした自助主義を持っており、一九一〇年代に入っても朝鮮の青年知識人たちと自助論的潮流をともにしていた(37)。第一次世界大戦が終戦を迎えた時期であるとともに、新文館一〇周年記念を迎えた一九一八年、崔南善はスマイルズの *Self-Help* を抄訳した『自助論』上巻を刊行し、『青年』を通じて大々的に宣伝を行った。崔南善によって「訳述」された『自助論』には、彼自身の考えを示した「弁言」もともに掲載されている(38)。「弁言」は訳者崔南善の思想が圧縮され具体化されたものだと言える。

まず崔南善が刊行した『青春』に掲載された『自助論』の広告を確認してみよう。

時下吾人の天要万求を一言で言えば、文明上進に在り、我が力量をこれで向上させ、我が世界的存立をこれで保障し、我が現代的生活をこれで発展させる。［中略］最先第一着として時代の継主である青春少年を文明上進の有力な役軍として教導すべきである。彼等に篤撃の文明上［の］信念と旺盛な進歩的精神と活発な建設的勇気を鼓発すべきである。そうして彼等の脳裏に万神が跳出し、彼等の指頭に万化が陶成し、文明の奇花が大地に誇艶すべきである(39)。

第一次世界大戦が終焉を迎えようとしたときに出版された『自助論』上巻は、「この書が出て現代の青年が精神上の標柱を得はじめ」ることができるものであり、「現代文明の心史。千古偉人の神髄」という広告文句で宣伝される。この広告によれば、『自助論』を出版した理由は、現在の「文明上進」を目標とし、「我」の存立と発展のための必読書を提供するためであり、ここには「我」を通じて「現代文明」を達成するという論理が存在する。ここで「我」として想定されるのが、朝鮮の「続主」である「青春少年」すなわち青年であり、彼らの努力を通じて朝鮮の人々が、現代の普遍的目標である「文明」を成就することができるということである。

『自助論』の広告で見られる「我」と「文明」の相互関係性に基づいた認識は、『自助論』においては「人」の自助と「国家」の富強の問題として説明されている。

> 「天は自助する者を助ける」は常談は実験上で確然無疑の格言であり、ただ一句語で人事成敗の複多の経験を余《よ》蘊《うん》［隠されていること］なく包括したのである。自助とは何か。能く自主自立して他人の力を倚頼しないことである。自助の精神は人の才智が発達する根源であり、人民の多数がこの精神を実行すれば、その国家が強盛するのである。[40]

「自助」は「自主自立」して他人に頼らないことを意味する。個々人の「才智」が発達し「自助の精神」を獲得し、その個々人の抽象的集合体である「人民」が属した「国家」が強盛となる。だが、崔南善はこのスマイルズの論述を単に翻訳するだけでなく、彼自身の思想としての自助論を『自助論』というテキストを通じて披瀝しようとする。この崔南善の意図は、読者に『自助論』を翻訳した意図を述べた「訳自助論叙言数則」から確認できる。

> 吾人は信じるに今日吾人が福地として臻《いた》る大正路・最捷径は勤勉・忍耐・熱心・専力などで合成された自助主義一個別の自助で国体の大幅を将来する主義として、常に進歩的経営と活動的生涯を取る一路だといい、この書は実にその最も信頼できる嚮導《きょうどう》［道案内］と鞭策だという。[41]

「個別」と「国体」との相互の発展という崔南善の論理は、一九一〇年代半ばから見られる。崔は個人としての「저《チョ》

（自己）」と個人の修養論を強調する文章を、『青春』に幾編か掲載した。「저（自己）」（『青春』第四号、一九一五年一月）で、彼は読者に「저（自己）」の存在をまず意識するようにと主張し、「自己」を把握することで自らを立てることができると述べる。そして、「修養の三段階」（『青春』第八号、一九一七年六月）で「自己」の主張をさらに具体化し、まず「人」が進歩し努力する存在であることを知り、次に「自己独立」し「人となること（사람 됨）」、最後に自己に関わる世界に役立つ活動をする「人としての振る舞い（사람 노릇）」を実践することを主張する。二つ目の段階である「人となること」というのは、「思想の独立」と「生活の独立」すなわち精神的独立と経済的独立を成し遂げた「人」となることを意味する。このような「人となること」を習得した「各個の独立が完全となった後に初めて完全な社会的実力があるのだ」という。『自助論』を出版する前においても、崔南善は、個人と社会、さらには個人と国家の間の相互関係に関する理解を持っていた。

「文明の発達は偶然ではない」（『青春』第一〇号、一九一七年九月）で、崔南善は、究極的な目標として文明を設定し、個人の修養の重要性と文明の達成との関連性について述べる。この文章における「文明」は理想的目標として設定されている。しかし、個人の「剛毅《ごうき》な忍耐」を通じて「大目的を把守する修養」を「尤も深く」し、自助する個人が「万人」となれば、現実的に富強なる国家はもちろん、「文明の主人となる日が来、幸福の寵児となる時」を迎えることができるという。ここには、個人の自助という手段を通じて、理想主義的文明論を現実主義的文明論に転換する政治的想像力が働いている。

以上の自助論と文明論的観点を持つ崔南善の思想を考慮すれば、彼が起草した「己未独立宣言書」において、〈国家の独立〉とともに〈民族の独立〉を強調していること、そして自助論をもって朝鮮人個々人と朝鮮民族を接合させていることは興味深い。『自助論』において、自助する個人による文明の達成という考えには、独立した国家が前提とされている。だが、「己未独立宣言書」では、近代的個人を、不在する国家とともに、民族に接合させ、〈個人と国家〉の関係を〈個人と民族〉に置き換えている。つまり、『自助論』の自助主義と普遍主義的自由思想に前提とされていた〈個人と国家〉の関係が、「己未独立宣言書」では〈朝鮮人と朝鮮民族〉の関係に援用されて現れているのである。

四　植民地統治権力と朝鮮知識人――尹致昊の転向と自助論の現実主義的性質

一九一二年に尹致昊は一〇五人事件で投獄され、三年後の一五年に出獄する。一〇五人事件とは、寺内正毅総督（第三代韓国統監、初代朝鮮総督）の暗殺陰謀に関わったという理由で、帝国日本が新民会とキリスト教系知識人たちを一斉に検挙した事件である。植民地統治が始まって間もなくにして起こったこの事件は、朝鮮総督府が西北地方とキリスト系知識人たちを統制するためにでっちあげたものであり、さらには宣教師の政治的活動を牽制する目的もあった[42]。この事件によって最終的に実刑宣告を受けたのは、尹を含めた六名だった。事件の取調の過程で拷問などが行われ、尹は六年の実刑を宣告される[43]。尹の回想によれば、獄中生活は過酷だったようである[44]。一九一五年に尹致昊はほかの収監者たちとともに昭憲皇太后の大喪で特別赦免を受ける。出獄後、尹致昊は『毎日申報』によるインタビューで自身の転向を宣言する。

今回の獄事が起こる前には日本人を心から嫌い、もし訪ねてくる人がいても断って面会せず会うことなく、日本と日本人を理解していなかっただけでなく　／▲**さまざまな誤解**があったのを、獄中で初めて気づいた。［中略］以後からは日本の様々な有志・紳士と交際し、日鮮民族の幸福［と］なること、日鮮　／▲**両民族の同化**についての計画にはどこまで［も］参与し、力が及ぶところ次第に、体を惜しまず、力を尽くしてみるつもりだ[45]。

尹致昊の転向宣言は「日鮮両民族の同化」すなわち帝国日本の日鮮同化計画に積極的に参加するという内容である。以降、尹は植民地朝鮮の言論界の人物たち、例えば、阿部充家（『毎日申報』『京城日報』社長）、山県五十雄（*The Seoul Press*

社長)、徳富蘇峰(『京城日報』顧問など)と交流しはじめる[46]。

出獄の後翌一九一六年二月、尹致昊は朝鮮ＹＭＣＡの総務職(secretaryship)を打診される。この役職の提案も植民地統治権力と関係があることに注意すべきである。朝鮮ＹＭＣＡの総務職を提案したのは、当時朝鮮ＹＭＣＡの会長を務めていた丹羽清次郎と顧問を務めていたブロックマン(F. M. Brockman)であるが、このとき、丹羽は尹に朝鮮総督に面会することを勧める[47]。その後、朝鮮総督府および言論関係者が幾度も就任の承諾を勧めてきたが、そのなかには当時朝鮮総督府の内務長官だった宇佐美勝夫も含まれている[48]。また、徳富蘇峰も、尹致昊個人にとってはさほど喜ばしいことではないと言いつつも、職を受け入れることを勧めた[49]。こうした状況は、尹の朝鮮ＹＭＣＡ総務職への就任が単純な人事ではなかったことを示唆する。このように出獄後の尹致昊の社会活動は植民地統治権力との関係と統制のもとで行われていたのである。

結局、尹致昊は同年四月八日に朝鮮ＹＭＣＡ総務職就任を受け入れる。提案があった二月二三日から一ヵ月余りの時間が経った後のことであった。植民地統治権力と関わる人々が尹に提案をしたにもかかわらず、なぜ彼はこの就任を躊躇したのか。総務職就任の承諾に時間がかかった理由は、植民地当局が尹致昊を監視していた状況と、植民地統治権力に対する尹の警戒心があったからだと考えられる。例えば、総務職を提案される約半月前の一九一六年二月五日付「日記」には、『毎日申報』記者の閔泰瑗《ミンテウォン》が新年挨拶のために訪問したことについて「記者あるいはスパイ?」と警戒心を示す内容のメモが記されている[50]。そして、二月に提案を受けた直後に、尹致昊は彼の監視や管理を担当したと思われる鍾路警察署長の松井信助と面談し、また警務部長の隈部親信とも面談するなど、朝鮮ＹＭＣＡの総務職を受け入れることが問題になりうるのかどうか植民地警察関係者に何度も確認する。尹致昊は就任を受諾すると決心した後、まず松井署長に報告した上で、ブロックマンに受諾の意を伝えたほどに警察に神経を使っていた。尹致昊にとって朝鮮ＹＭＣＡ総務職就任の受諾は、社会的活動の再開であると同時に、植民地統治権力との関係を再構成する契機でもあったのである。

尹致昊はなぜ植民地統治権力との利害関係が複雑に絡み合っている朝鮮ＹＭＣＡ総務職就任を受け入れたのか。尹によれば、それは、被植民者である朝鮮人の権益のために、教育事業を行い、朝鮮人の社会進出を保障するためであった。尹は、一九一六年五月八日付「日記」で、ジレット（P. L. Gillette）に植民地統治権力に対する尹自身の立場を打ち明けたことに触れている。尹は、朝鮮人たちが彼自身に背を向けることがありうると予測しながらも、朝鮮ＹＭＣＡでの実業教育のためには反日的な態度を取らずに、植民地統治権力との関係をうまく構築していくべきだと述べている。

こうした尹致昊の現実主義的態度は、「改正私立学校規則」（一九一五）の執行とこれに対する韓英書院の方針に関する彼の判断からも窺える。帝国日本は、韓国併合の翌一九一一年「私立学校規則」を公表し、一九一五年にそれを改正、ミッションスクールでの宗教教育および宗教儀式の禁止を公式化する。[51] 一九一六年一一月一四日付「日記」からは、こうした植民地統治権力のミッションスクール統制政策に対する尹致昊の見解を確認することができるが、彼は培材学堂が従ったように韓英書院も改定案に従うべきだと主張する。「改正私立学校規則」に従うべきだとする尹の理由は大きく二つである。一つは、この規則に従わない場合、植民地統治権力の「力」によって学校に良くない結果あるいは不当な待遇がもたらされるという理由である。もう一つは、早い段階で植民地統治権力の政策に従うことで、植民地の状況においても韓英書院の卒業生が就職などの社会進出をしやすくなるという理由である。

こうした朝鮮人の利益の追求とその保障の問題は、植民地状況における朝鮮人の安全保障の問題に関わっている。尹は一九一七年に毎日申報社が主催する満州視察団（一九一七年四月一五日—三〇日）[52]に参加するが、満州視察についての尹の感想はこうした朝鮮人の安全保障問題に関連して興味深い。

満州は現代に我が朝鮮と壌を接するだけでなく、実に我が朝鮮民の発祥地である。［中略］［満州に住んでいる朝鮮

> 人が」今日に至っては完全な帝国臣民として認定され、同時に官民はもちろん、日鮮人の融和が本土よりも幾倍も速進するようである[53]。

満州から帰ってきた後、尹致昊は、帝国日本による満州の朝鮮人保護と「日鮮人の融和」が本土よりもよくなされていると述べる。この彼の感想には当時満州の安東で三年ほどを過ごしていた韓英書院出身の林舜喆《イムスンチョル》の話と関連している。林は、日本人が満州の朝鮮人を保護するために諸政策を施していると、尹致昊に伝えた[54]。こうした満州視察経験を通じて、帝国日本の植民地支配が暴力性を前提として朝鮮人を抑圧する構造であるとしても、尹は、その体制のなかで朝鮮人の権益が保護され伸張されうるという現実的な例を確認したと言える。

その二年後の一九一九年三月に三・一運動が起こると、尹致昊は、朝鮮独立不能論を述べ、独立運動に批判的態度を取る。と同時に、三・一運動に対する植民地当局の暴力的対処を経験し、満州とは異なり、朝鮮では官民の「日鮮人の融和」と朝鮮人の財産と生命の安全保障が現実的に実現され難いことを実感する。その後、尹は植民地統治権力に対しても批判的な態度を取ることになる。

> この国の人々が苦しみから安全を感じられるように、当局は皆（すでに検挙された人々は除くとしても）に対して全面的な赦免を与えることで一段落付けるべきである。もし警察や裁判官が疑いのあるすべての人々を捕まえようとしたら、この事件は何年間も続くことになるだろうし、両民族の溝が深くなるのみである。カイザーリズムは終わった。これからは親切を施せ[55]！

> 日本が朝鮮で補助金を付与する［満州への］植民地移住政策に従うように主張する限り、朝鮮人を日本人に対する慈愛をもって待遇する（一視同仁）と、約束した天皇の真心を、朝鮮人が疑うのは当然である。もし朝鮮人と日本人が同じ父である天皇の赤子であれば、なぜ日本人移住者のために朝鮮人を、彼らの故郷から追い出すのか？

一三道の代表たちが提出した一九箇条の要求あるいは願いのなかで、植民化［移住］政策の廃止は、日本の言論が不可能だと表明するものの一つである。移住にあらゆる問題が絡んでいる。日本が彼らの行政の対象である朝鮮人の繁栄を成すようにするという点について、朝鮮人は希望がない(56)。

三・一運動に参加した朝鮮人たちの拘束と処理の状況に関する『大阪新聞』の記事を見た尹致昊は、日本と総督府の三・一運動の参加者たちに対する強硬な対応を批判する。そして、日本の利益だけを追求する様相を目にした尹は、帝国日本の「一視同仁」は疑わしいと述べる。その一例として挙げたのが、朝鮮人の満州移住政策である。尹は、日本人を朝鮮に移住させるために、朝鮮人を満州に追い出すことが、今の現実だと痛嘆する。このような状況のなかで、朝鮮人の安全と福祉は期待し難いと植民地統治権力を批判したのである。

一九一〇年代において尹致昊が植民地統治権力と関係を結んだことには、国内における朝鮮人の権益保護の追求という政治的選択としての側面が存在する。植民地という現実を認めながら、その体制のなかで、朝鮮人の権益を守り続けることが、彼の一次的目標であったと言える。尹は、朝鮮人の闘争が、海外ではなく、植民地状況に置かれた現地すなわち国内で行われるべきだと思っていた(57)。尹のこうした国内における闘争の論理には、朝鮮人自らが努力し自立するべきだという自助論的な思考が思想的根拠として働いている。それゆえ、こうした現実主義に基づいた自助論的な思考が逆説的にも三・一運動が起こった当時の朝鮮独立不能論の思想的根拠となったのである。

尹致昊の朝鮮独立不能論と自助論の関連性を考えるとき、三・一運動が起こった半年後の一九一九年九月一日付「日記」の内容は、尹にとって自助論が植民地支配を正当化する論理として作用していることを示す一例である。尹は、植民地下の差別構造を無くすための現実的方法として、朝鮮人の「知的・経済的」発展が必要だと主張する。彼は、差別意識を人間の利己心と党派心のような本性に起因するものだとし、文明には段階が存在するが、それは差別的構造を成していると言う。続いて「朝鮮人があらゆる面において対等だということを証明するまでは、日本人の朝鮮人に対する差別を無くすための法と説教はありえない」と言い、朝鮮人自らが日本人に対等な存在として認められる状況を作らない限り、差別はなくならないと述べる。植民地における差別構造を克服するためには、朝鮮人が「まず知的かつ経済的状態を向上させることに力を注げば、その後対等の待遇と機会、このすべてがあなたたちに与えられるだろう」と尹は語る。朝鮮人の「知的・経済的」発展が独立の先行条件であり、個々人の知的かつ経済的な自助と自立を通じて地位を変化させることが重要だという主張である。

尹致昊は、このように朝鮮人個々人の素養の発展を重視するが、そうした判断ができたのは、植民地下においても朝鮮人個々人の発展が可能であり、それによって差別がなくなりうるという理想論的な認識があったからである。一九一九年七月三一日付「日記」には上海の独立運動家たちが尹致昊に協力を期待しているという内容が記されている。上海から独立運動の勧誘を受けた尹致昊は、彼自身が今まで構想した運動がすべて失敗に終わってしまい、その過程で再び不義に戦う勇気を失ってしまったと心情を打ち明ける。また、見込みもないように見える事業に希望をかける自信がなく、理想論的だった自分の態度に懐疑的な態度を示す。そして現在の混乱した状況において朝鮮人たちの政治的自立は難しく、さらにそれに対して日本が座視するわけでもないと現実的な根拠を提示する。だが、これに付け加えて、尹致昊は、朝鮮人の知的成長が可能であり、それによって現状は今後変わりうるものだとも述べる。以上の内容から、尹は海外での独立運動を理想論と見なし、それに対して懐疑的な態度を示しているが、逆説的にも朝鮮人個々人の知的発展という理想論を前提とし彼自身の理想論を主張していることが分かる。だが、ここで注意しておきたいのは、尹致昊の自助論に基づいた理想論が個人の未成熟をもってその責任を朝鮮人に問うており、逆にそれが植民地という現実を受け入れる現実主義の根拠として働くということである。

自由主義と自助論は、植民地的現実を容認する論理として作用し、尹致昊が植民地という状況を解釈する思想的枠となったと同時に、その判断を正当化する思想的根拠ともなった。また、現実を重視する尹にとって自由主義思想は、植民地統治権力が朝鮮人の生命と財産を保障すべきだと訴える根拠ともなる。さらに植民地という現実において、朝鮮人が自助し自立する存在となるべきだという主張の根拠にもなる。三・一運動が起こったとき、尹は朝鮮独立不能論をもって朝鮮人の独立運動を批判しながらも、朝鮮人に対する植民地統治権力の暴力的な処置と実質的な統治が行われていない状況を批判する、尹致昊の相反する態度は、植民地における自由主義思想や自助論の現実主義的性質が見られる一例だと言えよう。

五　小　結——自助論の両面性と植民地朝鮮の知識人

一〇五人事件によって二年余りを獄中で過ごした後、尹致昊は植民地統治権力と新たな関係を結んだ。具体的には統治権力の影響圏下で朝鮮ＹＭＣＡや言論界などで活動するようになる。

尹致昊は、三・一運動後、朝鮮総督府の機関誌と言える『京城日報』とのインタビューで、第一次世界大戦後の国際情勢、強者に対する弱者の態度、そして他人に頼る独立の不可能性、これらを理由に朝鮮独立不能論の態度を示し、朝鮮人の反感を買った。

と同時に、尹致昊は、三・一運動に対する帝国日本の対処を経験し、植民地統治権力に対しても批判的態度を取るようになる。先述したように、一九一五年に出獄した後、尹は転向を宣言し、植民地統治権力と関係しながら、朝鮮人の自助や自立を図った。これは暴力性に基づいた植民地統治権力と被植民者との非対称的関係における尹致昊の現実主義的実践だったと言える。そこには朝鮮人の安全保障という理由が存在したのだが、尹は帝国日本の三・一運動に対する対応と処理を目にし、朝鮮人の権益が守られていないことを実感する。一九一九年一一月一五日付「日記」には帝国日本が取るべき政策に関する尹の意見が記されている。これらは、朝鮮人の満州移民政策の中止、朝鮮人の自治、朝鮮人による自由な言論と出版の許可と要約することができる。そして、一九二〇年八月一日付「日記」には新任総督である斎藤実の一年間の植民地政策を批判的に評価する内容が記されている。ここで尹は朝鮮人を満州に移住させてその空いた席に日本人の生活基盤を作ったという理由を挙げ、帝国臣民としての朝鮮人の権益を保護するという約束と宣伝が実際には実現されていないと批判する。以上のように、三・一運動は尹致昊が植民地統治権力を積極的に批判する契機にもなった出来事でもあった。

だが、ここで注意しておきたいのは、植民地下の朝鮮人の安全保障を重んじる尹致昊の追求は、朝鮮人の自助と自立という現実主義的自助論に基づいており、このような現実主義的観点は彼が植民地という現実を容認する要因としても作用していたことである。三・一運動が起こった二ヵ月後の一九一九年五月一一日付「日記」で、尹致昊は理想と現実の差異を認識すべきだと述べ、「世の中は理想を尊ぶが、現実に従う」と言う。それゆえ、理想的観点では、イギリスによるインドの支配とアメリカ人によるネイティブ・アメリカンの支配には問題があるが、現実的観点からすれば、現時点でその支配が有益な結果をもたらしたとも見ることができると言う。また「愛［という理想］はそれを扱える人に相応しい。理論があるかどうか、いずれにしても感情的に現実に対抗しようと素手で機関銃と戦う者に対して、世界の人々は嘲笑と叱咤を送る」と言い、彼は民族運動における感情的な主張と対応を批判する。

植民地統治権力が被植民者である朝鮮人の権益を保護すべきだという尹致昊の主張には、国家あるいは政府が個人の自由と権益を保護すべきだという自由主義的政治思想が前提とされている。尹は個人と政府との関係に基づいた自由主義的観点から当時の植民地朝鮮の状況を見ていたと言える。表1のように尹致昊は、私的領域（個人。天賦的な自由と人権を有する抽象化された存在）に、朝鮮人を対応させて彼らを保護されるべき対象として想定した。公的領域（人権を保護する政府／国家）には、植民地統治権力を対応させて、帝国日本が被統治者である朝鮮人たちを保護すべきだと認識していた。彼は植民地朝鮮において以上の関係が実現されることを願っていたが、三・一運動の経験を通じて植民地統治権力による被植民者の安全保障が成し遂げられないことを痛感する。その後、尹は被植民者の安全保障を成し遂げさせるべく、植民地統治権力への働きかけにこれまで以上に尽力する。だが、これは現実主義的自助論と自由主義政治思想に基づいた思考的な枠のなかでの努力である。尹致昊は、自由主義思想を相対化しながらこの自分の思想的な枠自体を再考するまでには考えが至らなかった。

表1　植民地朝鮮の私的／公的領域による尹致昊の現実認識

公的領域	国家／政府	植民地統治権力 帝国日本 ↓（保護すべき存在）
私的領域	個人	朝鮮人 （生命と財産を保護されるべき存在）

表2　植民地朝鮮の私的／公的領域による崔南善の現実認識

公的領域	国家／政府	（置き換え） ←―――――― 民族 （国家／政府の役割ができない公的存在）
私的領域	個人	朝鮮人 （独立すべき存在）

崔南善は『自助論』の翻訳を通じて個人の自助と文明の発展との相互的関係性を提示する。『自助論』では、国家が個人と文明の間に存在するものとして想定され、〈個人の自助・自立→国家の富強→文明の達成〉という文明論的観点が見られる。このような『自助論』の政治的想像力は、『青春』の崔南善の文章でも確認することができるが、個人の修養を通じて国家の独立と文明を達成すべきだという内容がそれである。『自助論』から読み取れる、こうした理想主義的自助論と普遍主義的自由思想は、崔南善が起草した「己未独立宣言書」の思想的土台となったと言える。それは個人の自助と民族自決が結合することを可能とする政治的想像力である。

「己未独立宣言書」では近代的〈個人〉が〈民族〉に接合する。表1の構造に照らし合わせてみれば、これは民族を公的存在に置き換えようとする政治的想像力だと言える。表2のように、民族を公的存在に置き換えようとする政治的想像力は、公的領域に位置する〈国家／政府〉に〈民族〉を置き換えようとすることである。観念論的あるいは理想論的な次元において民族を公的存在として想定することは可能である。だが、現実政治においては、民族は国家／政府に代わることはできない。朝鮮人を国民とする独立国家が存在することによって、初めて民族は国民と重なり公的存在として想定される。それゆえ、国家／政府を民族に置き換えようとする政治的想像力は、理想的かつ抽象的な思考構造のなかでのみ成立する。

独立宣言は、自由な存在としての個人や人権や民族自決などの普遍的価値に基づいて民族の独立という理想を実現することがその目的である。だが、現実政治の観点からすれば、「己未独立宣言書」における朝鮮独立の要求は、論理的矛盾を孕むこととなる。なぜなら、朝鮮／韓国という国家の独立の要求は、近代的個人と自国民によって樹立された政府の関係を回復することであり、国なき民族の独立を意味するわけではないからである。こうした普遍主義的自由思想と自助論的思考によって、独立宣言は理想主義的性格を有することになる。尹致昊が崔南善のパリ行きの勧誘を断り、三・一運動の後に朝鮮独立不能論の態度を示したのは、こうした理想主義的自助論と自由主義的態度に対する批判的認識によるものだったとも言える。

三・一運動は、朝鮮知識人たちに、大規模な抗日示威と民族運動の可能性を認識させた歴史的出来事であると同時に、理想的自由主義と現実政治との齟齬を経験させた出来事でもあった。この失敗の経験は、三・一運動の政治的想像力の一角を成した理想主義的自助論を、現実主義的自助論に転化させる要因となる。三・一運動は、現実的な状況において朝鮮の独立を成し遂げることはできなかったが、植民地統治権力の統治政策を、武断政治から文化政治に方向転換させる契機となった。こうした文化政治期において、自助論の政治的想像力は、朝鮮人に植民地朝鮮を自分たちの社会として受け入れさせ、植民地という状況のなかで、個人の修養による立身出世あるいは民族の発展を夢見させる要因となっていく。こうした植民地統治権力の文化政治政策のもとで、理想主義的自助論は、現実主義的自助論に転移する傾向が見られる。

一九二〇年代のはじめにおいて、自助論的思考を唱える青年修養書が流行する。(58)植民地朝鮮の知識人たちは、当時流行した自助論的教養書を通じて自分自身、さらには朝鮮人の啓蒙および自助・自立の必要性を唱える。例えば、植民地の状況において行われた朝鮮知識人たちの実力養成論、文化運動、青年会活動など、(59)こうした啓蒙活動を展開する思想的根拠の一つとして自助論の政治的想像力が働いていた。尹致昊のように、植民地朝鮮の知識人たちは、さまざまな啓蒙活動を通じて、植民地状況を逆説的に自身たちの現実社会として意識することになる。彼らが持つ自助論は、植民地という現状を受け入れる、現実主義的論理として作用するようになったのである。

歴史的状況によって自助論の属性が変動するのは、自助論自体が矛盾した性質の両面性を有しているからである。自助論は、個人の無限な可能性を前提とし、個々人の自らの努力と生存に対する無限の発展可能性や、それによる現実での成功を正当化する思想的根拠を与える。一方、自助論をもって個人に対する無限の自己責任を追及することもできる。自助論は、個人が置かれた社会的状況などを考慮せず、個人が置かれた現状を努力の結果とし、それを自己責任として問うことができる思想的根拠にもなる。要するに、自助論は、個人の無限の可能性という理想主義的論理と、個人の現状への責任という現実主義的論理が共存する両面的な思考であり、近代の自由主義思想が有するアポリアとしての側面を顕わにするものである。

本章では、一九一〇年代の植民地朝鮮における自由主義思想と自助論的思考が、尹致昊の朝鮮社会を批判する態度と植民地という現状を容認する政治的想像力として作用したことを論じた。こうした検討は、自由主義思想と自助論が、植民地朝鮮にどのような意味を有したのか、そしてその複雑な様相が朝鮮の近代にどのように関連したのか、という巨視的な問いによるものである。こうした本章の問題意識をはじめとして、植民地朝鮮における自由主義思想がどのような政治的想像力として働いたのか、そしてその思想的変容がどのような様相を見せるのか、こうした諸問題の検討は今後の課題にしたい。

(1)「日記」一九一九年一月二八日。
(2)「日記」一九一九年一月二九日。
(3)「日記」一九一九年一月一七日。
(4)「日記」一九一九年一月一八日。
(5)青年学友会の設立と活動については、朴賛勝『한국 근대 정치 사상사연구——민족주의 우파의 실력양성운동론』(역사비평사、一九九二年)、九九—一〇七頁、木下隆男「１０５인 사건과 청년학우회 연구」(숭실대학교 박사논문、二〇一一年)、一三五—一八三頁、権杜妍「청년학우회의 활동과 참여인물들」『현대문학의 연구』第四八号(한국문학연구학회、二〇一二年)、参照。
(6)上掲権杜妍(二〇一二)、四八頁参照。
(7)柳永烈『개화기의 윤치호 연구』(景仁文化社、二〇一一年[一九八五年])。柳永烈は、三・一運動に対する尹致昊の態度と朝鮮独立不能論について、「悲観的韓国史観による民族敗北思想と現実状況論による大勢順応主義」(二七七頁)だと評価し、尹致昊の個人的な思想と現実認識が朝鮮独立不能論の根拠として働いたと指摘する。
(8)梁賢恵『윤치호와 김교신——근대 조선의 민족적 아이덴티티와 기독교』(한울아카데미、二〇〇九年[一九九四年])。梁賢恵は、尹致昊の朝鮮独立不能論は「朝鮮民衆の主体的力量と独立意思を無視し拒否するもの」であり、尹の「民衆蔑視観」によるものだと指摘する(八九頁)。尹致昊が「『強者の不義』を『弱者』に対する当然の懲罰として正当化」し、「『強者の不義』は『弱者の教育』に必要なものとして反転させる論理」(七四—七五頁)を持っているという。こうした尹の思想によって「強者」の総督府が定めた合法的な範囲で「生活条件の改善」に関心を持つべきだと彼が主張したと論じる(八九頁)。
(9)前掲柳永烈(二〇一一)、二七六—二七七頁、上掲梁賢恵(二〇〇九)、七七—八〇頁。
(10)金杭『帝国日本の閾——生と死のはざまに見る』(岩波書店、二〇一〇年)、二五〇—二六九頁参照。
(11)上掲金杭(二〇一〇)、三〇四—三〇五頁、注三八五。
(12)尹致昊の自由主義思想に注目した研究は、우정열「윤치호 문명개화론의 심리와 논리——근대 자유주의의 수용과 노예로의 길」『역사와 사회』第三三輯(국제문화학회、二〇〇四年)、鄭容和「근대적 개인의 형성과 민족——일제하 한국자유주의의 두 유형」『한국정치학회보』第四〇輯第一号(한국정치학회、二〇〇六年)、朴枝香『윤치호의 협력일기——어느 친일 지식인의 독백』(이숲、二〇一〇年)、など。とくに朴枝香と鄭容和は、植民地期の尹致昊の思想を自由主義的観点から評価した。

鄭容和は、尹致昊の自由主義思想が「個人／民族／国家を分離し、国家権力より人民の権利を重視し、市民社会の公共化を通じて、長期的に国家建設を志向」したと言い、それが「植民地下の現実と遊離し、結局日帝の支配を強化する効果をもたらした」（一六頁）と指摘する。植民地下における尹致昊の自由主義思想が、植民地という現実を受け入れる思想的要因となったという、鄭容和の指摘は、本章の自助論の現実主義的性質に通じるものであり示唆的である。だが、植民地朝鮮における自由主義を「個人／民族／国家を分離」した関係としたものと見なし、被植民知識人の自由主義思想の問題を論じることには再考の余地がある。

鄭容和が言う「人民の権利」というのは、社会契約論に基づいた自由主義思想の観点から見れば、「国家権力」と不可分の関係を持つものであるが、それは植民地ではない独立国家を想定した場合である。だが、植民地という状況においては、「国家権力」が植民地統治権力に置き換えられており、個人と国家の関係は、暴力性に基づいた、被植民者としての個人と植民地統治権力との非対称的関係に変わっていたことを、まず考慮しなければならない。

そして、鄭容和は、「近代的個人が個体的次元で近代的主体であるとすれば、民族は集団的次元で近代的主体を形成した」（八頁）と述べており、〈個人と国家〉という思考構造を〈個人と民族〉の関係に置き換えて解釈する。社会契約に基づいた公私の関係、すなわち個人と国家の関係において国家は、個人の人権を保障する近代的機構としての政府（government）という概念に基づいている。公的存在としての政府は、近代的個人の生命と安全を保障するために、私的存在である個人と抽象的な契約を結ぶ。その契約に基づいて政府は、公共的ソード（public sword）、すなわち公益のための武力行使が可能となる（福田歓一「西洋思想史における公と私」『公と私の思想史』東京大学出版会、二〇〇一年、一一―一三頁参照）。この政府の統治権力としての観点から見れば、民族は、政府／国家が持つ個人の生命と財産の保障という統治権力としての機能性を有していない。そこで、個人と民族という関係は理念的あるいは論理的な思考のなかには成立するものではあるが、植民地朝鮮において実際に統治権力として位置していたのは、民族ではなく、朝鮮総督府さらには帝国日本であり、以上の〈個人と民族〉という関係は、〈被植民者個人と植民地統治権力〉という形になる。それゆえ、被植民者知識人の自由主義思想の問題は、〈被植民者としての個人と被植民者が属する民族〉という関係も考慮すると同時に、〈被植民者としての個人と植民地統治権力〉の関係としても考慮すべきである。この植民地下の非対称的な関係を前提として、どのように自由主義が植民地という現実を受け入れる論理として作用したのかに注目すべきであろう。

朴枝香は尹致昊が開化期の海外留学を通じて社会契約説に基づいた個人と国家との社会契約の思想を持つようになったと

指摘する（一〇一頁）。だが、朴は、尹致昊の思想を理解するにあたって、自由主義を無批判に前提しており、自由主義の思想的明暗とそれが尹致昊の思想や実践にどのように関わっているのかについては注意を払っていない。

また、朴は、「日記」を通じて植民地期の尹致昊の「内面」を探ることを重視しており（一七頁）、尹致昊と植民地統治権力との関係性の問題までは議論が進んでいない。植民地期における尹致昊の思想を立体的に理解するためには、植民地朝鮮の言論・出版・教育・宗教などの諸活動に関わった尹致昊の活動を念頭に置き、新聞や雑誌メディアを通じて行った彼の公的発言と実践が、植民地統治権力とどのように関わっているのかにも注目すべきであろう。

(13)　平川祐弘『天ハ自ラ助クルモノヲ助ク――中村正直と「西国立志編」』（名古屋大学出版会、二〇〇六年）、黄美静「최남선역『自助論』――中村正直譯、畔上賢造譯과의 관련성에 관해서」『언어정보』第九輯（고려대학교언어정보연구소、二〇〇八年）、「최남선역『自助論』의 번역한자어 연구」『일본어학연구』第二八輯（한국일본어학회、二〇一〇年）、崔博光「육당의 친일 시비론과 문화적 위상」육당연구학회編『최남선 다시 읽기――최남선으로 바라본 근대 한국학의 탄생』（현실문화、二〇〇九年）。柳時賢「第三章『Self-help』의 중역을 통한 서구 자본주의 가치관의 수용」『최남선 연구――제국의 근대와 식민지의 문화』（역사비평사、二〇〇九年）、金南伊「1910 년대 최남선의「자조론」번역과 그 함의――『자조론』(1918) 의 번언을 중심으로」『민족문학사연구』第四三輯（민족문학사학회 민족문학사연구소、二〇一〇年）、金南伊・河相福「최남선、『자조론』――성공학의 복음、한국에 번역되다」부산대학교 점필재연구소 고전번역학센터編『동아시아、근대를 번역하다――문명의 전환과 고전의 발견』（점필재、二〇一三年）、崔僖庭「一九一〇년대 최남선의『자조론』번역과「청년」의「자조」『한국사상사학』第三九輯（한국사상사학회、二〇一一年）、など。

(14)　崔南善の『自助論』と、『西国立志編』および『自助論　上・中・下』の翻訳との関係性については、『自助論』と両テキストとの翻訳語を比較して論じた上掲黄美静（二〇〇八）（二〇一〇）が詳しい。ただ黄美静の研究はこれらテキストにおける翻訳語の様相に注目したものであり、『自助論』が有する思想的性格の分析までは論じてはいない。

(15)　柳時賢は、一九一〇年代後半の植民地朝鮮における会社設立運動などの社会現象に注目し、近代資本主義に基づいた「近代英雄」「偉人」である経済的主体の形成を強調するテキストとして『自助論』を読み取る。また、柳は、植民地朝鮮という現実的状況のなかで、*Self-Help* が流通したイギリスのヴィクトリア時代と朝鮮の植民地という状況との乖離、そして一九二〇年代に現れた社会主義の動きなどを取り上げ、一九二〇年代には『自助論』の影響力が弱まったと指摘する。こうした理由で、一九二〇年代において崔南善は朝鮮学に注力したと主張する（前掲柳時賢（二〇〇九）、一〇四－一〇六頁）。一九二〇年代の植民地朝鮮と崔南善において、『自助論』下巻が出版されなかったことなど、表面的な現象として『自助論』の影響力が弱まったという指摘には同意できる。しかし、本章では、三・一運動を経て一九二〇年代に見られる向学心の高調や啓蒙活動の活発などの社会現象を引き起こしたことには、自助論の現実主義的性質が強くなった側面があるからであり、朝鮮知識人の意識的次元においては自助主義や自助論が依然として影響力があったと仮定する。

(16) 崔僖庭は、崔南善が『自助論』の翻訳を通じて新時代の主体としての「青年」に呼びかけ、この新たな主体に個人の自助による普遍的な文明を究極的な目標とする「自助進明主義」を述べたと指摘する（前掲崔僖庭（二〇一一））。

(17) 平川祐弘は、崔南善の生涯と『自助論』上巻の書誌などの内容を紹介した上で、ウィルソンの民族自決宣言に言及し、「個人として自立の精神を有する者は国民としても自立を望む。こうして自助の精神の論理的帰結として、崔南善は一九一九年、『三・一独立宣言書』を執筆するにいたるのである」と『自助論』と三・一独立宣言書との関係について触れている（前掲平川祐弘（二〇〇六））。

崔僖庭は、崔南善が『自助論』を刊行した直後に独立宣言書を起草したことに注目し、彼の言う独立について検討すべきだと問題提起した。だが、これについての具体的な議論にまでは至っていない（上掲崔僖庭（二〇一一）、二二八―二二九頁、注三五）。

(18) 「日記」一九一九年四月二二日。傍線は引用者による。

(19) 保護国期における自助論の翻訳と流布については、前掲崔僖庭（二〇一一）、二三一頁参照。

(20) 陸定洙『松籟琴』（博文書館、一九〇八年）。

(21) 前掲崔僖庭（二〇一一）、二三一頁。

(22) 一九一〇年代における朝鮮知識人の自助論と自由主義思想の様相については、前掲朴賛勝（一九九二）、一三四―一四二頁、前掲鄭容和（二〇〇六）、金賢珠『사회의 발견――식민지기「사회」에 대한 이론과 상상、그리고 실천（1910–1925）』（소명출판、二〇一三年）、二四四―二八〇頁、参照。

(23) 권보드래「진화론의 갱생、인류의 탄생――1910 년대의 인식론적 전환과　3・1운동」『대동문화연구』第六六輯（성균관대학교 대동문화연구원、二〇〇九年）、参照。

(24) 前掲平川祐弘（二〇〇六）、二一―五頁参照。

(25) 児童文学や教育活動、そして修養論に基づいた個人の自助に対する山県悌三郎の重視と実践は、崔南善と類似するものだと思われる。この二人の活動の関連性については今後詳しく検討すべきであろう。

(26) 山県悌三郎『児孫の為めに　余の生涯を語る――山県悌三郎自伝』(弘隆社、一九八七年)、一六七―一六八頁。

(27) 前掲黄美静(二〇〇八)、参照。

(28) 畔上賢造が内外出版協会を通じて翻訳活動を行ったのは、山県と内村鑑三との関わりによると思われる。山県悌三郎は内村鑑三が創刊した『東京独立雑誌』(一八九五年創刊)に関わり(荻野富士夫「山県悌三郎小論」前掲山県悌三郎(一九八七)、二〇八頁)、一九一〇年に結成された社会主義者と社会批判的な人士が集まった理想団で内村などと一緒に活動した(同書、一四六頁)。

(29) 前掲山県悌三郎(一九八七)、一三六頁。

(30) 前掲荻野富士夫(一九八七)、二〇八頁。

(31) 山県悌三郎は『新訳　自助論』の「例言」で、畔上賢造の『自助論』と彼の助けが大きかったことに感謝の意を記している(山県悌三郎訳『新訳　自助論』内外出版協会、一九一二年、一五頁)。畔上賢造と山県悌三郎の『自助論』の翻訳の様相については、今後より検討が必要であるが、この山県の言及から畔上の翻訳との関連性が推測される。

(32) 「己未独立宣言書」(一九一九年)。原文は国漢文。日本語訳は、姜徳相編『三・一運動』(一)(現代史資料二五　朝鮮一、みすず書房、一九六六年)、二八一―二八二頁によった。同書の「己未独立宣言書」は片仮名で書かれているが、平仮名に改めて引用した。

(33) 「二・八独立宣言書」(一九一九年)。原文は国漢文。日本語訳は、姜徳相編『三・一運動』(二)(現代史資料二六　朝鮮二、みすず書房、一九六七年)、二六頁によった。同書の「二・八独立宣言書」は片仮名で書かれているが、平仮名に改めて引用した。

(34) 上掲「二・八独立宣言書」『三・一運動』(二)、二四・二六頁。

(35) 崔南善「내가 쓴 独立宣言書(私が書いた独立宣言書)」『새벽』三月号、一九五五年(崔南善『六堂崔南善全集』第六巻、역락、二〇〇三年、三六〇―三六一頁)。原文は国漢文。日本語訳は引用者による。

(36) 前掲崔僖庭(二〇一二)、二二二―二二五頁。

(37) 自助主義と修養論についての崔南善の主張は、『少年』『青春』などの新文館から刊行された出版物を通じて紹介され流布した。これについては、蘇榮炫「근대 인쇄 매체와 수양론・교양론・입신출세주의――근대 주체 형성 과정에 대한 일고찰」

『상허학보』第一八号（상허학회、二〇〇六年）、윤영실「최남선의 수신담론과 근대 위인전기의 탄생――『소년』、『청춘』을 중심으로」『한국문화』第四二輯（서울대학교 규장각 한국학연구원、二〇〇八年）、参照。

(38) 金南伊は崔南善の『自助論』翻訳の「弁言」とテキストの構成などを検討し、崔南善の『自助論』翻訳を単なる翻訳ではなく、崔南善の思想が反映されたテキストとして評価した（前掲金南伊（二〇一〇）参照）。

(39) 『自助論』上巻の「広告」『青春』第一三号（一九一八年四月）・第一四号（一九一八年六月）。原文は国漢文。日本語訳は引用者による。『毎日申報』一九一八年五月二日付・五月一七日付にも『自助論』の広告が載っている。

(40) 崔南善訳述「第一章　自助――国家와 人民의 関係（自助――国家と人民の関係）」『自助論』上巻（新文館、一九一八年）、高麗大学校亜細亜問題研究所六堂全集編纂委員会編『六堂崔南善全集』（현암사、一九七四年）、四一一―四一二頁。原文は国漢文。日本語訳は引用者による、以下同。

(41) 崔南善「訳自助論叙言数則」『自助論』上巻（『六堂崔南善全集』、四〇三頁）。

(42) 尹慶老『105 人事件과 新民会 研究』（일지사、一九九〇年）、「105 인사건 피의자들의 법정투쟁과 사건의 허구성」『한성사학』第二一輯（한성사학회、二〇〇六年）、長田彰文『日本の朝鮮統治と国際関係――朝鮮独立運動とアメリカ 一九一〇―一九二二』（平凡社、二〇〇五年）、四五―六六頁、前掲木下隆男（二〇一一）、参照。山県悌三郎も「蓋し暗殺陰謀と認むべき事実なく、所謂疑心暗鬼を生じたるか、若くは政略上より、乱暴にも此の大獄を起こしたりと見做したのである。余尹致昊の名を聞き、其の人と為りを知るや久しく、今下獄の報に接して誠に同情に堪へなかった」（前掲山県悌三郎（一九八七）、一六〇頁）と朝鮮総督府による作為性を批判し、尹致昊の投獄に対して痛ましい思いを記した。

(43) 上掲尹慶老（一九九〇）、一三〇―一四三頁、（二〇〇六）、九五―一〇四頁、参照。

(44) 「日記」一九二一年一〇月一九日。独立宣言書を起草した理由で拘束された崔南善が仮釈放された後、尹致昊は崔を訪ねた。そのとき、尹は自身の獄中生活を顧みる。尹は人々との一切の接触が禁止され、あまり日差しも見ることができず、聖書以外の本は読むことも困難だったと言う。一方、崔南善はその獄中生活を「まるで自分の家にいるように自由を保障された」と述べる。

(45) 尹致昊「余ᄂᆞᆫ 大히 誤解ᄒᆞ얏노라。余ᄂᆞᆫ 光明을 得ᄒᆞ얏노라（余は大いに誤解したのだ。余は光明を得たのだ）」『毎日申報』一九一五年三月一四日。原文は国漢文。日本語訳は引用者による。強調は原文。／は段落区分、以下同。

(46) 一九一〇年代の朝鮮総督府の機関誌については、『毎日申報』を中心としてメディアと小説を論じた咸苔英『1910년대 소

설의 역사적 의미』（소명출판、二〇一五年）、二七―五九頁、沈元燮『아베 미츠이에와 조선』（소명출판、二〇一七年）、参照。

(47)「日記」一九一六年二月二三日。

(48)「日記」一九一六年三月七日。

(49)「日記」一九一六年三月一五日。

(50)「新年訪問客。閔泰瑗、『毎日新聞』[毎日申報]の記者が訪ねてきた。記者あるいはスパイ?」（「日記」一九一六年二月五日）。

(51)植民地期教育政策と「改正私立学校規則」に対するミッションスクールの対応については、駒込武『植民地帝国日本の文化統治』（岩波書店、一九九六年）、一一五―一二三頁、李省展『アメリカ人宣教師と朝鮮の近代――ミッションスクールの生成と植民地下の葛藤』（社会評論社、二〇〇六年）、八三―一二三頁、参照。

(52)主催は毎日申報社であり、団長は趙重応《チョジュンウン》、副団長は白完爀《ペクワンヒョク》と尹致昊である。計四部構成で一部から三部はそれぞれ二〇名、四部は二三名である。参加者は、実業者や農業従事者が主を成しており、会社員や医師や地主なども加わっていた。主催側の同行者は、阿部充家ほか一一名（日本人七名、朝鮮人四名）である。旅程は、京城・安東（四月一五日）→奉天（一六―一七日）→営口（一七―一八日）→大連（一八―二一日）→旅順（二一日）→大連（二一―二二日）→湯崗子温泉（二二―二三日）→ハルビン（二三―二五日）→長春（二五日）→奉天（二七日）→撫順（二七日）→奉天（二七日）→五龍塔温泉（二八―二九日）→松島（二九―三〇日）→京城（三〇日）。

(53)尹致昊「南北満州視察感想談」『毎日申報』一九一七年五月一日。原文は国漢文。日本語訳は引用者による。

(54)「日記」一九一七年四月二九日。

(55)「日記」一九一九年七月四日。

(56)「日記」一九一九年一〇月五日。

(57)「日記」一九一九年一一月九日。

(58)前掲崔僖庭（二〇一二）、二二八頁。

(59)前掲朴賛勝（一九九二）、一六八―三〇四頁、鄭容和「1920년대 초 계몽담론의 특성――문명・문화・개인을 중심으로」『동방학지』第一三三輯（연세대학교 국학연구원、二〇〇六年）、参照。

終章　東アジア／朝鮮の近代と尹致昊

本書は、近代東アジアの知識人エトスとはどのようなものかという問題意識に基づき、朝鮮の知識人である尹致昊の人生と思想の形成とその変化を、近代東アジアの知識人エトスの形成と変容の一例として示したものである。

本書では、近代東アジアにおける知識人の〈思想〉、〈構想・実践〉、その〈変容〉を問題とし、こうした近代東アジアの知識人の問題を検討するにあたって、近代への転換期における東アジアの知識人エトスに注目した。近代東アジアの知識人が持つエトスは、漢学的素養および儒学的思想に基づいた士大夫層の特性と、自国語リテラシーの素養および啓蒙思想に基づいた市民層の特性が混在するものであり、両者が互いに連携し拮抗するなかで形成され変容していくものである。尹致昊の思想の変化、朝鮮知識人の海外経験、啓蒙のエクリチュールに関する検討を通じて、尹致昊の人生と思想は、当時の東アジアにおけるトランスナショナルな文化・政治的状況によって形成され変容していたことを明らかにした。また、尹致昊の思想の変化においては、その東アジアのトランスナショナリティという文脈に基づいた東アジア／朝鮮の近代のダイナミズムがその背景となっていたことを確認し、朝鮮知識人の一例を通じて近代東アジアの知識人エトスの特徴とその変容についての理解を示した。

一　開化期における尹致昊の思想と啓蒙

（一）士大夫から開化知識人へ

尹致昊は、科挙の及第を目指し幼いときから漢学を学んでおり、朝鮮士大夫としての素養を持っていた（第一章、第七章）。だが、尹は、日本（一八八一―八三）をはじめ中国（一八八五―八八）やアメリカ（一八八八―九三）やヨーロッパ（一八九六―九七）への海外経験を通して、キリスト教や自由思想や文明論を受け入れる（第一章、第三章、第七章、第八章）。海外滞在中に尹致昊の思想とそれを支えるエトスは次第に変わっていった。

尹致昊の日記と関連資料より、彼が朝鮮の士大夫から啓蒙知識人へと変貌していく様相を見ることができる。

初期の尹致昊は、漢学の素養と儒学の政治思想を持つ朝鮮の士大夫であった。一八八一年に紳士遊覧団の一員として来日した尹は、中村正直が経営する同人社に入学する。同人社から刊行された『同人社文学雑誌』に確認できる尹致昊の漢詩と文章から、中村正直をはじめとする日本の知識人たちと漢文的素養に基づいて交流する様子が見える（第一章）。

朝鮮の士大夫である尹致昊は、天理の実現を根幹とする儒学の政治思想を持っていた。朝鮮の朝廷の臣下である尹における天理の実現の方法は、臣下としての役目を果たして仁政を実現することである。臣下の役目は、天理に基づいた主権者である王を補佐して正しい政治を行うようにするとともに、愚かな民を教化して人倫を全うさせ社会秩序を維持することであり、これらを通じて民の安泰という仁政を実現することである（第七章）。

ところが、甲申政変（一八八四）によって余儀なくされた中国とアメリカでの亡命生活のなかで、尹致昊はキリスト教徒となり、個人の自由と自助を根幹とする自由思想を受け入れ、人民を政治主体とする人民主権の政治思想を持つようになる。

尹致昊は西洋文明を手本として人民啓蒙を主張・実践し、朝鮮の近代化を追求する。尹の思想的基盤は自由なる個人と社会・国家との関係性を前提とした自由主義的政治思想である。こうした思想と啓蒙の論理は、福沢諭吉にも見られ、二人は英米の自由主義を思想的土台とした人民啓蒙、個人の自由、ひいては文明論を共有していた（第八章）。尹致昊と福沢諭吉が唱える文明論には自然状態から自由になった人間という認識が前提とされているが、この二人は人間の自由を可能とするものに対する理解が異なっていた。「宗教の外に逍遥」する態度を一生貫いて宗教的信仰から一線を引いていた福沢は、人間の「智力」による「精神の自由」に重点を置いていた。尹も福沢と同様に人間の知性を重視したが、福沢とは異なり、信仰に基づいたキリスト教的自由と救済を念頭に置いて文明論を語ったのである。

このように、尹致昊にとってキリスト教の布教は朝鮮の人民啓蒙と教育の要となる（第七章、第八章）。尹は、キリスト教に改宗し、キリスト教社会であるアメリカを経験しながら、個人と国の成功において、宗教の重要性、とくにキリスト教の有効性を認識した。尹は、こうした宗教の有効性を問う眼差しを持つようになり、それまでの彼自身の思想的根拠となった儒教を、無効の宗教として否定し、自分の思想的根拠をキリスト教に求めるようになる。これは儒教からキリスト教へという尹の思想的な変容として考えることができ、安民＝天理に基づいた儒学的仁政の実現を放棄し、自由思想に基づいた人民主権と西洋文明論を追求したものとして捉えることができる。

だが、安民という尹致昊の発想は、約一〇年間の海外滞在期においても消えてなくなったのではなく、ほかの形に変容していた（第七章）。初期官吏時代において仁政の実現を志向した尹致昊にとって民は、天理の核心的な存在であり、君主の徳治や士の教化を受ける受動的な存在として認識されていた。だが、アメリカ留学を通じて、尹は、民の政治的可能性を見出し、民が教育を受けることによって、国政に影響を与える人民になりうる存在であることに気づく。また、彼は、弱肉強食の原理に基づいた世界秩序と朝鮮の現状を照らし合わせることで、朝鮮という国の独立より、朝鮮の民の生活や教育を優先する改革構想を持つようになる。アメリカ留学期における尹の安民思想は、民の政治的可能性と西洋文明論が絡み合って変容したものであり、その後、彼が語る朝鮮の改革構想を支える大きな政治思想的根拠として働き続ける。

尹致昊が独立協会の会長を務めた一八九八年において、独立協会は、政府諮問機関だった中枢院を再編し立法機関とする議会設立運動を行った（第七章）。この立法機関の設置運動の背景には、大韓帝国宣布（一八九七）後における君権の強化を目にして朝鮮の政治が絶対君主制に帰する可能性のある状況に陥っていたという、尹致昊をはじめとする独立協会の人々の判断が存在した。尹らは、議会を設立することを通じて、君権を牽制すると同時に、民権に基づいた人民主権の実現を目指したのである。

だが、独立協会が中枢院を議会に改編しようとしたことの具体的内容は、上院の設置であり、一般民衆による民選で構成される下院を設置することではなかった。尹致昊は、議会に下院を設置しない理由として、民の知識と学問のような素養の不足を取り上げる。尹にとって、民権が与えられた人民とその新しい民による民国は、あくまでも朝鮮の現状からは離れた理想型である。尹にとって民権に基づいた民国の実現は、民の素養を培うこと、とくに教育によって民の公共心や愛国心などの個人倫理を向上させることで成就できるものであった。

（二）移動する朝鮮の知識人

尹致昊の思想は、西洋と東洋の文化が衝突し混在していく転換期において、この急変する時代に歩調を合わせようとした日本や中国やアメリカやヨーロッパの様子を、彼自らが経験するなかで変化していく。

尹致昊が初めて海外を経験したのは日本留学である。尹は一八八一年五月に紳士遊覧団の一員として来日する（第一章）。漢学の素養を持つ若き儒学者であった尹致昊は、儒者として当時の日本人と付き合っており、この彼の漢学の素養が日本語の学習にもそして英語という全く背景を異にする言語にも接続する媒体になった。日本で尹が英語に接し学習することができたのは、むしろ彼が漢学の素養の持ち主だったからである。

尹致昊の英語習得は、海外への留学と旅行による異文化空間の経験と緊密に関わっている。尹の回想によれば、彼の英語学習は一八八一年に日本を訪問したときから始まった。彼は、英韓（韓英）辞典ではなく、東アジアに流通していた英和（和英）辞典・英華（華英）辞典を通じて英語学習を行った。

尹致昊は、アメリカ留学を通じて、日本と中国での英語教育とは異なる学習環境に置かれる。尹は、アメリカ留学を通じて、日本や中国などの漢文脈の言語空間から離れてしまう。彼は、漢文脈で思考してきた自分の世界を離れることで、英語にまつわる欧文脈の言語空間のなかで思考する。彼の英語学習において、英語単一語辞典である『ウェブスター辞典』が、英華辞典と英和辞典の代わりに、聖書や英文学や西洋歴史書とともに彼の本棚に配置されたのは、こうした意味で象徴的である。

尹致昊は、アメリカという欧文脈の言語空間での長期滞在を通じて、漢文脈に依存する思考を次第に相対化することになったと考えられる。そして、彼は、漢文脈の思考から離脱しつつ、漢文脈という媒体を経ず、直接に欧文脈で思考することを経験する。

尹致昊は、一八九六年、ロシア皇帝ニコライ二世戴冠式の祝賀使節団の英語通訳として同行し、初めてヨーロッパを経験する（第三章）。尹は、英文で書いた日記に、西洋の近代都市の繁栄に対する実感と驚嘆、そして西洋の歴史や文学にまつわる由緒ある場所を訪ねた感激を記している。尹は、この洋行を通じて、露館播遷（一八九六）後、朝鮮に勢力を伸ばしていたロシアが諸西洋文明国より後進の位置にある文明国であるという認識を持つようになる。

ニコライ二世の戴冠式の使節団には、尹致昊以外に閔泳煥《ミンヨンファン》と金得錬《キムドゥンニョン》も同行した。使節団で見聞した西洋の様子を記すのに、尹は英文を用いたが、閔は漢文旅行記『海天秋帆』と漢詩集『海天春帆小集』、金は漢詩集『環璆唫艸』と、漢詩文を用いて記している（第二章）。

閔泳煥と金得鍊は、旅の初めには、上海・東京・ニューヨーク・ロンドンのような近代的な都市空間を、彼らの書記体系である漢詩文で〈再現〉することの難しさを告白した。だが、彼らは、「極楽天」などの漢字圏の理想郷の概念を利用することで表現の限界を乗り越える。

閔泳煥と金得鍊の漢字による記述には、西洋を〈再現〉する際に理想郷の修辞法という漢詩文のリテラシーが同じく用いられている。だが、その〈再現〉のモチーフは異なるものであり、この二人の理想郷の用い方の相違は、朝鮮後期における漢文脈の多層性や多様性を示すものである。閔泳煥の理想郷の修辞は、初期の尹致昊が目指した儒学的仁政の実現に重なる、士大夫の経世という精神性と、その志を表す手段としての漢詩文の機能性が連動するものである。言い換えれば、閔の漢詩には、士人的エトスと文人的エトスという、朝鮮社会を超えた漢字圏の士大夫の普遍的な精神性が強く反映されている。一方、金得鍊の理想郷の修辞には、漢学的な教養を共通の材料としつつも、士大夫層の普遍的な精神性とは異なる思考が反映されており、それは朝鮮社会において文化の伝達者とも言える訳官の文化的役割と、都市空間を題材に遊戯的な空間として現世を描いた、閭巷人の漢詩観である。

尹致昊は、当初は使節団の通訳を務めるなど、正使の閔泳煥の信任を得ていた。しかし、戴冠式への参加をめぐる意見衝突、ロシア政府との交渉の難航、尹の通訳に対する閔の不満などを理由に、結局ロシア語通訳官の金道一《キムドイル》に通訳が交代される（第三章）。尹致昊と閔泳煥との間の衝突と葛藤は、朝鮮知識人における東洋／西洋文化の教養の混在と、その教養による差異の摩擦が可視化されたものであり、この文化的摩擦を和解に導く契機は漢字圏の文化に基づいた漢詩贈答だった。尹致昊の英文日記には、ロシアという異郷にいた朝鮮知識人たちの間で起きた、東洋文化と西洋文化の教養の差異による衝突と反目の経験、そして漢詩を通じて互いを理解し合う共同経験が記されているのだ。

この閔泳煥との衝突と同じことが、尹致昊自身のなかでも展開されていた。自由思想とキリスト教の信仰を持つ尹致昊は、過去の自分自身の思想と素養を否定していく。この過去の自己を否定する尹の眼差しは、朝鮮社会ひいては東洋社会にも適用される。

ところで、過去の自己に対する尹致昊の批判が可能なのは、逆説的にも、批判される過去の自身こそ、今までの自分の人生と思想であるという自覚によるものである。英語の習得やキリスト教への入信など、過去の自身を顧みる現在の尹致昊の思想を特徴づけるものは、欧文脈に基づいた事象と概念を、漢文脈で翻訳することで得られたものである。尹の啓蒙の実践についても、朝鮮の人々に通用する形にするためには、過去の自分のエトスに基づいた、こうした文化的翻訳を経ずには実現できないものである。この文化的翻訳の過程で、必然的に士大夫的エトスと市民的エトスが拮抗し融合されて変容していくダイナミックな現象が起こるのである。

（三）啓蒙の実践としてのエクリチュール

尹致昊は、長期にわたる海外での滞在を終え、一八九五年から朝鮮政府の官僚として勤めながら、一八九七年から独立協会に参加し、人民に対する啓蒙活動と教育活動に力を注ぐ。

独立協会において尹致昊は、協会を政治団体へ変化させると同時に、協会に討論会と演説会を導入させる。彼は、討論会を組織して実務的な次元で協会組織を変えるだけでなく、アメリカ海軍将校のロバート（H. M. Robert）の通称 *Robert's Rules of Order*（一八七六）を抄訳した『議会通用規則』（一八九八）を通じて西洋の討論文化も紹介する（第四章）。*Robert's Rules of Order* は、永峰秀樹によって訳された『官民議場必携』（一八八〇）の形で明治日本に紹介される。『官民議場必携』には、細川潤次郎の「序」が付いているが、ここには「公共之事」を「成俗」していない日本人という認識が見られる。朝鮮人に対する尹致昊の認識も細川の認識に類似するものである。『官民議場必携』の翻訳には、訳者の判断を最大限に排除し、原文の情報を正確に伝えようとする意図が見える。だが、『議会通用規則』は、『官民議場必携』とは異なり、訳者尹致昊の判断によって必要な部分のみが取捨選択され訳されている。

『議会通用規則』の翻訳の主眼は、民会の設立に関する方法、その会を通じての議案提出および票決などの議事決定や、役員や会員や委員の選出や役割や権限や処罰などの民会運営に置かれている。『議会通用規則』というテキストの翻訳は、民会という小社会に参加する会員たちに、その組織や運営と合理的な議事決定の過程を理解させ学習させることを一次的な目標とした。だが、この『議会通用規則』における啓蒙のプロジェクトの最終的な目標は、朝鮮人に大社会／国家としての朝鮮の運営原理とその構成員としての役割と倫理を理解させ実践させることにある。翻訳された『議会通用規則』は公共的な議事決定という文化の翻訳でもあるのだ。

一九〇五年に締結された第二次日韓協約（乙巳条約）の後、尹致昊は自ら官職から退き、ミッションスクールの韓英書院を設立し（一九〇六）、大成学校の校長に就任する（一九〇八）など、教育事業に尽力する。と同時に、この時期に教科用図書の編纂作業も行う。尹は、一九〇八年に『ウスンソリ』、翌一九〇九年に漢字入門書『幼学字聚』、韓国併合後の翌一九一一年に英語入門書『英語文法捷径』を次々と刊行する。

『ウスンソリ』は、一九世紀半ばにイギリスで出版された英語版『イソップ寓話（*Aesop's Fables*）』の系統のものを底本として翻訳されたものである（第五章）。『ウスンソリ』の寓話は、原作を忠実に翻訳したものが多数を占めるが、朝鮮人読者に合わせて翻訳されたり、訳者の尹致昊の啓蒙思想と現実認識を直接反映した形で改作されたものも多く存在する。

『ウスンソリ』は、朝鮮語を学ぶ国語教科用図書として使用できるテキストである。そこでは、文章に分かち書きが多く、平易な文体および文章構造となっており、また漢字語の使用を全般的に少なくし、漢字を知らない児童や初学者たちにも朝鮮語を学習しやすくなっているからである。

このテキストは朝鮮人や朝鮮社会への啓蒙のメッセージを伝える修身教科用図書としての性格も持っている。『ウスンソリ』の内容と訳者の寸評には、為政者や国際社会の不条理、朝鮮人の他人依存に対して警鐘を鳴らす啓蒙的な意図が見られる。尹致昊は、外来のイソップ寓話に当時の朝鮮社会を投影させ、自助や自立を趣旨とする朝鮮人への啓蒙を図ったのである。

尹致昊が啓蒙・教育活動を展開していた二〇世紀初頭の朝鮮には、朝鮮語の教育とその社会的位相の向上を主張する動きが大きな流れを成していた。しかし、実際の朝鮮社会においては、漢字漢文の識字層が依然として大多数を占め、幼学・初学としての漢字漢文教育の社会的な必要性を看過できない状況であった。一九〇八年には、大東学会の漢字漢文擁護論の提起、国文を擁護する立場の知識人のそれに対する反発として要約できる出来事も起こっている。

国文への志向と漢字漢文教育が共存するこの時期には、時代の要求の変化に合わせて漢字漢文教育も変わっていき、池錫永《チソギョン》編纂『児学編』(一九〇八)、李承喬《イスンギョ》『新訂千字文』(一九〇八)、ゲール (J. S. Gale) の『牖蒙千字』(一九〇三―〇九)、尹致昊『幼学字聚』(一九〇九) など、民間における漢字漢文学習書が続々と刊行される (第六章)。この時期の漢字漢文の学習は、従来の儒学の経典の学習のためではなく、日常生活のためのものに変わっており、短期間の学習効果と日常生活で使用できる漢字および漢文を学習するという実用性を重視する傾向が見られる。

尹致昊が著した『幼学字聚』は、漢字や習字の教材であると同時に、彼の啓蒙思想が反映されたテキストでもある。『幼学字聚』は、ときに反義語の組み合わせで構成し学習効果を高めさせようとし、日常生活に関連する漢字学習のために一定の基準を設けて漢字を分類しており、漢文の初歩的な構造の学習、漢字の書き方の学習が可能であり、さらに簡単な漢文の語句を通じて児童などの初学者に物事の原理を理解させるものである。『幼学字聚』には「民本官末」「大韓帝国／独立万歳」「依隣則亡／自強乃興」などの句も見られ、これらは作者尹致昊の思想によるものであり、こうした尹の啓蒙的意図も反映されている。

東アジアの文脈において漢字漢文は士大夫のエトスを形成する重要な材料となっていた。朝鮮の開化期においては、こうした漢文学の普遍性が朝鮮的なものという特殊性の問題として考えられるようになり、このように自国語と自国の文化を重視していく社会的状況のなかで、朝鮮的な漢字漢文の文化への模索および体系化が試みられる。尹致昊の『幼学字聚』は、こうした言語空間の変化を示す一例だったのである。

開化期における尹致昊の啓蒙活動は、独立協会への参加や教育活動などとともに、翻訳や著述を通じて試みられた新たなエクリチュールによって行われた。この新たなエクリチュールは、尹致昊が、近代の市民としての教養と倫理の習得、漢字漢文から脱した自国と自国語の模索などを、朝鮮の人々に訴える方法であると同時に、彼が朝鮮社会に関わっていく実践でもあったのである。

二　植民地支配と朝鮮知識人

東アジア／朝鮮において二〇世紀前半は、近代性が東アジアの人々に身体化されていく時期であり、帝国／植民地という図式が浮き彫りになる時期である。欧米圏で提起されてきた植民地近代性（colonial modernity）論は、帝国／植民地を通じての東アジア諸国の近代性を説明する際にも注目に値する。(1) ところで、東アジアの近代を再考するにあたっては、イギリスやフランスなどの帝国主義国家とインドやベトナムなどの植民地との関係性を参照しながらも、日本と朝鮮という東アジアの隣国間での支配／被支配という異なる地域性や歴史性が存在することも考慮すべきである。植民地朝鮮における尹致昊に関する研究では、こうした東アジアの近代の変容を念頭に置き、東アジアにおける帝国／植民地、そして近代／近代性という問題に注目せざるを得ない。

一九一〇年に大韓帝国は日本の植民地となり、朝鮮社会はもちろん尹致昊の人生も大きく変わっていく。尹は、第三代韓国統監であり初代朝鮮総督だった寺内正毅の暗殺陰謀に関わったという理由で投獄される（「一〇五人事件」、一九一二）。この出来事は植民地統治早々帝国日本が西北地方とキリスト教系知識人たちを統制するために新民会とキリスト教系知識人たちを一斉に検挙した事件である。事件の取調の過程で自白のために拷問などが行われた。尹は六年の実刑を宣告され、彼の回想によれば、獄中生活は過酷だったようである。一九一五年に尹致昊は昭憲皇太后の大喪で特別赦免を受けて出獄し、その後、『毎日申報』紙上に「日鮮両民族の同化」のために協力することを旨とする転向宣言を行う。

植民地期における尹致昊の転向とそれをめぐる状況から推測されるように、植民地という空間においては、植民地統治という暴力性に基づいた植民者と被植民者との非対称的関係が前提とされる。尹は、植民地統治権力である日本をどのように考えて接していたのか。また、彼は、被植民となった朝鮮の人々をどのように考えて接していたのか。これらの問いには簡単に答えることはできないだろう。今後詳しく検討することを予め断っておき、一九一〇年代後半における尹致昊の植民地統治権力との関係性を考えてみることで、その答えの端緒を提示しておく(第九章)。

出獄後、転向を公言した尹致昊は、植民地統治権力との新たな関係のもとで、朝鮮ＹＭＣＡや言論界などで活動しながら、朝鮮総督府の政策に従う姿勢を見せる。

一九一九年三月に全国的な規模の民族運動が起こる。尹致昊は、この三・一運動後、『京城日報』の紙面に、第一次世界大戦後の国際情勢、強者に対する弱者の態度、そして他人に頼る独立の不可能性を理由に、朝鮮独立不能論を述べ、朝鮮人の反感を買った。

一方、尹致昊は、三・一運動に対する帝国日本の対処を見て、植民地統治権力に対しても批判的な態度を取ることになる。出獄後、尹は、植民地統治権力の影響圏において、学校教育などを通じて、朝鮮人の自助や自立を図っていった。これは、暴力性に基づいた植民地統治権力と被植民者との非対称的関係における尹致昊の現実主義的実践であった。帝国日本の三・一運動に対する暴力的な対応と処理を経験した尹致昊は、日鮮民族の同等な扱いという統治権力の表向きの主張に反して、朝鮮人の安全と権益が保障されていないことを実感し、その後、植民地統治権力に批判的な姿勢を示す。

植民地統治のもとで朝鮮人の安全と権益の保障を主張する尹致昊の思想は、朝鮮人の自助と自立という現実主義的自助論に基づいている。尹は、植民地下の差別構造を無くすための現実的方案として、朝鮮人の知的・経済的発展が必要だと主張する。朝鮮人個々人の素養の発展を重視した尹の判断は、植民地下においても朝鮮人個々人の発展が可能であり、それによって差別がなくなりうるという認識によるものであった。

だが、こうした個人の自助・自立に基づいた尹致昊の思想は、彼が植民地という現実を容認する要因でもあった。自助・自立論に基づいた尹の主張は、個人の未成熟をもってその責任を朝鮮人に問うており、逆にそれが植民地という現実を受け入れる現実主義の根拠としても働いたのである。

尹致昊の事例のように、植民地朝鮮における知識人の問題を考えるときには、植民者と被植民者という暴力的非対称関係で生じる両者の緊張関係と、被植民者知識人の意図や志向に基づいた植民者との交渉や葛藤の様相に注目すべきであろう。そうすることで、従来〈親日〉〈協力／抵抗〉というイデオロギー的な観点からは看過されてきた当時の知識人の有様、ひいては朝鮮／韓国の近代の明暗を再考することができると考えられるからである。今後は、こうした問題意識に基づいて、植民地期における尹致昊の思想と活動を探るとともに、帝国日本／植民地朝鮮における知識人エトスの特徴と変容の問題に論を広げていく。

三　近代日本の知識人エトスとキリスト教

本書では、尹致昊を中心に主に朝鮮／韓国の近代と知識人の問題を論じた。東アジアの近代と知識人の問題を俯瞰するためには、本書で見てきた朝鮮の近代と知識人の問題を、日本と中国の近代と知識人の問題につなげていく必要がある。ここでは、近代日本と知識人の問題に関する議論の可能性について述べておき、具体的な検討については今後の課題にしたい。

日本の近代と知識人の問題を考えるときに、近代的宗教、とくにキリスト教の受容とその影響は注目に値する。本書で尹致昊と福沢諭吉の自由論と宗教論の問題から確認したように（第八章）、キリスト教、とくにプロテスタンティズムの宗教的想像力は、神と個人との一対一を前提とする信仰構造と思考構造を提供し、近代政治思想の鍵概念である自由概念の政治的想像力となり、それは西洋文明論やナショナリズムなどの思考構造として転用される。キリスト教と日本の知識人との関係性を考えることは、日本の近代における宗教的想像力と政治的想像力が具現化する様相を考え直すことである。また、当時のキリスト教に対する日本の知識人の反応を検討することは、日本における仏教や儒教の近代的体系化および国家神道の形成の出発点を探る作業とも言える。近代日本の知識人とキリスト教に関連する著者の今後の研究の見通しを概略的に紹介しておこう。

まず、中村正直の翻訳論と天の問題に注目し、中村の自由概念の特徴とキリスト教との関連性について検討する。具体的には、本書の第九章で取り上げたスマイルズ（S. Smiles）の *Self-Help* の翻訳の問題にも関連するが、中村の翻訳した『西国立志編』と朝鮮知識人の崔南善の訳の『自助論』との比較、またミル（J. S. Mill）の *On Liberty* の中村訳である『自由之理』と中国知識人の厳復訳の『群己権界論』とを、東アジアの文脈のなかで総合的に比較し、儒学者だった中村の自由思想の理解の特徴を浮き彫りにする。

次に、近代日本の教育制度とキリスト教の問題を探る作業である。具体的には、新島襄の同志社英学校設立と尹致昊の韓英書院設立という土着民の改宗者によるミッション・スクールの設立の過程とその意味について、アメリカのキリスト教宣教の政策実行者と土着民の改宗者との類似と差異に注目して研究を行う。そして、明治期キリスト者であり教育者として活動した津田仙に注目し、新島襄の思想や活動と比較することで、明治期の日本人改宗者たちのキリスト教に基づいた教育の意味も検討していく。

最後に、日本の知識人とキリスト教との関係性を考えるとき、無教会主義を提唱し東洋的あるいは日本的キリスト教を唱えた内村鑑三の思想と活動、そして近代東アジアの知識人への内村の影響は興味深い。内村を通じた非西洋圏におけるキリスト教の受容の思想的変容、彼の影響のもとで植民地期朝鮮のキリスト教を変革しようとした金教臣《キムギョシン》の活動の意味、ひいては南原繁や丸山眞男などへと続く日本のリベラリスト知識人の系譜の問題を視野に入れて研究を進めていく。以上の研究を進めていくなかで、近代日本の知識人エトスの変容が次第に見えてくるだろう。

以上の近代日本における知識人とキリスト教の問題は、自由思想が近代日本においてどのような政治的想像力として作用していたのかという問いに基づいたものである。本書において論じた尹致昊の人生と思想ひいては朝鮮の近代の問題も、近代朝鮮という文脈のなかで同じ問いに答えようとしたものでもある。

今後は、植民地朝鮮の尹致昊をはじめとする朝鮮知識人に関する研究とともに、近代日本を軸とする研究を進めていき、最終的には、近代中国と知識人エトスの変容に関する研究にまで議論を広げていきたい。本書は、こうした東アジアの近代と知識人に関する長期的で膨大な研究の出発点である。

（1） Shin Gi-Wook, Michael Robinson eds., *Colonial Modernity in Korea*,Cambridge and London: Harvard University Asia Center, 2001. 永野善子編『植民地近代性の国際比較――アジア・アフリカ・ラテンアメリカの歴史経験』（御茶の水書房、二〇一三年）。

参考文献一覧

［日本語文献・朝鮮語文献・中国語文献（以上著者五十音順）・西洋語文献（著者アルファベット順）］

一　一次資料

一―一［単行本］

・日本語文献

畔上賢造（訳）『自助論』（内外出版協会、一九〇六年）［国会図書館所蔵］

新井藤次郎『東京盛閣図録』（新井藤次郎、一八八五年）［国会図書館所蔵］

今野一雄（訳）『ラ・フォンテーヌ寓話』上・下（岩波書店、二〇〇二年［一九七二年］）

ヴェーバー（マックス）『プロテスタンティズムの倫理と資本主義の精神』（大塚久雄訳、岩波文庫、一九八九年）

ウェスレー（ジョン）『キリスト者の完全』（藤本満訳、イムマヌエル綜合伝道団出版事業部、二〇〇六年）

内村鑑三『内村鑑三全集』（岩波書店、一九八〇―八四年）

金谷治（訳注）『論語』（岩波文庫、二〇一五年［一九九九年］）

姜徳相《カンドクサン》（編）『三・一運動』（一）（二）（現代史資料二五・二六 朝鮮一・二、みすず書房、一九六六―六七年）

カント『啓蒙とは何か』（篠田英雄訳、岩波文庫、二〇一三年［一九五〇年］）

小林勝人（訳注）『孟子』上・下（岩波文庫、二〇一五年［一九六八年］・二〇一五年［一九七二年］）

月脚達彦（訳注）『朝鮮開化派選集――金玉均・朴泳孝・兪吉濬・徐載弼』（平凡社、二〇一四年）

中務哲郎（訳）『イソップ寓話集』（岩波文庫、一九九九年）

中村正直『敬宇文集』（吉川弘文館、一九〇三年）［国会図書館所蔵］

福澤諭吉『福澤諭吉全集』（全二一巻、岩波書店、一九六九―七一年［一九五八―六四年］）

マッテーオ・リッチ、アルヴァーロ・セメード『中国キリスト教布教史』（川名公平・矢沢利彦共訳、岩波書店、一九八二―八三年）

ミル（ジョン・スチュアート）『自由論』（塩尻公明・木村健康訳、岩波文庫、一九七一年）

山県悌三郎（訳）『新訳 自助論』（内外出版協会、一九一二年）［国会図書館所蔵］

山県悌三郎『児孫の為めに　余の生涯を語る――山県悌三郎自伝』（弘隆社、一九八七年）

ルター（マルティン）『キリスト者の自由・聖書への序言』（石原謙訳、岩波文庫、二〇一四年［一九五五年］）

ロベルト『官民議場必携』上下（永峰秀樹訳述、内藤伝右衛門刊、一八八〇年）

渡辺温（訳）『通俗伊蘇普物語』（東洋文庫、平凡社、二〇〇一年）

・朝鮮語文献

アレン（H. N.）『알렌의 일기——구한말 격동기 비사（アレンの日記——旧韓末の激動期の秘史）』（金源模《キムウォンモ》訳、壇国大学校出版部、一九九一年）
李承喬《イスンギョ》『新訂千字文』（朝鮮図書株式会社、［一九〇八年］）［韓国学中央研究院図書館所蔵］
奇《キ》一《イル》（J. S. Gale）（編）『牖蒙千字』（大韓聖教書会、一九〇三—〇九年）［成均館大学校図書館所蔵］
金得鍊《キムドゥンニョン》『環璆唫艸』（京都印刷株式会社、一八九七年）［韓国国立中央図書館所蔵］
김병제《キムビョンジェ》『사회승람（社会勝覧）』（보문사、一九〇八年）［梨花女子大学校・延世大学校図書館所蔵］
金栄敏《キムヨンミン》ほか（編）『근대계몽기 단형 서사문학 자료전집（近代啓蒙期の短形叙事文学資料全集）』上・下（소명출판、二〇〇三年）
池錫永《チソギョン》編『児学編』（広学書舗、一九〇八年）［金敏洙《キムミンス》・河東鎬《ハドンホ》・高《コ》永根《ヨングン》編『歴代韓国文法大系』第三部第七冊（塔出版社、一九八三年）］
崔南善《チェナムソン》（訳述）『自助論』上巻（新文館、一九一八年）［高麗大学校亜細亜問題研究所六堂全集編纂委員会編『六堂崔南善全集』（현암사、一九七四年）］
崔南善『六堂崔南善全集』（全一四巻、역락、二〇〇三年）
朴埈杓《パクジュンピョ》『十分間演説集』（博学書館・新舊書林、一九二五年）［韓国国立中央図書館所蔵］
朴俊杓『実地応用演説方法』（広漢書林、一九三四年［一九二三年］）［韓国国立中央図書館所蔵］
黄玹《ファンヒョン》『역주 매천야록（訳注 梅泉野録）』（林熒澤《イムヒョンテク》ほか訳注、문학과지성사、二〇〇五年）
白永瑞《ペクヨンソ》・崔元植《チェウォンシク》（編）『동아시아인의「동양」인식——19—20세기（東アジア人の「東洋」認識——一九—二〇世紀）』（문학과지성사、一九九七年）
許敬震《ホギョンジン》ほか（編著）『근대계몽기 조선의 이솝우화（近代啓蒙期の朝鮮のイソップ寓話）』（보고사、二〇〇九年）
閔泳煥《ミンヨンファン》『海天秋帆』（『閔忠正公遺稿』全五巻の巻三、国史編纂委員会、一九五八年）
兪吉濬《ユギルチュン》『兪吉濬全書』（兪吉濬全書編纂委員会編、一潮閣、一九七一年）
尹致昊《ユンチホ》「議会通用規則」［『大韓自強会月報』第四号（一九〇六年一〇月二五日）、六七—七九頁］
尹致昊『議会通用規則』（皇城新聞社、一九〇八年）［延世大学校図書館所蔵］
尹致昊『우순소리（ウスンソリ、笑話）』（大韓書林、一九〇八年）［富山大学「朝鮮開化期大衆小説原本コレクション」所蔵］
尹致昊『幼学字聚』（広学書舗、一九〇九年）［高麗大学校図書館所蔵］
尹致昊『英語文法捷徑』（東洋書院、一九一一年）［復刻版］［金敏《キムミン》洙《ス》・河東鎬《ハドンホ》・高永根《コヨングン》（編）『歴代韓国文法大系』第二部第二九冊（塔出版社、一九八三年）］
尹致昊『実用英語文法』（彰文堂書店、一九二八年）［復刻版］［金敏洙・河東鎬・高永根（編）『歴代韓国文法大系』第二部第三二冊（塔出版社、一九八五年）］
尹致昊『尹致昊日記』一（국사편찬위원회、一九七一年）
尹致昊『국역 윤치호일기（国訳尹致昊日記）』一（宋炳基《ソンビョンギ》訳、延世大学校出版部、二〇〇一年）
尹致昊『국역 윤치호일기（国訳尹致昊日記）』二（朴正信《パクジョンシン》訳、延世大学校出版部、二〇〇三年）
尹致昊『물 수 없다면 짖지도 마라——윤치호 일기로 보는 식민지 시

기여사（噛むことができなければ吠えることなかれ――尹致昊日記から見た植民地時期の歴史）』（金相泰《キムサンテ》編訳、산처럼、二〇一三年［二〇〇一年］）
ロバート（ヘンリー・マーティン）『議会通用規則』（尹致昊訳、皇城新聞社、一九〇八年）［延世大学校図書館所蔵］

・中国語文献

顔瑞芳（編）『清代 伊索寓言 漢譯三種』（五南圖書出版公司、二〇一一年）

・英語文献

Aesop, *Aesop's Fables, With Text Based Chiefly on Croxall, La Fontaine, and L'Estrange*, Illustrated by Ernest H. Griset, Revised and re-written by J. B. Rundell, London and New York: Cassell, Petter and Galpin, [1869?].

Aesop, *Aesop's Fables, With Text Based Chiefly on Croxall, La Fontaine, and L'Estrange, New and Enlarged Edition*, Illustrated by Ernest H. Griset, London, Paris and New York: Cassell, Petter and Galpin, [1874?].

Aesop, *Aesop's Fables, A New Revised Version From Original Sources*, Illustrated by Harrison Weir, John Tenniel, and Ernest H. Griset, New York: Frank F. Lovell and Company, 1884.

Gale, J. S., *Korea in Transition*, New York: Young People's Missionary Movement of the United States and Canada, 1909.

Robert, Henry M., *Pocket Manual of Rules of Order for Deliberative Assemblies*. Chicago: S. C. Griggs and Co. 1880［1876］.

Robert, Henry M., *Pocket Manual of Rules of Order for Deliberative Assemblies*. Chicago: S. C. Griggs and Co. 1894［1893］.

［Robert, Thom］, 意拾喩言 *Esop's Fables*, Written in Chinese by the Learned Mun Mooy See-Shang, and Compiled in Their Present Form (With a Free and a Literal Translation) by His Pupil Sloth, [S.l.]: The Canton Press office, 1840.

尹致昊《ユンチホ》『尹致昊日記』一―一一（국사편찬위원회、一九七四―八九年）

尹致昊『尹致昊書簡集』（국사편찬위원회、一九八〇年）

一―二［実録・公文書・新聞・雑誌・宣言書など。刊行地域別］

・日本

［公文書］

外務省（編）『日本外交文書』第一四巻（日本連合協会発行、一八八一年）

［雑誌］

『同人社文学雑誌』（一八七六年七月―八三年五月）

・朝鮮

［実録・公文書］

『官報』［大韓帝国期の官報］

『教科用図書一覧』［朝鮮総督府の学部編集局編纂］

『高宗純宗実録』［朝鮮王朝の高宗・純宗代の実録］

『承政院日記』［朝鮮王朝の王命・行政事務の記録］

『朝鮮王朝実録』［実録］

『駐朝日本公使館記録』

『日省録』［朝鮮王朝の王の政務・様子などの記録］

［雑誌］
『英語文学』（一九三二年六月—？）
『協成会会報』（一八九八年一月—四月）
『三千里』（一九二九年六月—四二年七月）
『少年』（一九〇八年一一月—一一年五月）
『新民』（一九二五年五月—三二年六月）
『西北学会月報』（一九〇八年六月—一〇年一月）
『大韓自強会月報』（一九〇六年七月—〇七年七月）
『大韓留学生学報』（一九〇七年三月、五月）
『大東学会月報』（一九〇八年二月—〇九年九月）
『東洋之光』（一九三九年七月—四五年五月）
『別乾坤』（一九二六年一一月—三四年六月）
The Korean Repository, Vol. 5–12 (Seoul: The Trilingual Press, December 1898)

［新聞］
『皇城新聞』（一八九八年九月—一九一〇年九月）
『国民新報』（一九三九年四月—四二年八月）
『新韓国報』（一九〇九年二月—一三年八月）
『大韓毎日申報』（一九〇四年七月—一〇年八月）
『独立新聞』（一八九六年四月—九九年一二月）
『毎日申報』（一九一〇年八月—四五年八月）

［教科書］
『新訂尋常小学』（一八九六年）

［宣言書］
「己未独立宣言書」（一九一九年三月）
「二・八独立宣言書」（一九一九年二月）

・アメリカ
The Gospel in All Lands, June 1887 (New York: Methodist Episcopal Church Missionary Society. June 1887)

一—三［辞典および事典類］

・日本語関連辞典および事典
イーストレーキ・棚橋一郎（共訳）『ウエブスター氏新刊大辞書　和訳字彙』（三省堂、一八八八年）［［復刻版］『近代日本英学資料』第四巻（ゆまに書房、一九九五年）］
石塚正英・柴田隆行（監修）『哲学・思想翻訳語事典』（論創社、二〇〇三年）
井上哲次郎『哲学字彙』（東京大学三学部、一八八一年）［［影印本］飛田良文（編）『哲学字彙訳語総索引』（笠間書院、一九七九年）］
柴田昌吉・子安峻『附音挿図　英和字彙』（日就社、一八七三年）
島田豊（纂訳）『附音挿図　和訳英字彙』（大倉書店、一八八八年）［［復刻版］『近代日本英学資料』第九巻（ゆまに書房、一九九五年）］
日本基督教協議会文書事業部キリスト教大辞典編集委員会『キリスト教大事典』（教文館、一九六八年［一九六三年］）
ヘボン（ジェームス・カーティス）『和英語林集成——初版・再版・三版対照総索引』（飛田良文・李漢燮編集、港の人、二〇〇一年）
堀達之助（訳編）『英和対訳袖珍辞書』（［出版者不明］、文久二年［一八六二年］）［［復刻版］杉本つとむ（編）『江戸時代翻訳日本語辞

典』（早稲田大学出版部、一九八一年）〕

・朝鮮語関連辞典および事典

민족문제연구소（民族問題研究所）（編）『친일인명사전（親日人名事典）』（민족문제연구소、二〇〇九年）

Gale, James Scarth, *A Korean-English Dictionary*. Yokohama: Kelly & Walsh, 1897.

Les Missionaires de Corée de la Société des Missions Étrangère de Paris (Ridel, Félix Clair), *Dictionnaire Coréen-Français*. Yokohama: C. Lévy Imprimeur-Libraire, 1880.

Scott, James, *English-Corean Dictionary: Being a Vocabulary of Corean Colloquial Words in Common Use*. Corea: Church of England Mission Press. 1891.

Underwood, Horace Grant, *A Concise Dictionary of the Korean Language*, Yokohama: Kelly & Walsh; London: Trübner & Co., 1890〔[復刻版]西洋語資料叢書編纂委員会（編）『近世東亜細亜西洋語資料叢書』第一九八巻（景仁文化社、二〇〇四年）〕.

・中国語関連辞典

ロブシャイド（ウィリアム）『英華字典』（Daily press、一八六八年）

ロブシャイド（ウィリアム）『英華和訳辞典』（中村敬宇校正、山内輹、一八七九年）〔[復刻版]那須雅之監修『近代英華・華英辞書集成』第一巻―第六巻（大空社、一九九八年）〕

ロブシャイド（ウィリアム）『訂増　英華辞典』（井上哲次郎訂増、藤本次右衛門、一八八四年）〔[復刻版]『近代日本英学資料』第八巻（ゆまに書房、一九九五年）〕

・英語関連辞典

Webster, Noah, *An American Dictionary of the English Language: Thoroughly Revised and Greatly Enlarged and Improved by Chauncey A. Goodrich and Noah Porter*. Springfield, Mass.: G. & C. Merriam. 1865 & 1885.

二　二次資料

二―一　［単行本］

・日本語文献

青木功一『福澤諭吉のアジア』（慶應義塾大学出版会、二〇一一年）

アガンベン（ジョルジョ）『ホモ・サケル――主権権力と剝き出しの生』（高桑和巳訳、以文社、二〇〇三年）

浅見雅一・安廷苑《アンジョンウォン》『韓国とキリスト教――いかにして「国家的宗教」になりえたか』（中公新書、中央公論新社、二〇一二年）

安西敏三『福澤諭吉と自由主義――個人・自治・国体』（慶應義塾大学出版会、二〇〇七年）

アンダーソン（ベネディクト）『定本 想像の共同体――ナショナリズムの起源と流行』（白石隆・白石さや訳、書籍工房早山、二〇〇一年〔二〇〇七年〕）

李省展《イソンジョン》『アメリカ人宣教師と朝鮮の近代――ミッションスクールの生成と植民地下の葛藤』（社会評論社、二〇〇六年）

イ・ヨンスク『「国語」という思想――近代日本の言語認識』（岩波書店、一九九六年）

イ・ヨンスク『「ことば」という幻影――近代日本の言語イデオロギー』（明石書店、二〇〇九年）

板垣竜太『朝鮮近代の歴史民族誌――慶北尚州の植民地経験』（明石書店、二〇〇八年）

井上勝也『新島襄――人と思想』（晃洋書房、一九九〇年）

岩堀行宏『英和・和英辞典の誕生――日欧言語文化交流史』(図書出版社、一九九五年)
植村邦彦『「近代」を支える思想――市民社会・世界史・ナショナリズム』(ナカニシヤ出版、二〇〇一年)
榎本泰子『上海――多国籍都市の百年』(中公新書、二〇〇九年)
汪暉『近代中国思想の生成』(石井剛訳、岩波書店、二〇一一年)
大澤真幸『ナショナリズムの由来』(講談社、二〇〇七年)
岡澤憲一郎『マックス・ウェーバーとエートス』(文化書房博文社、一九九〇年)
岡本隆司『属国と自主のあいだ――近代清韓関係と東アジアの命運』(名古屋大学出版会、二〇〇五年)
岡本隆司『世界のなかの日清韓関係史――交隣と属国、自主と独立』(講談社、二〇〇八年)
岡本隆司『李鴻章――東アジアの近代』(岩波新書、二〇一一年)
小川原正道『日本の戦争と宗教一八九九―一九四五』(講談社選書メチエ、二〇一四年)
荻原隆『中村敬宇研究――明治啓蒙思想と理想主義』(早稲田大学出版部、一九九〇年)
重田園江『社会契約論――ホッブズ、ヒューム、ルソー、ロールズ』(ちくま新書、二〇一三年)
加藤周一・丸山眞男(校注)『翻訳と思想』(日本近代思想大系一五、岩波書店、一九九一年)
金谷治『孟子』(岩波新書、二〇一五年[一九六六年])
川合康三『桃源郷――中国の楽園思想』(講談社、二〇一三年)
川瀬貴也『植民地朝鮮の宗教と学知――帝国日本の眼差しの構築』(青弓社、二〇〇九年)
川本皓嗣・松村昌家(編)『ヴィクトリア朝英国と東アジア』(思文閣出版、二〇〇六年)
姜在彦《カンジェオン》『朝鮮の開化思想』(『姜在彦著作選』三、明石書店、一九九六年)
木下隆男『評伝尹致昊――「親日」キリスト者による朝鮮近代六〇年の日記』(明石書店、二〇一七年)
金成恩《キムソンウン》『宣教と翻訳――漢字圏・キリスト教・日韓の近代』(東京大学出版会、二〇一三年)
金杭《キムハン》『帝国日本の閾――生と死のはざまに見る』(岩波書店、二〇一〇年)
木村幹『朝鮮/韓国ナショナリズムと「小国」意識――朝貢国から国民国家へ』(ミネルヴァ書房、二〇〇〇年)
キリスト教史学会(編)『宣教師と日本人――明治キリスト教史における受容と変容』(教文館、二〇一四年[二〇一二年])
ケニヨン(ジョン)『近代イギリスの歴史家たち――ルネサンスから現代へ』(今井宏・大久保桂子訳、ミネルヴァ書房、一九八八年)
小泉仰『福沢諭吉の宗教観』(慶應義塾大学出版会、二〇〇二年)
黄俊傑『東アジア思想交流史――中国・日本・台湾を中心として』(藤井倫明・水口幹記訳、岩波書店、二〇一三年)
神山四郎『比較文明と歴史哲学』(刀水書房、一九九五年)
小島義郎『英語辞書の変遷――英・米・日本を併せ見て』(研究社、一九九九年)
小堀桂一郎『イソップ寓話』(講談社、二〇〇一年[一九七八年])
駒込武『植民地帝国日本の文化統治』(岩波書店、一九九六年)
小森陽一『日本語の近代』(岩波書店、二〇〇〇年)
子安宣邦『「アジア」はどう語られてきたか――近代日本のオリエンタリズム』(藤原書店、二〇〇三年)
齋藤純一『公共性』(岩波書店、二〇〇〇年)
齋藤希史『漢文脈の近代――清末=明治の文学圏』(名古屋大学出

版会、二〇〇五年）
齋藤希史『漢文脈と近代日本――もう一つのことばの世界』（ＮＨＫブックス、二〇〇七年）
齋藤希史『漢文スタイル』（羽鳥書店、二〇一〇年）
齋藤希史『漢詩の扉』（角川学芸出版、二〇一三年）
齋藤希史『漢字世界の地平――私たちにとって文字とは何か』（新潮社、二〇一四年）
酒井直樹『死産される日本語・日本人――「日本」の歴史―地政的配置』（新曜社、一九九六年）
酒井直樹『日本思想という問題――翻訳と主体』（岩波書店、二〇〇七年）
相良亨『日本の儒教Ⅱ』（相良亨著作集二、ぺりかん社、一九九六年）
佐々木毅・金泰昌編『公と私の思想史』（東京大学出版会、二〇〇一年）
佐々木武・田中秀夫（編著）『啓蒙と社会――文明観の変容』（京都大学学術出版会、二〇一一年）
佐谷眞木人『日清戦争――「国民」の誕生』（講談社現代新書、二〇〇九年）
塩川伸明『民族とネイション――ナショナリズムという難問』（岩波新書、二〇〇八年）
島田虔次『朱子学と陽明学』（岩波新書、一九六七年）
清水光雄『ジョン・ウェスレーの宗教思想』（日本基督教団出版局、一九九二年）
清水光雄『メソジストって何ですか――ウェスレーが私たちに訴えること』（教文館、二〇〇七年）
シュミット（カール）『現代議会主義の精神史的地位』（稲葉素之訳、みすず書房、二〇一三年［一九七二年］）
ジュリアン（フランソワ）『道徳を基礎づける――孟子vsカント・ルソー・ニーチェ』（中島隆博・志野好伸訳、講談社現代新書、二〇〇二年）
白井堯子『福沢諭吉と宣教師たち――知られざる明治期の日英関係』（未来社、一九九九年）
杉本つとむ『日本英語文化史の研究』（八坂書房、一九九九年［一九八五年］）
孫歌『竹内好という問い』（岩波書店、二〇〇五年）
高崎宗司『植民地朝鮮の日本人』（岩波新書、二〇〇二年）
高崎宗司『津田仙評伝』（草風館、二〇〇八年）
高橋哲哉『教育と国家』（講談社現代新書、二〇〇四年）
高橋昌郎『中村敬宇』（吉川弘文館、一九六六年）
竹内洋『増補版 立身出世主義』（世界思想社、二〇〇五年［一九九七年］）
竹内好『日本とアジア』（ちくま学芸文庫、一九九三年）
田中浩『日本リベラリズムの系譜――福沢諭吉・長谷川如是閑・丸山真男』（朝日新聞社、二〇〇〇年）
田保橋潔『近代日朝関係の研究』（朝鮮総督府中枢院、一九四〇年）
趙景達《チョキョンダル》『植民地期朝鮮の知識人と民衆――植民地近代性論批判』（有志舎、二〇〇八年）
趙景達『近代朝鮮と日本』（岩波新書、二〇一二年）
趙景達『植民地朝鮮と日本（岩波新書、二〇一三年）
趙景達ほか編『文明と伝統社会――一九世紀中葉―日清戦争』（『講座　東アジアの知識人』第一巻、有志舎、二〇一三年）
沈国威『改訂新版　近代日中語彙交流史――新漢語の生成と受容』（笠間書院、二〇〇八年［一九九四年］）
月脚達彦『朝鮮開化思想とナショナリズム――近代朝鮮の形成』（東京大学出版会、二〇〇九年）

月脚達彦『福沢諭吉と朝鮮問題——「朝鮮改造論」の展開と蹉跌』（東京大学出版会、二〇一四年）
月脚達彦『福沢諭吉の朝鮮——日朝清関係のなかの「脱亜」』（講談社選書メチエ、二〇一五年）
土屋博政『ユニテリアンと福沢諭吉』（慶應義塾大学出版会、二〇〇四年）
テイラー（チャールズ）『近代——想像された社会の系譜』（上野成利訳、岩波書店、二〇一一年）
東方敬信『文明の衝突とキリスト教——文化社会倫理学的考察』（教文館、二〇一一年）
徳善義和『マルチン・ルター——生涯と信仰』（教文館、二〇〇七年）
徳善義和『マルティン・ルター——ことばに生きた改革者』（岩波新書、二〇一二年）
徳善義和・百瀬文晃（編）『カトリックとプロテスタント——どこが同じで、どこが違うか』（教文館、一九九八年）
中島隆博『残響の中国哲学——言語と政治』（東京大学出版会、二〇〇七年）
中島隆博『共生のプラクシス——国家と宗教』（東京大学出版会、二〇一一年）
中島隆博・本間次彦・林文孝『コスモロギア——天・化・時』（中島隆博編、法政大学出版局、二〇一五年）
長田彰文『日本の朝鮮統治と国際関係——朝鮮独立運動とアメリカ　一九一〇—一九二二』（平凡社、二〇〇五年）
中務哲郎『イソップ寓話の世界』（ちくま新書、一九九六年）
永野善子（編）『植民地近代性の国際比較——アジア・アフリカ・ラテンアメリカの歴史経験』（御茶の水書房、二〇一三年）
並木頼寿『東アジアに「近代」を問う』（研文出版、二〇一〇年）
成田龍一『近現代日本史と歴史学——書き替えられてきた過去』（中公新書、二〇一二年）
南原繁『国家と宗教——ヨーロッパ精神史の研究』（岩波書店、一九七二年）
南原繁『文化と国家』（岩波書店、一九七三年）
西田毅（編）『近代日本のアポリア——近代化と自我・ナショナリズムの諸相』（晃洋書房、二〇〇一年）
西村稔『福澤諭吉——国家理性と文明の道徳』（名古屋大学出版会、二〇〇六年）
日本近代文学館編『復刻日本の雑誌　解説』（講談社、一九八二年）
野間秀樹『ハングルの誕生——音から文字を創る』（平凡社新書、二〇一〇年）
野村誠『ウェスレーの神学思想——一八世紀英国民衆とメソジズム』（白順社、一九九八年）
ハーバーマス（ユルゲン）『近代　未完のプロジェクト』（岩波現代文庫、二〇〇一年［二〇〇〇年］）
ハーバーマス（ユルゲン）『公共性の構造転換——市民社会の一カテゴリーについての探究』（細谷貞雄・山田正行訳、未來社、二〇一三年［一九七三年］）
波田野節子『李光洙『無情』の研究——韓国啓蒙文学の光と影』（白帝社、二〇〇八年）
波田野節子『韓国近代作家たちの日本留学』（白帝社、二〇一三年）
早川勇『ウェブスター辞書の系譜』（辞游社、二〇〇四年）
早川勇『ウェブスター辞書と明治の知識人』（春風社、二〇〇七年）
原武史『直訴と王権——朝鮮・日本の「一君万民」思想史』（朝日新聞社、一九九六年）
原田敬一『日清・日露戦争』（岩波新書、二〇〇七年）
坂野潤治『近代日本の外交と政治』（研文出版、一九八五年）

ピーター・ハンド（編）『子どもの本の歴史』（さくまゆみこ・福本友美子・こだまともこ共訳、柏書房、二〇〇一年）
兵藤裕己『〈声〉の国民国家・日本』（ＮＨＫブックス、日本放送出版協会、二〇〇〇年）
平石直昭・金泰昌（編）『知識人から考える公共性』（東京大学出版会、二〇〇六年）
平川祐弘『マッテオ・リッチ伝』（東洋文庫、平凡社、一九六九―九七年）
平川祐弘『天ハ自ラ助クルモノヲ助ク――中村正直と「西国立志編」』（名古屋大学出版会、二〇〇六年）
夫馬進（編）『中国東アジア外交交流史の研究』（京都大学学術出版会、二〇〇七年）
ペルチンスキー（Z. A.）・グレイ（J.）（編）『自由論の系譜――政治哲学における自由の観念』（飯島昇藏・千葉眞ほか共訳、行人社、二〇〇六年［一九八七年］）
保坂忠信『評伝 永峰秀樹』（リーベル出版、一九九〇年）
堀内一史『アメリカと宗教――保守化と政治化のゆくえ』（中央公論新社、二〇一〇年）
ホルクハイマー（マックス）・アドルノ（テオドール）『啓蒙の弁証法――哲学的断想』（徳永恂訳、岩波文庫、二〇〇七年）
洪宗郁《ホンジョンウク》『戦時期朝鮮の転向者たち――帝国／植民地の統合と亀裂』（有志舎、二〇一一年）
前田愛『近代読者の成立』（岩波現代文庫、二〇〇一年［一九七三年］）
松沢弘陽『近代日本の形成と西洋経験』（岩波書店、一九九三年）
松本健一『竹内好「日本のアジア主義」精読』（岩波現代文庫、二〇〇〇年）
松本三之介『明治思想における伝統と近代』（東京大学出版会、一九九六年）
松本三之介『近代日本の中国認識』（以文社、二〇一一年）
丸山眞男『「文明論之概略」を読む』（岩波新書、一九八六年）
丸山眞男・加藤周一『翻訳と日本の近代』（岩波新書、一九九八年）
丸山眞男『福沢諭吉の哲学』（松沢弘陽編、岩波文庫、二〇〇一年）
丸山眞男『日本政治思想史研究』（東京大学出版会、二〇〇四年［一九五二年］）
水野直樹『創氏改名――日本の朝鮮支配の中で』（岩波新書、二〇〇八年）
溝口雄三『方法としての中国』（東京大学出版会、一九八九年）
溝口雄三『中国の公と私』（研文出版、一九九五年）
溝口雄三『公私』（三省堂、一九九六年）
溝口雄三・池田知久・小島毅『中国思想史』（東京大学出版会、二〇一一年［二〇〇七年］）
三ツ井崇『朝鮮植民地支配と言語』（明石書店、二〇一〇年）
宮田和子『英華辞典の総合的研究――一九世紀を中心として』（白帝社、二〇一〇年）
宮田節子『朝鮮民衆と「皇民化」政策』（未来社、一九八五年）
宮田光雄『キリスト教思想史研究』（創文社、二〇〇八年）
村田雄二郎、C・ラマール（編）『漢字圏の近代――ことばと国家』（東京大学出版会、二〇〇五年）
森本あんり『アメリカ・キリスト教史――理念によって建てられた国の軌跡』（新教出版社、二〇〇六年）
柳父章『翻訳語成立事情』（岩波新書、一九八二年）
柳父章『「ゴッド」は神か上帝か』（岩波現代文庫、二〇〇一年［一九八六年］）
山下龍二『儒教と日本』（研文社、二〇〇一年）
山室信一『思想課題としてのアジア――基軸・連鎖・投企』（岩波書

店、二〇〇一年）
尹健次《ユンコンチャ》『民族幻想の蹉跌——日本人の自己像』（岩波書店、一九九四年）
尹健次『日本国民論——近代日本のアイデンティティ』（筑摩書房、一九九七年）
横山宏章『孫文と袁世凱』（岩波書店、一九九六年）
米谷匡史『アジア／日本』（岩波書店、二〇〇六年）
渡辺浩『近世日本社会と宋学』（東京大学出版会、二〇一〇年［一九八五年］）
渡辺浩『日本政治思想史——十七—十九世紀』（東京大学出版会、二〇一〇年）

・朝鮮語文献
李光麟《イグァンニン》『開化期研究』（一潮閣、一九九四年）
李光麟『한국개화사 연구（韓国開化史研究）』（一潮閣、一九九九年［一九六九年］）
李祥賢《イサンヒョン》『한국 고전번역가의 초상——게일의 고전학 담론과 고소설 번역의 지평（韓国古典翻訳家の肖像——ゲールの古典学の談論と古小説翻訳の地平）』（소명출판、二〇一二年）
李澤厚『중국근대사상사론（中国近代思想史論）』（林春城《イミチュンソン》訳、한길사、二〇〇五年）
이나미《イナミ》『한국 자유주의의 기원（韓国自由主義の起源）』（책세상、二〇〇一年）
이방원《イバンウォン》『한말 정치변동과 중추원（韓末政治変動と中枢院）』（혜안、二〇一〇年）
李秉根《イビョングン》『한국어 사전의 역사와 방향（韓国語の辞典の歴史と方向）』（태학사、二〇〇〇年）
李秉根ほか『한국 근대초기의 언어와 문학（韓国近代初期の言語と文学）』（서울대학교출판부、二〇〇五年）
林志弦《イムジヒョン》・李成市《イソンシ》（編）『국사의 신화를 넘어서（国史の神話を超えて）』（휴머니스트、二〇〇四年）
林熒澤《イムヒョンテク》『한국문학사의 시선（韓国文学史の視線）』（창작과비평사、一九八四年）
林熒澤『문명의식과 실학——한국 지성사를 읽다（文明意識と実学——韓国知性史を読む）』（돌베개、二〇〇九年）
林熒澤・韓基亨《ハンギヒョン》・류준필《リュジュンピル》・이혜령《イヘリョン》（編）『흔들리는 언어들——언어의 근대와 국민국가（揺れる言語たち——言語の近代と国民国家）』（成均館大学出版会、二〇〇八年）
呉尚學《オサンハク》『조선시대 세계지도와 세계인식（朝鮮時代の世界地図と世界認識）』（창비、二〇一一年）
강정인《カンジョンイン》・김용민《キムヨンミン》・황태연《ファンテヨン》（編）『서양 근대 정치사——마키아벨리에서 니체까지（西洋近代政治史——マキャベリからニーチェまで）』（책세상、二〇〇九年［二〇〇七年］）
姜明官《カンミョングァン》『조선후기 여항문학 연구（朝鮮後期の閭巷文学の研究）』（창작과비평사、一九九七年）
金源模《キムウォンモ》『한미수교사——조선보빙사의 미국사행편 1883（韓美修交史——朝鮮報聘使の美国使行篇 一八八三）』（철학과현실사、一九九九年）
金源模『개화기 한미교섭관계사（開化期韓米交渉関係史）』（단국대학교출판부、二〇〇三年）
金乙漢《キムウルハン》『佐翁尹致昊伝』（을유문화사、一九七八年）
金炅一《キムギョンイル》『제국의 시대와 동아시아 연대（帝国の時代と東アジアの連帯）』（창비、二〇一一年）
金慶浩《キムギョンホ》・孫炳圭《ソンビョンギュ》（編）『전근대 동아시아 역사상의 士（前近代東アジアの歴史上の士）』（성균관대학교출판부、二〇一三年）
金京美《キムギョンミ》『한국 근대교육의 형성（韓国近代教育の形成）』（혜안、二

〇〇九年)

金相俊《キムサンジュン》『맹자의 땀 성왕의 피――중층근대와 동아시아 유교문명(孟子の汗　聖王の血――重層近代と東アジア儒教文明)』(아카넷、二〇一三年[二〇一一年])

金相俊『유교의 정치적 무의식(儒教の政治的無意識)』(글항아리、二〇一四年)

金埈亨《キムジュンヒョン》『한국 패설문학 연구(韓国稗説文学研究)』(보고사、二〇〇四年)

김슬옹《キムスルオン》『조선시대 언문의 제도적 사용 연구(朝鮮時代の諺文の制度的使用研究)』(한국문화사、二〇〇五年)

金聖培《キムソンベ》『유교적 사유와 근대 국제정치의 상상력――구한말 김윤식의 유교적 근대 수용(儒教的思惟と近代国際政治の想像力――旧韓末金允植の儒教的近代受容)』(창비、二〇〇九年)

金孝全《キムヒョジョン》『근대 한국의 국가 사상(近代韓国の国家思想)』(철학과현실사、二〇〇〇年)

金賢珠《キムヒョンジュ》『사회의 발견――식민지기「사회」에 대한 이론과 상상、그리고 실천 1910–1925(社会の発見――植民地期「社会」に対する理論と想像、そして実践 一九一〇―一九二五)』(소명출판、二〇一三年)

김명배《キムミョンベ》『개화기의 영어 이야기(開化期の英語物語)』(국제영어대학원대학교 출판부、二〇〇七年)

金明昊《キムミョンホ》『瓛齋 朴珪壽 研究』(창비、二〇〇八年)

金文植《キムムンシク》『조선후기 지식인의 대외의식(朝鮮後期知識人の対外認識)』(새문사、二〇〇九年)

金容九《キムヨング》『세계관 충돌과 한말 외교사 1866–1882(世界観衝突と韓末外交史一八六六―一八八二)』(문학과지성사、二〇〇一年)

金容九『임오군란과 갑신정변――사대질서의 변형과 한국 외교사(壬午軍乱と甲申政変――事大秩序の変形と韓国外交史)』(원、二〇〇四年)

金容九『만국공법(万国公法)』(소화、二〇〇八年)

金栄作《キムヨンザク》『한말 내셔널리즘――사상과 현실(韓末ナショナリズム――思想と現実)』(백산서당、二〇〇六年[一九八九年])

金永義《キムヨンヒ》『佐翁尹致昊先生略伝』(基督教朝鮮監理会総理院、一九三四年)

金栄敏《キムヨンミン》『문학제도 및 민족어의 형성과 한국 근대문학 1890–1945(文学制度および民族語の形成と韓国近代文学一八九〇―一九四五)』(소명출판、二〇一二年)

高永根《コヨングン》『한국의 언어연구(韓国の言語研究)』(역락、二〇〇一年)

검열연구회(検閲研究会)『식민지 검열――제도・텍스트・실천(植民地検閲――制度・テキスト・実践)』(소명출판、二〇一一年)

沈元燮《シムウォンソプ》『아베 미츠이에와 조선(阿部充家と朝鮮)』(소명출판、二〇一七年)

沈慶昊《シムギョンホ》『한국 한문기초학사(韓国漢文基礎学史)』(全三巻、태학사、二〇一二年)

申知瑛《シンジヨン》『不/在의 시대――근대계몽기 및 식민지기 조선의 연설・좌담회(不/在の時代――近代啓蒙期および植民地期の朝鮮の演説・座談会)』(소명출판、二〇一二年)

慎鏞廈《シンヨンハ》『신채호의 사회사상 연구(申采浩の社会思想研究)』(한길사、一九八四年)

慎鏞廈『독립협회연구――독립신문・독립협회・만민공동회의 사상과 운동(独立協会研究――独立新聞・独立協会・万民共同会の思想と運動)』(一潮閣、一九九三年[一九七六年])

慎鏞廈『한국 개화사상과 개화운동의 지성사(韓国開化思想と開化運動の知性史)』(지식산업사、二〇一〇年)

스톡스《ストクス》(C. D.)『미국 감리교회의 한국선교 역사 1885–1930(アメリカ・メソジスト教会の韓国宣教の歴史　一八八五―一九三〇)』

（장지철・김홍수訳、한국기독교 역사연구소、二〇一〇年）

서영희《ソヨンヒ》『대한제국 정치사 연구（大韓帝国政治史研究）』（서울대학교 출판부、二〇〇三年）

성균관대학교 BK21 동아시아학융합사업단（成均館大学校 BK21 東アジア学融合事業団）（編）『학문장（場）과 동아시아（学問場と東アジア）』（성균관대학교출판부、二〇一三年）

송호근《ソンホグン》『인민의 탄생——공론장의 구조변동（人民の誕生——公論場の構造変動）』（민음사、二〇一一年）

송호근『시민의 탄생——조선의 근대와 공론장의 지각 변동（市民の誕生——朝鮮の近代と公論場の地殻変動）』（민음사、二〇一三年）

崔徳教《チェドクギョ》『한국잡지 백년３（韓国雑誌百年　三）』（현암사、二〇〇四年）

蔡白《チェベク》『독립신문 연구（独立新聞研究）』（한나래、二〇〇六年）

좌옹 윤치호 문화사업회（佐翁 尹致昊 文化事業会）（編）『윤치호의 생애와 사상（尹致昊の生涯と思想）』（을유문화사、一九九八年）

좌옹 윤치호 문화사업회（編）・金永羲（著）『좌옹 윤치호 선생 약전（佐翁 尹致昊先生略伝）』（좌옹윤치호문화사업위원회、一九九九年［一九三四年］）

曺南鉉《チョナムヒョン》『한국 현대 소설사（韓国現代小説史）』（全二巻、문학과지성사、二〇一二年）

曺南鉉『한국문학잡지사상사（韓国文学雑誌思想史）』（서울대학교 출판문화원、二〇一二年）

千政煥《チョンジョンファン》『근대의 책 읽기——독자의 탄생과 한국 근대문학（近代の読書——読者の誕生と韓国近代文学）』（푸른역사、二〇〇三年）

千政煥『대중지성의 시대——새로운 지식문화사를 위하여（大衆知性の時代——新たな知識の文化史のために）』（푸른역사、二〇〇八年）

全英雨《チョンヨンウ》『한국근대토론의 사적 연구（韓国近代討論の史的研究）』（一志社、一九九一年）

鄭容和《チョンヨンファ》『문명의 정치사상——유길준과 근대한국（文明の政治思想——兪吉濬と近代韓国）』（문학과지성사、二〇〇四年）

동아일보사（東亜日報社）『일제하의 금서33권（日政下の禁書三三巻）』（『新東亜』別冊付録、一九九七年一月）

동국대학교 문화학술원 한국문화연구소（東国大学校 文化学術院 韓国文化研究所）（編）『식민지시기 검열과 한국문화（植民地期の検閲と韓国文化）』（東国大学校出版部、二〇一〇年）

盧大煥《ノデファン》『동도서기론 형성 과정 연구（東道西器論の形成過程研究）』（일지사、二〇〇五年）

朴珍英《パクジニョン》『번역과 번안의 시대（翻訳と翻案の時代）』（소명출판、二〇一一年）

朴枝香《パクジヒャン》『윤치호의 협력일기—어느 친일 지식인의 독백（尹致昊の協力日記——ある親日知識人の独白）』（이숲、二〇一〇年）

朴賛勝《パクチャンスン》『한국 근대 정치사상사연구——민족주의 우파의 실력양성운동론（韓国近代政治思想史研究——民族主義右派の実力養成運動論）』（역사비평사、一九九二年）

朴賛勝『민족・민족주의（民族・民族主義）』（소화、二〇一〇年）

朴明圭《パクミョンギュ》『국민・인민・시민——개념사로 본 한국의 정치주체（国民・人民・市民——概念史からみた韓国の政治主体）』（소화、二〇〇九年）

咸苔英《ハムテヨン》『1910년대 소설의 역사적 의미（一九一〇年代における小説の歴史的意味）』（소명출판、二〇一五年）

韓基亨《ハンギヒョン》『한국 근대소설의 시각（韓国近代小説の視覚）』（소명출판、一九九九年）

한국동양정치사상사학회（韓国東洋政治思想史学会）（編）『한국정치

사상사――단군에서 해방까지（韓国政治思想史――檀君から解放まで）』（백산서당、二〇〇五年）
韓成愚《ハンソンウ》『근대 이행기 동아시아의 언어 지식――지석영 편찬『児学編』의 언어 자료（近代移行期における東アジアの言語知識――池錫永編纂の『児学編』の言語資料）』（인하대학교출판부、二〇一〇年）
부산대학교 점필재연구소 고전번역학센터（釜山大学校 佔畢齋研究所古典翻訳学センター）（編）『동아시아、근대를 번역하다――문명의 전환과 고전의 발견（東アジア、近代を翻訳する――文明の転換と古典の発見）』（점필재、二〇一三年）
黄仁徳《ファンインドク》『한국기록소화사론（韓国記録笑話史論）』（태학사、一九九九年）
黄鎬徳《ファンホトク》『근대 네이션과 그 표상들（近代ネーションとその表象たち）』（소명출판、二〇〇五年）
黄鎬徳・李祥賢『개념과 역사、근대 한국의 이중어사전［연구편］（概念と歴史、近代韓国の二重語辞典［研究編］）』（박문사、二〇一二年）
白永瑞《ペクヨンソ》『핵심현장에서 동아시아를 다시 묻다（核心現場で東アジアを問い直す）』（창비、二〇一三年）
白楽濬《ペクナクチュン》『韓国改新教史 1832–1910』（延世大学校出版部、一九七三年）
許敬震《ホギョンジン》（編）『윤치호의 우순소리 연구（尹致昊のウスンソリ研究）』（보고사、二〇一〇年）
허재영《ホジェヨン》『근대 계몽기 어문 정책과 국어 교육（近代啓蒙期の語文政策と国語教育）』（보고사、二〇一〇年）
梁賢恵《ヤンヒョンヘ》『윤치호와 김교신――근대 조선의 민족적 아이덴티티와 기독교（尹致昊と金教臣、その親日と抗日の論理――近代朝鮮における民族的アイデンティティとキリスト教）』（한울아카데미、二〇〇九年［一九九四年］）
梁賢恵『근대 한・일 관계사 속의 기독교（近代韓日関係史のなかのキリスト教）』（이화여자대학교출판부、二〇〇九年）
육당연구학회（六堂研究学会）（編）『최남선 다시 읽기――최남선으로 바라본 근대 한국학의 탄생（崔南善［を］読み直す――崔南善から見た近代韓国学の誕生）』（현실문화、二〇〇九年）
柳永益《ユヨンイク》『甲午更張研究』（一潮閣、一九九七年［一九九〇年］）
柳永烈《ユヨンニョル》『개화기의 윤치호 연구（開化期の尹致昊研究）』（景仁文化社、二〇一一年［一九八五年］）
尹慶老《ユンギョンノ》『105 인사건과 신민회 연구（一〇五人事件と新民会研究）』（일지사、一九九〇年）
尹慶老『한국 근대사의 기독교사적 이해（韓国近代史のキリスト教的理解）』（역민사、二〇〇三年［一九九二年］）
尹海東《ユンヘドン》『식민지의 회색지대（植民地の灰色地帯）』（역사비평사、二〇〇三年）
柳時賢《リュシヒョン》『최남선 연구――제국의 근대와 식민지의 문화（崔南善研究――帝国の近代と植民地の文化）』（역사비평사、二〇〇九年）
류대영《リュデヨン》『초기 미국 선교사 연구 1884–1910（初期アメリカ宣教師研究一八八四―一九一〇）』（한국기독교 역사연구소、二〇一三年［二〇〇一年］）
류대영『개화기 조선과 미국 선교사――제국주의 침략、개화자강、그리고 미국선교사（開化期朝鮮とアメリカ宣教師――帝国主義侵略、開化自強、そしてアメリカ宣教師）』（한국기독교 역사연구소、二〇一三年［二〇〇四年］）
류대영『한국 근현대사와 기독교（韓国近現代史とキリスト教）』（푸른역사、二〇一四年［二〇〇九年］）

・英語文献

Ching, Leo T. S., *Becoming "Japanese": Colonial Taiwan and the Politics of Identity Formation*. Berkeley, Los Angeles and London: University of California Press, 2001.

Dong-no, Kim, John B. Duncan, and Kim Do-hyun, eds., *Reform and Modernity in the Teahan Empire*. Seoul: Jimoondang, 2006.

Finch, Michael, *Min Yŏng-Hwan: A Political Biography*. Hawai'i: University of Hawai'i Press, 2002.

Gi-Wook, Shin, and Michael Robinson, eds., *Colonial Modernity in Korea*. 2nd ed. Cambridge (Mass.) and London: Harvard University Asia Center, 2001.

Hardy, A. S., *Life and Letters of Joseph Hardy Neesima*. Boston and New York: Houghton, Mifflin and Company, 1891.

Hobsbawm, Eric, and Terence Ranger, eds., *The Invention of Tradition*. Canto ed. Cambridge: Cambridge University Press, 2006 [1983].

Hui, Wang, *The End of the Revolution: China and the Limits of Modernity*. London and New York: Verso, 2009.

Keevak, Michael, *Becoming Yellow: A Short History of Racial Thinking*. Princeton and Oxford: Princeton University Press, 2011.

Losurdo, Domenico, *Liberalism: A Counter-History*. Trans. By Gregory Elliott. London and New York: Hawkes Verso, 2014 [2011].

Schmid, Andre, *Korea between Empires 1895–1919*. New York: Columbia University Press, 2002.

Smith, Anthony D., *The Ethnic Origins of Nations*. Oxford and Cambridge: Blackwell, 1986.

Tanaka, Stefan, *Japan's Orient: Rendering Pasts into History*. Berkeley and Los Angeles: University of California Press, 1993.

Wells, Kenneth M., *New God, New Nation: Protestants and Self-reconstruction Nationalism in Korea, 1896–1937*. North Sydney: Allen & Unwin, 1990.

二―二［単行本、雑誌等所収論文］

・日本語文献

内田慶市「イソップの東漸」内田慶市ほか『文化の翻訳あるいは周縁の詩学』（水声社、二〇一二年）、二五―四五頁

荻野富士夫「山縣悌三郎小論」山縣悌三郎『児孫の為めに　余の生涯を語る――山縣悌三郎』（弘隆社、一九八七年）、一九三―二一〇頁

加藤周一「明治初期の文体」加藤周一・前田愛（校注）『文体』（『日本近代思想大系』一六、岩波書店、一九八九年）、四四九―四八一頁

加藤周一「明治初期の翻訳――何故・何を・如何に訳したか」加藤周一（編）・丸山眞男（校訂）『翻訳の思想』（『日本近代思想大系』一五、岩波書店、一九九一年）、三四二―三八〇頁

木下隆男「親日と愛国――『尹致昊日記』抄一―三二」『現代コリア』四四四号―四七六号（現代コリア研究所、二〇〇四年九月―二〇〇七年一一月）

齋藤希史「漢字圏としての東アジア」『大航海』六六号（新書館、二〇〇八年）、七七―八五頁

孫正権《ソンジョンクォン》「近代国民国家論としての植民地ナショナリズム――尹致昊のネーション認識論理を中心として」『日語日文学』第三八巻（大韓日語日文学会、二〇〇八年）、二〇五―二二二頁

趙景達《チョキョンダル》「朝鮮における大国主義と小国主義の相克――初期開化派の思想」『朝鮮史研究会論文集』第二二集（朝鮮史研究会、一九八五年）、六一―九一頁

趙景達「朝鮮近代のナショナリズムと文明」『思想』第八〇八号（岩

波書店、一九九一年)、一一四―一三八頁

外村大「植民地に生きた朝鮮人にとっての日本――民族指導者尹致昊の日記から見えてくるもの」『日本の科学者』第四五集第一二号(日本科学者会議、二〇一〇年)、七〇四―七〇九頁

並木真人「朝鮮における「植民地近代性」・「植民地公共性」・対日協力――植民地政治史・社会史研究のための予備的考察」『国際交流学部紀要』第五号(フェリス女学院大学 国際交流学部、二〇〇三年三月)、一―四二頁

並木真人「植民地期朝鮮における「公共性」の検討」三谷博(編)『東アジアの公論形成』(東京大学出版会、二〇〇四年)、一九七―二二一頁

松本三之介「新しい学問の形成と知識人――阪谷素・中村敬宇・福澤諭吉を中心に」松本三之介・山室信一(校注)『学問と知識人』(『日本近代思想大系』一〇、岩波書店、一九八八年)、四一四―四六五頁

三谷博「「アジア」概念の受容と変容――地理学から地政学へ」渡辺浩・朴忠錫編『韓国・日本・「西洋」――その交錯と思想変容』(慶應義塾大学出版会、二〇〇五年)、一八九―二三七頁

安田浩「近代日本における『民族』概念の形成――国民・臣民・民族」『思想と現代』三一号(白石書店、一九九二年九月)、六一―七二頁

尹海東《ユンヘドン》「植民地認識の「グレーゾーン」――日帝下の「公共性」と規律権力」藤井たけし訳、『現代思想』第三〇―六号(青土社、二〇〇二年五月)、一三二―一四七頁

・朝鮮語文献

안신《アンシン》「좌옹 윤치호의 종교경험과 종교론――종교현상학적 해석(佐翁尹致昊の宗教経験と宗教論――宗教現象学的解釈)」『한국기독교와 역사』第二七巻(한국기독교역사연구소、二〇〇七年)、四五―六九頁

안신「개종에서 변혁으로――좌옹 윤치호의 기독교 선교사상에 대한 연구(改宗から変革へ――佐翁尹致昊のキリスト教宣教師層に対する研究)」『선교신학』第一七輯(한국선교신학회、二〇〇八年)、一―一三頁

안신「정약용과 윤치호의 종교관 비교연구――초기 천주교인과 개인교인의 신앙유형을 중심으로(丁若鏞と尹致昊の宗教観比較研究――初期天主教人と改新教人の信仰類型を中心に)」『교회사학』第八輯第一号(한국기독교회사학회、二〇〇九年)、一四三―一六六頁

안신「윤치호의 선교사상과 에딘버러선교대회――한국적 선교신학의 가능성(尹致昊の宣教思想とエディンバラ宣教大会――韓国的宣教神学の可能性)」『선교신학』第二四輯(한국기독교학회 선교신학회、二〇一〇年)、一―一八頁

李起勇《イギヨン》「유길준과 복택유길의 정치론 비교연구――한・일 근대화 방향차이를 중심으로(兪吉濬と福沢諭吉の政治論比較研究――韓日の近代化の方向差異を中心に)」『한일관계사연구』第一三輯(한일관계사학회、二〇〇〇年)、四五―九六頁

李光麟《イグァンニン》「구한말 노령 이주민의 한국정계 진출에 대하여――김학우의 활동을 중심으로(旧韓末の露領における移住民の韓国政界の進出について――金鶴羽の活動を中心に)」『역사학보』第一〇八輯(역사학회、一九八五年)、五一―八六頁

李光麟「윤치호의 일본유학(尹致昊の日本留学)」『동방학지』第五九輯(연세대학교 국학연구원、一九八八年)、一七一―一九一頁

이정옥《イジョンオク》「애국계몽기 연설과 토론의 수용 과정(愛国啓蒙期における演説と討論の受容過程)」『현대문학이론연구』第四三輯(현대문학이론학회、二〇一〇年)、一七五―一九七頁

이정옥「근대 초기 회의 규범의 수용과정(1)──『의회통용규칙』을 중심으로(近代初期会議規範の受容過程(一)──『議会通用規則』を中心に)」『한국문학논총』第五九輯(한국문학회、二〇一一年)、三七九─四〇九頁

이정옥「1900 년대 후반기 대중연설의 확산과정과 연설문의 양상(一九〇〇年代後半期における大衆演説の拡散過程と演説文の様相)」『서강인문논총』第三六輯(서강대학교 인문과학연구소、二〇一三年)、一〇三─一四七頁

이정옥「근대 초기 회의규범의 수용양상(2)──애국계몽기『의회통용규칙』의 수용양상을 중심으로(近代初期会議規範の受容過程(二)──愛国啓蒙期『議会通用規則』の受容様相を中心に)」『인문학연구』第四七集(조선대학교 인문학연구소、二〇一四年)、四六五─五一〇頁

李泰勳《イテフン》「한말 근대정치운동의 확산과 정치연설의 역할(韓末近代政治運動の拡散と政治演説の役割)」『역사문제연구』第二七号(역사문제연구소、二〇一二年)、七─三二頁

이나미《イナミ》「개화파의 공공성 논의──共治와 公心을 중심으로(開化派の公共性議論──共治と公治を中心に)」『공공사회연구』第三輯第一号(한국공공사회학회、二〇一三年)、一五〇─一八一頁

이효정《イヒョジョン》「윤치호『우순소리』소개(尹致昊『ウスンソリ』紹介)」許《ホ》敬震《ギョンジン》(編)『윤치호의『우순소리』연구(尹致昊の『ウスンソリ』研究)』(보고사、二〇一〇年)、三五─七六頁

李秉根《イビョングン》「근대국어학의 형성에 관련된 국어관──대한제국 시기를 중심으로(近代国語学の形成に関連された国語観──大韓帝国時期を中心に)」『한국문화』第三二巻(서울대학교 한국문화연구소、二〇〇三年)、一─二九頁

李美娟《イミヨン》「愛国啓蒙期 漢文教科書 研究」(부산대학교 교육대학원 한문교육전공 석사학위논문、一九九六年)、一〇一頁

李玟源《イミンウォン》「아관파천기의조노교섭──민영환 특사의 활동을 중심으로(俄館播遷期の朝露交渉──閔泳煥特使の活動を中心に)」윤병석교수화갑기념 한국근대사논총간행위원회(尹炳奭教授華甲紀念　韓国近代史論叢刊行委員会)編『한국근대사논총』(지식산업사、一九九〇年)、三四一─三六四頁

李玟源「민영환의 외교활동과 외교책(閔泳煥の外交活動と外交策)」『나라사랑』第一〇二輯(외솔회、二〇〇一年)、八九─一一四頁

李玟源「조선특사의 러시아외교와 金得鍊──니콜라이 II 황제대관식 사행을 중심으로(朝鮮特使のロシア外交と金得鍊──ニコライ二世皇帝戴冠式の使行を中心に)」『실학사상연구』第三三号(역사실학회、二〇〇七年)、二〇三─二五四頁

이영재《イヨンジェ》「조선시대 정치적 공공성의 성격 변화──〈民〉을 중심으로(朝鮮時代における政治的公共性の性格変化──〈民〉を中心に)」『정치사상연구』第一九輯(한국정치사상학회、二〇一三年)、五七─八四頁

林相錫《イムサンソク》「한문과 고전의 분리、번역과 국한문체──게일의『牖蒙千字』연구(漢文と古典の分離、翻訳と国漢文体──ゲールの『牖蒙千字』研究)」『고전과 해석』第一六輯(고전문학한문학연구학회、二〇一四年)、二九─五〇頁

우정열《ウジョンヨル》「윤치호 문명개화론의 심리와 논리──근대 자유주의 수용과 노예로의 길(尹致昊の文明開化論の心理と論理──近代自由主義の受容と奴隷への道)」『역사와 사회』第三三輯(국제문화학회、二〇〇四年)、一三一─一五八頁

禹小汀《ウソジョン》「愛国啓蒙期 漢字教材 研究」(경북대학교 교육대학원 석사학위논문、二〇〇九年)、七五頁

王賢鍾《ワンヒョンジョン》「대한제국기 입헌논의와 근대국가론──황제권과 권력구조의 변화를 중심으로(大韓帝国期における立憲議論と近代国家

論――皇帝権と権力構造の変化を中心に)」『한국문화』第二九輯(서울대학교 한국문화연구소、二〇〇二年)、二五三―二九四頁

姜聖祚《カンソンジョ》「桂庭 閔泳煥 研究」『관동사학』第二号(관동사학회、一九八四年)、三七―七〇頁

姜明官《カンミョングァン》「한문폐지론과 애국계몽기의 국・한문논쟁(漢文廃止論と愛国啓蒙期の国・漢文論争)」『한국한문학연구』第八輯(한국한문학회、一九八五年)、一九五―二五二頁

姜明官「閭巷、閭巷人、閭巷文学」『한국한문학연구』第一七号(한국한문학회、一九九四年)、四〇七―四二二頁

姜明官「전환기 한시의 변화――20세기 초기의 한시문학(転換期における漢詩の変化――二〇世紀初期の漢詩文学)」『한국한문학연구』第一九号(한국한문학회、一九九六年)、一〇一―一一二頁

姜明官「사설시조와 여항한시의 대비적 고찰(辞説時調と閭巷漢詩の対比的考察)」『한국한문학연구』第二二号(한국한문학회、一九九八年)、一三九―一六九頁

木下隆男「105 인 사건과 청년학우회 연구(一〇五人事件と青年学友会研究)」(숭실대학교 박사논문、二〇一一年、総二四九頁)

金炅一《キムギョンイル》「문명론과 인종주의、아시아 연대론――유길준과 윤치호의 비교를 중심으로(文明論と人種主義、アジア連帯論――兪吉濬と尹致昊の比較を中心に)」『사회와 역사』第七八輯(한국사회사학회、二〇〇八年)、二二九―二六七頁

金相泰《キムサンテ》「1920-1930 년대 동우회・흥업구락부 연구(一九二〇―一九三〇年代における同友会・興業倶楽部研究)」『한국사론』第二八輯(서울대학교 인문대학 국사학과、一九九二年)、二〇九―二六二頁

김진영《キムジニョン》「조선 왕조 사절단의 1896 년 러시아 여행과 옥시덴탈리즘――서울―페테르부르크 여행기 연구Ⅰ(朝鮮王朝使節団の一八九六年ロシア旅行とオクシデンタリズム――ソウル―ペテルブルク旅行記研究Ⅰ)」『동방학지』第一三一号(연세대학교 국학연구원、二〇〇五年)、三二八―三五六頁

金埈亨《キムジュンヒョン》「근대전환기 패설의 변환과 지향(近代転換期における稗説の変換と志向)」『구비문학연구』第三四輯(한국구비문학회、二〇一二年)、八七―一一七頁

金泰俊《キムテジュン》「이솝우화의 수용과 개화기 교과서(イソップ寓話の受容と開化期教科書)」『한국학보』第七輯第三号(일지사、一九八一年)、一〇七―一三五頁

金東澤《キムドンテク》「대한매일신보에 나타난〝민족〟개념에 관한 연구(大韓毎日申報に表れた「民族」概念に関する研究)」『대동문화연구』第六一輯(성균관대학교 대동문화연구원、二〇〇八年)、四〇五―四三四頁

金南伊《キムナミ》「1910 년대 최남선의「자조론」번역과 그 함의――『자조론』(1918)의 변언을 중심으로(一九一〇年代における崔南善の「自助論」翻訳とその含意――『自助論』(一九一八)の弁言を中心に)」『민족문학사연구』第四三輯(민족문학사학회 민족문학사연구소、二〇一〇年)、二四四―二七二頁

金顕哲《キムヒョンチョル》「개화기 박영효의 자주외교론(開化期朴泳孝の自主外交論)」『국제정치논총』第三九集二号(한국국제정치학회、一九九九年)、一四九―一六四頁

金鳳珍《キムボンジン》「서구〝권리〟관념의 수용과 변용――유길준과 후쿠자와 유키치의 비교 고찰(西欧「権利」観念の受容と変容――兪吉濬と福沢諭吉の比較考察)」『동방학지』第一四五輯(연세대학교 국학연구원、二〇〇九年)、六五―一〇四頁

金鳳姫《キムボンヒ》「게일(James Scarth Gale、奇一)의 韓国学 著述活動에 관한 研究(ゲールの韓国学著述活動に関する研究)」『서지학회연구』

第三輯（서지학회、一九八八年）、一三七—一六三頁
金文植《キムムンシク》「조선후기 지식인의 러시아 이해（朝鮮後期における知識人のロシア理解）」『한국실학연구』一六号（한국실학학회、二〇〇八年）、三四九—三七八頁
김용직《キムヨンジク》「한국정치와 공론성（1）——유교적 공론정치와 공공영역（韓国政治と公論性（一）——儒教的公論政治と公共領域）」『국제정치논총』第三八輯第三号（한국국제정치학회、一九九九年）、六三—八〇頁
김용직「개화기 한국의 근대적 공론장과 공론형성 연구——독립협회와「독립신문」을 중심으로（開化期韓国の近代的公論場と公論形成の研究——独立協会と「独立新聞」を中心に）」『한국동북아논총』第一一輯第一号（한국동북아학회、二〇〇六年）、三三五—三五七頁
김영진《キムヨンジン》「동아시아에서의 이솝풍 이야기의 전파와 변용（東アジアにおけるイソップ風物語の伝播と変容）」『일본학연구』第三七輯（단국대학교 일본연구소、二〇一二年）、三〇九—三五八頁
權杜姸《クォンドゥヨン》「청년학우회의 활동과 참여인물들（青年学友会の活動とその参加人物）」『현대문학의 연구』第四八号（한국문학연구학회、二〇一二年）、一一九—一八二頁
권보드래《クォンボドゥレ》「근대 초기 〝민족〟 개념의 변화——1905–1910 년『대한매일신보』를 중심으로（近代初期『民族』概念の変化——一九〇五年—一九一〇年『大韓毎日申報』を中心として）」『민족문학사연구』第三三号（민족문학사학회、二〇〇七年）、一八八—二一二頁
권보드래「진화론의 갱생、인류의 탄생——1910 년대의 인식론적 전환과 3・1운동（進化論の更生、人類の誕生——一九一〇年代の認識論的転換と三・一運動）」『대동문화연구』第六六輯（성균관대학교 대동문화연구원、二〇〇九年）、二二三—二五三頁
高柄翊《コビョンイク》「노황대관식에의 사행과 한노교섭（露皇戴冠式への使行と韓露交渉）」『역사학보』二八号（역사학회、一九六五年）、四一—六九頁
蘇榮炫《ソヨンヒョン》「근대 인쇄 매체와 수양론・교양론・입신출세주의——근대 주체 형성 과정에 대한 일고찰（近代印刷媒体と修養論・教養論・立身出世主義——近代主体形成過程に対する一考察）」『상허학보』第一八号（상허학회、二〇〇六年）、一九五—二二七頁
최식《チェシク》「여항문학의 종말기의 한 양상——김득련의『환구음초』를 중심으로（閭巷文学の終末期の或る様相——金得鍊の『環璆唫艸』を中心に）」『한문학보』第四号（우리한문학회、二〇〇一年）、一九五—二二六頁
최식「1896 년 아라사 사행、『환구일기』와『환구음초』——사행록의 관점에서 본 아라사사행（一八九六年俄羅斯使行、『環璆日記』と『環璆唫艸』——使行録の観点から見た俄羅斯使行）」『한문학보』第二〇号（우리한문학회、二〇〇九年）、一九九—二二二頁
崔僖庭《チェヒジョン》「1910 년대 최남선의『자조론』번역과 〝청년〟의 〝자조〟（一九一〇年代における崔南善の『自助論』翻訳と「青年」の「自助」）」『한국사상사학』第三九輯（한국사상사학회、二〇一一年）、二一三—二五〇頁
蔡白《チェベク》「『독립신문』의 참여 인물 연구（『独立新聞』参与人物研究）」『한국언론정보학보』第三六号（한국언론정보학회、二〇〇六年）、一三五—一六一頁
車相瓚《チャサンチャン》「내가 본 윤치호선생（私が見た尹致昊先生）」『彗星』第一巻二号（開闢社、一九三一年四月）［『復刻版』太学社編集部（編）『韓国近世史論著集』旧韓末篇（태학사、一九八二年）、一八七—一九二頁］
張圭植《チャンギュシク》「개항기 개화지식인의 서구체험과 근대인식——미국 유학생을 중심으로（開港期開化知識人の西欧体験と近代認識——ア

メリカ留学生を中心として）」『한국 근현대사 연구』第二八巻（한국근현대사학회、二〇〇四年）、七―三四頁
朱鎮五《チュジノ》「독립협회의 개혁론과 민족주의（独立協会の改革論と民族主義）」『현상과 인식』第二〇輯第一号（한국인문사회과학원、一九九六年）、一一―四〇頁
趙東一《チョドンイル》「1910 년대 재담집의 내용과 성격（一九一〇年代における才談集の内容と性格）」『배달말』第九輯（배달말학회、一九八四年）、三〇一―三二九頁
千和淑《チョンファスク》「閔泳煥의 러시아 皇帝니콜라이2세 戴冠式使行과 近代文物의 수용（閔泳煥のロシア皇帝ニコライ二世戴冠式の使行と近代文物の受容）」『아세아문화연구』第三号（경원대학교 아세아문화연구소 중국중앙민족대학 한국문화연구소、一九九九年）、一七五―二二二頁
鄭明基《チョンミョンギ》「일제 치하 재담집에 대한 재검토（日帝治下才談集に対する再検討）」許敬震（編）『윤치호의『우순소리』연구（尹致昊の『ウスンソリ』研究）』（보고사、二〇一〇年）、一三―三四頁
鄭良婉《チョンヤンワン》「환구음초에 대하여（環璆唫艸について）」『한국한문학연구』第二号（한국한문학회、一九七七年）、一二五―一六二頁
全英雨《チョンヨンウ》「독립협회 토론과 윤치호의 지도（独立協会の討論と尹致昊の指導）」『기전어문학』第二輯（수원대학교 국어국문학회、一九八七年）、二三―五四頁
鄭容和《チョンヨンファ》「문명개화론의 덫――『윤치호일기』를 중심으로（文明改革論の罠――『尹致昊日記』を中心に）」『국제정치논총』第四一輯第四号（한국국제정치학회、二〇〇一年）、二九七―三一四頁
鄭容和「한국인의 근대적 자아 형성과 오리엔탈리즘（韓国人の近代的な自我の形成とオリエンタリズム）」『정치사상연구』第一〇輯第一号（한국정치사상학회、二〇〇四年）、三三―五五頁
鄭容和「근대적 개인의 형성과 민족――일제하 한국자유주의의 두 유형（近代的個人の形成と民族――日帝下の韓国自由主義の二つの類型）」『한국정치학회보』第四〇輯第一号（한국정치학회、二〇〇六年）、五―二三頁
鄭容和「1920 년대 초 계몽담론의 특성――문명・문화・개인을 중심으로（一九二〇年代初頭の啓蒙言説の特性――文明・文化・個人を中心に）」『동방학지』第一三三輯（연세대학교 국학연구원、二〇〇六年）、一七三―一九八頁
陳在教《チンジェギョ》「18―19세기 초 지식・정보의 유통의 메커니즘과 중간계층（一八―一九世紀初、知識・情報の流通のメカニズムと中間階層）」『대동문화연구』第六八号（성균관대학교 대동문화연구원、二〇〇九年）、八一―一一二頁
陳在教「18・19세기 동아시아의 지식・정보의 메신저、역관（一八・一九世紀、東アジアと知識・情報のメッセンジャー、訳官）」『한국한문학연구』第四七号（한국한문학회、二〇一一年）、一〇五―一三七頁
南宮遠《ナムグンウォン》「근대 초기 한문과 교재 서문에 나타난 집필 동기 및 경위 고찰（近代初期の漢文と教材序文に表れる執筆動機および経緯の考察）」『漢文古典研究』第一一輯（한국한문고전학회、二〇〇五年）、一一五―一四六頁
南宮遠「개화기 한문 및 한문 교육에 대한 인식 일고（開化期における漢文および漢文教育についての認識一考）」『漢文古典研究』第一三輯（한국한문고전학회、二〇〇六年）、三四七―三七五頁
南宮遠「한국 개화기 한문과 교육의 전개 과정과 교과서 연구（韓国開化期における漢文科教育の展開過程と教科書研究）」（성신여자대학교대학원 한문학과 박사학위논문、二〇〇六年）、三〇八頁
南宮遠「선교사 기일（James Scarth Gale）의 한문 교과서 집필 배경과 교과서의 특징（宣教師奇一の漢文教科書の執筆背景と教科書の

特徴)」『東洋漢文学研究』第二五輯(동양한문학회、二〇〇七年)、七七—一〇二頁
朴正信《パクジョンシン》「尹致昊研究」『백산학회』第二三輯(백산학회、一九七七年)、三四一—三八八頁
朴星来《パクソンレ》「한국근대의 서양어 통역사 1885년까지(韓国近代の西洋語通訳史一八八五年まで)」『역사문화연구』第一六輯(한국외국어대학교 역사문화연구소、二〇〇二年)、一五七—一七九頁
朴星来「한국 근대의 서양어 통역사(2) 1883년부터 1886년까지(韓国近代の西洋語通訳史(二)一八八三年から一八八六年まで)」『국제지역연구』第七巻第一号(한국어외국어대학교 외국학종합연구센터、二〇〇三年)、三五三—三八二頁
朴露子《パクノザ》「1900년대 초반 신채호 〝민족〟 개념의 계보와 동아시아적 맥락(一九〇〇年代初頭における申采浩の「民族」概念の系譜と東アジア的脈絡)」『순천향 인문과학논총』第二五巻(순천향대학교、二〇一〇年)、一〇七—一三八頁
朴明圭《パクミョンギュ》「네이션과 민작——개념사로 본 의미의 간격(ネーションと民族——概念史でみた意味の間隔)」『東方学志』第一四七巻(延世大学国学研究院、二〇〇九年)、二七—六五頁
朴羊信《パクヤンシン》「근대 일본에서의「국민」「민족」개념의 형성과 전개(近代日本における「国民」「民族」概念の形成とその展開)」『동양사연구』一〇四号(동양사학회、二〇〇八年)、二三五—二六五頁
方相根《パンサングン》・渡辺浩「다중적 근대의 모색——19세기말 후쿠자와 유키치의 경쟁론과 유길준의 교화론(多重的近代の模索——一九世紀末における福沢諭吉の競争論と兪吉濬の教化論)」『현대정치연구』第六輯第一号(서강대학교 현대정치연구소、二〇一三年)、一七七—二〇四頁
黄載文《ファンジェムン》「『환구음초』의 성격과 표현방식(『環璆唫艸』の性格と表現方式)」『한국한시연구』第一六号(한국한시학회、二〇〇八年)、三五五—三九一頁
黄載文「캐나다와 뉴욕까지 진출한 조선의 러시아 사절단——1896년 민영환 일행의 세계여행(カナダとニューヨークへ進出した朝鮮のロシア使節団——一八九六年閔泳煥一行の世界旅行)」규장각한국학연구원編『조선사람의 세계여행』(글항아리、二〇一一年)、二一六—二五一頁
黄鎬徳《ファンホドク》「번역가의 왼손, 이중어사전의 통국가적 생산과 유통——언어정리 사업으로 본근대 한국(어문)학의 생성(翻訳家の左手、二重語辞典の通国家的生産と流通——言語整理の作業から見た近代韓国(語文)学の生成)」『상허학보』二八号(상허학회、二〇一〇年)、九三—一四五頁
黄美静《ファンミジョン》「최남선역『自助論』——中村正直역、畔上賢造역과의 관련성에 관해서(崔南善訳『自助論』——中村正直訳、畔上賢造訳との関連性について)」『언어정보』第九輯(고려대학교언어정보연구소、二〇〇八年)、一四一—一六三頁
黄美静「최남선역『자조론』의 번역한자어 연구(崔南善訳『自助論』の翻訳漢字語研究)」『일본어학연구』第二八輯(한국일본어학회、二〇一〇年)、二七一—二八三頁
백동현《ペクドンヒョン》「러・일전쟁 전후〝민족〟용어의 등장과 민족의식——『황성신문』과『대한매일신보』를 중심으로(露日戦争前後「民族」用語の登場と民族意識——『皇城新聞』と『大韓毎日申報』を中心として)」『한국사학보』一〇号(고려사학회、二〇〇一年)、一四九—一七九頁
백민정《ペクミンジョン》「유교 지식인의 공 관념과 공공 의식——이익、정약용、심대윤의 경우를 중심으로(儒教知識人の公観念と公共意識——李瀷、丁若鏞、沈大允の場合を中心に)」『동방학지』第一六〇輯(연세대학교 국학연구원、二〇一二年)、一—四五頁
許敬震《ホギョンジン》・임미정《イムミジョン》「윤치호의『우순소리』의 성격과 의의(尹致昊の

『ウスンソリ』の性格と意義）」許敬震（編）『윤치호의『우순소리』연구（尹致昊の『ウスンソリ』研究）』（보고사、二〇一〇年）、三五―六〇頁

許東賢《ホドンヒョン》「1880년대 개화파 인사들의 사회진화론 수용양태 비교 연구——유길준과 윤치호를 중심으로（一八八〇年代開化派人士たちの社会進化論の受容様態の比較研究——兪吉濬と尹致昊を中心に）」『사총』第五五輯（역사학연구회、二〇〇二年）、一六九―一九三頁

許東賢「개화기 윤치호의 해외체험과 문화수용（開化期尹致昊の海外体験と文化受容）」『한국문화연구』第一一号（이화여자대학교 한국문화연구원、二〇〇六年）、一一七―一五五頁

洪学姫《ホンハクヒ》「1896년 러시아 황제 대관식의 축하사절단의 서양체험기、『해천추범』과『환구음초』（一八九六年ロシア皇帝戴冠式の祝賀使節団の西洋体験記——『海天秋帆』と『環璆唫艸』）」『한국고전연구』第一七号（한국고전연구학회、二〇〇八年）、六一―九〇頁

閔庚培《ミンギョンベ》「초기 윤치호의 기독교신앙과 개화사상——1883년에서 1905년까지를 중심으로（初期尹致昊のキリスト教信仰と開化思想——一八八三年から一九〇五年までを中心に）」『동방학지』第一九輯（연세대학교 국학연구원、一九七八年）、一五九―一九四頁

兪春東《ユチュンドン》「근대 계몽기 조선의『이솝우화』（近代啓蒙期朝鮮の『イソップ寓話』）」『연민학지』第一三輯（연민학회、二〇一〇年）、二一一―二三二頁

兪春東「윤치호의『우순소리』신한국보사본（1910）에 대하여（尹致昊の『ウスンソリ』新韓国報社本（1910）について）」『근대서지』第一〇号（근대서지학회、二〇一四年）、一六七―一七五頁

유불란《ユブルナン》「"우연한 독립"의 부정에서 문명화의 모순된 긍정으로——윤치호의 사례를 통하여（「偶然の独立」の否定から文明化の矛盾の肯定まで——尹致昊の事例を通じて）」『정치사상연구』第一九輯第一号（한국정치사상학회、二〇一三年）、八五―一〇八頁

柳永烈《ユヨンニョン》「개화기 윤치호의 일본인식——그의 개혁론・외세관과 관련하여（開化期尹致昊の日本認識——彼の改革論・外勢観に関連して）」『한국민족운동사연구』第二七巻（한국민족운동사학회、二〇〇一年）、三三一―三六六頁

柳永烈「개화지식인 윤치호의 러시아인식——그의 문명국 지배하의 개혁론과 관련하여（開化知識人尹致昊のロシア認識——彼の文明国支配下の改革論に関連して）」『한국민족운동사연구』第四一巻（한국민족운동사학회、二〇〇四年）、九四―一二三頁

柳永烈「윤치호의 민주정치의식에 관한 연구（尹致昊の民主政治意識に関する研究）」『한국민족운동사연구』第四四巻（한국민족운동사학회、二〇〇五年）、五―三一頁

尹慶老《ユンギョンノ》「105인사건 피의자들의 법정투쟁과 사건의 허구성（一〇五人事件の被疑者たちの法廷闘争と事件の虚構性）」『한성사학』第二一輯（한성사학회、二〇〇六年）、八一―一一九頁

윤영실《ヨンヨンシル》「최남선의 수신담론과 근대 위인전기의 탄생——『소년』、『청춘』을 중심으로（崔南善の修身言説と近代偉人伝記の誕生——『少年』『青春』を中心に）」『한국문화』第四二輯（서울대학교 규장각 한국학연구원、二〇〇八年）、一〇九―一二六頁

三　その他（ウェブサイト）

http://www.robertsrules.com（*Robert's Rules of Order* の公式サイト）

付録　尹致昊年譜（一八六五—一九四五）

一八六五年（一歳）　一月二三日、忠清南道《チュンチョンナムド》牙山郡《アサンクン》屯浦面《ドゥンポミョン》新《シン》旺里《ワンリ》で海平尹《ユン》氏の雄烈《ウンニョル》と全州李《イ》氏との間に長男として生まれる。

一八六九年（五歳）　漢学を学び始める。

一八七三年（九歳）　漢城に移住。

一八七五年（一一歳）　漢学者金正言《キムジョンオン》から漢学を学び始める。

一八七九年（一五歳）　魚允中《オユンジュン》の門下で修学し始める。姜《カン》氏と結婚。

一八八一年（一七歳）　朝鮮視察団（紳士遊覧団）の一員である魚允中の随員として日本に渡る。同人社に入学（同随員の兪吉濬《ユギルチュン》と柳正秀《ユジョンス》は慶應義塾に入学）。

一八八二年（一八歳）　四月、一時帰国後、再び渡日。

一八八三年（一九歳）　一月、横浜に駐在していたオランダの書記官から英語を学び始める。五月一三日、初代の駐韓アメリカ公使であるフート（L. H. Foote）の通訳（統理交渉通商事務衙門の主事）として帰国。

一八八五年（二一歳）　一月一九日、甲申政変（一八八四年一二月）のため中国の上海へ渡る。二月、中西書院に入学。

一八八六年（二二歳）　妻の姜氏が亡くなる。

一八八七年（二三歳）　四月三日、中西書院のボンネル（W. B. Bonnell）教授から洗礼を受け、キリスト教徒（メソジスト教会）になる。

一八八八年（二四歳）　一一月四日、アメリカのテネシー州のナッシュビルにあるヴァンダービルト（Vanderbilt）大学に入学。

一八九一年（二七歳）　七月、アメリカのジョージア州のアトランタにあるエモリー（Emory）大学に入学。

一八九三年（二九歳）　一〇月、五年間のアメリカ留学を終え、一一月、上海に渡り中西書院の教師として英語の講義を行う。

一八九四年（三〇歳）　三月、中国人の馬秀珍と再婚。

一八九五年（三一歳）　二月一三日、一〇年ぶりに帰国。二月二一日、議政府の参議に任命される。六月、学部協弁に任命される。

一八九六年（三二歳）　四月一日、ロシア皇帝のニコライ二世（Nikolas Alexandrovich Romanov）の戴冠式の朝鮮祝賀使節として、全権公使の閔泳煥《ミンヨンファン》に随行。八月、フランス語を学ぶためロシアからパリへ渡る。

一八九七年（三三歳）　一月二七日、帰国。七月、独立協会に参加し始める。

一八九八年（三四歳）　三月二一日、独立協会の会長代理となる。四月、『議会通用規則』（*Pocket Manual of Rules of Order for Deliberative Assemblies*（一八七六年）の抜粋訳）の出版。五月、『独立新聞』の主筆となる。八月二八日、独立協会の会長となる。一〇月二三日、中枢院の副議長に任命される。一〇月二八日、万民共同会の会長となる。

一八九九年（三五歳）　一月七日、徳源《トクウォン》［現在の江原道元山《カンウォンドウォンサン》の一部地域］監理兼徳源府尹に任命される。

一九〇〇年（三六歳）　六月二五日、三和《サムファ》［現在の平安南道龍《ピョンアンナムドヨン》岡《ガン》］監理兼三和府尹に任命される。

一九〇一年（三七歳）　七月二四日、再び徳源監理兼徳源府尹に任命される。

一九〇三年（三九歳）　七月六日、天安《チョンアン》郡守兼稷山《チクサン》郡守［両地域ともに現在の忠清南道《チュンチョンナムド》天安］に任命される。

一九〇四年（四〇歳）　二月一五日、務安《ムアン》（現在の全羅南道《チョンラナムド》務安）監理に任命される。三月一二日、外部協弁に任命される。八月二〇日、外務大臣署理を命じられる。

一九〇五年（四一歳）　二月一五日、妻の馬氏が亡くなる。五月三一日、皇城基督教青年会の理事となる。一一月一七日、外務大臣署理（外部協弁）を辞任。

一九〇六年（四二歳）　四月一四日、大韓自強会の会長となる。五月四日、日本留学生監督に任命される。一〇月三日、開城に韓英書院を設立し院長となる。一二月一八日、中枢院賛議に任命される。

一九〇七年（四三歳）　藍浦白《ペク》氏の梅麗《メリョ》と再々婚。

一九〇八年（四四歳）　五月二一日、世界主日学校連合会の朝鮮支会の会長に就任。六月、『讃美歌』（「愛国歌」の歌詞が収録）を広学書舗から出版。七月、『우순소리《ウスンソリ》（笑話）』（イソップ寓話の翻案物）を大韓書林から出版。九月、安昌浩《アンチャンホ》が設立した大成学校の校長に就任。

一九〇九年（四五歳）　一月、『幼学字聚』（児童向けの漢字入門書）を広学書舗から出版。二月、安昌浩などが結成した青年学友会の会長となる。

一九一〇年（四六歳）　三月、アメリカのアトランタで開催された南メソジスト教会の平信徒大会に参加。六月、イギリスのエディンバラで開催された世界宣教大会に参加。七月、帰国。一〇月七日、父親の尹雄烈に男爵位が授けられた。

一九一一年（四七歳）　九月一一日、父親の尹雄烈が亡くなる。一〇月、『英語文法捷径』（英語文法書）を東洋書院（印刷所、新文館印刷所）から出版。

一九一二年（四八歳）　一月一五日、男爵を襲爵する。二月五日、一〇五人事件の首謀者として逮捕される。九月二八日、京城地方法院から懲役一〇年を宣告される。

一九一三年（四九歳）　三月二一日、京城覆審法院から懲役六年を宣告される。一〇月九日、高等法院で上告棄却となり、懲役六年が確定。爵位を失う。

一九一五年（五一歳）　二月一三日、昭憲皇太后の大喪により、特赦として出獄。『毎日申報』のインタビューで転向を宣言（「余는 大히 誤解ᄒᆞ얏셧노라。余는 光明을 得ᄒᆞ얏노라（余は大いに誤解したのだ。余は光明を得たのだ）」『毎日申報』一九一五年三月一四日）。

一九一六年（五二歳）　四月八日、朝鮮中央基督教青年会（朝鮮ＹＭＣＡ）の総務になる。一一月二九日、「大正親睦会」の平議員になる。

一九一七年（五三歳）　四月、毎日申報社主催の満州視察団（副団長）として満州視察。セブランス（Severance）医学専門学校（後の延世大学校）の理事となる。

一九一八年（五四歳）　延禧専門学校（後の延世大学校）の理事となる。

一九一九年（五五歳）　一月二八日、崔南善《チェナムソン》からパリ講和会議への参加を求められるも断る。三月六日、三・一運動について『京城日報』からインタビュー（「鮮人の為に悲しむ――自立は到底不可能だ」『京城日報』一九一九年三月七日付）をうける。物議をかもす記事となった。七月二〇日、京城矯風会の会長となる。九月二〇日から二六日にかけて、中枢院で開かれた有力者会に参加。

一九二〇年（五六歳）　一月二三日、朝鮮中央基督青年会の総務職を辞退。五月三〇日、京城孤児救済会を発起。六月一七日、朝鮮中央基督青年会の会長となる。一二月二一日、朝鮮総督府から臨時教育調査委員会の委員に委嘱されるも断る。

一九二一年（五七歳）　七月三〇日、臨時朝鮮人産業大会の発起総会に参加。九月一六日、汎太平洋協会の朝鮮支会の副会長となる。

一九二三年（五八歳）　五月一六日、朝・日ＹＭＣＡ同盟協定の取り消しを主導。一一月一日、松都高等普通学校の校長に就任。

一九二三年（五九歳）　一月三一日、朝鮮基督彰文社の創立に携わる。

一九二四年（六〇歳）　普成専門学校（後の高麗大学校）の校長職を提案されるも断る。再び延禧専門学校の理事となる（一九三〇年まで）。

一九二五年（六一歳）　三月二二日、興業倶楽部を結成し、会計を担当。九月一〇日、松都高等普通学校を退く。一一月二八日、太平洋問題研究会の朝鮮支会長となる。

一九二七年（六三歳）　一〇月二〇日、少年斥候団の朝鮮総連盟の総裁となる。

一九二八年（六四歳）　一月三一日、啓明倶楽部の理事に選任される。八月一八日、第九代朝鮮体育会の会長に就任。九月、『実用英語文法』（英語文法書）を彰文堂書店（印刷所、朝鮮基督教彰文社）から出版。

一九二九年（六五歳）　一〇月三一日、朝鮮語辞典編纂会の発起人になる。一一月一日から八日にかけ、第三回太平洋問題研究会に参加。

一九三〇年（六六歳）　エモリー大学から名誉法学博士の学位を受ける。興業倶楽部の第二代会長となった。一二月一二日、朝鮮監理会総理院の理事と財務局長を兼任。

一九三一年（六七歳）　五月二三日、李忠武公遺跡保存会の結成に参加。一〇月三日、土曜会に加入。一〇月二七日、満州同胞問題協議会の会長となる。

一九三三年（六九歳）　六月、中央振興会の理事長に選任される。

一九三四年（七〇歳）　一月一六日、朝鮮小作令制定促進会の結成に参加。三月三一日、朝鮮総督府から中枢院の参議職を提案されるも断る。四月二七日、朝鮮物産奨励会の顧問に推戴される。六月二二日、朝鮮文記写整理期成会を結成し、朝鮮語の新たな綴字法に反対する。

一九三五年（七一歳）　梨花女子専門学校（後の梨花女子大学校）の理事となる。

一九三六年（七二歳）　二月一二日、母親の全州李氏が亡くなる。一二月一日、三同会の会長となる。

一九三七年（七三歳）　七月二日、朝鮮強化団体連合会が主催した時局対応についての講演会に登壇。

一九三八年（七四歳）　五月二〇日、朝鮮軍司令部に一万円を寄託。五月二三日、朝鮮総督の南次郎に会い、中枢院の参議職を辞退する。七月七日、国民精神総動員の朝鮮連盟の常務理事に選任される。八月一六日、興業倶楽部事件に関わり、西大門警察署で取調べを受ける。九月二日、興業倶楽部事件の関係者たちに対する身元を保証する。一一月、全羅南道を回って〈対日／戦争協力〉の講演活動を始める。

一九三九年（七五歳）　二月九日、『東洋之光』の創刊記念講演会で、「内鮮一体についての所信」を題として講演。二月一一日、朝鮮支援兵後援会の会長になった。七月三日、毎日申報社が主催した会議に参加し、内鮮一体に関して発言。八月六日、全朝鮮排英同志会の会長となる。

一九四〇年（七六歳）　六月一七日、京城府庁の戸籍課に創氏名の伊東致昊を登録。八月三一日、在満朝鮮人教育後援会の委員長に選任される。九月、朝鮮総督部の教育審議委員会の委員となる。

一九四一年（七七歳）　二月二五日、延禧専門学校の校長となる。五月一二日、中枢院の顧問に任命される。八月二四日、興亜保国団の準備委員会の委員長となる。一〇月二二日、朝鮮臨戦保国団の顧問に推戴される。一一月一五日、朝鮮言論保国団の顧問に推戴される。

一九四二年（七八歳）　八月一七日、延禧専門学校の校長職を退く。

一九四三年（七九歳）　四月一〇日、妻の白氏が亡くなる。

一九四五年（八一歳）　二月一一日、大和同盟の理事長となる。四月三日、貴族院の議員に選任される。一二月六日、開城の自宅で脳溢血により死去。

（注）　この年譜は、尹致昊『물 수 없다면 짖지도 마라――윤치호 일기로 보는 식민지 시기 역사』（金相泰編訳、산처럼、二〇一三年［二〇〇一年］）の年表（五九七頁―六〇八頁）を中心として、金永義『佐翁尹致昊先生略伝』（基督教朝鮮監理会総理院、一九三四年）、柳永烈『개화기의 윤치호 연구』（景仁文化社、二〇一一年［一九八五年］）、『高宗実録』『尹致昊日記』などの資料を参照して再構成したものである。

初出一覧

第一章　柳忠熙「近代東アジアの辞書学と朝鮮知識人の英語リテラシー――一九世紀末の尹致昊の英語学習を中心に」「『超域文化科学紀要』第一八号（東京大学大学院総合文化研究科超域文化科学専攻、二〇一三年）、八五―一〇一頁」の改稿。

第二章　柳忠熙「漢詩文で〈再現〉された西洋――『海天秋帆』『海天春帆小集』『環璆唫艸』と理想郷の修辞」「『朝鮮学報』第二三二輯（朝鮮学会、二〇一四年）、七九―一〇五頁」の改稿。

第三章　柳忠熙「英文で〈再現〉された西洋――尹致昊日記に記されたヨーロッパと朝鮮使節の文化的ダイナミズム」「『朝鮮学会』第二三五輯（朝鮮学会、二〇一五年）、八一―一二五頁」の改稿。

第四章　류충희「개화기 조선의 民会활동과「議会通用規則」――「의회통용규칙」의 유통과 번역 양상을 중심으로」「『동방학지』第一六七輯（연세대학교 국학연구원、二〇一四年）、一―三二頁」の改稿。

第五章　柳忠熙「近代朝鮮におけるイソップ寓話の翻訳と『ウスンソリ（笑話）』」「『朝鮮学会』第二四六輯（朝鮮学会、二〇一八年）、（一）―（三三）頁」の改稿。

第六章　書き下ろし。口頭発表「근대 조선의 한자・한문교육의 변용――윤치호의『幼學字聚』(1909) 를 중심으로」（「Korean Literature, Language and History」二〇一六年三月二八日、於 Asian Centre of University of British Columbia）をもとに執筆。

第七章　書き下ろし。

第八章　류충희「윤치호의 계몽사상과 기독교적 자유――후쿠자와 유키치의 자유관과 종교관의 비교를 통해서」「『동방학지』第一七一輯（연세대학교 국학연구원、二〇一五年）、三七―七一頁」の改稿。

第九章　류충희「1910 년대 윤치호의 식민지 조선 인식과 자조론의 정치적 상상력――최남선의 자조론과의 비교를 통하여」「『동방학지』第一七五輯（연세대학교 국학연구원、二〇一六年）、一九五―二二四頁」の改稿。

あとがき

本書は、一九世紀半ばから二〇世紀半ばにかけて活躍した尹致昊を通して、朝鮮の近代ひいては東アジアの近代を再考するものである。尹致昊は、日本をはじめ中国・アメリカに留学し、各国の知識人と交流しながら、朝鮮政府の官僚・啓蒙知識人・言論人・キリスト教系の教育者として政治や人民啓蒙や教育に励んだ人物である。しかし、彼は日中戦争（一九三七―四五）の勃発後、帝国日本への〈対日協力〉あるいは〈戦争協力〉を行っており、現在まで韓国では代表的な〈親日派〉と言われている。それゆえ、尹致昊の人生を検討することは、〈朝鮮の近代〉の明暗を多面的に探ることでもある。

私のこれまでの研究は、尹致昊を中心に、主に朝鮮／韓国の近代と知識人の問題を取り扱ったものであり、具体的には海外経験・キリスト教・文明論・自由主義などが複合的かつ相互的に連関しながら変動していた彼の思想を、当時の東アジアの文脈のなかで考察してきたものであった。本書の基となった博士論文は、以上の問題意識を具現化したものである。

なぜ朝鮮の近代ひいては東アジアの近代に興味を持つことになったのか、そして尹致昊という人物に興味を持つことになったのかについて、これから自分の個人的な経歴を省みながら申し上げたい。

二〇歳になった私は韓国のソウルに上京し、大学に入学、その後、国文学（韓国文学）と比較文化を専攻した。入学した年の大学内には学生運動の残像がまだ残っており、民主化を求める動きは段々衰えていくものの、韓国の政治的な雰囲気がまだ漂っていた。ロックバンドをやりながら日々を過ごしていた私は、当時の韓国における大学の政治的な雰囲気に何らかの違和感を覚えて距離を置きながら大学時代の前半を過ごした。学部二年目を終えて韓国人男性の義務である軍役を二年半にわたって務め、その後、大学に戻った時、大学はまたも変貌し、入学当時とは全く異なる非政治的な雰囲気に一変していた。例えば、大学の学園祭ではサムスンをはじめとする大手企業からの支援と広告などがずらりと校内を囲んでいた。こうした雰囲気にも何か違和感を覚えながら学部生活を終えた。

私がこうした二つの違和感を覚えていたのは、後付けにはなるが、主流に対する、またはその流れに包摂されて思考し行動する韓国社会と韓国人の一面を感じ取っていたからだと思う。どの社会にもこうした傾向は存在するが、とくに韓国社会は、当たり前あるいは流行などが決まれば、そこから離脱する人々を厳しい目で見る雰囲気があってその力学が強烈だと私は思う。個人の主体と多様な個性を主張しつつも、主流に同化しない人々を排除する社会、それに対する違和感だったと言えよう。

日本留学の理由として、韓国社会から離れ、他の角度からそれを観察し分析することができるのか、という問いがあった。また近代史における日韓／日朝両国の歴史的桎梏をどのように理解すればよいのか、ということも日本留学を決めた動機でもあった。日本留学はこうした問いに答えるための自分なりの実験だったとも言える。

学部時代から朝鮮の近代の問題について漠然と関心を持っていた私は、韓国の大学院で、一八九六年にロシアの皇帝ニコライ二世の戴冠式に参加した朝鮮の祝賀使節団について碩士（修士）論文を書いた。一九世紀末の海外旅行記について碩士論文を書いたのも、越境や移動する存在の意識の変化に興味があったからである。本書の第二章と第三章は、この碩士論文の題材に基づいたものでもあり、尹致昊との初めての出会いでもあった。

二〇〇八年に研究生として日本の大学院に入り、翌年に修士課程で勉強をしはじめた。最初は日韓／日朝の開化期における海外旅行記とその体験の意味を勉強しようと思っていたが、長い間尹致昊が書き続けた日記、そしてそれが漢文・国文（ハングル文）・英文で書かれている様子に何かしらの魅力を感じ、彼の人生を探る作業に次第に進んでいくことになった。その後、尹致昊における海外留学や外国語習得の問題と、ネーション概念の形成という問題を取り扱った修士論文を二〇一〇年に提出し、翌年には博士課程に進学した。この修士論文の問題意識は本書の第一章に反映されている。

その後、尹致昊を中心に、文学・思想・宗教などの諸分野にわたって、前近代と近代という時期を横断しながら、そして韓国／朝鮮という一国的な観点ではなく、日韓／日朝ひいては東アジアというトランスナショナルな観点をもって、主に韓国／朝鮮の近代と知識人の問題を考えてきた次第である。

こうした自分の研究が可能だったのは、学部のときに朝鮮の近代という問題に目を向けるようにしてくださった崔博光先生、そして韓国で碩士論文を執筆するときに近代朝鮮の言語文化のダイナミズムを教えてくださった黄鎬徳先生、最後に日本に来てからずっとお世話になっている齋藤希史先生のご指導があったからである。

日本での研究と生活においては、齋藤先生から言葉にできないくらいのご教示とご支援をいただいた。齋藤先生は、中国文学とくに古代六朝期の文学空間について専攻しておられる。韓国／朝鮮と近代をテーマとする私が、なぜ中国文学とくに古代を専門とする先生の指導を受けることになったのかと、よく周りの人々から聞かれた。近代朝鮮の文学や思想などとはあまり関係が無さそうだ、と。しかし、先生は、以上の研究と同時に、明治期における近代文化や文学の形成に関してもさまざまな議論を提起なさっておられる。こうした齋藤先生の古代中国と近代日本という時空を貫くあるいは繋げる思考や方法論は、まさに私が求めてきた、枠にとらわれない柔軟な思考と未来への想像力の手本であった。私の研究テーマが東アジアという観点から朝鮮の近代ひいては東アジアの諸国の近代を見るということになったのも、こうした想像力への先生のご指導があってこそ可能であったと言えよう。この場を借りて感謝申し上げたい。

日本での生活も今年でちょうど一〇年目を迎えた。一〇年間の歳月は、長いと言えば長く、短いと言えば短い。しかし、この一〇年間の日本での生活を通じて、日本語を学び（余談だが、ある日齋藤先生が「柳君は「頑張ります」という日本語ばかり話した気がする」とおっしゃったことがある。日本語があまりできなかった自分にとって「頑張ります」は、言葉にできなかった自分の考えや気持ちを表す魔法の言葉だった）、さまざまな人々と触れ合い、そのなかで、昔の自分とは異なる今の私に変わった。そして研究や博士論文の執筆が計画通りに進まず、悩んだり落ち込んだりした時期もあったが、たくさんの人々の支えがあり、これまでの私の研究が本書という形になった。

まず菅原克也先生と徳盛誠先生をはじめとする比較文学比較文化研究室の皆様と齋藤ゼミの先輩・後輩である。皆さんが日本での留学生活を始めてから大学院生活を支えてくださった。そのなかでも、同じゼミの宮田沙織氏とゼミは異なってもいつも付き合ってくださった馬場小百合氏には多大なご助力をいただいた。両氏には自分の拙い日本語文章を読んでいただいており、本書の刊行にあたっても宮田氏には改めて文章の確認をお願いした。両氏のお力添えが無かったとすれば、博士論文はもちろん本書のような形にすることは難しかった。次に韓国人留学生の先輩と後輩である。とくに齋藤ゼミの先輩である金成恩氏からは留学初期にさまざまなご支援をいただいた。また当時早稲田大学大学院の博士課程だった郭炯徳氏からも日本での生活と研究の楽しさを教わった。両氏からご支援をいただき、言語的かつ経済的に苦しい日々を過ごしていた初期の日本留学生活が少しでも楽しい日々に思えるように変わった。次に日本の朝鮮学関連の方々である。渡辺直紀先生の主催で開かれている人文評論研究会で、さまざまな研究者たちに出会い、その交流は今までも続いている。渡辺先生からは同研究会で勉強する機会だけでなく、世界の研究者たちと交流できる機会をもいただいた。そして波田野節子先生からは、自分の拙い日本語文章へのご指摘とともに文学の観点から朝鮮学を学ぶ機会をいただいた。また三ツ井崇先生は私的・公的な席をともにしながら朝鮮史の観点から朝鮮学を教えてくださった。最後に仕事場で出会った方々である。ＵＴＣＰ（共生のための国際哲学研究センター）、東洋文化研究所、ＩＨＳプログラム（多文化共生・統合人間学プログラム）、それぞれでの勤務経験から自分が研究者として成長する貴重な機会をいただいた。それぞれで出会った先生方と同僚たちの助けが無かったなら、今の自分は無かったと思う。とくに中島隆博先生からはいつもさまざまな機会とご教示をいただいた。現在勤めている福岡大学の東アジア地域言語学科の業務においても、これまでの経験が生かされている。同学科には今年春に着任したばかりであり、学科の先生方にご配慮をいただいて本書を仕上げることができた。

ここでお名前を挙げた方々以外にもたくさんの方々にご助力やご激励をいただいた。一人ひとりにお礼を申し上げられないことについてはお許しをいただきたい。皆様には改めて心より深く感謝申し上げたい。

先ほど日本に来てから一〇年経っていると申し上げたが、両親のもとを離れたのはそれよりも遥か前、大学に入学するときであった。長年の学生生活を支援してくださった両親には大変申し訳なく思っている。もう一人申し訳ないと思う人は、長年他国での生活を一緒にしてきている妻である。また妻のご両親からも多大なご支援をいただいた。家族の支えが無かったら、研究者としての生活は不可能だったと断言できる。申し訳ない気持ちと感謝の気持ちをお伝えしたい。

가족 모두에게 죄송하고 감사합니다.

本書の刊行は多くの支援によって実現された。本書は東京大学韓国学研究センターの出版助成によって刊行されたものであり、同センターのご厚意に感謝申し上げたい。また東京大学出版会の山本徹氏のご教示とお力添えによって私の拙い文章はともかく素敵な本となった。私の諸事情で原稿と校正の締め切りを何度も延ばしていただき、山本氏には多大なご迷惑をおかけした。山本氏には改めてお詫びとお礼を申し上げたい。

最後に本書を手に取ってくださった貴方にもお礼を申し上げたい。この文章の冒頭で「尹致昊の人生を検討することは、〈朝鮮の近代〉の明暗を多面的に探ることである」と申し上げたが、近代への転換期・植民地期を生きた尹致昊の人生と彼が置かれた歴史的な状況は、〈日本の近代〉の明暗を多面的に考えるものでもある。こうした日韓／日朝の近代ひいては東アジアの近代への問いをともに考えながら、これからの私の研究の歩みがどのようなものになっていくのか、それを見届けていただくことができれば嬉しい限りである。

二〇一八年秋

柳　忠　熙

［謝辞］

이 책은 2014 년 대한민국 교육부와　한국학중앙연구원（한국학진흥사업단）을　통해　해외한국학중핵대학육성사업의 지원을 받아　수행된 연구임.（AKS-2014- OLU-2250002）（本書は、二〇一四年大韓民国教育部および韓国学中央研究院（韓国学振興事業団）から東京大学韓国学研究センターが受けた「海外韓国学中核大学育成事業」の支援を受け遂行した研究である（AKS-2014- OLU-2250002））。

朴斉絅(パク・ジェギョン)　42, 43, 48
朴俊(埈)杓(パク・ジュンピョ)　156
朴定陽(パク・ジョンヤン)　271
朴世渙(パク・セファン)　129
朴泳孝(パク・ヨンヒョ)　8, 267, 286, 291
パスコム(Pascom)　88, 106, 109
馬場辰猪　293
浜田晴高　30
バルト，ロラン(Roland Barthes)　6
ピョートル大帝(Peter Alekseyevich Romanov)　97
黄羲性(ファン・ヒソン)　200
フート，L. H.(L. H. Foote)　8, 234, 287
フェノロサ，E. F.(E. F. Fenollosa)　39
福沢一太郎　292
福沢諭吉　8, 17, 30, 40, 130, 165, 286, 291, 294, 299, 304, 309, 310, 328
プチャータ，D. V.(D. V. Putiata)　90
ブラウン，J. M.(J. M. Brown)　268
プランソン(Plançon)　88, 106, 109
ブロックマン，F. M.(F. M. Brockman)　336
ヘースティングズ，W.(W. Hastings)　260
ホイットフィールド，G.(G. Whitefield)　295
ポー，E. A.(E. A. Poe)　96
ホーソン，N.(N. Hawthorne)　96
細川潤次郎　143, 144, 153
洪大容(ホン・デヨン)　66
洪顕普(ホン・ヒョンボ)　64
洪英植(ホン・ヨンシク)　39, 236, 286
ボンネル，W. B.(W. B. Bonnell)　9

ま　行

マーティン，ヘンリ(H. Martyn)　300
マコーリー，T. B.(T. B. Macaulay)　96, 260
松井信助　336
南次郎　11
宮岡恒次郎　39
閔景植(ミン・ギョンシク)　111
閔謙鎬(ミン・ギョンホ)　103
閔泰瑗(ミン・テウォン)　336
閔泳翊(ミン・ヨンイク)　8, 63, 238
閔泳琦(ミン・ヨンギ)　63
閔泳煥(ミン・ヨンファン)　9, 61, 62, 66, 73, 74, 88, 103, 105–107, 109, 112, 118, 263
メドハースト，W. H.(W. H. Medhurst)　43
モース，E. S.(E. S. Morse)　40
森有礼　293
モリソン，R.(R. Morrison)　43

や　行

柳沢信大　30, 43
矢野竜渓　293
山県有朋　263
山県五十雄　328, 335
山県悌三郎　328, 329
兪吉濬(ユ・ギルチュン)　40, 51, 61, 206, 286, 328
柳正秀(ユ・ジョンス)　40, 286, 328
ユーゴー，V.(V. Hugo)　96
尹雄烈(ユン・ウンニョル)　7, 218, 232
尹孝定(ユン・ヒョジョン)　137
呂圭亨(ヨ・ギュヒョン)　199, 266
吉岡美国　249

ら行・わ行

ラ・フォンテーヌ(Jean de La Fontaine)　170, 191
ランデル，J. B.(J. B. Rundell)　167, 170
リッチ，マテオ(Matteo Ricci)　27, 165
李白　35, 114
劉備　33
李膺　35
梁啓超　135, 223
ルジャンドル，C. W.(C. W. Le Gendre)　268
ルター，マルティン(M. Luther)　300, 301, 303
レストレインジ，R.(R. L'Estrange)　170
ローレンス，T. J.(T. J. Lawrence)　135
ロバート，H. M.(H. M. Robert)　130, 142, 230
ロバノフ，A.(A. Lobanov Rostovsky)　63, 89, 110, 263
ロブシャイド，W.(W. Lobscheid)　27, 43, 44, 93
渡部温　165, 192
王仁　31

金泳準(キム・ヨンジュン)　269
キャンドラー，W. A.(W. A. Candler)　249
権在衡(クォン・ジェヒョン)　129
グッドリッチ，C. A.(C. A. Goodrich)　47
隈部親信　336
グリゼ，アーネスト(Ernest H. Griset)　167, 170
クロクソール，S.(S. Croxall)　170
ゲーテ，J. W.(J. W. von Goethe)　96
ゲール，J. S.(J. S. Gale)　42, 198, 211, 215
黄遵憲　40
子安峻　44, 47
近藤真琴　30

さ　行

斎藤実　342
櫻井忠徳　32, 36
指原安三(豊洲)　32, 34
シェイクスピア，W.(W. Shakespeare)　96
信夫恕軒　29, 34
柴田昌吉　44, 47
沈大允(シム・デユン)　4
周興嗣　204, 208
シュタイン，E.(E. Stein)　62, 88, 110
シュペイエル，A. N.(A. N. Shpeyer)　102
荀爽　35
昭憲皇太后　10, 335
諸葛亮　33
ジョンスン，S.(S. Johnson)　46, 93
ジレット，P. L.(P. L. Gillette)　337
申箕善(シン・ギソン)　199, 271
申興雨(シン・フンウ)　11, 322
スコット，J.(J. Scott)　41
スコット，W.(W. Scott)　96
スマイルズ，サミュエル(S. Smiles)　325, 326, 328, 332
石崇　34
徐載弼(ソ・ジェピル)　9, 51, 119, 129, 130, 229, 230, 264
蘇軾(東坡)　64
成岐運(ソン・ギウン)　111
宋鎮禹(ソン・ジヌ)　322, 327
宋秉畯(ソン・ビョンジュン)　137
孫熙栄(ソン・ヨンヒ)　62, 88

た　行

棚橋一郎　47
池雲英(チ・ウニョン)　233
池錫永(チ・ソギョン)　198, 266
崔性学(チェ・ソンハク)　64
崔南善(チェ・ナムソン)　17, 181, 198, 322, 325, 329–332, 334
周時経(チュ・シギョン)　28, 197
朱錫冕(チュ・ソクミョン)　111
趙光祖(チョ・グァンジョ)　4
鄭雲復(チョン・ウンボク)　137, 169
鄭喬(チョン・ギョ)　202, 271
丁大有(チョン・デユ)　216
丁若鏞(チョン・ヤギョン)　4, 198
田栄沢(チョン・ヨンテク)　327
陳樹棠　238
津田仙　43
デニー，O. N.(O. N. Denny)　243
テニスン，A.(A. Tennyson)　96
デュマ，A.(A. Dumas)　96
寺内正毅　10, 335
陶淵明　66
徳川義礼　293
徳富蘇峰　336
トーム，ロバート(Robert Thom)　192
豊島住作　30
トルストイ，L. N.(L. N. Tolstoy)　96

な　行

内藤博右衛門　143
永見　43, 44
永峰秀樹　17, 143
中村正直　8, 29–34, 43, 286, 325, 328
ナップ，A. M.(A. M. Knapp)　292
南宮檍(ナムグン・オク)　133
南宮薫(ナムグン・フン)　155
新島襄　249, 285, 288
ニコライ二世(Nicholas Alexandrovich Romanov)　9, 109
丹羽清次郎　336

は　行

パウロ(Saint Paul)　300

人名索引

・朝鮮人・日本人・中国人・西洋人の人名を収録し，日本語の50音順で姓でまとめて配列している．
・本書の主な分析人物である「尹致昊」については割愛した．
・朝鮮人名については，名前の読み方を記した．例：尹致昊(ユン・チホ)

あ　行

アーヴィング．W.(W. Irving)　95
吾妻兵治　31, 33
畔上賢造　325, 329
アディソン，J.(J. Addison)　95
阿部充家　335
アペンゼラー，H. G.(H. G. Appenzeller)　134
アレン，Y. J.(Y. J. Allen)　9, 135, 285
安沂中(アン・ギジュン)　266
安駉寿(アン・ギョンス)　129, 229
安国善(アン・グクソン)　130, 139
安重根(アン・ジュングン)　169
安昌浩(アン・チャンホ)　130, 137
安明根(アン・ミョングン)　10
アンダーウッド，H. G.(H. G. Underwood)　27, 41
李瀷(イ・イク)　4, 66
李人稙(イ・インジク)　197
李源兢(イ・ウォングン)　266
李沂(イ・ギ)　178
李光洙(イ・グァンス)　327
李商在(イ・サンジェ)　11, 130
李承喬(イ・スンギョ)　198, 204, 207
李承晩(イ・スンマン)　11
李昌植(イ・チャンシク)　211
李東輝(イ・ドンフィ)　207
李鳳雲(イ・ボンウン)　197
李範晋(イ・ボンジン)　238, 263
李完用(イ・ワニョン)　129, 229
イーストレーキ，F. W.(F. W. Eastlake)　47
井上馨　8, 261, 287
井深梶之助　249
ヴィクトリア女王(Alexandrina Victoria Hanover)　69
ウィリアムズ，S. W.(S. W. Williams)　43
ヴェーバー，マックス(Max Weber)　5
ウェスレー，ジョン(J. Wesley)　295–297
ウェブスター，N.(N. Webster)　46, 93
宇佐美勝夫　336
ウスター，J. E.(J. E. Worcestor)　48
内村鑑三　329
エマソン，R. W.(R. W. Emerson)　96
魚允中(オ・ユンジュン)　8, 39, 287, 328
王維　33
王昌齢　114
オウグルヴィー，J.(J. Ogilvie)　44, 47
大井鎌吉　43

か　行

カーライル，T.(T. Carlyle)　96
加藤照業　32
金子堅太郎　293
神田乃武　39
カント，I.(Immanuel Kant)　3
ギボン，E.(E. Gibbon)　96
金玉均(キム・オクキュン)　8, 39, 43, 230, 286, 291
金教臣(キム・ギョシン)　11
金光済(キム・グァンジェ)　139
金正言(キム・ジョンオン)　8
金正国(キム・ジョングク)　204
金奭準(キム・ソクジュン)　64, 72
金道一(キム・ドイル)　62, 88, 110, 111
金得錬(キム・ドゥンニョン)　16, 62–64, 66, 67, 72, 76, 88, 106, 112, 115, 116, 118
金丙済(キム・ビョンジェ)　155
金弘集(キム・ホンジプ)　7, 40, 61, 261, 263
金鴻陸(キム・ホンニュク)　110, 111, 271
金允植(キム・ユンシク)　38

著者略歴
1980 年　韓国大邱《テグ》市生まれ
2006 年　成均館大学校国語国文学科及び比較文化学科卒業
2008 年　成均館大学校大学院比較文化協同課程碩士（修士）課程修了
2011 年　東京大学大学院総合文化研究科修士課程修了
2016 年　東京大学大学院総合文化研究科博士課程修了
東京大学東洋文化研究所，東京大学 IHS プログラム特任研究員を経て
現　在　福岡大学人文学部講師

主要著作
『近代語の誕生と漢文：漢文脈と近代日本』（共訳，현실문화，2010 年，朝鮮語）．
「近代学術史における高橋亨の朝鮮文学論の含意：高橋亨の「朝鮮文学研究：朝鮮の小説」（1932）を中心に」『일본문학연구』第 42 輯（共著，2012 年，朝鮮語）．
『検閲の帝国：文化の統制と再生産』（共訳，푸른역사，2016 年，朝鮮語）など．

朝鮮の近代と尹致昊
――東アジアの知識人エトスの変容と啓蒙のエクリチュール

2018 年 10 月 25 日　初　版

［検印廃止］

著　者　柳《りゅう》忠《ちゅん》熙《ひ》

発行所　一般財団法人　東京大学出版会
代表者　吉見俊哉
153-0041 東京都目黒区駒場 4-5-29
http://www.utp.or.jp/
電話 03-6407-1069　Fax 03-6407-1991
振替 00160-6-59964

印刷所　研究社印刷株式会社
製本所　牧製本印刷株式会社

ISBN 978-4-13-016038-4　Printed in Japan

金成恩著　宣教と翻訳——漢字圏・キリスト教・日韓の近代　A5　五四〇〇円

月脚達彦著　福沢諭吉と朝鮮問題——「朝鮮改造論」の展開と蹉跌　四六　三八〇〇円

月脚達彦著　朝鮮開化思想とナショナリズム——近代朝鮮の形成　A5　七二〇〇円

姜智恩著　朝鮮儒学史の再定位——十七世紀東アジアから考える　A5　八五〇〇円

三谷博・並木頼寿・月脚達彦編　大人のための近現代史　19世紀編　A5　二六〇〇円

東京大学教養学部国文・漢文学部会編　古典日本語の世界——漢字がつくる日本　A5　二八〇〇円

東京大学教養学部国文・漢文学部会編　古典日本語の世界二——文字とことばのダイナミクス　A5　二四〇〇円

ここに表示された価格は本体価格です．御購入の際には消費税が加算されますので御了承下さい．